SCHOLASTIC

¡Matemáticas al MÁXIMO!

K

Guía del profesor A

Karren Schultz-Ferrell • Shara Hammet • Duriya Aziz

Para mayor información con respecto a los permisos, diríjase a:
Scholastic Education International (Singapore) Pte Ltd
81 Ubi Avenue 4, #02-28 UB.ONE, Singapore 408830
Email: education@scholastic.com.sg

Para solicitudes de venta, diríjase a:

América Latina y el Caribe, Europa (excepto el Reino Unido), Oriente Medio y África
Scholastic International
557 Broadway, New York, NY 10012, USA
Email: intlschool@scholastic.com

Nueva Zelanda
Scholastic New Zealand Ltd
Private Bag 94407, Botany, Auckland 2163
Email: orders@scholastic.co.nz

India
Scholastic India Pvt. Ltd.
A-27, Ground Floor, Bharti Sigma Centre,
Infocity-1, Sector 34, Gurgaon 122001, Haryana, India
Email: education@scholastic.co.in

Scholastic Filipinas
Penthouse 1, Prestige Tower, F. Ortigas Jr. Road,
Ortigas Center, Pasig City 1605
Email: educteam@scholastic.com.ph
Teléfono : (+632) 944-7323

Australia
Scholastic Australia Pty Ltd
PO Box 579, Gosford, NSW 2250
Email: scholastic_education@scholastic.com.au

Asia (excepto India y Filipinas)
Scholastic Asia
Plaza First Nationwide, 161, Jalan Tun H S Lee,
50000 Kuala Lumpur, Wilayah Persekutuan
Kuala Lumpur, Malaysia
Email: international@scholastic.com

Resto del mundo
Scholastic Education International (Singapore) Pte Ltd
81 Ubi Avenue 4, #02-28 UB.ONE, Singapore 408830
Email: education@scholastic.com.sg

Visite nuestro sitio web: www.scholastic.com.sg

Primera edición 2018

ISBN 978-981-4822-01-5

Impreso en Colombia por QuadGraphics 168

QuadGraphics Colombia S.A
Calle 17 No. 41-34
Bogotá, Colombia

1 2 3 4 5 6 7 8 9 10 27 26 25 24 23 22 21 20 19 18

Sobre las autoras

Karren Schultz-Ferrell es una ex profesora de escuela primaria con experiencia docente con niños desde los 2 años hasta estudiantes de quinto grado. Antes de jubilarse, fue especialista en enseñanza elemental integrada en las escuelas públicas del condado de Montgomery, Maryland, donde colaboraba en la creación de planes de estudios de matemáticas del distrito homologados con los *Common Core State Standards* de kindergarten a quinto grado.

Karren es consultora de matemáticas, así como también coautora de *Math Misconceptions, PreK-Grade 5: From Misunderstanding to Deep Understanding*, y de *Introduction to Reasoning and Proof* (Pre K, grados 2 a 5 y grados 6 a 8), que forman parte de la serie de Heinemann *Math Process Standards*.

Comenzó a involucrarse en la escritura del programa ¡Matemáticas AL MÁXIMO! porque le encantan los desafíos... ¡y enseñar matemáticas a los niños pequeños! Karren también forma parte del equipo de autores del Programa de Resolución de problemas.

Shara Sights Hammet tiene una vasta experiencia trabajando en escuelas públicas y privadas en los Estados Unidos, brindando desarrollo profesional a superintendentes, directores de planes de estudios, directores de escuela, profesores y padres. Gracias a su trabajo en estos entornos, las escuelas y los distritos potencialmente interesados en el contenido y la pedagogía de Singapur aprecian sus indicaciones y sugerencias para estudiantes y profesores.

Las labores previas de Shara incluyen las de Directora del Desarrollo Profesional de Matemáticas de Singapur, Gerente de Productos de Desarrollo Profesional de Matemáticas y Ciencias, Instructora de Desarrollo Profesional, coautora y profesora.

Shara ha viajado a Singapur para crear una serie de servicios de desarrollo profesional de calidad para escuelas y distritos que adopten las matemáticas de Singapur en los Estados Unidos. Tuvo la iniciativa de crear un Modelo de Desarrollo Profesional que se centra en mejorar la eficacia de los profesores y el rendimiento de los estudiantes mediante el uso de las matemáticas de Singapur.

Recientemente, Shara fue Instructora de Enseñanza de Matemáticas de Escuela Primaria en la escuela Isidore Newman de Nueva Orleans, Louisiana, donde trabajó con profesores y con la administración para estandarizar las mejores prácticas de enseñanza de matemáticas, supervisó la implementación del plan de estudios de matemáticas de Singapur, y dirigió sesiones de desarrollo profesional sobre temas y tendencias clave. Actualmente, es la directora de la División de Escuela Primaria de la Academy of the Sacred Heart en Nueva Orleans, Louisiana. Además, trabaja como consultora y autora de Scholastic International, aportando su experiencia en la implementación de las matemáticas de Singapur en los salones de clase de los Estados Unidos.

Duriya Aziz S W PhD

A pesar de ser una especialista en lenguaje, la educación en matemáticas llegó a su puerta, y la Dra. Aziz pasó casi 20 años desarrollando programas de planes de estudios basados en principios y prácticas en pedagogía de matemáticas de Singapur para más de 20 países, en distintos idiomas, y trabajó con ministerios, escuelas y profesores en la implementación de estos programas (particularmente en los Estados Unidos, Australia, Nueva Zelanda, India, América Latina y partes de Asia). En Singapur, ha trabajado como editora, directora de proyectos y autora en proyectos dirigidos y desarrollados por el Ministerio para prácticamente todas las materias de los planes de estudios desde la década de 1990. La Dra. Aziz ha dirigido el desarrollo de casi todos los programas de matemáticas de Singapur que se utilizan actualmente en los Estados Unidos. Ha pasado casi veinte años trabajando con profesores y con distritos en la implementación de programas en todo el mundo y observando la interacción dinámica entre la pedagogía de las matemáticas de Singapur y los contextos culturales y sociales en los que se pone en práctica. Le apasiona el desarrollo y el aprendizaje profesional continuo de los profesores y ha realizado numerosos seminarios y talleres sobre distintos temas. El enfoque de Duriya ha estado puesto en el desarrollo y la implementación de programas que incorporen las mejores prácticas globales, pero que sean a la vez cultural y contextualmente adecuados, para producir un cambio sostenible en los sistemas que incluya el desarrollo de las competencias, el conocimiento y la independencia de los profesores.

Contenido

Información sobre ¡Matemáticas al MÁXIMO! K

Bienvenido a **¡Matemáticas al MÁXIMO! K de Scholastic.**

¡Matemáticas al MÁXIMO! K de Scholastic es un programa innovador y de gran calidad que se focaliza en el desarrollo de las primeras destrezas de aritmética y resolución de problemas y que está basado en las eficaces prácticas de enseñanza y aprendizaje utilizadas en los países con el mejor desempeño del mundo en este campo: Singapur, la República de Corea y Hong Kong. Está comprobado que su enfoque y el diseño de su enseñanza son eficaces en el desarrollo del dominio de los conceptos y la fluidez de los procesos, y están diseñados para permitir que los profesores evalúen continuamente el aprendizaje e identifiquen las áreas que requieren refuerzo, si fuera necesario.

El contenido de **¡Matemáticas al MÁXIMO! K de Scholastic** se presenta en el marco de cuatro ejes matemáticos: Números y operaciones, Medición, Geometría y Análisis de datos. El programa incluye dos Guías del profesor, A y B, acompañadas por Libros del estudiante, que se utilizan de forma consecutiva. La Guía del profesor ofrece planes detallados para las lecciones y cuenta con un desarrollo profesional incorporado para mejorar el conocimiento pedagógico, la enseñanza y la evaluación por parte de los profesores. Además, se han desarrollado 20 Superlibros y Libros de lectura, acompañados por Resolución de problemas: Guía del profesor, para dar la oportunidad a profesores y estudiantes de aplicar los conceptos aprendidos en escenarios de la vida real adaptados a la edad, lo cual desarrolla una mentalidad lista para la resolución de problemas.

Modelo de enseñanza

¡Matemáticas al MÁXIMO! K de Scholastic ha sido diseñado de acuerdo a un modelo pedagógico que asegura que la enseñanza y el aprendizaje sean eficaces, y se puedan medir y diagnosticar.

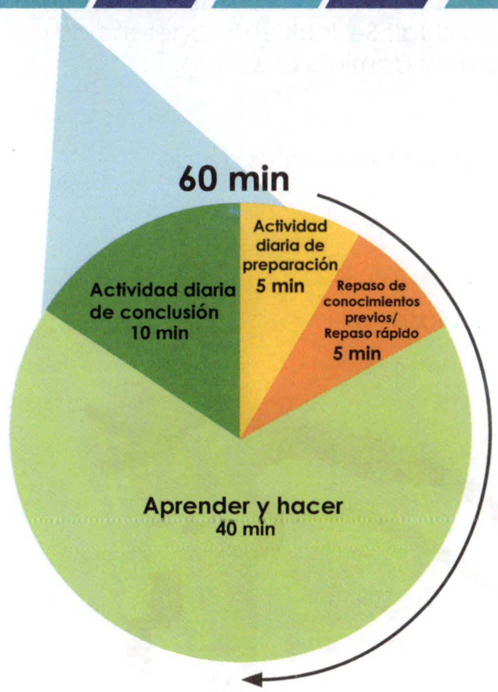

Ejercicios del capítulo

Cada capítulo termina con **Ejercicios del capítulo** y **Actividades para los Centros de intereses** que consolidan los conceptos que se ven en el capítulo.

Los **Superlibros** y **Libros de lectura** de **Resolución de problemas** deben usarse en las lecciones luego de los **Ejercicios del capítulo** y las **Actividades para los Centros de intereses** para que los estudiantes puedan ver cómo se aplican los conceptos que aprendieron en contextos atractivos y guiados por personajes.

La enseñanza de cada día incluye cuatro partes: **Actividad diaria de preparación, Repaso de conocimientos previos/ Repaso rápido, Aprender y hacer** y **Actividad diaria de conclusión.**

Cómo usar la Guía del profesor

La Guía del profesor de **¡Matemáticas al MÁXIMO! K de Scholastic** está diseñada para brindarle ayuda a usted, el profesor o la profesora, a la hora de implementar el programa de una manera sencilla y eficaz.

- **Planifique eficazmente** con un resumen de los conceptos y las destrezas que se enseñan en cada lección, los detalles de los objetivos diarios y los materiales y recursos necesarios, así como una guía detallada de la lección diaria.
- **Dé lecciones de alta calidad** con la ayuda de planes detallados para cada lección, que explican la pedagogía y la metodología para enseñar cada concepto y, de ese modo, le permiten profundizar la comprensión conceptual y contar con los medios para dar lecciones con plena confianza.
- **Identifique necesidades de refuerzo** mediante la evaluación formativa constante durante las actividades de la clase y el trabajo de práctica individual. Se incluyen sugerencias de refuerzo para asegurar que todos los estudiantes alcancen el dominio deseado.

Esta Guía del profesor incluye
- una secuencia del desarrollo que muestra cómo progresan los estudiantes desde kindergarten hasta primer y segundo grado.
- un plan de trabajo detallado
- planes detallados y con guiones de las lecciones
- respuestas para todas las actividades
- materiales para fotocopiar y usar en las actividades de la clase

Planificar

El **Desarrollo del currículo** aparece al comienzo de la Guía del profesor. Ofrece el plan general con las metas de aprendizaje desde kindergarten hasta segundo grado. Los profesores pueden consultarla para comprender la forma en que los capítulos de kindergarten sientan las bases para los grados 1 al 6 de **¡Matemáticas al MÁXIMO!**.

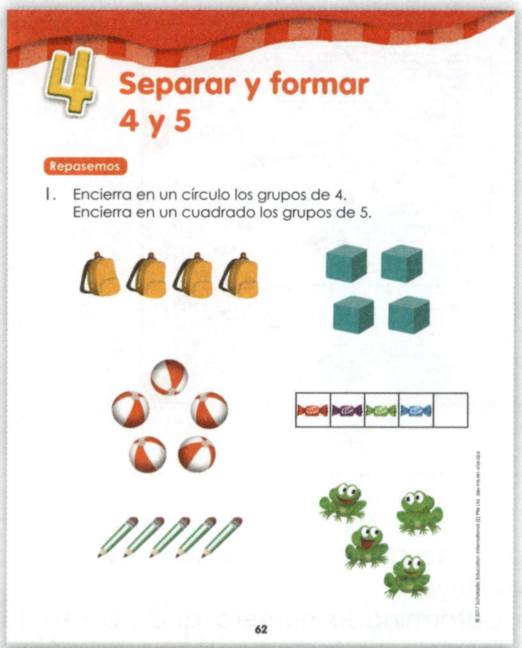

Los ejes están clasificados por color para ayudar a los profesores a relacionar distintos temas.

Números y operaciones
Medición
Geometría
Análisis de datos

El **Plan de trabajo** al comienzo de cada capítulo ha sido diseñado para ayudar en la preparación del plan de estudios para todo el año y para preparar la enseñanza de capítulos individuales.

La enseñanza diaria representa 1 hora de instrucción. El ritmo recomendado para cada unidad lo ayuda a utilizar su tiempo de forma eficaz. Los profesores pueden ajustar el ritmo según su calendario escolar y según el ritmo de las clases individuales.

Guía del profesor

4 Separar y formar 4 y 5

Plan de trabajo

Duración total: 10 días (1 día = 1 hora)

Lección	Objetivos	Materiales	Recursos	Vocabulario
Lección 1: Separar y formar 4				**4 días**
Separar 4	• Separar 4 objetos en dos partes de varias maneras	• bolsas de fichas de 2 colores, 1 bolsa por mesa • vaso, 1 por pareja • hojas grandes de papel • crayones (rojos y amarillos), 1 conjunto por pareja	• LE, págs. 62–64 • Hileras de cuadrados (RM 4.1), 8 tiras de 4 cuadrados por pareja	• separar • parte • todo
Separar y formar 4	• Separar 4 objetos en dos partes de varias maneras • Formar 4 con dos partes • Usar un número (del 0 al 4) para mostrar la cantidad de objetos que hay en cada parte al descomponer 4	• cubos interconectables (4 rojos y 4 azules), 8 cubos por pareja	• LE, págs. 65–66 • Tablero de parte-parte-todo (RM 4.2), 2 por estudiante	• separar • parte • todo • formar
Separar y formar 4 usando grupos de números relacionados	• Separar 4 objetos en dos partes de varias maneras • Escribir números relacionados para formar 4	• barras de 4 cubos interconectables, 1 barra por estudiante • hojas grandes de papel	• LE, pág. 67 • Tablero de parte-parte-todo (RM 4.2), 1 por estudiante	• grupo de números relacionados
Completar grupos de números de relacionados para formar 4	• Separar 4 objetos en dos partes de varias maneras • Nombrar la parte que falta para formar 4	• hojas grandes de papel, 2 hojas • 4 cubos interconectables, 1 barra • cadenas de 4 anillos interconectables (del mismo color), 1 cadena por estudiante	• LE, págs. 68–69 • Hoja de registro de números relacionados (RM 4.3), 1 por estudiante	• grupo de números relacionados
Lección 2: Separar y formar 5				**4 días**
Separar 5	• Separar 5 objetos en dos partes de varias maneras	• bolsas de fichas de 2 colores, 1 bolsa por mesa • vaso, 1 por pareja • hojas grandes de papel, 2 hojas • crayones (rojos y amarillos), 1 conjunto por pareja	• LE, págs. 70–71 • Hileras de cuadrados (RM 4.1), 8 tiras de 5 cuadrados por pareja	• separar • parte • todo
Separar y formar 5	• Separar 5 objetos en dos partes de varias maneras • Formar 5 con dos partes • Usar un número (del 0 al 5) para mostrar la cantidad de objetos que hay en cada parte al descomponer 5	• cubos interconectables, 5 por estudiante	• LE, págs. 72–74 • Tablero de parte-parte-todo (RM 4.2), 2 por estudiante • Recortables para separar 5 (RM 4.4), 1 por estudiante	• separar • parte • todo • formar
Separar y formar 5 usando grupos de números relacionados	• Separar 5 objetos en dos partes de varias maneras • Escribir grupos de números relacionados para formar 5	• barras de 5 cubos interconectables, 1 barra por estudiante • hojas grandes de papel, 2 hojas	• LE, pág. 75 • Tablero de parte-parte-todo (RM 4.2), 2 por estudiante	• grupo de números relacionados
Completar grupos de números relacionados para formar 5	• Separar 5 objetos en dos partes de varias maneras • Nombrar la parte que falta para formar 5	• hojas grandes de papel • 5 cubos interconectables, 1 barra • cadenas de 5 anillos interconectables (del mismo color), 1 cadena por estudiante	• LE, págs. 76–77 • Hoja de registro de números relacionados (RM 4.3), 1 por estudiante	• grupo de números relacionados
Ejercicios del capítulo y actividades para los Centros de intereses				**1 día**
Ejercicios del capítulo	• Separar conjuntos de 4 y 5 objetos en dos partes de varias maneras • Usar un número (del 0 al 5) para mostrar la cantidad de objetos que hay en cada parte al descomponer 4 y 5		• LE, pág. 78	

La lista de **objetivos** indica qué se enseñará en cada unidad.

Los **materiales** muestran qué necesitarán los profesores para enseñar cada lección de la unidad.

Los **recursos** indican a los profesores las páginas que los estudiantes usarán en el Libro del estudiante, así como los recursos que se encuentran en la Guía del profesor.

Vocabulario nuevo

Cada capítulo comienza con una Introducción que identifica las ideas matemáticas clave del capítulo, y describe lo que aprenderán los estudiantes mientras trabajan en el capítulo, así como la forma en que sentará las bases de futuros conceptos matemáticos.

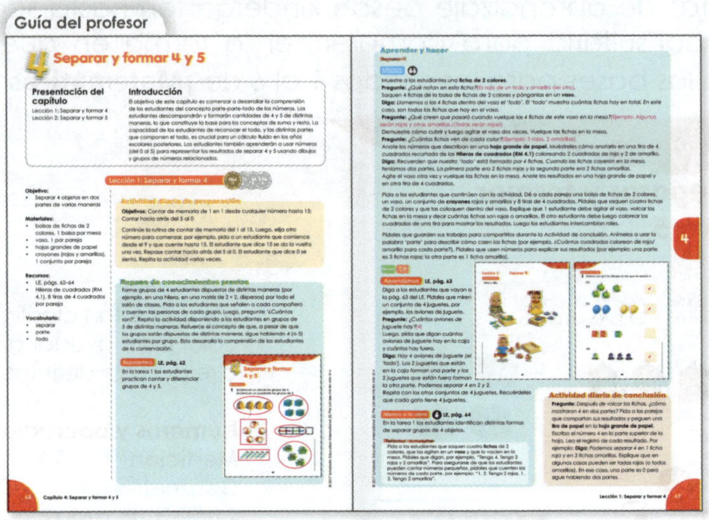

Enseñar

Actividad diaria de preparación

La enseñanza diaria comienza con una rutina rápida de cinco minutos diseñada para obtener fluidez y seguridad en las matemáticas. Las rutinas incluyen:

- **Contar de memoria:** incluye contar desde un determinado número que no sea 1, lo cual constituye un concepto básico para seguir contando, y va incrementando en dificultad a lo largo del año.
- **Recolección de datos:** refuerza el vocabulario matemático, desarrolla el sentido de los números y refuerza conceptos numéricos.
- **Subitizar:** fortalece la capacidad de los estudiantes para desarrollar imágenes mentales de los números, lo que los ayuda a desarrollar la fluidez y a reforzar su comprensión del concepto parte-parte-todo.
- **Frasco de comparaciones:** refuerza la comparación de dos o tres números para determinar el número que es mayor o menor y promueve el uso de objetos y de cintas de números para respaldar las ideas y el razonamiento de los estudiantes.
- **Frasco de números:** respalda la capacidad de los estudiantes para hacer predicciones y comentar resultados y comienza a desarrollar la comprensión de los estudiantes de la magnitud de los números.

Comprobar la preparación para aprender

El **Repaso de conocimientos previos** y el **Repaso rápido** requieren que los estudiantes recuerden conocimientos necesarios. Cada tarea ha sido cuidadosamente diseñada para comprobar la preparación para aprender nuevos conocimientos antes de que se presenten los nuevos conceptos.

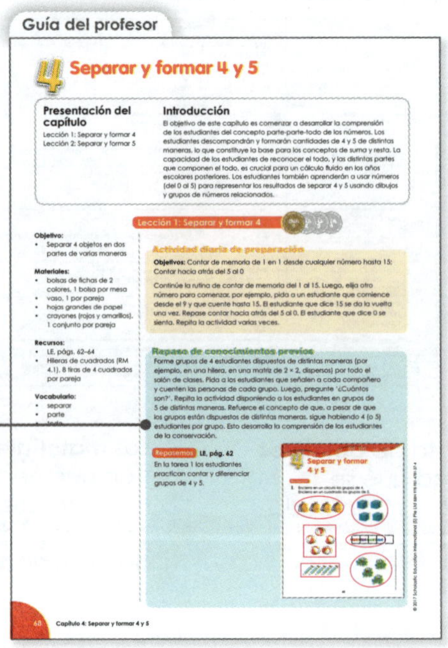

El **Repaso de conocimientos previos** resume la enseñanza de un capítulo anterior del programa.

El **Repaso rápido** recuerda a los estudiantes los conceptos que se vieron en la lección del día anterior y evalúa su preparación para seguir adelante.

Aprender y hacer: Desarrollar la comprensión conceptual

Cada capítulo se enseña en el transcurso de varias lecciones y cada lección se enfoca en un concepto o una parte de él. Algunas lecciones pueden enseñarse en un solo día, mientras que otras se reparten en varios días. La enseñanza diaria sigue una estructura de dos partes de introducción de conceptos en **Aprendamos** y una práctica guiada y evaluación formativa en **Manos a la obra**.

Los conceptos de **Aprendamos** se enseñan usando el enfoque concreto-pictórico-abstracto de tres etapas para desarrollar una comprensión conceptual profunda. Se brindan instrucciones claras para dirigir el aprendizaje de los estudiantes en cada etapa.

En la Guía del profesor, se sugieren preguntas para encaminar a los estudiantes, y se anima a los estudiantes a comunicarse, explicar y reflexionar al dar sus respuestas.

Guía del profesor

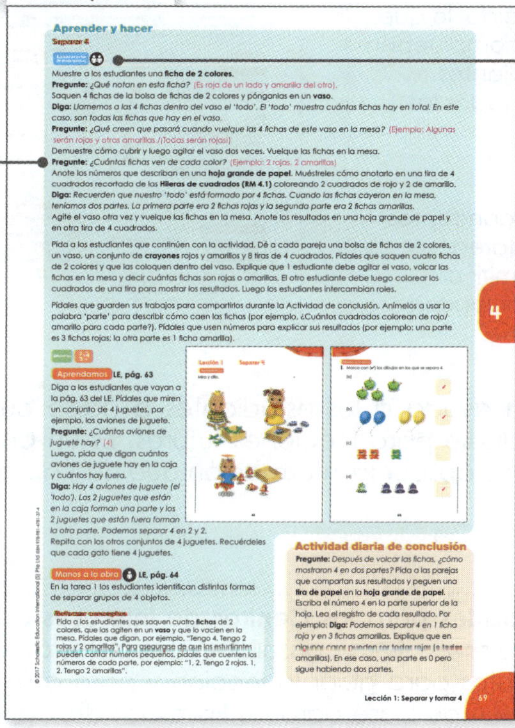

Los íconos indican las etapas del modelo de enseñanza de liberación gradual de la responsabilidad.

- : toda la clase
- : grupos pequeños
- : trabajo en parejas
- : trabajo independiente

Con frecuencia, se presentan nuevos conceptos con una actividad práctica. Esta es la etapa concreta del camino hacia el aprendizaje. Los estudiantes trabajan en grupos o en parejas para participar en experiencias concretas de matemáticas. El profesor guía la investigación y lleva a los estudiantes a explorar, investigar y hallar sus propias respuestas.

En la etapa pictórica, se guía a los estudiantes para que entiendan las ideas matemáticas que se presentan visualmente en el Libro del estudiante. Esta etapa intermedia es un vínculo fundamental entre la experiencia concreta y la representación abstracta, y sirve para sentar una base sólida.

2+2 Una vez que se desarrolla la comprensión conceptual, se avanza a la siguiente etapa, donde el concepto o la destreza se representa con números y símbolos matemáticos.

La sección **Manos a la obra** refuerza el aprendizaje y desarrolla el dominio de los estudiantes a través de tareas guiadas, que varían sistemáticamente y que son asequibles para los niños. Estas tareas han sido diseñadas para permitir observaciones inmediatas y valiosas sobre si los estudiantes han progresado a lo largo del enfoque de tres etapas y dominan el concepto, o si se necesita algún refuerzo.

Después de enseñar un concepto en **Aprendamos**, asigne tareas de **Manos a la obra** para que los estudiantes las completen individualmente. Comente las respuestas de los estudiantes y refuerce si es necesario. El objetivo de cada tarea de **Manos a la obra** queda claramente establecido, lo que permite que los profesores comprueben la comprensión de los estudiantes. Se brindan respuestas para todas las actividades.

La sección Reforzar conceptos se enfoca en cada tarea específica para permitir el refuerzo de cualquier laguna en la comprensión.

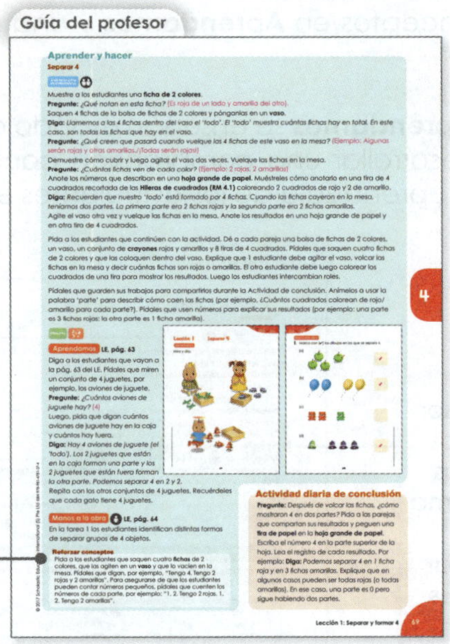

La **Actividad diaria de conclusión** ayuda a los estudiantes a darse cuenta de cuánto han aprendido y a solidificar el aprendizaje para lecciones futuras. Es un paso fundamental para ayudar a los estudiantes a recordar y aplicar la información que han aprendido.

Consolidar

Los **Ejercicios del capítulo y actividades para los Centros de intereses** aportan una lección de una hora al final de cada capítulo y sirven para consolidar conceptos aprendidos en el capítulo. Los profesores cuentan con preguntas para guiar la lección y para animar a los estudiantes a hablar sobre los conceptos que sirven de base para los Ejercicios del capítulo y para evaluar la comprensión.

Cada uno de los **Ejercicios del capítulo** consiste en una ilustración para comentar en clase, y luego siguen tres actividades para los centros de intereses.

La actividad 1 es una actividad de Piensa y conversa con un compañero, cuyo objetivo es promover la conversación en parejas, cuestionar las ideas erróneas comunes y afianzar el pensamiento matemático.

La actividad 2 es un juego que brinda un contexto motivador para que los estudiantes practiquen lo que han aprendido, y la actividad 3 es una actividad individual, ideal para la evaluación formativa.

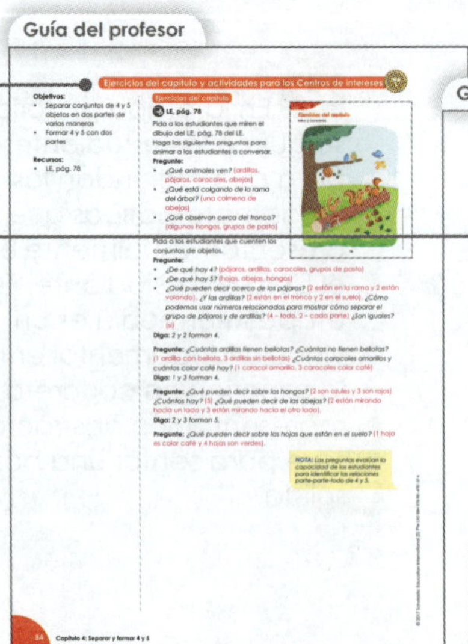

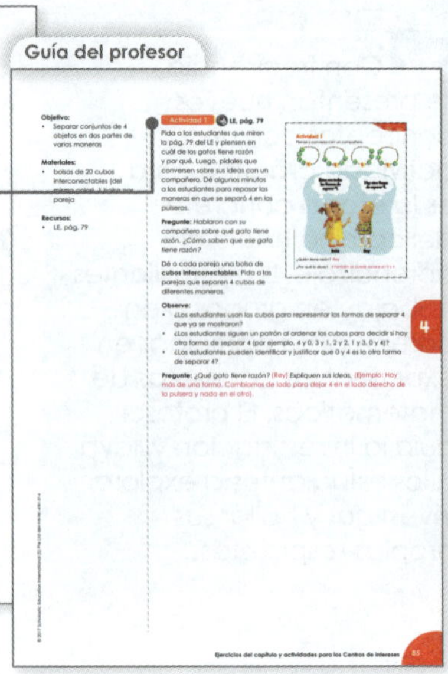

Los Superlibros y los materiales que los acompañan están diseñados para ser usados en una lección de una hora luego de terminar cada capítulo. Se dan más detalles en Resolución de problemas: Guía del profesor.

Desarrollo del currículo

	Año/Grado K	Año/Grado 1	Año/Grado 2
NÚMEROS Y OPERACIONES			
Números enteros / Valor posicional	Contar de memoria hasta 100 de 1 en 1 y de 10 en 10.	Contar hasta 100.	Contar hasta 1000.
	Leer y escribir del 0 al 100 (el número y su correspondiente palabra).	Leer y escribir un número del 0 al 100 (el número y su correspondiente palabra).	Leer y escribir números del 0 al 1000 (el número y su correspondiente palabra).
	Identificar el último número contado como la cantidad de objetos que hay en el grupo.	Seguir contando y contar hacia atrás hasta 100.	Usar anotaciones numéricas y valores posicionales (centenas, decenas, unidades).
	Seguir contando y contar hacia atrás hasta 10.	Usar anotaciones numéricas y valores posicionales (decenas, unidades).	Comparar y ordenar números hasta 1000.
	Contar grupos de hasta 20 objetos en distintas disposiciones.	Estimar la cantidad de objetos de un grupo de menos de 100 objetos.	Usar los símbolos '>' y '<' para comparar números.
	Comparar la cantidad de objetos en dos grupos.	Comparar la cantidad de objetos de dos o más grupos.	Hallar el número que es 1, 10 ó 100 más que (o menos que) un número dado hasta 1000.
	Comparar y ordenar números hasta 20.	Comparar y ordenar números hasta 100.	
	Entender que el número que va después es 1 más.	Hallar el número que es 1 ó 10 más que (o menos que) un número dado hasta 100.	
	Separar de 4 a 10 objetos en dos partes.	Crear una historia numérica para ilustrar un grupo de números relacionados que forman de 5 a 10.	
	Formar de 4 a 10 con dos partes.	Escribir un grupo de números relacionados que forman de 5 a 10.	
	Escribir un grupo de números relacionados que forman de 4 a 10.	Nombrar una posición usando un número ordinal del 1° al 10° y palabras de posición.	
	Usar números ordinales del 1° al 10° para indicar posición.		
	Estimar la cantidad de objetos de un grupo de menos de 10 objetos.		
	Subitizar hasta 6 objetos.		
	Componer y descomponer números del 10 al 19 en 10 unidades y algunas unidades más.		
Suma / Resta	Sumar y restar hasta 10.	Usar recortables de dibujos (u otros materiales manipulables) para ilustrar los significados de la suma y la resta.	Sumar o restar hasta 1000.

NÚMEROS Y OPERACIONES (continuación)

	Año/Grado K	Año/Grado 1	Año/Grado 2
Suma / Resta (continuación)	Representar historias de suma y resta para ilustrar su significado.	Crear una historia de números para un enunciado de suma o resta.	Usar un modelo de barras de partes-todo o un modelo de barras comparativo para representar una situación de suma o resta.
	Crear historias de suma y resta con las ilustraciones dadas.	Escribir un enunciado numérico para una situación que incluya suma o resta.	Resolver problemas de palabras de hasta 2 pasos que incluyan suma y resta.
	Contar todo para sumar dos cantidades hasta 10.	Observar propiedades de identidad y conmutativa de la suma.	Hallar la parte que falta en un enunciado de suma.
	Ilustrar historias de suma y resta con grupos de números relacionados.	Observar la respuesta cuando se resta 0 a un número.	Hallar la parte que falta o el todo en un enunciado de resta.
	Usar dibujos para representar historias de suma y resta.	Escribir una familia de cuatro operaciones de suma o resta para un grupo dado de números relacionados.	Sumar mentalmente: - un número entero de 1 dígito a un número entero de 2 dígitos reagrupando - números enteros de 2 dígitos sin reagrupar - unidades, decenas o centenas a números enteros de 3 dígitos - 98 ó 99 a un número de hasta 3 dígitos.
	Escribir operaciones de suma y resta hasta 5.	Identificar operaciones con dobles.	Restar mentalmente: - un número entero de 1 dígito de un número entero de 2 dígitos reagrupando - un número entero de 2 dígitos de otro número entero de 2 dígitos sin reagrupar - unidades, decenas y centenas a un número entero de 3 dígitos - 98 ó 99 a un número entero de 3 dígitos.
	Seguir contando y contar hacia atrás para restar hasta 10	Sumar o restar hasta 100.	
	Escribir un enunciado numérico para un problema de suma o resta.	Resolver problemas de palabras de 1 paso que incluyan suma y resta de números hasta 20.	
		Sumar mentalmente: - dos o tres números enteros de 1 dígito - un número entero de 1 dígito a un número entero de 2 dígitos - decenas a un número entero de 2 dígitos	
		Restar mentalmente: - un número entero de 1 dígito de otro número entero de 1 dígito - un número entero de 1 dígito de un número entero de 2 dígitos - decenas de un número entero de 2 dígitos	

	Año/Grado K	Año/Grado 1	Año/Grado 2
NÚMEROS Y OPERACIONES (continuación)			
Multiplicación / División			Reconocer grupos iguales y hallar la cantidad total de grupos con sumas repetidas.
			Usar lenguaje matemático como '4 tres' y '2 grupos de 5' para describir grupos iguales.
			Usar materiales manipulables para ilustrar el significado de la multiplicación y los conceptos de división de repartir y agrupar.
			Crear una historia de números para un enunciado de multiplicación específico.
			Escribir un enunciado numérico para una situación dada de multiplicación o división.
			Resolver una operación de multiplicación hasta 40 mediante sumas repetidas.
			Resolver un problema de dibujos de 1 paso de multiplicación o división.
			Escribir una familia de cuatro operaciones de multiplicación y división.
			Contar de dos en dos, de tres en tres, de cuatro en cuatro, de cinco en cinco y de diez en diez.
			Escribir una suma de dobles como una operación de multiplicación.
			Observar las propiedades conmutativa y distributiva de la multiplicación.
			Formar las tablas de multiplicar de 2, 3, 4, 5 y 10 y aprender las multiplicaciones de memoria.
			Usar una multiplicación relacionada para dividir.
			Multiplicar o dividir números de las tablas de multiplicación de 2, 3, 4, 5 y 10.
			Usar un modelo de barras de partes-todo para representar una situación de multiplicación o división con las tablas de multiplicación de 2, 3, 4, 5 y 10.
			Resolver un problema de 1 paso de multiplicación o división con las tablas de multiplicación de 2, 3, 4, 5 y 10.

	Año/Grado K	Año/Grado 1	Año/Grado 2
NÚMEROS Y OPERACIONES (continuación)			
Fracciones / Conceptos		Reconocer y nombrar la mitad de un todo que está dividido en 2 partes iguales.	Reconocer y nombrar una unidad fraccionaria de hasta $\frac{1}{12}$.
		Reconocer y nombrar un cuarto de un todo que está dividido en 4 partes iguales.	Reconocer y nombrar una fracción de un todo que se divide en partes iguales.
			Hallar la fracción que debe sumarse a otra fracción para formar un todo.
			Comparar y ordenar unidades fraccionarias.
MEDICIÓN			
Longitud	Describir un objeto con las palabras 'largo', 'alto', 'bajo' y 'corto'.	Comparar la longitud de dos o más objetos.	Comprender la necesidad de unidades estándar para medir longitud.
	Comparar un máximo de 3 objetos.	Ordenar objetos según su longitud.	Comprender que un metro es mayor que un centímetro.
	Medir usando un máximo de 10 unidades no convencionales.	Estimar y medir la longitud de un objeto en unidades no convencionales.	Estimar y medir longitud en metros y centímetros.
			Comparar longitudes en metros o centímetros.
			Elegir una unidad de medida apropiada al medir longitudes.
			Medir la longitud de un segmento de recta en centímetros.
			Trazar un segmento de recta de una longitud determinada.
			Resolver problemas de palabras de hasta 2 pasos que incluyan longitud.
Masa	Describir un objeto con las palabras 'pesado' y 'liviano'.	Comparar la masa de dos objetos.	Comprender la necesidad de unidades estándar para medir la masa.
	Comparar un máximo de 3 objetos.	Comparar y ordenar las masas de tres objetos.	Medir la masa en kilogramos o gramos.
	Pesar para explorar la masa.	Estimar y medir la masa de un objeto en unidades no convencionales.	Comparar masas en kilogramos o gramos.
	Medir con una balanza de platillos usando un máximo de 10 unidades no convencionales.		Resolver problemas de palabras de hasta 2 pasos que incluyan masa.
	Explorar la estimación.		
	Comprender que un objeto grande no necesariamente es más pesado que uno pequeño.		

	Año/Grado K	Año/Grado 1	Año/Grado 2
MEDICIÓN (continuación)			
Tamaño	Describir un objeto como 'grande' o 'pequeño'.		
	Comparar hasta 3 objetos.		
Volumen	Comparar el volumen de líquidos en 2 recipientes idénticos.		
Tiempo: Calendario	Nombrar los días de la semana en orden.	Leer un calendario.	Saber la cantidad de días en un mes y en un año.
	Relacionar días específicos con actividades conocidas.	Nombrar los días de la semana.	Entender la relación entre 1 hora, 1 día, 1 semana, 1 mes y 1 año.
	Nombrar los meses del año en orden.	Nombrar los meses del año.	
	Relacionar eventos conocidos con los meses.	Leer y escribir una fecha.	
	Contar los días de un mes.		
	Ordenar actividades con 'mañana', 'tarde' y 'noche'.		
	Medir y comparar periodos cortos de tiempo de manera informal y usando 'más largo', 'más corto', 'más rápido' y 'más despacio'.		
Hora: Reloj		Decir la hora en punto y la hora y media.	Decir y escribir la hora en intervalos de 5 minutos.
		Relacionar la hora con actividades del día.	Usar a. m. y p. m. al decir la hora.
		Ordenar momentos según la hora del día.	Relacionar la hora con momentos del día.
		Describir el tiempo estimado según la hora y la media hora.	Hallar la duración de un intervalo de tiempo.
		Comparar duraciones usando 'más largo' y 'más corto'.	Desarrollar un sentido de la duración de las actividades diarias.
			Resolver problemas de palabras con la hora.
Dinero	Reconocer y nombrar las monedas de uno, cinco, diez, veinte y cincuenta centavos.	Reconocer y nombrar las monedas de cinco, diez y cincuenta centavos y de un dólar.	Contar y decir la cantidad de dinero que hay en un grupo de billetes y monedas.
	Contar y decir la cantidad de dinero en monedas de un centavo hasta veinte centavos.	Reconocer y nombrar los billetes de cinco, diez y cincuenta dólares.	Leer y escribir una cantidad de dinero en notación decimal.
	Comparar dos cantidades de dinero entre uno y diez centavos.	Contar y decir la cantidad de dinero en - un grupo de monedas de hasta $1 - un grupo de billetes de hasta $100	Cambiar dólares y centavos a centavos y viceversa.

	Año/Grado K	Año/Grado 1	Año/Grado 2
MEDICIÓN (continuación)			
Dinero (continuación)	Sumar o restar cantidades de dinero: - de un centavo hasta 10 centavos y representar el resultado con dibujos.	Cambiar dinero.	Comparar cantidades de dinero en dólares y centavos.
		Contar y decir la cantidad de dinero que hay en un conjunto de billetes y monedas.	Cambiar dinero.
		Formar una cantidad de dinero usando un conjunto de billetes y monedas.	Dar cambio por una compra pagada con $1.
		Comparar cantidades de dinero en dólares y en centavos.	Resolver un problema de palabras de 1 paso que incluya dinero.
		Sumar o restar cantidades de dinero: - en centavos hasta $1 - en dólares hasta $100	
GEOMETRÍA			
Figuras planas	Reconocer y nombrar cinco figuras planas básicas: círculo, triángulo, rectángulo, cuadrado y hexágono.	Reconocer y nombrar las cuatro figuras planas básicas: círculo, triángulo, rectángulo y cuadrado.	Identificar un semicírculo y un cuarto de círculo.
	Contar los lados y las esquinas de una figura.	Describir un objeto por su forma.	Identificar y nombrar figuras básicas que forman una nueva figura.
	Desarrollar conciencia de los atributos: forma, tamaño y color.	Contar los lados y las esquinas de una figura.	Unir recortables de figuras para formar una figura nueva.
	Clasificar y agrupar (y volver a clasificar) según atributos: forma, tamaño y color.	Clasificar una figura plana según cada uno de estos atributos: forma, tamaño y color.	Copiar una figura en una cuadrícula de puntos o de cuadrados.
	Describir la ubicación de figuras planas usando palabras de posición y de dirección.	Continuar un patrón de figuras planas según uno o dos de estos atributos: forma, tamaño y color.	Continuar un patrón de figuras planas según uno o dos de estos atributos: forma, tamaño, color y orientación.
	Identificar figuras planas en objetos reales.	Unir piezas adecuadas para formar una figura plana.	
	Usar figuras planas para crear una nueva figura y objetos que se encuentran normalmente en el entorno.		
Figuras sólidas	Reconocer y nombrar figuras sólidas básicas: esfera, cilindro, cono y cubo.	Reconocer y nombrar cubos, cuboides (paralelepípedos u otros prismas de 6 caras), conos, cilindros y esferas.	Identificar superficies planas y curvas de un objeto sólido con forma de cubo, cuboide, cono, cilindro o esfera.
	Describir los atributos de las figuras sólidas: se deslizan, se apilan, ruedan.	Clasificar figuras sólidas según cada uno de estos atributos: forma, tamaño y color.	Identificar las caras, los bordes y los vértices de un objeto sólido con forma de cubo, cuboide, cono, cilindro o esfera.

	Año/Grado K	Año/Grado 1	Año/Grado 2
GEOMETRÍA (continuación)			
Figuras sólidas (continuación)	Identificar objetos reales como figuras sólidas.	Identificar figuras sólidas que pueden deslizarse, apilarse o rodar.	Usar figuras sólidas para formar otras figuras sólidas diferentes.
	Describir la ubicación de figuras sólidas usando palabras de posición y dirección.	Describir la posición relativa de una figura sólida usando palabras de posición.	Continuar un patrón de figuras sólidas según uno o dos de estos atributos: forma, tamaño, color y orientación.
	Identificar figuras planas en figuras sólidas.	Continuar un patrón de figuras sólidas según dos o tres de estos atributos: forma, tamaño y color.	
	Usar figuras sólidas para crear y comparar dos estructuras.		
Patrones	Identificar patrones visuales en el entorno.		
	Describir, copiar y extender patrones de figuras, sonidos y acciones AB, ABC y AAB.		
	Transferir patrones a un formato diferente.		
Segmentos de recta			Identificar un segmento de recta y una curva.

	Año/Grado K	Año/Grado 1	Año/Grado 2
ANÁLISIS DE DATOS			
Tablas de conteo		Clasificar objetos o personas según un estándar predeterminado y contar los números de cada categoría.	Usar una tabla de conteo para reunir datos y representarlos en una gráfica con dibujos.
		Hacer y leer una tabla de conteo.	
Gráficas	Clasificar y agrupar hasta 10 objetos por color o patrón.	Crear una gráfica con dibujos simple usando la representación uno a uno.	Usar una tabla de conteo para recolectar datos y representarlos en una gráfica con dibujos.
	Participar en encuestas de la clase para reunir datos.	Leer e interpretar una gráfica con dibujos.	Hacer una gráfica con dibujos a escala.
	Clasificar y contar datos para crear una gráfica con dibujos de 3 columnas o 3 hileras de hasta 10 objetos por categoría.		Leer e interpretar una gráfica con dibujos a escala.
	Comparar datos visualmente.		Resolver problemas usando datos presentados en una gráfica con dibujos.

1 Contar números pequeños

Plan de trabajo

Lección	Objetivos
Lección 1: 1 y 2	
Contar y decir los números 1 y 2	• Contar grupos de 1 y 2 objetos • Identificar el último número que se cuenta como la cantidad de objetos que hay en el grupo • Leer y escribir los números 1 y 2 y reconocer el nombre de los números
Lección 2: 1, 2 y 3	
Contar y decir los números 1, 2 y 3	• Contar grupos de 1, 2 y 3 objetos dispuestos en una línea • Identificar el último número que se cuenta como la cantidad de objetos que hay en el grupo • Leer y escribir los números 1, 2 y 3 y reconocer el nombre de los números
Contar 1, 2 y 3	
Lección 3: 4 y 5	
Contar y decir los números 4 y 5	• Contar grupos de 4 y 5 objetos dispuestos en una línea • Identificar el último número que se cuenta como la cantidad de objetos que hay en el grupo • Leer y escribir los números 4 y 5 y reconocer el nombre de los números
Contar hasta 5 con un cuadro de 5	
Lección 4: Del 1 al 5	
Contar objetos dispuestos de diferentes maneras	• Contar hasta 5 objetos dispuestos de diferentes maneras (línea, cuadro de 5, matriz, círculo, dispersos) • Expresar la cantidad de objetos contados en un conjunto de hasta 5 objetos sin volver a contar
Contar dentro de un conjunto	• Contar un número dado de hasta 5 objetos dentro de un conjunto más grande de hasta 8 objetos

Duración total: 10 días (1 día = 1 hora)

Materiales	Recursos	Vocabulario
		1 día
• cubos interconectables (1 ó 2 en cada bolsa), 6 bolsas • cartulina, 1 hoja	• LE, págs. 1–4 • Tarjeta de puntos '1' (RM 1.1) • Tarjeta de puntos '2' (RM 1.2)	• uno • dos
		2 días
• tira de papel de 10 cm, 1 por pareja • cubos interconectables (1 ó 2 en cada bolsa), 1 bolsa por pareja	• LE, pág. 5 • Tarjeta de puntos '1' (RM 1.1) • Tarjeta de puntos '2' (RM 1.2) • Tarjeta de puntos '3' (RM 1.3)	• tres
• tira de papel de 10 cm, 1 por pareja • vasos con 1, 2 ó 3 fichas, 1 vaso por pareja • 3 clips, 1 sobre por pareja • cubos interconectables (3 rojos, 3 azules y 3 amarillos), 1 conjunto por pareja • hojas grandes de papel	• LE, págs. 6–8 • Tarjeta de puntos '1' (RM 1.1) • Tarjeta de puntos '2' (RM 1.2) • Tarjeta de puntos '3' (RM 1.3) • Tarjetas de puntos '1–3' (RM 1.1–1.3), 1 conjunto por pareja	
		2 días
• tira de papel de 10 cm, 1 por pareja • bolsas de 1 a 5 cubos interconectables, 1 bolsa por pareja	• LE, págs. 9–10 • Tarjeta de puntos '1' (RM 1.1) • Tarjeta de puntos '2' (RM 1.2) • Tarjeta de puntos '3' (RM 1.3) • Tarjeta de puntos '4' (RM 1.4) • Tarjeta de puntos '5' (RM 1.5) • Tarjetas de puntos '1–5' (RM 1.1–1.5), 1 conjunto por pareja	• cuatro • cinco
• notas autoadhesivas (cada una con un número: 1, 2, 3, 4 ó 5), 1 nota por pareja • fichas • 5 cubos interconectables, 1 vaso por pareja	• LE, págs. 11–13 • Cuadro de 5 (RM 1.6), 1 por pareja • Tarjetas de puntos '1–5' (RM 1.1–1.5), 1 conjunto por pareja	
		3 días
• fichas	• LE, págs. 14–15 • Tarjetas de puntos '1–5' (RM 1.1–1.5) • Cuadro de 5 (RM 1.6) • Tarjetas con dibujos: 2 objetos en diferentes disposiciones (RM 1.7) • Tarjetas con dibujos: 3 objetos en diferentes disposiciones (RM 1.8) • Tarjetas con dibujos: 4 objetos en diferentes disposiciones (RM 1.9) • Tarjetas con dibujos: 5 objetos en diferentes disposiciones (RM 1.10)	
• papel, varias hojas por estudiante • lápices	• LE, págs. 16–17 • Tarjetas de números 2–5 (RM 1.11), 1 conjunto por pareja	
• 8 fichas, 5 conjuntos • cinta doble faz • papel, 5 hojas	• LE, págs. 18–20 • Cuadro de 5 (RM 1.6), 5 copias • Tarjetas de números 1–5 (RM 1.11)	

Lección	Objetivos
Ejercicios del capítulo y actividades para los Centros de intereses	
Ejercicios del capítulo	• Contar hasta 5 objetos dispuestos de diferentes maneras (línea, matriz, círculo, dispersos) • Identificar el último número que se cuenta como la cantidad de objetos que hay en el grupo • Expresar la cantidad de objetos que hay en un conjunto ya contado de hasta 5 objetos sin volver a contar • Leer y escribir los números del 1 al 5 y reconocer el nombre de los números
Actividad 1	
Actividad 2	
Actividad 3	
Resolución de problemas	

Materiales	Recursos	Vocabulario
		1 día
• fichas (opcional)	• LE, pág. 21 • Cuadro de 5 (RM 1.6), 1 por estudiante (opcional)	
• fichas (5 por pareja)	• LE, pág. 22	
• clips (de colores diferentes), 2 por pareja	• LE, pág. 23 • Tarjetas de números 1–5 (RM 1.11), 1 conjunto por estudiante	
	• LE, pág. 24	
		1 día
	• Resolución de problemas: Superlibro 1 y Libro de lectura 1 • Resolución de problemas: Guía del profesor	

1 Contar números pequeños

Presentación del capítulo

Lección 1: 1 y 2
Lección 2: 1, 2 y 3
Lección 3: 4 y 5
Lección 4: Del 1 al 5

Introducción

En este capítulo, los estudiantes contarán conjuntos de hasta 5 objetos dispuestos de diferentes maneras. Comienzan a desarrollar la comprensión de la cardinalidad, es decir, el concepto de que el último número que se cuenta representa la cantidad total de objetos que hay en el conjunto. Los estudiantes podrán leer y escribir números del 1 al 5, reconocer la palabra que representa a cada número y emparejar los números con sus cantidades.

Los estudiantes aprenderán rutinas para contar de memoria en las Actividades diarias de preparación, que continuarán durante todo el año con diferentes metas de conteo (contar oralmente de 1 en 1 del 1 al 5, del 1 al 10, del 1 al 15, del 1 al 20, del 1 al 31, del 1 al 50, del 1 al 100, y de 10 en 10 hasta 100). Las destrezas de contar oralmente con fluidez ayudarán a los estudiantes a abordar con éxito otros conceptos de conteo, como la correspondencia uno a uno, llevar la cuenta, la cardinalidad y la conservación del número. Estos conceptos de conteo permiten que los estudiantes logren contar comprendiendo el significado del conteo.

El conteo sienta las bases para desarrollar la comprensión de la secuencia numérica (cardinal y ordinal) y la comparación de números, y preparará a los estudiantes para aprender mediciones, suma y resta, como también el valor posicional y conceptos de dinero en capítulos posteriores.

Lección 1: 1 y 2 — DÍA 1

Objetivos:
- Contar grupos de 1 y 2 objetos
- Identificar el último número que se cuenta como la cantidad de objetos que hay en el grupo
- Leer y escribir los números 1 y 2 y reconocer el nombre de los números

Materiales:
- cubos interconectables (1 ó 2 en cada bolsa), 6 bolsas
- cartulina, 1 hoja

Recursos:
- LE, págs. 1–4
- Tarjeta de puntos '1' (RM 1.1)
- Tarjeta de puntos '2' (RM 1.2)

Vocabulario:
- uno
- dos

Actividad diaria de preparación

Objetivo: Contar de memoria de 1 en 1 del 1 al 5

Pida a los estudiantes que se pongan de pie y formen un círculo. Cuente del 1 al 5 y pídales que repitan después de usted. Repita la actividad 2 ó 3 veces hasta que los estudiantes se familiaricen con los números del 1 al 5.

Luego, pida a los estudiantes que se turnen para contar de memoria de 1 en 1 del 1 al 5 (cada estudiante dice un número). El estudiante que dice el 5 se sienta. El estudiante que sigue comienza a contar otra vez desde el 1. Repita la actividad varias veces.

Observe:
- ¿Algún estudiante se salta o repite algún número? Si es así, ¿cuál?
- ¿Algún estudiante cuenta en una secuencia incorrecta, por ejemplo, 1, 2, 4, 3, 5?
- ¿Algún estudiante usa los nombres incorrectos de los números?

Aprender y hacer

Contar y decir los números 1 y 2

Laboratorio de matemáticas

Muestre 1 dedo de su mano.
Diga: *Estoy mostrando 1 dedo. 1.*
Pregunte: *¿Cuántos dedos estoy mostrando?* (1)

Muestre 2 dedos. Señale cada dedo mientras cuenta.
Diga: *Estoy mostrando 2 dedos. 1, 2.*
Pregunte: *¿Cuántos dedos estoy mostrando?* (2)

Diga: *Levanten 1 brazo. Levanten 2 brazos.*

 ISBN 978-981-4822-01-5

Repita con otras acciones, por ejemplo, aplaudir una o dos veces, para que los estudiantes se familiaricen con los nombres de los números "uno" y "dos" y con contar hasta 2.

Pida a los estudiantes que se sienten en círculo. Coloque las **bolsas de cubos interconectables** y la hoja de **cartulina** en el medio del círculo. Explique que cada bolsa tiene 1 ó 2 cubos interconectables. Pida a un estudiante que elija una bolsa, saque el cubo o los cubos y los coloque sobre la cartulina. Mientras el estudiante coloca el o los cubos en la cartulina, pida al resto de la clase que cuente en voz alta los cubos con usted.
Diga: *Esta bolsa tiene 1 (ó 2) cubo(s).*
Retire la bolsa. Pida a otro estudiante que elija otra bolsa y repita el procedimiento hasta que se usen todas las bolsas.

> ***NOTA:*** *Sacar los cubos de uno en uno representa la correspondencia uno a uno, mientras que expresar el total de la cantidad contada desarrolla la comprensión de la cardinalidad, que el nombre del último número que se cuenta de una cantidad también se refiere al total. Como las cantidades son pequeñas, los estudiantes también podrán hacer un reconocimiento súbito e identificar rápidamente la cantidad de cubos.*

1

Observa

Aprendamos **LE, págs. 1 y 2**

Muestre a los estudiantes la **Tarjeta de puntos '1' (RM 1.1).**
Señale el punto.
Pregunte: *¿Cuántos puntos hay?* (1)
Señale el número 1 en la tarjeta de puntos.
Diga: *Así es como escribimos 'uno'. Este es el número 1.*

Trace el 1 en la Tarjeta de puntos '1'. Pida a los estudiantes que tracen el 1 en el aire.

Escriba '1' y 'uno' en el pizarrón y léalos en voz alta. Luego, dibuje un objeto para mostrar la cantidad representada por el número.

Diga: *Señalen el número 1 en cualquier lugar del salón de clases* (en el reloj, etc.)
Luego, pida a los estudiantes que sostengan en alto un objeto que tengan en sus escritorios o en sus mochilas, por ejemplo, 1 libro, 1 lápiz, etc. Repita el procedimiento con el número 2 usando la **Tarjeta de puntos '2' (RM 1.2).**

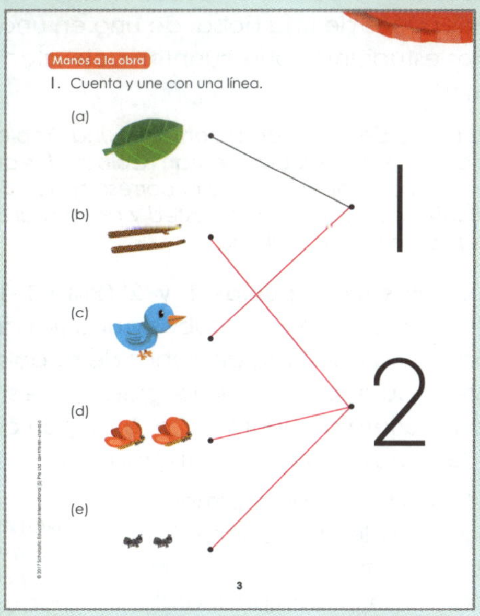

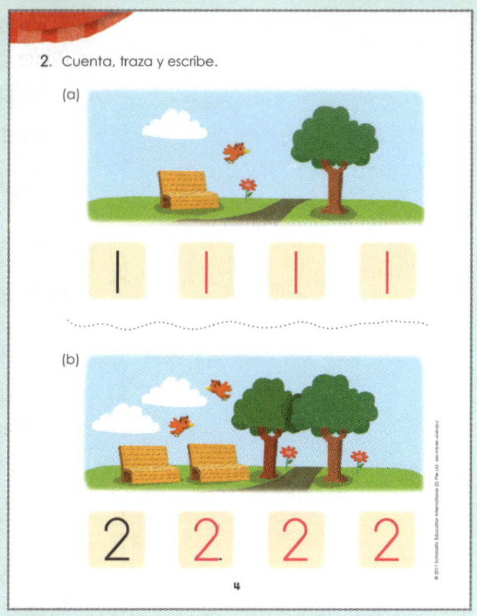

Pida a los estudiantes que digan el nombre del número que está en la pág. 1 del LE. Luego, nombre los objetos que están alrededor, por ejemplo, 1 mariposa, 1 flor. Repita este procedimiento de enseñanza con el número 2 de la pág. 2 del LE.

Manos a la obra **LE, págs. 3 y 4**

En la tarea 1 se practica contar la cantidad de objetos y emparejarla con la forma numérica correspondiente. Se da un ejemplo.

En la tarea 2 se practica contar la cantidad de objetos y escribir los números. Se ofrece orientación.

Actividad diaria de conclusión

Señale el número 1 en la Tarjeta de puntos '1'.
Pregunte: *¿Qué número es este?* (1)
¿Qué saben de este número? (Comienzo a contar desde el 1).

Señale el número 2 en la Tarjeta de puntos '2'.
Pregunte: ¿Qué número es este? (2)
¿Qué saben de este número? (Primero cuento 1 y luego cuento 2).

 ISBN 978-981-4822-01-5

Objetivos:
- Contar grupos de 1, 2 y 3 objetos dispuestos en una línea
- Identificar el último número que se cuenta como la cantidad de objetos que hay en el grupo
- Leer y escribir los números 1, 2 y 3 y reconocer el nombre de los números

Materiales:
- tira de papel de 10 cm, 1 por pareja
- cubos interconectables (1 ó 2 en cada bolsa), 1 bolsa por pareja

Recursos:
- LE, pág. 5
- Tarjeta de puntos '1' (RM 1.1)
- Tarjeta de puntos '2' (RM 1.2)
- Tarjeta de puntos '3' (RM 1.3)

Vocabulario:
- tres

Actividad diaria de preparación

Objetivo: Contar de memoria de 1 en 1 hasta 5

Pida a los estudiantes que formen un círculo y se turnen para contar de memoria de 1 en 1 hasta 5 (cada estudiante dice un número). El estudiante que dice el 5 se sienta. El estudiante que sigue comienza a contar otra vez desde el 1. Repita la actividad varias veces.

Repaso rápido

Repase las **Tarjetas de puntos '1' y '2' (RM 1.1–RM 1.2).** Pida a los estudiantes que tracen cada número en el aire y aplaudan el número de veces que corresponda.

Pregunte: *Yo tengo 2 ojos. ¿De qué partes del cuerpo tienen 2?* (pies, brazos, manos, etc.)
Pregunte: *¿Ven 2 de algo en el salón de clases?*
Pida a parejas que identifiquen 2 objetos en el salón de clases y compartan lo que hallaron con la clase.

Aprender y hacer

Contar y decir los números 1, 2 y 3

Laboratorio de matemáticas

Muestre a los estudiantes las **bolsas** de **cubos interconectables** y la **tira de papel.**
Diga: *Podemos poner los cubos en una tira de papel para poder contarlos más fácilmente.*
Demuestre cómo contar los cubos interconectables usando la tira de papel. Saque los cubos de una bolsa, de uno en uno, y colóquelos sobre el papel. Pida a los estudiantes que cuenten con usted y pregunte: "¿Cuántos cubos contamos?".

> ***NOTA:*** *La tira de papel para contar es una simple tira de papel que los estudiantes usan cuando cuentan. Colocar los cubos de uno en uno sobre la tira de papel refuerza la correspondencia uno a uno. Pedir a los estudiantes que cuenten con usted y preguntar "¿Cuántos...?" refuerza el concepto de la cardinalidad.*

Pegue las **Tarjetas de puntos '1' y '2' (RM 1.1–1.2)** en el pizarrón. Dé a cada pareja una bolsa con 1 ó 2 cubos y una tira de papel. Pida a los estudiantes que cuenten la cantidad de cubos de su bolsa usando la tira de papel. Pregunte "¿Cuántos...?". Luego, pida a los estudiantes que se pongan de pie frente a la Tarjeta de puntos '1' o '2', según corresponda. Vuelva a repartir bolsas de cubos y repita la actividad.

Pida a 6 estudiantes que formen filas de 1, 2 y 3 estudiantes. Cuente la cantidad de estudiantes que hay en cada fila y diga la cantidad total. Señale a cada estudiante de la fila mientras cuenta en voz alta con el resto de la clase.

> ***NOTA:*** *Señalar a cada estudiante representa la correspondencia uno a uno. Expresar el total y preguntar "¿Cuántos...?" refuerza la comprensión de los estudiantes de la cardinalidad.*

Pida a otro grupo de 6 estudiantes que formen más filas de 1, 2 y 3.
Pregunte: *Hay 1 compañero en esta fila. ¿Cuántos compañeros hay en esta otra fila?*

 ISBN 978-981-4822-01-5

Señale la fila que sigue.
Pregunte: *¿Cuántos compañeros hay en esta fila?*
Luego, pida a los estudiantes que formen filas de 2 personas. Si hay una cantidad impar de estudiantes en la clase, pida al estudiante restante que forme una fila con usted.
Luego, pida a los estudiantes de cada fila que se numeren contando 1 y 2.
Luego, pida a los estudiantes que formen filas de 3 y repita el procedimiento para contar del 1 al 3.

Observa

Aprendamos **LE, pág. 5**

Muestre a los estudiantes la **Tarjeta de puntos '3' (RM 1.3).**

Trace el número 3 en la Tarjeta de puntos '3'. Pida a los estudiantes que tracen el número 3 en el aire.

Escriba '3' y 'tres' en el pizarrón y léalos en voz alta. Luego, dibuje 3 gusanitos para mostrar la cantidad que representa el número.
Diga: *Este es el número 3.*
Pregunte: *¿Ven el número 3 en algún lugar del salón de clases?*
Dé tiempo a los estudiantes para que busquen y compartan dónde hallaron el número 3. (el reloj, una cinta métrica, una caja para guardar cosas, etc.)

Diga a los estudiantes que vayan a la pág. 5 del LE. Pídales que miren el número 3 y nombren los objetos que están alrededor, por ejemplo, 3 piedras, 3 ramitas.

Actividad diaria de conclusión

Señale el número 3 en la Tarjeta de puntos '3'.
Pregunte: *¿Qué número es este?* (3)
Muestre 3 dedos. Pida a los estudiantes que cuenten la cantidad de dedos que mostró.

 ISBN 978-981-4822-01-5

Objetivos:

- Contar grupos de 1, 2 y 3 objetos dispuestos en una línea
- Identificar el último número que se cuenta como la cantidad de objetos que hay en el grupo
- Leer y escribir los números 1, 2 y 3 y reconocer el nombre de los números

Materiales:

- tira de papel de 10 cm, 1 por pareja
- vasos con 1, 2 ó 3 fichas, 1 vaso por pareja
- 3 clips, 1 sobre por pareja
- cubos interconectables (3 rojos, 3 azules y 3 amarillos), 1 conjunto por pareja
- hojas grandes de papel

Recursos:

- LE, págs. 6–8
- Tarjeta de puntos '1' (RM 1.1)
- Tarjeta de puntos '2' (RM 1.2)
- Tarjeta de puntos '3' (RM 1.3)
- Tarjetas de puntos '1–3' (RM 1-1–1.3), 1 conjunto por pareja

Actividad diaria de preparación

Objetivo: Contar de memoria de 1 en 1 hasta 5

Pida a los estudiantes que formen un círculo y se turnen para contar de memoria de 1 en 1 hasta 5 (cada estudiante dice un número). El estudiante que dice el 5 aplaude una vez y sale del círculo. Repita la actividad varias veces.

Repaso rápido

Muestre la **Tarjeta de puntos '1' (RM 1.1).**
Pregunte: *¿Qué número es este?* (1) *¿Cómo saben que es el 1?* (Hay 1 punto en la tarjeta).
Diga: *Muéstrenme 1 brazo. Muéstrenme 1 mano.*

Repita la actividad con **Tarjetas de puntos '2' y '3' (RM 1.2 y RM 1.3)** y haga preguntas similares.

Aprender y hacer

Contar 1, 2 y 3

Laboratorio de matemáticas

Pida a los estudiantes que trabajen en parejas para contar y construir una torre de 3 **cubos interconectables** rojos.
Pregunte: *¿Cuántos cubos hay?* (3)
Diga: *Ahora construyan una torre con 2 colores.*
Cuando los estudiantes hayan terminado, pregúnteles cuántos cubos tienen. Deben tener 3 cubos.
Pregunte: *¿Pueden usar 3 colores para construir la torre?*
Recuerde a los estudiantes que la torre solo puede tener 3 cubos.

Demuestre la siguiente actividad con la ayuda de un estudiante. Coloque la **tira de papel** y un conjunto de **Tarjetas de puntos '1–3' (RM 1.1–1.3)** sobre una mesa. Pida al estudiante que elija **un vaso** (que tenga hasta 3 **fichas**) mientras usted tiene el **sobre** con 3 **clips**.

Explique que un compañero contará la cantidad de fichas que hay en el vaso usando la tira de papel. Luego, elegirá la Tarjeta de puntos que corresponda a la cantidad de fichas. El otro compañero comprobará que eligió la Tarjeta de puntos correcta, y luego contará la misma cantidad de clips del sobre, los colocará sobre la tira de papel y dirá la cantidad de ambos objetos. (Ejemplo: 2 fichas. 2 clips) Los compañeros intercambiarán roles y repetirán la actividad.

Pida a los estudiantes que trabajen en parejas para continuar con la actividad. Dé un vaso con fichas, un sobre con clips, una tira de papel y un conjunto de Tarjetas de puntos '1–3' a cada pareja. Cuando la pareja haya terminado, pida a los estudiantes que intercambien su vaso con fichas con otra pareja y repitan la actividad.

> ***NOTA:*** *Representar la misma cantidad con diferentes materiales didácticos manipulables apoya la comprensión de los estudiantes sobre la conservación.*

 ISBN 978-981-4822-01-5

Observe:

- ¿Los estudiantes usan la correspondencia uno a uno para contar la cantidad correcta de objetos?
- ¿Los estudiantes usan una secuencia de conteo incorrecta? Si es así, ¿dónde está el error?
- ¿Los estudiantes pueden hacer un reconocimiento súbito de las cantidades?
- ¿Los estudiantes pueden expresar la cantidad total contada sin volver a contar?
- ¿Los estudiantes eligen la Tarjeta de puntos correcta que corresponde a una cantidad?

Manos a la obra LE, págs. 6–8

En la tarea 1 se practica contar la cantidad de objetos de un conjunto y emparejarla con la forma numérica correspondiente.

En la tarea 2 se practica contar la cantidad de objetos de un conjunto y escribir los números correspondientes. Se ofrece orientación.

En la tarea 3 se practica contar la cantidad de objetos de un conjunto y escribir los números correspondientes. Se da un ejemplo.

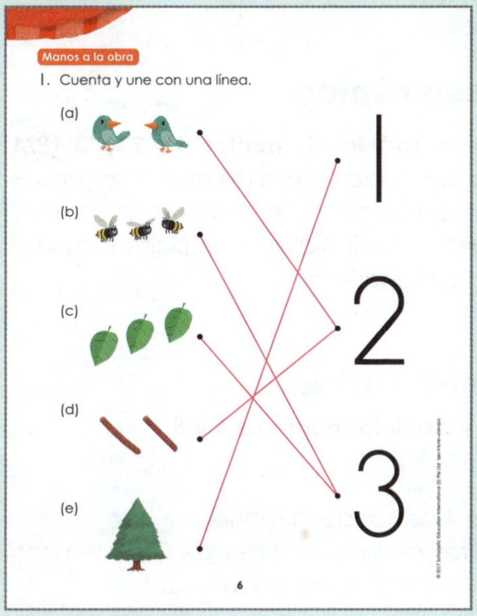

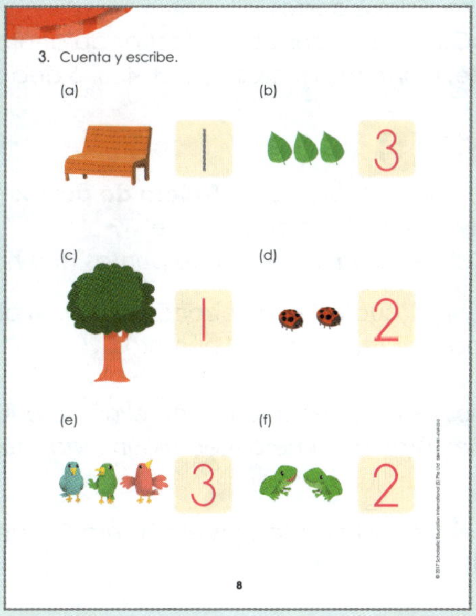

Reforzar conceptos

Pida a los estudiantes que cuenten 1, 2 y 3 fichas usando una tira para contar y pregúnteles "¿Cuántas...?". Diga a los estudiantes que vayan a la sección Manos a la obra de las págs. 6–8 del LE y pídales que señalen cada objeto de un conjunto dado a medida que cuentan. Cuanto terminen de contar cada conjunto, pregunte "¿Cuántos...?".

Actividad diaria de conclusión

Escriba los números 1, 2 y 3 en una hoja grande de papel. Luego, escriba los nombres de los números debajo de cada número. Mientras señala cada número, pida a los estudiantes que los digan en voz alta.

 ISBN 978-981-4822-01-5

Objetivos:
- Contar grupos de 4 y 5 objetos dispuestos en una línea
- Identificar el último número que se cuenta como la cantidad de objetos que hay en el grupo
- Leer y escribir los números 4 y 5 y reconocer el nombre de los números

Materiales:
- tira de papel de 10 cm, 1 por pareja
- cubos interconectables (1–5 cubos en cada bolsa), 1 bolsa por pareja

Recursos:
- LE, págs. 9 y 10
- Tarjeta de puntos '1' (RM 1.1)
- Tarjeta de puntos '2' (RM 1.2)
- Tarjeta de puntos '3' (RM 1.3))
- Tarjeta de puntos '4' (RM 1.4)
- Tarjeta de puntos '5' (RM 1.5)
- Tarjetas de puntos '1–5' (RM 1.1–1.5), 1 conjunto por pareja

Vocabulario:
- cuatro
- cinco

Actividad diaria de preparación

Objetivo: Contar de memoria de 1 en 1 hasta 5

Pida a los estudiantes que formen un círculo y se turnen para contar de memoria de 1 en 1 hasta 5 (cada estudiante dice un número). El estudiante que dice el 5 aplaude una vez y sale del círculo. Repita la actividad varias veces.

Repaso rápido

Repase las **Tarjetas de puntos '1', '2' y '3' (RM 1.1–RM 1.3).** Muestre a los estudiantes cada tarjeta durante 3 segundos y pídales que identifiquen el número. Mezcle las tarjetas y vuelva a mostrarles una tarjeta. Pida a los estudiantes que indiquen con palmadas la cantidad que representa el número de la tarjeta.

Aprender y hacer

Contar y decir los números 4 y 5

Laboratorio de matemáticas

Muestre 4 dedos de la mano.
Diga: *Estoy mostrando 4 dedos. Cuenten conmigo: 1, 2, 3, 4. 4 dedos.*
Señale cada dedo mientras cuenta.

Luego, muestre 5 dedos.
Diga: *¿Cuántos dedos estoy mostrando ahora?*
Pregunte: *Contemos juntos: 1, 2, 3, 4, 5. 5 dedos.*

Observa

Muestre a los estudiantes la **Tarjeta de puntos '4' (RM 1.4).**
Pregunte: *¿Qué viene después del 3?* (4)
Diga: *Contemos la cantidad de puntos que hay en la tarjeta: 1, 2, 3.*

Escriba '4' y 'cuatro' en el pizarrón. Dibuje 4 objetos para mostrar la cantidad que representa el número.

Pida a los estudiantes que tracen el número 4 en el aire.
Pregunte: *¿Ven el número 4 en algún lugar del salón de clases?*
(en mi reloj, en un libro, etc.)

Repita el procedimiento con el número 5 usando la **Tarjeta de puntos '5' (RM 1.5).**

Dé una **tira de papel,** un conjunto de **Tarjetas de puntos 1–5 (RM 1.1–1.5)** y una **bolsa de cubos interconectables** a cada pareja. Demuestre la actividad con un voluntario. Explique que un compañero contará los cubos de la bolsa usando la tira de papel. Luego, le mostrará a su compañero la Tarjeta de puntos que corresponde a la cantidad de cubos. Se vuelven a poner los cubos en la bolsa y el otro compañero hace lo mismo. Pida a las parejas que intercambien las bolsas con otras parejas y repitan la actividad.

 ISBN 978-981-4822-01-5

Observe:

- ¿Los estudiantes usan la correspondencia uno a uno para contar la cantidad correcta de objetos?
- ¿Los estudiantes usan una secuencia de conteo incorrecta? Si es así, ¿dónde está el error?
- ¿Los estudiantes pueden hacer un reconocimiento súbito de las cantidades?
- ¿Los estudiantes pueden expresar la cantidad total contada sin volver a contar?
- ¿Los estudiantes eligen la Tarjeta de puntos correcta que corresponde a una cantidad?

Aprendamos LE, págs. 9 y 10

Diga a los estudiantes que vayan a la pág. 9 del LE. Pídales que identifiquen el número 4 y cuenten la cantidad de objetos que hay en grupos de 4, por ejemplo, 4 flores, 4 árboles.

Diga a los estudiantes que vayan a la pág. 10 del LE. Pídales que identifiquen el número 5 y cuenten la cantidad de objetos que hay en grupos de 5, por ejemplo, 5 ramitas, 5 abejas.

Actividad diaria de conclusión

Pregunte: *Cuando contaban los cubos, vi que muchos de ustedes tocaban cada cubo que contaban. ¿Cómo los ayuda eso a contar?* (Cuento un número cuando toco un cubo). Pida a los estudiantes que conversen con un compañero y compartan sus ideas con la clase.

 ISBN 978-981-4822-01-5

Objetivos:

- Contar grupos de 4 y 5 objetos dispuestos en una línea
- Identificar el último número que se cuenta como la cantidad de objetos que hay en el grupo
- Leer y escribir los números 4 y 5 y reconocer el nombre de los números

Materiales:

- notas autoadhesivas (cada una con el número 1, 2, 3, 4 ó 5), 1 nota por pareja
- fichas
- 5 cubos interconectables, 1 vaso por pareja

Recursos:

- LE, págs. 11–13
- Cuadro de 5 (RM 1.6), 1 por pareja
- Tarjetas de números '1–5' (RM 1.1–1.5), 1 conjunto por pareja

Actividad diaria de preparación

Objetivo: Contar de memoria de 1 en 1 hasta 5

Pida a los estudiantes que formen un círculo y se turnen para contar de memoria de 1 en 1 hasta 5 (cada estudiante dice un número). Pídales que cuenten del 1 al 4 en voz baja. El estudiante que dice el 5 lo dice en voz alta. Repita la actividad varias veces

Repaso rápido

Dé una **nota autoadhesiva** a cada pareja. Explique que cada pareja debe hallar y conseguir la cantidad de objetos que se muestran en su nota autoadhesiva (por ejemplo, deben conseguir dos objetos si su nota tiene el número 2). Dé a los estudiantes algunos minutos para reunir sus objetos. Pida a las parejas que lean el número de su nota autoadhesiva, cuenten la cantidad de objetos que reunieron y describan los objetos, por ejemplo, 4 marcadores, 3 lápices, 5 libros.

Aprender y hacer

Contar hasta 5 con un cuadro de 5

Laboratorio de matemáticas

Muestre a los estudiantes un **cuadro de 5 (RM 1.6)** (sin identificarlo como un cuadro de 5).
Pregunte: *¿Qué ven?*
Pida a los estudiantes que comenten lo que piensan con la clase. (Ejemplo: Veo 5 casillas. Están en una hilera. Las casillas se tocan).
Explique a los estudiantes que la tira de casillas se llama cuadro de 5 y se usa para contar.

Para demostrar cómo se usa un cuadro de 5, coloque una **ficha** en el lado izquierdo del cuadro de 5, y luego una segunda ficha junto a la primera.
Pregunte: *¿Cuántas fichas ven?* (2)
Continúe agregando una ficha por casilla, de una en una (de izquierda a derecha), hasta que el cuadro de 5 esté completo. Cada vez que agregue una ficha, pregunte a los estudiantes cuántas fichas hay en el cuadro de 5.

Demuestre la actividad con un estudiante. Dé al estudiante un vaso con 5 **cubos interconectables** y un cuadro de 5. Mezcle las **Tarjetas de puntos '1–5' (RM 1.1–1.5)** y colóquelas boca abajo en una pila. Pida al estudiante que elija una tarjeta e identifique su número. Luego, pídale que cuente la misma cantidad de cubos del vaso y los coloque en el cuadro de 5.
Pregunte: *¿Cuántos cubos hay? ¿La cantidad de cubos es la misma que el número de la tarjeta?*

Pida a las parejas que continúen con la actividad. Dé un vaso con 5 cubos, un cuadro de 5 y un conjunto de Tarjetas de puntos '1–5' a cada pareja. Explique que un estudiante tomará una Tarjeta de puntos de la parte de arriba de la pila, identificará el número y contará esa cantidad de cubos usando el cuadro de 5. El compañero comprobará si el estudiante contó bien antes de intercambiar roles.

 ISBN 978-981-4822-01-5

Observe:

- ¿Los estudiantes usan la correspondencia uno a uno para contar la cantidad correcta de objetos?
- ¿Los estudiantes usan una secuencia de conteo incorrecta? Si es así, ¿dónde está el error?
- ¿Los estudiantes se saltan cubos cuando cuentan?
- ¿Los estudiantes pueden expresar la cantidad total contada sin volver a contar?
- ¿Los estudiantes pueden contar con precisión una cantidad cuando se les da el total?
- ¿Los estudiantes comienzan por colocar los cubos en la casilla izquierda de un cuadro de 5?

Observa

Manos a la obra LE, págs. 11–13

En la tarea 1 se practica contar la cantidad de objetos de un conjunto y emparejarla con la forma numérica correspondiente.

En la tarea 2 se practica contar la cantidad de objetos de un conjunto y escribir los números correspondientes. Se ofrece orientación.

En la tarea 3 se practica contar un conjunto de hasta 5 objetos y escribir los números correspondientes. Se da un ejemplo.

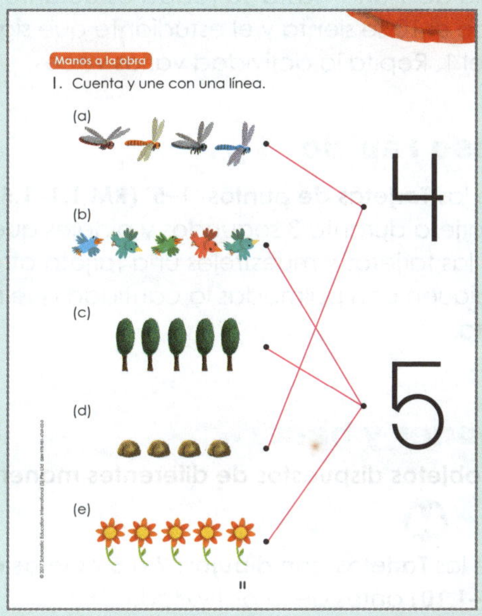

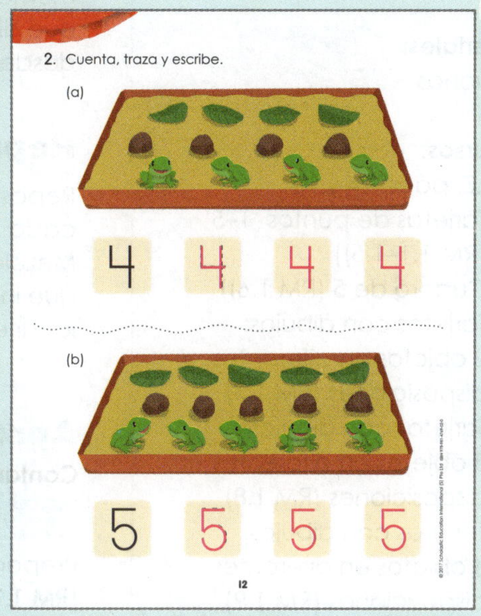

Reforzar conceptos

Pida a los estudiantes que cuenten 4 y 5 fichas usando un cuadro de 5 y pregunte "¿Cuántas hay?". Asegúrese de que los estudiantes cuentan cada vez que colocan una ficha.

Actividad diaria de conclusión

Pregunte: *¿Cómo podemos usar un cuadro de 5 para contar? (Ponemos una cosa en cada casilla).*

Pida a los estudiantes que comenten con un compañero y compartan sus ideas con la clase.

 ISBN 978-981-4822-01-5

Lección 4: Del 1 al 5

DÍA 1 · DÍA 2 · DÍA 3

Objetivos:
- Contar grupos de hasta 5 objetos dispuestos de diferentes maneras (línea, cuadro de 5, matriz, círculo, dispersos)
- Expresar la cantidad de objetos contados en un conjunto de hasta 5 objetos sin volver a contar.

Materiales:
- fichas

Recursos:
- LE, págs. 14 y 15
- Tarjetas de puntos '1–5' (RM 1.1–1.5))
- Cuadro de 5 (RM 1.6))
- Tarjetas con dibujos: 2 objetos en diferentes disposiciones (RM 1.7)
- Tarjetas con dibujos: 3 objetos en diferentes disposiciones (RM 1.8)
- Tarjetas con dibujos: 4 objetos en diferentes disposiciones (RM 1.9)
- Tarjetas con dibujos: 5 objetos en diferentes disposiciones (RM 1.10)

Actividad diaria de preparación

Objetivo: Contar de memoria de 1 en 1 hasta 10

Pida a los estudiantes que formen un círculo y cuenten de memoria del 1 al 5. Cuente del 6 al 10 y pídales que repitan después de usted. Una vez que los estudiantes se hayan familiarizado con los números del 6 al 10, pídales que cuenten del 1 al 10.

Pida a los estudiantes que formen un círculo y se turnen para contar de memoria de 1 en 1 hasta 10 (cada estudiante dice un número). El estudiante que dice el 10 se sienta y el estudiante que sigue comienza a contar otra vez desde el 1. Repita la actividad varias veces.

Repaso rápido

Repase las **Tarjetas de puntos '1–5' (RM 1.1–1.5)**. Muestre a los estudiantes cada tarjeta durante 3 segundos y pídales que identifiquen el número. Mezcle las tarjetas y muéstreles una tarjeta otra vez. Pida a los estudiantes que indiquen con palmadas la cantidad que representa el número de la tarjeta.

Aprender y hacer

Contar objetos dispuestos de diferentes maneras

Laboratorio de matemáticas

Prepare las **Tarjetas con dibujos: 2 a 5 objetos en diferentes disposiciones (RM 1.7–1.10)** antes de la actividad.

Pida a los estudiantes que se reúnan alrededor de una mesa. Coloque 4 fichas en un **cuadro de 5 (RM 1.6)**.
Pregunte: *¿Cuántas fichas hay?* (4)
Reordene las fichas en una línea sobre la mesa.
Pregunte: *¿Cuántas fichas hay ahora?* (4)
Reordene las fichas en 2 hileras de 2.
Pregunte: *¿Y ahora cuántas hay?* (4) *¿Cambió el número de fichas?* (no)
Explique que usted no usó más fichas ni quitó ninguna ficha.
Pregunte: *¿Qué cambió en las fichas?* (la manera en que estaban ordenadas)

Vuelva a ordenar las fichas en una disposición circular y luego dispersa, y pregunte si sigue habiendo 4 fichas.
Diga: *Podemos ordenar los objetos de diferentes maneras. 4 fichas pueden estar en un círculo, en una línea o dispersas por todos lados, pero la cantidad de fichas no cambia.*
Repita el procedimiento con otras cantidades, por ejemplo, 3 ó 5. Comience usando el cuadro de 5. Después de que los estudiantes hayan identificado la cantidad de fichas, cambie la disposición. Pídales que observen que la cantidad no cambia.

Observa

Mezcle las Tarjetas con dibujos. Colóquelas boca abajo en una pila. Elija una tarjeta que muestre objetos en una disposición dispersa (por ejemplo, 3 cubos dispersos). Muestre la tarjeta a los estudiantes.

> ***NOTA:*** *Pedir a los estudiantes que piensen en por qué eligieron el número 3 ayuda a mejorar las destrezas de metacognición y comunicación.*

Pregunte: *¿Cuántos objetos hay?* (3) *¿Cómo lo saben?*
Después de que los estudiantes expliquen su razonamiento, coloque la tarjeta boca arriba en la mesa. Repita el procedimiento con otras tarjetas. No apile las tarjetas.

Diga: *Hallen todas las tarjetas que tienen 3 objetos.*
Pida a los estudiantes que pongan esas tarjetas en un grupo.
Pregunte: *¿Qué otra cosa notan acerca de cada tarjeta?* (Algunos objetos forman una línea y otros forman un círculo).

Pida a los estudiantes que agrupen tarjetas que tengan 5 objetos y conversen sobre cómo están dispuestos en cada tarjeta con dibujos. Elija la tarjeta que tiene 5 objetos en una disposición circular.
Pregunte: *¿Cómo podemos contar los objetos de esta tarjeta?*
Pida a los estudiantes que conversen en parejas y compartan sus ideas con la clase. (Ejemplo: Podemos poner una ficha sobre cada objeto a medida que contamos./Podemos dibujar una línea sobre cada objeto que contamos).

> ***NOTA:*** *Colocar fichas sobre los dibujos representa cómo llevar la cuenta de lo que se ha contado y de lo que todavía falta por contar.*

Si los estudiantes no sugieren poner una ficha sobre cada objeto que cuentan, demuéstrelo.

Observa

Aprendamos **LE, págs. 14 y 15**

Dé 5 **fichas** a cada estudiante. Diga a los estudiantes que vayan a la pág. 14 del LE, parte (a). Pídales que miren la ficha y el número 1.
Pregunte: *¿Cuántas fichas hay en el globo de pensamiento?* (1) *¿Se puede ordenar de otra manera 1 ficha?* (no)
Si es necesario, demuestre a los estudiantes que 1 ficha puede tener solo 1 disposición.

Diga a los estudiantes que vayan a las págs. 14 y 15 del LE, partes (b) a (e). Pídales que miren las distintas disposiciones en cada dibujo y cuenten la cantidad de fichas de cada conjunto. Pregunte a los estudiantes si piensan que las diferentes disposiciones tienen la misma cantidad de fichas. Pregúnteles cómo usarían un cuadro de 5 para ordenar de 1 a 5 fichas.

Actividad diaria de conclusión

Dibuje 4 objetos en una hilera. Luego, dibuje otros cuatro objetos en una matriz.
Pregunte: *¿Cuántos objetos hay en cada dibujo?* (4)
Guíe a los estudiantes para que identifiquen que la cantidad de objetos de cada grupo es 4, aunque pueden estar ordenados de distintas maneras.

 ISBN 978-981-4822-01-5

Lección 4: Del 1 al 5

DÍA 1 DÍA 2 DÍA 3

Objetivos:

- Contar hasta 5 objetos dispuestos de diferentes maneras (línea, cuadro de 5, matriz, círculo, dispersos)
- Expresar la cantidad de objetos contados en un conjunto de hasta 5 objetos sin volver a contar

Materiales:

- papel, varias hojas por estudiante
- lápices

Recursos:

- LE, págs. 16 y 17
- Tarjetas de números 2–5 (RM 1.11), 1 conjunto por pareja

Actividad diaria de preparación

Objetivo: Contar de memoria de 1 en 1 hasta 10

Pida a los estudiantes que formen un círculo y se turnen para contar de memoria de 1 en 1 hasta 10 (cada estudiante dice un número). El estudiante que dice el 10 se sienta y el estudiante que sigue comienza a contar otra vez desde el 1. Repita la actividad varias veces.

Repaso rápido

Repase cómo contar un grupo de 3 objetos (usando estudiantes) en diferentes disposiciones. Por ejemplo, coloque a los mismos 3 estudiantes en una línea y luego en una disposición dispersa. Cada vez, pida al resto de la clase que cuente a los estudiantes del grupo y responda la pregunta "¿Cuántos hay...?".
Pregunte: *¿Cuántos estudiantes hay aquí?* (3) *¿Cambió la cantidad de estudiantes?* (no)
Pida a los estudiantes que expliquen su razonamiento.

Aprender y hacer

Contar objetos dispuestos de diferentes maneras

Laboratorio de matemáticas

Pida a los estudiantes que se reúnan alrededor de una mesa. Pida a un estudiante que demuestre la actividad con usted. Dé al estudiante un conjunto de **Tarjetas de números 2–5 (RM 1.11)**, una **hoja de papel** y un **lápiz**. Pida al estudiante que elija una tarjeta de números y dibuje en el papel la cantidad correspondiente de puntos. Compruebe si la cantidad de puntos corresponde al número elegido. Dibuje la misma cantidad de puntos en una disposición diferente en su hoja de papel. Muestre las dos hojas a los estudiantes.
Pregunte: *¿Tienen la misma cantidad de puntos?* (sí) *¿Qué es diferente?* (Están ordenados de una manera distinta).

Pida a los estudiantes que trabajen en parejas para continuar con la actividad. Dé un conjunto de Tarjetas de números 2–5 y una hoja de papel a cada pareja.

Observe:

- ¿Los estudiantes cuentan los puntos de sus hojas usando la correspondencia uno a uno?
- ¿Los estudiantes pueden expresar la cantidad total contada sin volver a contar?

Cuando los estudiantes terminen la actividad, recoja todas las hojas con los dibujos de los estudiantes. Seleccione un conjunto de dibujos que tengan de 2 a 5 puntos. Póngalos separados en el piso, en el centro del salón de clases.
Diga: *Pondremos juntos todos los dibujos que tienen la misma cantidad de puntos.*

Mezcle los dibujos de puntos de los estudiantes y distribúyalos.
Pregunte: *¿Quién tiene un dibujo con 2 puntos?*
Diga a los estudiantes que tienen dibujos con 2 puntos que los coloquen en el piso, junto al dibujo correcto que usted puso en el centro del salón de clases. Haga lo mismo con el resto de los números.

Después de haber clasificado todos los dibujos, pida a los estudiantes que miren las distintas disposiciones que se les ocurrieron para mostrar los números del 2 al 5.

 ISBN 978-981-4822-01-5

Observa

Manos a la obra LE, págs. 16 y 17

En la tarea 1 se practica contar y emparejar grupos de fichas dispuestas de diferentes maneras.

En la tarea 2 se practica contar la cantidad de objetos en diferentes disposiciones y escribir los números correspondientes.

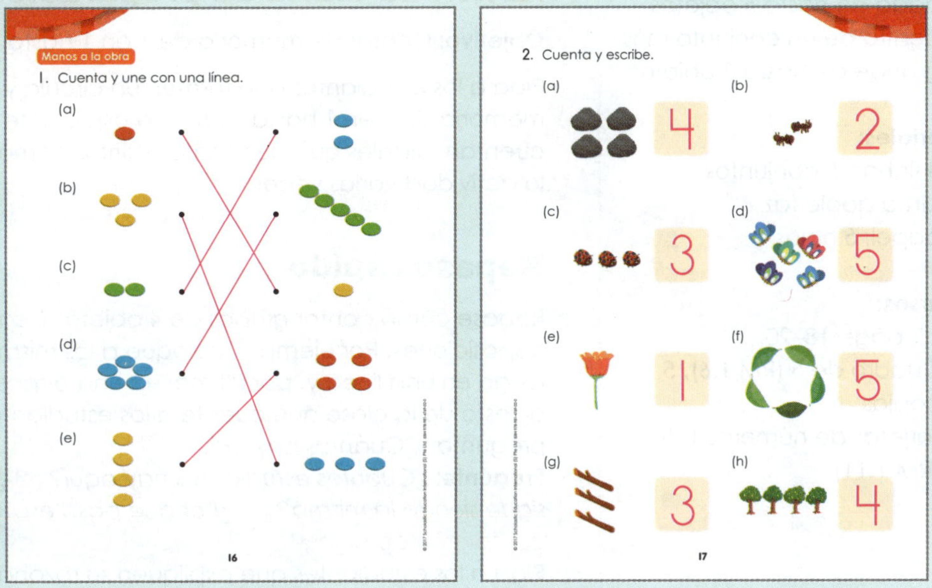

Observe:

- ¿Los estudiantes cuentan usando la correspondencia uno a uno?
- ¿Los estudiantes tienen dificultades con alguna disposición de objetos en particular cuando cuentan representaciones gráficas de cantidades?

Reforzar conceptos

Diga a los estudiantes que vayan a las págs. 14 y 15 del LE. Mientras cuentan, señale cada ficha del grupo. Especialmente para las disposiciones circulares, quizá sea conveniente que los estudiantes pongan un dedo sobre la primera ficha antes de seguir contando.

Actividad diaria de conclusión

Pregunte: *¿Cuál de las formas en que están ordenados los objetos les gusta más? ¿Por qué?* (Ejemplo: Me gusta contar objetos que están en un círculo porque es como un juego./Me gusta contar objetos que están en una línea porque es más fácil).

Pida a los estudiantes que conversen con un compañero y compartan sus ideas con la clase.

1

 ISBN 978-981-4822-01-5

Objetivos:
- Contar una cantidad dada de hasta 5 objetos dentro de un conjunto más grande de hasta 8 objetos

Materiales:
- 8 fichas, 5 conjuntos
- cinta doble faz
- papel, 5 hojas

Recursos:
- LE, págs. 18–20
- Cuadro de 5 (RM 1.6), 5 copias
- Tarjetas de números 1–5 (RM 1.11)

Actividad diaria de preparación

Objetivo: Contar de memoria de 1 en 1 hasta 10

Pida a los estudiantes que formen un círculo y se turnen para contar de memoria de 1 en 1 hasta 10 (cada estudiante dice un número). Mientras cuentan, pídales que den tantos saltitos como el número que dijeron. Repita la actividad varias veces.

Repaso rápido

Repase cómo contar grupos de 4 objetos (usando estudiantes) en diferentes disposiciones. Por ejemplo, coloque a los mismos 4 estudiantes en una matriz, luego en una línea y, por último, en una disposición dispersa. Cada vez, pida al resto de la clase que cuente a los estudiantes del grupo y responda la pregunta "¿Cuántos hay...?".
Pregunte: *¿Cuántos estudiantes hay aquí?* (4) *¿La cantidad de estudiantes sigue siendo la misma?* (sí) *¿Por qué pasa eso?* (Ninguno se fue, solo cambiaron de lugar).
Pida a los estudiantes que expliquen su razonamiento.

Aprender y hacer

Contar dentro de un conjunto

Laboratorio de matemáticas

Antes de la lección, prepare 5 copias del **cuadro de 5 (RM 1.6)** y pegue **cinta doble faz** en cada casilla del cuadro de 5.

Pida a los estudiantes que se reúnan alrededor de una mesa. Pida a 2 estudiantes que demuestren la actividad.

Coloque un cuadro de 5, 8 **fichas** y un conjunto de **Tarjetas de números 1–5 (RM 1.11)** boca abajo en la mesa. Pida al Estudiante A que elija una tarjeta de números y se la muestre al Estudiante B. El Estudiante B cuenta esa cantidad de fichas de la pila de 8 fichas y las pega en el cuadro de 5. El Estudiante A comprueba si es la cantidad de fichas correcta.

Pregunte: *¿Qué número está en la tarjeta de números? ¿Tu compañero contó la cantidad correcta de fichas?*
Retire el cuadro de 5 (con las fichas pegadas).

Prepare algunos conjuntos más de 8 fichas. Anime a más estudiantes a que hagan la actividad hasta que se hayan usado todas las tarjetas de números y todos los cuadros de 5. Levante y muestre todos los cuadros de 5.

Pida a los estudiantes que cuenten y digan cuántas fichas hay en cada cuadro de 5. Elija a 5 estudiantes para que cada uno escriba el número correspondiente en **hojas de papel** aparte y las coloquen junto a los cuadros de 5 respectivos. Asigne un cuadro de 5 a cada estudiante.

 ISBN 978-981-4822-01-5

Observa

Aprendamos **LE, pág. 18**

Diga a los estudiantes que vayan a la pág. 18 del LE. Pídales que miren los dibujos para recordar lo que hicieron en la actividad anterior. Recuerde a los estudiantes que, cuando cuentan conjuntos más pequeños de objetos dentro de un conjunto más grande, pueden usar un cuadro de 5 como ayuda para contar.

Manos a la obra

LE, págs. 19 y 20

En la tarea 1 se practica contar la cantidad de fichas en diferentes disposiciones y dibujar el cuadro de 5 correspondiente.

En la tarea 2 se practica contar una cantidad dada de objetos de un conjunto más grande de objetos.

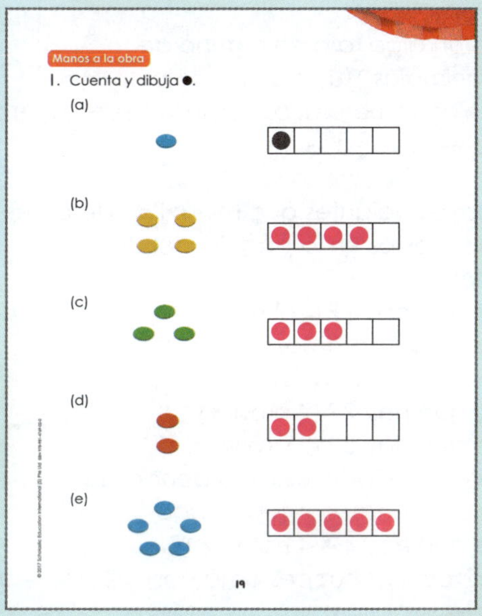

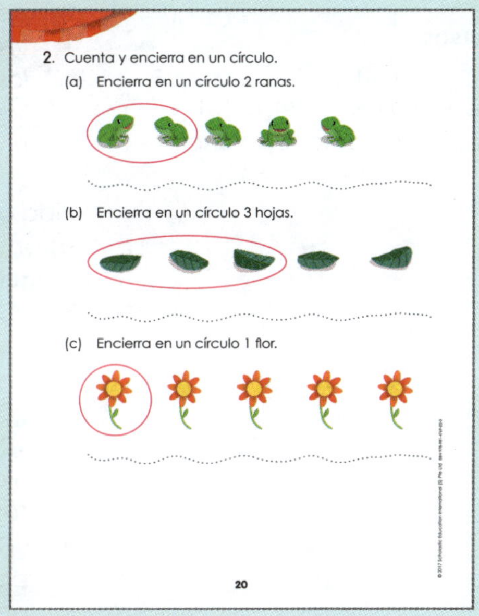

Reforzar conceptos

Pida a los estudiantes que cuenten 4 y 5 fichas usando un cuadro de 5 y pregunte "¿Cuántas hay...?". Asegúrese de que los estudiantes cuentan cada vez que colocan una ficha.

Actividad diaria de conclusión

Dibuje 4 puntos en una línea en el pizarrón. Pregunte a los estudiantes de qué otra manera se pueden ordenar los 4 puntos. Pida a los estudiantes que compartan sus ideas con la clase.

 ISBN 978-981-4822-01-5

Objetivos:

- Contar hasta 5 objetos dispuestos de diferentes maneras (línea, matriz, dispersos)
- Identificar el último número que se cuenta como la cantidad de objetos que hay en el grupo
- Expresar la cantidad de objetos contados en un conjunto de hasta 5 objetos sin volver a contar

Materiales:

- fichas (opcional)

Recursos:

- LE, pág. 21
- Cuadro de 5 (RM 1.6), 1 por estudiante (opcional)

Ejercicios del capítulo **LE, pág. 21**

Pida a los estudiantes que miren el dibujo de la pág. 21 del LE.
Haga las siguientes preguntas para animarlos a conversar.

Pregunte:

- *¿Qué tipos de animales ven?* (pajaritos, mariposas, abejas, ardillas y un gato)
- *¿Qué están haciendo los animales?* (Los pajaritos están sentados en una rama. Las mariposas están volando. Las ardillas están subiendo/bajando del árbol. Las abejas están volviendo a su colmena. El gato está debajo del árbol).
- *¿Notan algo raro en alguno de los animales?* (Uno de los pajaritos lleva un sombrero. Las ardillas tienen cuerdas con nueces. El gato tiene una escoba en la mano).

Pida a los estudiantes que miren los diferentes objetos y la manera en que están dispuestos en la pág. 21 del LE.

Pregunte:

- *¿De qué hay 1?* (colmena, 1 sombrero, 1 rama/árbol, 1 gato, 1 escoba, 1 gusano)
- *¿De qué hay 2?* (2 ardillas)
- *¿De qué hay 3?* (3 pajaritos, 3 abejas) *¿Cómo están ordenados?* (en una hilera, por todos lados)
- *¿De qué hay 4?* (4 hojas, 4 nueces color café, 4 nueces amarillas) *¿Cómo están ordenados?* (en una hilera, por todos lados)
- *¿De qué hay 5?* (5 mariposas)

***NOTA:** Las preguntas evalúan la capacidad de los estudiantes para contar grupos de hasta 5 objetos dispuestos de varias maneras y si pueden identificar el último número que se cuenta como la cantidad de objetos del grupo.*

Para los estudiantes que tengan dificultades, pídales que pongan una **ficha** sobre cada objeto que cuentan; por ejemplo, si cuentan las hojas del árbol, pídales que pongan una ficha sobre cada hoja. Los estudiantes luego pueden transferir las fichas al **cuadro de 5 (RM 1.6)** para determinar la cantidad de fichas, que es también la cantidad de hojas.

Pida a los estudiantes que miren las mariposas.

Pregunte:

- *¿Son todas del mismo color?* (no)
- *¿Qué pueden decir de las mariposas?* (2 de 5 son azules./3 de 5 son rojas).

Repita las preguntas para las hojas.
(Algunas están en el árbol; otras, no).

***NOTA:** Las preguntas evalúan la destreza de los estudiantes para contar una cantidad más pequeña de objetos de un conjunto más grande de objetos.*

Objetivos:

- Contar hasta 5 objetos en una disposición circular
- Expresar la cantidad de objetos que hay en un conjunto ya contado de hasta 5 objetos sin volver a contar

Materiales:

- fichas, 5 por pareja

Recursos:

- LE, pág. 22

Actividad 1 **LE, pág. 22**

Pida a los estudiantes que miren la pág. 22 del LE. Pídales que piensen quién tiene razón, Bela o Rey, y por qué. Luego, pídales que se turnen y conversen con un compañero para comentar lo que piensan. Dé tiempo a las parejas para que compartan lo que comentaron.

Pregunte: *¿Cuántas fichas hay?* (5)

Pregunte: *¿Cómo pueden llevar la cuenta de las fichas que están contando?* (Ejemplo: poniendo el dedo sobre la primera ficha que cuento)

Dé **5 fichas** a cada pareja. Pídales que coloquen una ficha sobre cada dibujo para verificar el número de fichas que ven en la página. Pida a los estudiantes que cuenten a medida que colocan las fichas.

Observe:

- ¿Los estudiantes llevan la cuenta de dónde empezaron a contar?
- ¿Los estudiantes usan diferentes estrategias para contar objetos en una disposición circular?

 ISBN 978-981-4822-01-5

Objetivos:

- Identificar el último número que se cuenta como la cantidad de objetos que hay en el grupo
- Leer los números del 1 al 5 y reconocer el nombre de los números

Materiales:

- clips (de colores diferentes), 2 por pareja

Recursos:

- LE, pág. 23
- Tarjetas de números 1–5 (RM 1.11), 1 conjunto por estudiante

Actividad 2 **LE, pág. 23**

Pida a los estudiantes que completen el juego de contar de la pág. 23 del LE.

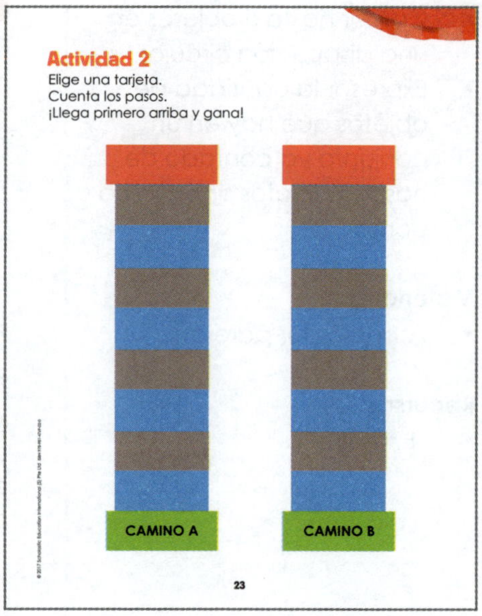

Dé 2 **clips** (de colores diferentes) y 2 conjuntos de **Tarjetas de números 1–5 (RM 1.11)** a cada pareja.

Pida al Estudiante A que coloque su clip en el recuadro verde del Camino A. El Estudiante B debe poner su clip en el Camino B. Luego, pida a cada estudiante que mezcle sus Tarjetas de números y las ponga boca abajo en una pila. El Estudiante A toma la tarjeta de arriba de su pila y le dice al Estudiante B el número. El Estudiante A luego avanza esa cantidad de espacios en el camino. Luego, el Estudiante A le dice a su compañero cuántos pasos avanzó.

El Estudiante B toma la tarjeta de arriba de su pila y repite el procedimiento. Los compañeros continúan turnándose hasta que uno llegue al recuadro rojo de la parte superior. Si hay tiempo, los compañeros comienzan de nuevo y repiten la actividad.

 ISBN 978-981-4822-01-5

Objetivos:

- Contar hasta 5 objetos dispuestos de diferentes maneras (línea, matriz, dispersos)
- Identificar el último número que se cuenta como la cantidad de objetos que hay en el grupo
- Escribir los números del 1 al 5
- Expresar la cantidad de objetos que hay en un conjunto ya contado de hasta 5 objetos sin volver a contar

Recursos:
- LE, pág. 24

Actividad 3 **LE, pág. 24**

Pida a los estudiantes que miren la pág. 24 del LE.

Explique a los estudiantes que deben contar la cantidad de objetos de cada grupo y escribir el número correspondiente.

Pida a los estudiantes que comprueben el trabajo de su compañero después de la actividad.

Actividad de conclusión del capítulo

Pida a los estudiantes que conversen sobre lo que aprendieron en el capítulo.

Pregunte:

- *¿Qué números pueden contar ahora?* (1, 2, 3, 4 y 5)
- *¿Si tengo 5 canicas, ¿las puedo ordenar de distintas maneras?* (sí)
- *¿Puedo ordenar 1 canica de diferentes maneras?* (no)
- *¿Qué número es más fácil de escribir? ¿Y el más difícil de escribir?* (Las respuestas variarán).

» Resolución de problemas (1 día)

Consulte los Recursos para Resolución de problemas, donde encontrará materiales y notas para la enseñanza.

2 Números del 0 al 10

Plan de trabajo

Lección	Objetivos
Lección 1: 6 y 7	
Contar grupos de 6 y 7	• Contar grupos de 6 y 7 objetos • Identificar el último número que se cuenta como la cantidad de objetos que hay en el grupo • Leer y escribir los números 6 y 7 y reconocer el nombre de los números
Contar hasta 6 y 7 con cuadros de 10	• Seguir contando desde 5 para contar grupos de 6 y 7 objetos dispuestos en un cuadro de 10 • Contar grupos de 6 y 7 objetos • Identificar el último número que se cuenta como la cantidad de objetos que hay en el grupo • Leer y escribir los números 6 y 7 y reconocer el nombre de los números
Lección 2: 8 y 9	
Contar grupos de 8 y 9	• Contar grupos de 8 y 9 objetos • Identificar el último número que se cuenta como la cantidad de objetos que hay en el grupo • Leer y escribir los números 8 y 9 y reconocer el nombre de los números
Contar hasta 8 y 9 con cuadros de 10	• Seguir contando desde 5 para contar grupos de 8 y 9 objetos dispuestos en un cuadro de 10 • Contar grupos de 8 y 9 objetos • Identificar el último número que se cuenta como la cantidad de objetos que hay en el grupo • Leer y escribir los números 8 y 9 y reconocer el nombre de los números
Lección 3: 10	
Contar hasta 10	• Contar grupos de 6 a 10 objetos dispuestos en una línea y en un cuadro de 10 • Seguir contando desde 5 para contar grupos de 6 a 10 objetos dispuestos en un cuadro de 10 • Identificar el último número que se cuenta como la cantidad de objetos que hay en el grupo • Leer y escribir los números del 6 al 10 y reconocer el nombre de los números
Lección 4: 0	
Cero	• Conocimiento del 0 • Contar grupos de 1 a 10 objetos • Leer y escribir el 0 y reconocer el nombre del número

Duración total: 12 días (1 día = 1 hora)

Materiales	Recursos	Vocabulario
		2 días
• hojas grandes de papel • cubos interconectables (7 verdes, 7 rojos y 7 amarillos), 1 conjunto por grupo de 3 estudiantes • tira de papel de 10 cm, 1 por grupo de 3 estudiantes	• LE, págs. 25–28 • Tarjeta de puntos '6' (RM 2.2) • Tarjeta de puntos '7' (RM 2.3)	• seis • siete • grupo
• vasos con cubos interconectables (5, 6 y 7 cubos en cada vaso, respectivamente), 3 vasos • vasos con 8 cubos, 1 vaso por pareja • tira de papel de 10 cm, 1 por pareja	• LE, págs. 29–30 • Cuadro de 5 (RM 1.6), 5 copias • Cuadro de 10 (RM 2.1), 1 por pareja • Tarjetas de puntos '1–7' (RM 1.1–1.5, 2.2–2.3)	• cuadro de 10
		2 días
• cubos interconectables (9 verdes, 9 rojos y 9 amarillos), 1 conjunto por grupo de 3 estudiantes • tira de papel de 10 cm, 1 por grupo de 3 estudiantes • bolsas de cubos interconectables (8 y 9 cubos en cada bolsa, respectivamente), 2 bolsas por pareja	• LE, págs. 31–33 • Tarjeta de puntos '8' (RM 2.4) • Tarjeta de puntos '9' (RM 2.5)	• ocho • nueve
• tira de papel de 10 cm, 1 por pareja • vasos con cubos individuales (8 y 9 cubos en cada vaso, respectivamente), 2 vasos • vasos con 10 cubos, 1 vaso por pareja	• LE, págs. 34–35 • Cuadro de 10 (RM 2.1), 1 por pareja • Tarjetas de puntos '1–9' (RM 1.1–1.5, 2.2–2.5)	• cuadro de 10
		1 día
• tira de papel de 10 cm, 1 por pareja • vasos con 10 cubos individuales, 1 vaso por pareja • fichas (2 colores diferentes), 2 por pareja	• LE, págs. 36–37 • Cuadro de 10 (RM 2.1), 1 por pareja • Tarjeta de puntos '10' (RM 2.6) • Tarjetas de puntos '1–10' (RM 1.1–1.5, 2.2–2.6), 1 conjunto por pareja • Tablero de juego (RM 2.8), 1 por pareja	• diez
		1 día
• papel de construcción, 6 hojas • grupos de 1 a 5 cubos interconectables	• LE, págs. 38–39 • Tarjeta de puntos '0' (RM 2.7) • Tarjetas de puntos '0–5' (RM 1.1–1.5, 2.7)	• cero

Lección	Objetivos
Lección 5: Del 0 al 10	
Diferentes grupos de 1 a 10 objetos	• Contar hasta 10 objetos (en línea, cuadro de 10, matriz, círculo, dispersos) • Contar un grupo de hasta 10 objetos dentro de un grupo más grande de hasta 15 objetos • Expresar, sin volver a contar, la cantidad de objetos de un grupo de hasta 10 objetos • Escribir un número (0–10) para representar una cantidad de objetos (0–10)
Comparar grupos	• Comparar 2 grupos de hasta 10 objetos cada uno • Hacer comparaciones usando 'igual que', 'más que' y 'menos que'
Lección 6: Uno más y uno menos	
Uno más y uno menos	• Comparar 2 grupos de hasta 10 objetos cada uno • Hacer comparaciones usando 'igual que', 'más que' y 'menos que' • Comprender que el número que sigue es 1 más
Lección 7: Seguir contando	
Contar hasta 10 usando una cinta de números	• Contar grupos de 1 a 10 objetos • Escribir un número (del 0 al 10) para representar una cantidad de objetos (0 a 10) • Usar 'antes', 'después' y 'entre' para hablar de secuencias de números • Identificar el número que va antes, después y entre otro(s) número(s)
Ejercicios del capítulo y actividades para los Centros de intereses	
Ejercicios del capítulo Actividad 1 Actividad 2 Actividad 3	• Contar hasta 10 objetos (en línea, cuadro de 10, matriz, círculo, dispersos) • Identificar el último número que se cuenta como la cantidad de objetos que hay en el grupo • Expresar cuántos objetos hay en un conjunto ya contado de hasta 10 objetos sin volver a contar • Hacer comparaciones usando 'igual que', 'más que' y 'menos que' • Leer y escribir los números del 0 al 10 y reconocer el nombre de los números • Contar un grupo de hasta 10 objetos dentro de un grupo más grande de hasta 15 objetos • Identificar los números que están antes, después y entre otro(s) número(s)
Resolución de problemas	

Materiales	Recursos	Vocabulario
		2 días
• cubos interconectables, 15 por pareja	• LE, págs. 40–41 • Tarjetas de números 0–10 (RM 1.11 y 2.9), 1 conjunto por pareja	• grupo/ conjunto • cuadro de 10 • dispersos
• hojas grandes de papel • cubos interconectables (15 amarillos y 15 azules) • papel de construcción • 1 dado	• LE, págs. 42–44	• grupo/ conjunto • más que • menos que • igual que
		1 día
• 55 cubos interconectables	• LE, págs. 45–46	• uno más • uno menos
		1 día
• papel blanco de 1 m de largo, 1 tira • cinta adhesiva de papel • barras de 1 a 10 cubos interconectables	• LE, págs. 47–48 • Tarjetas de números 0–10 (RM 1.11 y 2.9)	• cinta de números • antes • después • entre
		1 día
	• LE, pág. 49	
• 10 fichas por pareja	• LE, pág. 50	
• 15 fichas, 1 vaso por pareja	• LE, pág. 51 • Cuadro de 10 (RM 2.1), 1 por pareja • Tarjetas de números 0–10 (RM 1.11 y 2.9)	
	• LE, pág. 52	
		1 día
	• Resolución de problemas: Superlibro 2 y Libro de lectura 2 • Resolución de problemas: Guía del profesor	

2

2 Números del 0 al 10

Presentación del capítulo

Introducción

En este capítulo, los estudiantes reforzarán su comprensión de la correspondencia uno a uno mientras cuentan conjuntos de hasta 10 objetos dispuestos de diferentes maneras (en línea, cuadro de 10, matriz, dispersos o en una disposición circular) y amplían su comprensión de la cardinalidad. También seguirán contando desde 5 para contar cantidades más grandes de 6 a 10 objetos. Los estudiantes no solo aprenderán a leer y escribir los números del 0 al 10, sino que también se les presentará el nombre de cada número para que asocien los números con las cantidades.

Los estudiantes usarán una cinta de números para identificar el número que va antes, después o entre otro(s) número(s). Compararán dos conjuntos de hasta 10 números emparejándolos y usando lenguaje informal ('más que', 'menos que' o 'igual que'). Los estudiantes también explorarán el concepto de 'uno más' y 'uno menos' cuando se coloca un objeto adicional o cuando se quita un objeto de un conjunto de objetos contados. Estas experiencias de aprendizaje desarrollarán la comprensión de los primeros números y lo que esos números representan.

Lección 1: 6 y 7

DÍA 1 DÍA 2

Objetivos:

- Contar grupos de 6 y 7 objetos
- Identificar el último número que se cuenta como la cantidad de objetos que hay en el grupo
- Leer y escribir los números 6 y 7 y reconocer el nombre de los números

Materiales:

- hojas grandes de papel
- cubos interconectables (7 verdes, 7 rojos y 7 amarillos), 1 conjunto por grupo de 3 estudiantes
- tira de papel de 10 cm, 1 por grupo de 3 estudiantes

Recursos:

- LE, págs. 25–28
- Tarjeta de puntos '6' (RM 2.2)
- Tarjeta de puntos '7' (RM 2.3)

Vocabulario:

- seis
- siete
- grupo

Actividad diaria de preparación

Objetivo: Contar de memoria de 1 en 1 desde cualquier número hasta 10

Pida a los estudiantes que formen un círculo y se turnen para contar primero del 1 al 10, y luego desde un número dado hasta 10, por ejemplo, pida a un estudiante que empiece a contar desde el 4. El estudiante que dice el 10 se sienta y el estudiante que sigue comienza a contar otra vez desde el 4. Repita la actividad varias veces.

Observe:

1. ¿Los estudiantes se saltan o repiten algún número? Si es así, ¿cuál?
2. ¿Los estudiantes cuentan en una secuencia incorrecta, por ejemplo, 7, 9, 8, 10?
3. ¿Los estudiantes tienen dificultades para seguir contando desde un número que no sea 1? (Por ejemplo: Cuando se les pide que cuenten desde el 4, ¿los estudiantes cuentan en voz baja del 1 al 3 antes de contar en voz alta del 4 al 10?)

Repaso de conocimientos previos

Escriba el nombre de los números 'uno', 'dos', 'tres', 'cuatro' y 'cinco' en una **hoja grande de papel.** Lea los nombres de los números, de uno en uno.

Diga: *Uno*

Pida a los estudiantes que representen con acciones la cantidad uno (por ejemplo, dar 1 pisotón contra el suelo). Repita este procedimiento con los números del 2 al 5. Luego, pida a algunos estudiantes que escriban los números junto a los nombres de los números correspondientes.

Repasemos **LE, pág. 25**

En la tarea 1 se evalúa la capacidad de los estudiantes para contar hasta 5 objetos dispuestos de diferentes maneras.

Aprender y hacer

Contar grupos de 6 y 7

Laboratorio de matemáticas

Aplauda 6 veces. Pida a los estudiantes que cuenten del 1 al 6 a medida que usted aplaude. Esto les permitirá ver que el 6 viene después del 5 en la secuencia numérica. Repita esta actividad con otras acciones como tocarse la cabeza o la oreja 6 veces. Repita la actividad con el número 7.

Dé el conjunto de **cubos interconectables** y una **tira de papel de 10 cm** a cada grupo de 3 estudiantes. Pida a 1 estudiante que cuente 6 cubos verdes usando la tira de papel.
Pregunte: *¿Cuántos cubos verdes tienes?* (6)
Pida a los estudiantes que se turnen para contar 6 cubos amarillos y 6 rojos, y pregunte '¿Cuántos hay?'. Repita este procedimiento de enseñanza con el número 7.

Observa

Muestre a los estudiantes la **Tarjeta de puntos '6' (RM 2.2).**
Pregunte: *¿Cuántos puntos hay?* (6)
Trace el número 6 en la Tarjeta de puntos '6'. Pida a los estudiantes que tracen el número 6 en el aire.

Escriba 6 y 'seis' en el pizarrón. Dibuje 6 corazones junto al número para mostrar la cantidad representada.
Diga: *Señalen el número 6 en cualquier lugar del salón de clases.* (en un reloj, una tabla de números, etc.)
Repita este procedimiento con el número 7 usando la **Tarjeta de puntos '7' (RM 2.3).**

Aprendamos **LE, págs. 26–27**
Diga a los estudiantes que vayan a la pág. 26 del LE. Pida a los estudiantes que miren el número 6 y cuenten los objetos que hay en grupos de 6. Pídales que observen que, aunque están en hileras, los objetos no están a la misma distancia unos de otros. Señale que la caja tiene 6 tomates y solo 6 espacios llenos.

Diga a los estudiantes que vayan a la pág. 27 del LE. Pida a los estudiantes que cuenten los objetos que están en grupos de 7, ya sea que estén ordenados vertical u horizontalmente.

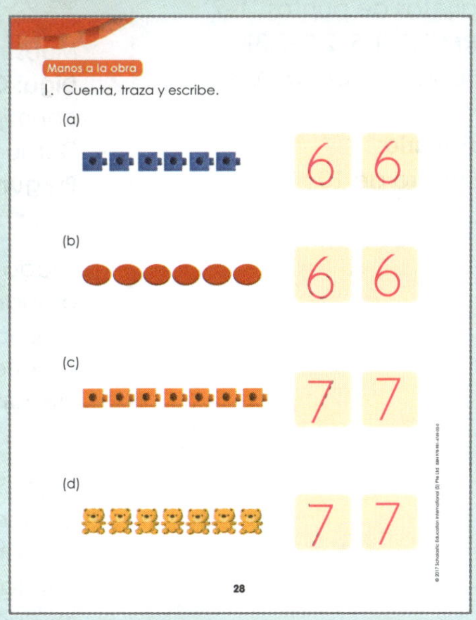

Manos a la obra **LE, pág. 28**
En la tarea 1 se practica contar la cantidad de objetos y escribir los números. Se ofrece orientación.

Reforzar conceptos

Pida a los estudiantes que repasen contar grupos de 6 y 7 objetos. Pida que 1 estudiante se ponga de pie cada vez que usted aplauda. Después de aplaudir 6 veces, pida a la clase que cuente la cantidad de compañeros que están de pie.
Diga: *Contemos: 1, 2, 3, 4, 5, 6. Hay 6 compañeros de pie.*
Repita la actividad con el número 7.

Actividad diaria de conclusión

Pida a los estudiantes que demuestren maneras de representar cantidades de 6 y 7 usando diferentes movimientos, como levantar la mano 6 veces, saltar 7 veces.

2

 ISBN 978-981-4822-01-5

Objetivos:

- Seguir contando desde 5 para contar grupos de 6 y 7 objetos dispuestos en un cuadro de 10
- Contar grupos de 6 y 7 objetos
- Identificar el último número que se cuenta como la cantidad de objetos que hay en el grupo
- Leer y escribir los números 6 y 7 y reconocer el nombre de los números

Materiales:

- vasos con cubos interconectables (5, 6 y 7 cubos en cada vaso, respectivamente), 3 vasos
- vasos con 8 cubos, 1 vaso por pareja
- tira de papel de 10 cm, 1 por pareja

Recursos:

- LE, págs. 29–30
- cuadro de 5 (RM 1.6), 5 copias
- Cuadro de 10 (RM 2.1), 1 por pareja
- Tarjetas de puntos '1–7' (RM 1.1–1.5, 2.2–2.3), 1 conjunto por pareja

Vocabulario:

- Cuadro de 10

Actividad diaria de preparación

Objetivo: Contar de memoria de 1 en 1 desde cualquier número hasta 10

Pida a los estudiantes que formen un círculo y se turnen para contar primero del 1 al 10, y luego desde un número dado hasta 10, por ejemplo, pida a un estudiante que comience a contar desde el 6. El estudiante que dice el 10 se sienta. Repita la actividad varias veces.

Repaso rápido

Repase los números del 1 al 5 con la clase. Escriba los números 1, 2, 3, 4 y 5 en el pizarrón, y deje un espacio entre los números.
Luego, sostenga en alto un **cuadro de 5 (RM 1.6)** y dibuje 1 punto en el cuadro.
Pregunte: *¿Cuántos puntos hay en este cuadro de 5?* (1)
Pida a los estudiantes que identifiquen el número que corresponde al cuadro de 5 que tiene 1 punto. Colóquelo junto al número. Haga lo mismo con el resto de los números hasta el 5.

Aprender y hacer

Contar hasta 6 y 7 con cuadros de 10

Laboratorio de matemáticas

Muestre a los estudiantes un **cuadro de 10 (RM 2.1)** sin decir primero que es un cuadro de 10.
Pregunte: *¿A qué se parece?* (Ejemplo: Parecen dos cuadros de 5 juntos. Hay 5 casillas arriba y 5 casillas debajo).

Repase el cuadro de 5. Explique que el cuadro de 5 se usa para contar del 1 al 5, mientras que el cuadro de 10 se usa para contar grupos que tienen más de 5 cosas.

Muestre a los estudiantes los vasos con 5, 6 y 7 **cubos interconectables.**
Diga: *Contemos los cubos de este vaso* (vaso con 5 cubos). *Cuenten conmigo mientras saco cada cubo.*
Demuestre cómo colocar los cubos en la hilera superior de un cuadro de 10.
Pregunte: *¿Cuántos cubos hay?* (5) *¿Cómo lo saben?* (Ejemplo: Hay 5 casillas en la hilera de arriba y todas las casillas están llenas).

Luego, elija el vaso con 6 cubos. Demuestre cómo contar grupos más grandes que 5 en un cuadro de 10 colocando 5 cubos en la hilera superior y 1 cubo en el extremo izquierdo de la hilera inferior. Pida a los estudiantes que cuenten mientras usted coloca cada cubo en el cuadro de 10.
Pregunte: *¿Cuántos cubos hay?* (6) *¿Cómo lo saben?* (Ejemplo: Comencé a contar desde la hilera de arriba y seguí contando, y conté 6).

Diga: *Sigamos contando desde 5 y contemos los cubos en el cuadro de 10.*
Deslice el dedo por la hilera superior del cuadro de 10 y diga "5", luego siga contando y diga "6".
Repita este procedimiento de enseñanza con el vaso de 7 cubos y coloque los cubos en el cuadro de 10. Luego, siga contando desde 5 mientras desliza el dedo sobre la hilera superior y cuenta desde 5 hasta 7.
Dé una copia de un cuadro de 10, una **tira de papel de 10 cm** y un vaso con 8 **cubos** a cada pareja. Demuestre la siguiente actividad con la ayuda de una pareja de estudiantes. Mezcle el conjunto de **Tarjetas de puntos '1–7' (RM 1.1–1.5, 2.2–2.3)** y ponga la pila boca abajo sobre la mesa.
Sostenga en alto una Tarjeta de puntos. Explique que 1 estudiante

 ISBN 978-981-4822-01-5

identificará el número y contará esa cantidad de cubos disponiéndolos en una línea sobre una tira de papel. Pregunte '¿Cuántos hay?' . Luego, pida al compañero que cuente mientras saca los cubos y los coloca en un cuadro de 10. Pida a los estudiantes que intercambien roles y repitan el procedimiento.

Observe:

- ¿Los estudiantes pueden contar en secuencia hasta el número designado?
- ¿Los estudiantes usan la correspondencia uno a uno para contar la cantidad correcta de cubos que corresponde al número?
- ¿Los estudiantes pueden identificar correctamente un número?
- ¿Los estudiantes pueden usar un cuadro de 10 para contar la cantidad de cubos?
- ¿Los estudiantes pueden decir la cantidad total sin volver a contar?
- ¿Los estudiantes pueden contar desde 5 para contar grupos de 6 y 7 usando un cuadro de 10?

Observa

Aprendamos **LE, pág. 29**

Diga a los estudiantes que vayan a la pág. 29 del LE. Pida a los estudiantes que cuenten la cantidad de puntos en cada cuadro de 10 y pregunte si son iguales. Recuerde a los estudiantes que pueden empezar a contar desde el 5.

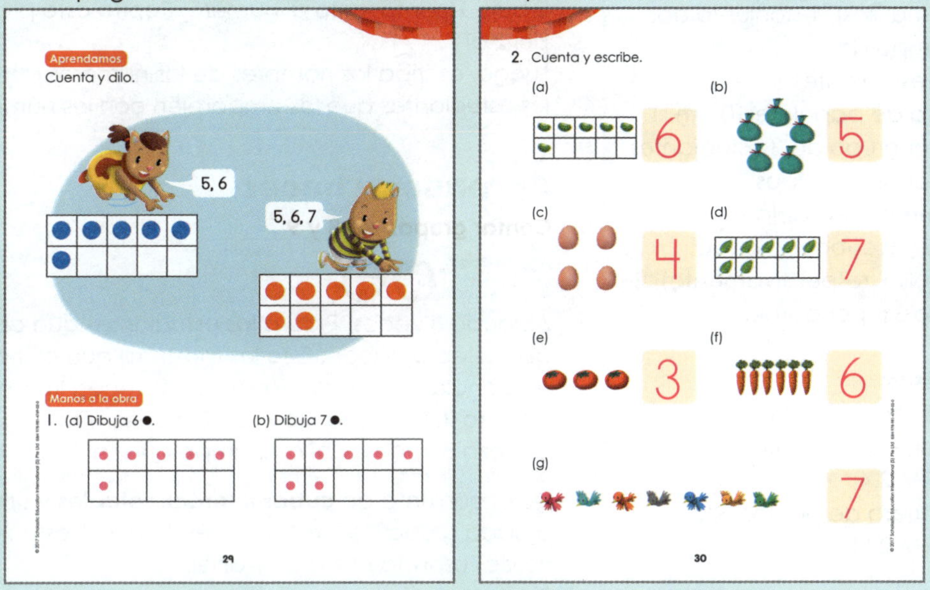

Manos a la obra

LE, págs. 29–30

En la tarea 1 se practica usar un cuadro de 10 para contar y mostrar una cantidad.

En la tarea 2 se practica contar grupos de hasta 7 objetos y escribir los números correspondientes.

Reforzar conceptos

Pida a los estudiantes que cuenten 5 objetos en un **cuadro de 5**. Pregunte '¿Cuántos...?' . Luego, coloque otro cuadro de 5 debajo para formar un **cuadro de 10**. Agregue 1 **ficha** y cuente desde 5. Luego, agregue 1 ficha más y cuente hasta 7. Luego, pida a los estudiantes que emparejen las cantidades 6 y 7 del cuadro de 10 con los números correspondientes.

Actividad diaria de conclusión

Pregunte: *¿Cómo nos ayuda a contar un cuadro de 10?* (Podemos contar más rápido si contamos desde 5). Pida a los estudiantes que expliquen su razonamiento.

2

 ISBN 978-981-4822-01-5

Lección 2: 8 y 9

DÍA 1 DÍA 2

Objetivos:

- Contar grupos de 8 y 9 objetos
- Identificar el último número que se cuenta como la cantidad de objetos que hay en el grupo
- Leer y escribir los números 8 y 9 y reconocer el nombre de los números

Materiales:

- cubos interconectables (9 verdes, 9 rojos y 9 amarillos), 1 conjunto por grupo de 3 estudiantes
- tira de papel de 10 cm, 1 por grupo de 3 estudiantes
- bolsas de cubos interconectables, (8 y 9 cubos en cada bolsa, respectivamente), 2 bolsas por pareja

Recursos:

- LE, págs. 31–33
- Tarjeta de puntos '8' (RM 2.4)
- Tarjeta de puntos '9' (RM 2.5)

Vocabulario:

- ocho
- nueve

Actividad diaria de preparación

Objetivo: Contar de memoria de 1 en 1 desde cualquier número hasta 10

Pida a los estudiantes que formen un círculo y se turnen para contar primero del 1 al 10, y luego desde un número dado hasta 10; por ejemplo, pida a un estudiante que empiece a contar desde el 5. El estudiante que dice el 10 se sienta. Repita la actividad varias veces.

Repaso rápido

Repase contar y reconocer los números hasta el 7. Escriba el número 1 en el pizarrón.
Pregunte: *¿Qué número es este?*
Dibuje 1 punto junto al número. Repita este procedimiento con los números del 2 al 7.
Luego, escriba los nombres de los números del 1 al 7 en el pizarrón y pida a los estudiantes que los emparejen con los números.

Aprender y hacer

Contar grupos de 8 y 9

Laboratorio de matemáticas

Aplauda 8 veces. Pida a los estudiantes que cuenten del 1 al 8 a medida que usted aplaude. Esto les mostrará que el 8 viene después del 7 en la secuencia numérica. Haga esto 2 veces, luego repita la actividad con el número 9. Divida la clase en 2 grupos, y pida a 1 grupo que se toque la cabeza 8 veces, y al otro grupo que se tire de la oreja 9 veces.

Dé el conjunto de **cubos interconectables** y una **tira de papel de 10 cm** a cada grupo de 3 estudiantes. Pida a 1 estudiante que cuente 8 cubos verdes usando la tira de papel.
Pregunte: *¿Cuántos cubos verdes tienes?* (8)
Pida a los estudiantes que se turnen para contar 8 cubos amarillos y 8 cubos rojos, y pregunte '¿Cuántos hay?' cada vez. Repita este procedimiento de enseñanza con el número 9.

Dé 2 bolsas de **cubos interconectables** a cada pareja. Pida a cada estudiante que cuente el número de cubos de su bolsa.
Pregunte: *¿Cuántos cubos hay en tu bolsa?*
Luego, pida a los estudiantes que intercambien las bolsas para comprobar que sus compañeros hayan contado correctamente.

Observa

Muestre a los estudiantes la **Tarjeta de puntos '8' (RM 2.4).**
Pregunte: *¿Cuántos puntos hay?* (8)
Trace el número 8 en la Tarjeta de puntos '8'. Pida a los estudiantes que tracen el número 8 en el aire.
Escriba 8 y 'ocho' en el pizarrón. Dibuje 8 círculos junto al número para mostrar la cantidad representada.
Diga: *Señalen el número 8 en cualquier lugar del salón de clases.* (en un reloj, una tabla de números, etc.)
Repita el procedimiento con el 9 usando la **Tarjeta de puntos '9' (RM 2.5)**.

Aprendamos

LE, págs. 31–32

Diga a los estudiantes que vayan a la pág. 31 del LE. Pida a los estudiantes que miren el número 8 y cuenten los objetos que hay en grupos de 8, por ejemplo, 8 macetas con plantas.

Diga a los estudiantes que vayan a la pág. 32 del LE. Repita este procedimiento de enseñanza en la parte (a) con el número 9. Mientras los estudiantes cuentan 9 pájaros y 9 caracoles, pídales que digan en qué se parecen o se diferencian algunos de los pájaros/caracoles; por ejemplo, 4 caracoles son grandes. 5 caracoles son pequeños.

Manos a la obra

LE, pág. 33

En la tarea 1 se practica contar la cantidad de objetos y escribir los números. Se ofrece orientación.

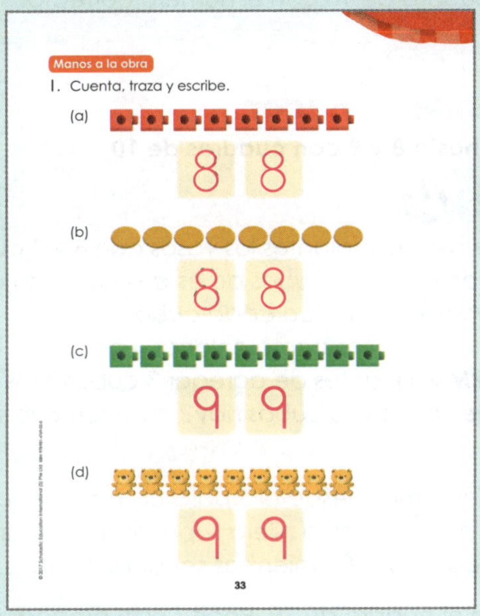

2

Reforzar conceptos

Pida a los estudiantes que cuenten grupos de **cubos** de colores (dispuestos en una hilera) hasta 5, luego grupos de 6 y 7. Incluya grupos de 8 y 9 cubos (cuando hayan contado correctamente los grupos del 1 al 7). Mientras cuentan los cubos, sugiera a los estudiantes que toquen y muevan cada cubo. Luego identifican la **Tarjeta de puntos** que corresponde a cada cantidad.

Actividad diaria de conclusión

Pida a los estudiantes que demuestren maneras de representar cantidades de 8 y 9 usando diferentes movimientos, como tocarse los pies 8 veces, saltar 9 veces.

 ISBN 978-981-4822-01-5

Objetivos:

- Seguir contando desde 5 para contar grupos de 8 y 9 objetos dispuestos en un cuadro de 10
- Contar grupos de 8 y 9 objetos
- Identificar el último número que se cuenta como la cantidad de objetos que hay en el grupo
- Leer y escribir los números 8 y 9 y reconocer el nombre de los números

Materiales:

- tira de papel de 10 cm, 1 por pareja
- vasos con cubos individuales (8 y 9 cubos en cada vaso, respectivamente), 2 vasos
- vasos con 10 cubos, 1 vaso por pareja

Recursos:

- LE, págs. 34–35
- Cuadro de 10 (RM 2.1), 1 por pareja
- Tarjetas de puntos '1–9' (RM 1.1–1.5, 2.2–2.5)

Vocabulario:

- cuadro de 10

Actividad diaria de preparación

Objetivo: Contar de memoria de 1 en 1 desde cualquier número hasta 10

Pida a los estudiantes que formen un círculo y se turnen para contar primero del 1 al 10, y luego desde un número dado hasta 10; por ejemplo, pida a un estudiante que empiece a contar desde el 7. El estudiante que dice el 10 se sienta. Repita la actividad varias veces.

Repaso rápido

Repase cómo usar un **cuadro de 10** para contar hasta 7. Dibuje un cuadro de 10 en el pizarrón con 5 puntos en la hilera superior y 1 punto debajo.
Pregunte: *¿Cuántos puntos hay en este cuadro de 10?* (6)
Dibuje otro cuadro de 10 y haga lo mismo con el número 7.

Escriba los números 6 y 7 en el pizarrón. Pida a los estudiantes que emparejen cada cuadro de 10 con el número correcto.

Aprender y hacer

Contar hasta 8 y 9 con cuadros de 10

Laboratorio de matemáticas

Muestre a los estudiantes los vasos con 8 y 9 **cubos individuales**.
Diga: *Contemos los cubos de este vaso* (vaso con 8 cubos). *Cuenten conmigo mientras saco cada cubo.*
Demuestre primero cómo colocar 5 cubos en la hilera superior de un **cuadro de 10 (RM 2.1)**, antes de agregar 3 cubos más en la hilera inferior.
Pregunte: *¿Cuántos cubos hay?* (8) *¿Cómo lo saben?* (Ejemplo: Comencé a contar desde la hilera de arriba y seguí contando, y conté 8).

Diga: *Contemos desde el 5 para comprobar lo que contamos.*
Deslice el dedo por la hilera superior del cuadro de 10 y diga '5', luego siga contando, '6, 7 y 8', mientras señala los cubos.

Despeje el cuadro de 10. Repita este procedimiento de enseñanza con el vaso con 9 cubos y coloque los cubos en el cuadro de 10. Luego, cuente desde 5 mientras desliza el dedo sobre la hilera superior y cuenta desde 5 hasta 9.

Dé una copia de un cuadro de 10, una tira de papel de 10 cm y un vaso con 10 cubos a cada pareja. Demuestre la siguiente actividad con la ayuda de 1 pareja de estudiantes. Mezcle el conjunto de **Tarjetas de puntos '1–9' (RM 1.1–1.5, 2.2–2.5)** y coloque la pila boca abajo sobre la mesa. Diga a los estudiantes que mostrará una Tarjeta de puntos. Pida a 1 estudiante que identifique el número y cuente esa cantidad de cubos mientras los coloca en una línea sobre una tira de papel. Pregunte '¿Cuántos hay?'. Luego, pida al compañero que compruebe el conteo colocando los cubos en un cuadro de 10. Demuestre cómo intercambiar roles. Repita este procedimiento de enseñanza hasta que se hayan usado todas las Tarjetas de puntos.

Observe:

- ¿Los estudiantes pueden contar en secuencia hasta el número designado?
- ¿Los estudiantes usan la correspondencia uno a uno para contar la cantidad correcta de cubos que corresponde al número?
- ¿Los estudiantes pueden identificar correctamente un número?
- ¿Los estudiantes pueden usar un cuadro de 10 para contar la cantidad de cubos?
- ¿Los estudiantes pueden decir la cantidad total sin volver a contar?
- ¿Los estudiantes pueden contar desde 5 para contar grupos de 6, 7, 8 y 9 usando un cuadro de 10?

Observa

Aprendamos **LE, pág. 34**

Diga a los estudiantes que vayan a la pág. 34 del LE. Pida a los estudiantes que cuenten la cantidad de cubos en cada cuadro de 10 y pregunte si son iguales. Recuerde a los estudiantes que pueden empezar a contar desde el 5.

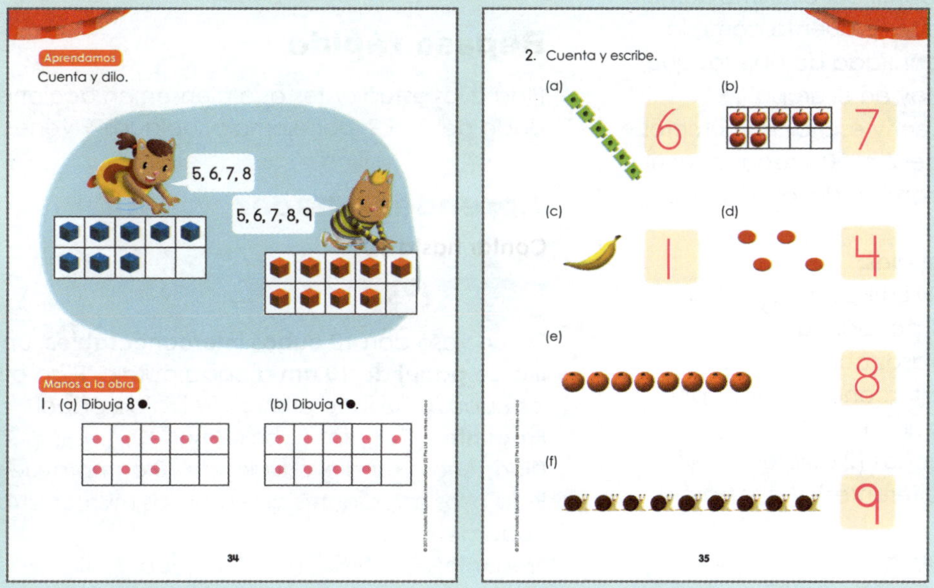

Manos a la obra

LE, págs. 34–35

En la tarea 1 se practica usar un cuadro de 10 para contar y mostrar una cantidad.

En la tarea 2 se practica contar grupos de hasta 9 objetos y escribir los números correspondientes.

Reforzar conceptos

Pida a los estudiantes que dibujen puntos en un **cuadro de 5:** 3 puntos, 5 puntos, 1 punto. Luego, pida a los estudiantes que dibujen puntos en un **cuadro de 10**: 6 puntos, 7 puntos, 8 puntos y 9 puntos. Después de que hayan dibujado los puntos, pida a los estudiantes que escriban el número junto al cuadro de 5 o el cuadro de 10.

Actividad diaria de conclusión

Pregunte: *¿Pueden contar más rápido los números más grandes con el cuadro de 10?* (Ejemplo: Sí. Cuando se completa una hilera, sabemos que hay 5. Podemos contar desde 5).

Pida a los estudiantes que expliquen su razonamiento.

 ISBN 978-981-4822-01-5

Lección 3: 10 DÍA 1

Objetivos:

- Contar grupos de 6 a 10 objetos dispuestos en una línea y en un cuadro de 10
- Contar desde 5 para contar grupos de 6 y 10 objetos dispuestos en un cuadro de 10
- Identificar el último número que se cuenta como la cantidad de objetos que hay en el grupo
- Leer y escribir los números del 6 al 10 y reconocer el nombre de los números

Materiales:

- tira de papel de 10 cm, 1 por pareja
- vasos con 10 cubos interconectables, 1 por pareja
- fichas (2 colores diferentes), 2 por pareja

Recursos:

- LE, págs. 36–37
- Cuadro de 10 (RM 2.1), 1 por pareja
- Tarjeta de puntos '10' (RM 2.6)
- Tarjetas de puntos '1–10' (RM 1.1–1.5, 2.2–2.6), 1 conjunto por pareja
- Tablero de juego (RM 2.8), 1 por pareja

Vocabulario:

- diez

Actividad diaria de preparación

Objetivo: Contar de memoria de 1 en 1 desde cualquier número hasta 10

Pida a los estudiantes que formen un círculo y se turnen para contar primero del 1 al 10 y luego de un número dado hasta 10; por ejemplo, pida a un estudiante que comience a contar desde el 8. El estudiante que dice el 10 se sienta. Repita la actividad varias veces.

Repaso rápido

Pida a los estudiantes que piensen en acciones para representar un número dado del 1 al 9; por ejemplo, aplaudir 9 veces cuando nombran el número 9.

Aprender y hacer

Contar hasta 10

Laboratorio de matemáticas

Dé un vaso con 10 **cubos interconectables**, un **cuadro de 10 (RM 2.1)** y una **tira de papel de 10 cm** a cada pareja. Pida a los estudiantes que cuenten los cubos utilizando primero la tira de papel.
Pregunte: *¿Cuántos cubos hay?* (10)
Diga: *Ahora usen el cuadro de 10 como ayuda para contar.*
Pida a los estudiantes que usen los mismos cubos y los coloquen en un cuadro de 10.
Pregunte: *¿Todavía tienen 10 cubos?* (sí)

Dibuje un cuadro de 10 para 10 en el pizarrón.
Pregunte: *¿Qué notan en este cuadro de 10?* (Ejemplo: Ambas hileras están completas. Hay 5 puntos en la hilera de arriba y 5 puntos en la hilera de abajo).
Deslice su dedo sobre la hilera de arriba del cuadro de 10 y diga: "5". Luego cuente hasta 6, 7, 8, 9 y 10.
Diga: *Hay 10 puntos.*

Pida a los estudiantes que en esta actividad trabajen en parejas. Explique a los estudiantes que dirá un número, por ejemplo, 7. Un estudiante deberá contar esa cantidad de cubos usando la tira de papel. El otro deberá usar el cuadro de 10 para verificar que su compañero está contando bien.

Observe:

- ¿Los estudiantes pueden contar en secuencia hasta el número designado?
- ¿Los estudiantes usan la correspondencia uno a uno para contar la cantidad de cubos correcta que corresponde al número?
- ¿Los estudiantes pueden usar un cuadro de 10 para contar el número de cubos?
- ¿Los estudiantes pueden decir la cantidad total sin volver a contar?
- ¿Los estudiantes pueden contar desde 5 para contar grupos de 6, 7, 8, 9 o 10 usando un cuadro de 10?

 ISBN 978-981-4822-01-5

Observa

Muestre a los estudiantes la **Tarjeta de puntos '10' (RM 2.6)**.
Pregunte: *¿Cuántos puntos hay?* (10)
Trace el número 10 en la Tarjeta de puntos '10'. Pida a los estudiantes que tracen el número 10 en el aire.

Escriba '10' y 'diez' en el pizarrón y dibuje 10 corazones para mostrar la cantidad representada.
Diga: *Señalen el número 10 en cualquier lugar del salón de clases.* (en un reloj, una tabla de números, etc.)

Dé el **Tablero de juego (RM 2.8)**, un conjunto de **Tarjetas de puntos '1–10' (RM 1.1–1.5, 2.2–2.6)** y 2 **fichas** de diferentes colores a cada pareja. Explique que cada estudiante elige 1 ficha. Los estudiantes deben turnarse para elegir una Tarjeta de puntos, colocada boca abajo, y mover la ficha esa cantidad de pasos. ¡El primer estudiante que llega al final gana!

Aprendamos **LE, pág. 36**

Diga a los estudiantes que vayan a la pág. 36 del LE. Pida a los estudiantes que miren el número 10 y cuenten los objetos que están en grupos de 10, por ejemplo, 10 hormigas, 10 zanahorias. Mientras los estudiantes cuentan, pídales que usen la estrategia de contar desde 5 cuando cuentan las zanahorias y las mazorcas de maíz (elotes o choclos).

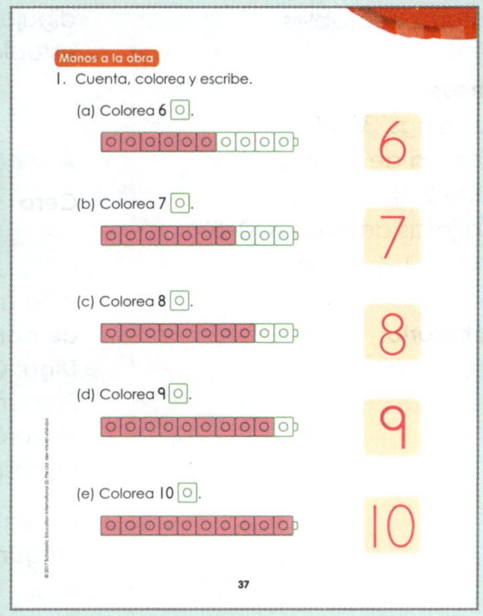

Manos a la obra

LE, pág. 37

En la tarea 1 se practica contar grupos que tienen hasta 10 objetos y escribir los números correspondientes.

Reforzar conceptos

Pida a los estudiantes que identifiquen los números del 1 al 5 usando las **Tarjetas de puntos**. Cubra los puntos en cada tarjeta. Muestre los puntos si los estudiantes necesitan más ayuda. Incluya las Tarjetas de puntos de 6 a 10 gradualmente.

Actividad diaria de conclusión

Muestre a los estudiantes cuadros de 10 para 6 a 10 y pídales que cuenten desde 5 hasta el número total representado.

Lección 4: 0 DÍA 1

Objetivos:

- Conocimiento del 0
- Contar grupos de 1 a 10 objetos
- Leer y escribir el 0 y reconocer el nombre del número

Materiales:

- papel de construcción, 6 hojas
- grupos de 1 a 5 cubos interconectables

Recursos:

- LE, págs. 38–39
- Tarjeta de puntos '0' (RM 2.7)
- Tarjetas de puntos '0–5' (RM 1.1–1.5, 2.7)

Vocabulario:

- cero

Actividad diaria de preparación

Objetivo: Contar de memoria de 1 en 1 desde cualquier número hasta 10

Pida a los estudiantes que formen un círculo y se turnen para contar primero del 1 al 10 y luego desde un número dado hasta 10, por ejemplo, pida a un estudiante que comience a contar desde el 3. El estudiante que dice el 10 se sienta. Repita la actividad varias veces.

Repaso rápido

Dibuje algunos cuadros de 10 en el pizarrón. Pida a los estudiantes que dibujen puntos para representar diferentes números. Pida al resto de los estudiantes que cuenten cada punto dibujado.

Aprender y hacer

Cero

Laboratorio de matemáticas

Pida a los estudiantes que se sienten en círculo y coloque las hojas de **papel de construcción** (cada una con 1 a 5 **cubos interconectables**) en el medio.
Diga: *Cuenten los cubos que hay sobre cada hoja de papel.*
Pregunte '¿Cuántos...?' cuando sea conveniente para que los estudiantes refuercen la comprensión de la cardinalidad. Escriba el número correspondiente en cada hoja de papel.

Ahora muestre la hoja en blanco de papel de construcción.
Pregunte: *¿Cuántos cubos hay sobre la hoja de papel?* (No hay cubos sobre el papel).
Diga: *Otra forma de decir que no hay objetos es decir que hay 0 objetos.*

Observa

Muestre a los estudiantes la **Tarjeta de puntos '0' (RM 2.7)**.
Trace el 0 en la Tarjeta de puntos '0'. Pida a los estudiantes que tracen el número 0 en el aire.

Escriba '0' y 'cero' en el pizarrón. Pregunte a los estudiantes cuántos puntos dibujarían para el número 0. Recuérdeles la actividad anterior y dígales que cero significa que no hay objetos.

Mezcle y coloque un conjunto de **Tarjetas de puntos '0 a 5' (RM 1.1–1.5, 2.7)** en el medio del círculo. Pida a los estudiantes que emparejen cada Tarjeta de puntos con la cantidad correcta de cubos. Después de ubicar cada tarjeta, pida a los estudiantes que cuenten juntos los cubos para comprobar.

Observe:

- ¿Los estudiantes usan la correspondencia uno a uno correctamente?
- ¿Los estudiantes pueden identificar correctamente un número sin contar los puntos en las tarjetas?
- ¿Los estudiantes pueden emparejar un número con la cantidad correcta?

 ISBN 978-981-4822-01-5

Aprendamos **LE, pág. 38**

Diga a los estudiantes que vayan a la pág. 38 del LE. Pida a los estudiantes que cuenten las bellotas que tiene cada ardilla. Luego, señale la ardilla que no tiene bellotas. Pida a los estudiantes que miren el número 0 y hagan comentarios acerca de la cantidad representada.

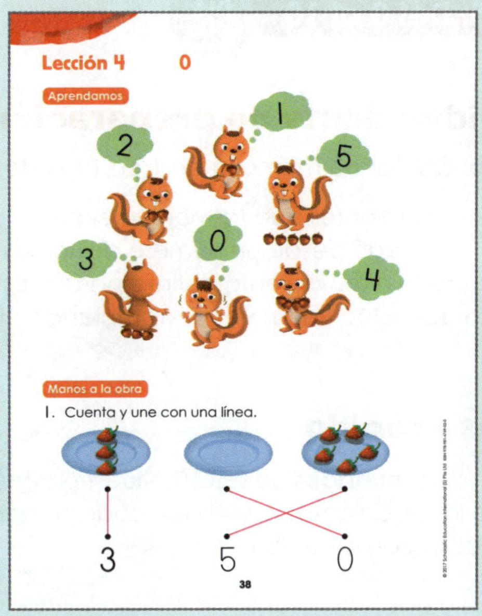

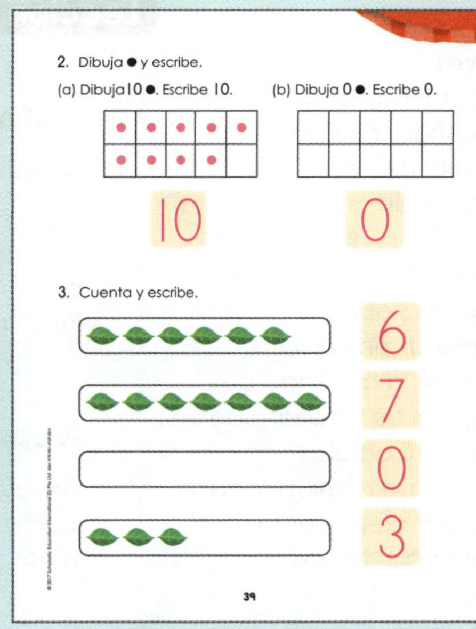

Manos a la obra

LE, págs. 38–39

En la tarea 1 se practica identificar la cantidad cero.

En la tarea 2 se practica contar y escribir los números 0 y 10.

En la tarea 3 se practica contar y emparejar cantidades con números.

Reforzar conceptos

Coloque **fichas** en un **cuadro de 5** comenzando con 1 ficha, y pida a los estudiantes que cuenten la cantidad de fichas. Luego, quite todas las fichas del cuadro de 5. Pida a los estudiantes que identifiquen que hay 0 fichas.

Actividad diaria de conclusión

Diga un número del 1 al 10. Pida a los estudiantes que aplaudan la cantidad de veces que corresponda.

Pregunte: *Si digo 0, ¿qué harían?*

(No aplaudiremos. No haremos nada).

2

 ISBN 978-981-4822-01-5

Lección 5: Del 0 al 10

DÍA 1 DÍA 2

Objetivos:

- Contar hasta 10 objetos (en línea, cuadro de 10, matriz, círculo, dispersos)
- Contar un grupo de hasta 10 objetos dentro de un grupo más grande de hasta 15 objetos
- Expresar, sin volver a contar, la cantidad de objetos de un grupo de hasta 10 objetos
- Escribir un número (del 0 al 10) para representar una cantidad de objetos (de 0 a 10)

Materiales:

- cubos interconectables, 15 por pareja
- hojas grandes de papel (opcional)

Recursos:

- LE, págs. 40–41
- Tarjetas de puntos 1–10 (RM 1.11 y 2.9), 1 conjunto por pareja

Vocabulario:

- grupo/conjunto
- cuadro de 10
- dispersos

Actividad diaria de preparación

Objetivo: Contar de memoria de 1 en 1 desde cualquier número hasta 10

Pida a los estudiantes que formen un círculo y se turnen para contar primero del 1 al 10 y luego desde un número dado hasta 10. Pida a los estudiantes que sugieran un movimiento distinto para el estudiante que diga el 10. Repita la actividad varias veces cambiando el primer número cada vez.

Repaso rápido

Repase las cantidades de 0 a 10. Muestre algunos dedos (por ejemplo, 6) y pida a los estudiantes que digan cuántos dedos está mostrando. Repita varias veces con otros números.

Aprender y hacer

Diferentes grupos de 1 a 10 objetos

Laboratorio de matemáticas

Recuerde a los estudiantes los diferentes tipos de disposiciones. En una **hoja grande de papel** o en el pizarrón, dibuje puntos de la siguiente manera, mezclando el orden en el que dibuja los puntos.

- 1 punto en un cuadro de 5
- 2 puntos en una hilera
- 3 puntos dispersos
- 4 puntos en una matriz
- 5 puntos en un círculo

Luego, pida a los estudiantes que cuenten la cantidad de puntos en cada disposición.
Ahora, diga a los estudiantes que contarán grupos de hasta 10 objetos dispuestos de diferentes maneras.

Forme parejas y divídalas en 3 grupos. Cada grupo de parejas contará los **cubos interconectables** de un conjunto de cubos más grande y los dispondrá de una manera diferente. Explique que 1 estudiante de cada pareja elegirá una **Tarjeta de puntos 1–10 (RM 1.11 y 2.9)** de una pila mezclada y sacará esa cantidad de cubos de su vaso. El otro estudiante deberá verificar el conteo de su compañero.

- Grupo A: Los estudiantes contarán los cubos y los colocarán en un cuadro de 10.
- Grupo B: Los estudiantes colocarán los cubos en círculo o en una matriz.
- Grupo C: Los estudiantes colocarán los cubos dispersos o en una línea para contarlos.

Dé al menos 5 minutos para que cada pareja pueda trabajar. Elija algunas disposiciones y pida al resto de la clase que cuente la cantidad de cubos que hay en esas disposiciones. Luego, pida a las parejas que roten para practicar el uso de diferentes disposiciones.

Observe:

- ¿Los estudiantes usan la correspondencia uno a uno para contar la cantidad de cubos correcta que corresponde al número?
- ¿Los estudiantes pueden identificar correctamente un número?
- ¿Los estudiantes pueden usar un cuadro de 10 para contar la cantidad de cubos?
- ¿Los estudiantes pueden decir la cantidad total sin volver a contar?
- ¿Los estudiantes tienen dificultades para contar los cubos dispuestos en círculo? Si es así, ¿qué dificultades son?

Observa

Aprendamos LE, pág. 40

Diga a los estudiantes que vayan a la pág. 40 del LE. Pida a los estudiantes que miren el dibujo. Señale los diferentes objetos y pida a los estudiantes que cuenten la cantidad que hay de cada objeto.

Pregunte:

- *¿Cuántas hojas hay?* (10)
- *¿Cuántas coles o repollos hay?* (9)
- *¿Cómo están ordenadas las coles o repollos?* (en un cuadro de 10)

Repita con otros objetos, por ejemplo, los árboles, las rocas, las lagartijas, etc.

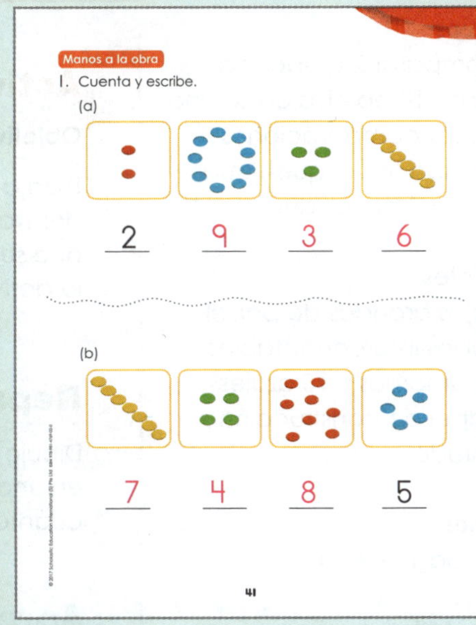

Manos a la obra LE, pág. 41

En la tarea 1 se practica contar en grupos de hasta 10 objetos dispuestos de diferentes maneras.

Reforzar conceptos

Dé **cubos** a los estudiantes para ayudarlos a llevar la cuenta de los objetos/dibujos contados. Los estudiantes colocan un cubo sobre cada objeto mientras cuentan.

Proponga actividades adicionales para contar objetos dispersos o dispuestos en círculo. Comience con grupos de 1 a 5 objetos y aumente la cantidad de 1 a 10 objetos a medida que los estudiantes conocen con más facilidad los grupos de 1 a 5.

Actividad diaria de conclusión

Pregunte: *¿Dónde comienzan a contar los cubos que están dispuestos en círculo? ¿Qué los ayuda a contar estos cubos?*
Pida a los estudiantes que conversen en parejas y compartan sus ideas con la clase.

Lección 5: Del 0 al 10

DÍA 1 DÍA 2

Objetivos:
- Comparar 2 grupos de hasta 10 objetos cada uno
- Hacer comparaciones usando 'igual que', 'más que' y 'menos que'

Materiales:
- hojas grandes de papel
- cubos interconectables, 15 amarillos y 15 azules
- papel de construcción
- 1 dado

Recursos:
- LE, págs. 42–44

Vocabulario:
- grupo/conjunto
- más que
- menos que
- igual que

Actividad diaria de preparación

Objetivo: Contar de memoria de 1 en 1 desde cualquier número hasta 10

Pida a los estudiantes que formen un círculo y se turnen para contar primero del 1 al 10 y luego desde un número dado hasta 10. Pida a los estudiantes que sugieran un movimiento distinto para el estudiante que diga 10. Repita la actividad varias veces, cambiando el primer número cada vez.

Repaso rápido

Dibuje puntos en diferentes disposiciones y cantidades (hasta 10 puntos) en una **hoja grande de papel** . Pida a los estudiantes que cuenten y digan cuántos puntos hay en cada grupo.

Aprender y hacer

Comparar grupos

Laboratorio de matemáticas

Coloque un conjunto de 15 **cubos interconectables** amarillos y 15 cubos interconectables azules de cada lado del **papel de construcción**. Muestre a los estudiantes el **dado** y sus lados.
Pregunte: *¿Qué notan en el dado?* (Cada lado tiene diferentes cantidades de puntos).

Pida a un estudiante que arroje el dado y cuente la cantidad de puntos del lado que queda hacia arriba. Pregunte '¿Cuántos hay?' .
Diga: *Cuenten esa cantidad de cubos amarillos. Pónganlos en 1 línea de un lado del papel.*
Coloque la misma cantidad de cubos azules en el otro lado del papel.

Diga: *Ahora tenemos 2 grupos. Un grupo de cubos amarillos y un grupo de cubos azules. También podemos decir que tenemos un conjunto de cubos amarillos y un conjunto de cubos azules.*

Muestre cómo usar una estrategia para emparejar. Ordene ambos conjuntos en 2 hileras usando la estrategia para emparejar uno a uno.

> ***NOTA:*** *Al comparar conjuntos de objetos usamos 'menos que'. Sin embargo, cuando comparamos números, usamos 'menor que', por ejemplo, '5' es menor que '6'.*

Explique que 2 conjuntos de objetos son iguales si cada uno tiene un 'compañero' cuando están ordenados uno junto al otro.
Diga: *La cantidad de cubos amarillos es igual a la cantidad de cubos azules.*
Repita el procedimiento de enseñanza para demostrar cómo identificar si un grupo es mayor o menor que otro.

Pregunte '¿Cuántos hay?' y pida a los estudiantes que expliquen cómo compararon los grupos. Ayude a los estudiantes a hacer comparaciones usando 'más que', 'menos que' e 'igual que'. Los estudiantes también podrán usar estrategias para contar para explicar cómo saben qué grupo es igual o tiene menos.

Repita el procedimiento. Ahora, pida a los estudiantes que arrojen el dado dos veces, una vez para la cantidad de cubos amarillos y otra para la cantidad de cubos azules. Pídales que cuenten y ordenen los grupos de cubos antes de compararlos.

 ISBN 978-981-4822-01-5

Observe:

- ¿Los estudiantes usan la correspondencia uno a uno correctamente cuando cuentan?
- ¿Los estudiantes pueden decir la cantidad total cuando les pregunta '¿Cuántos hay?'?
- ¿Los estudiantes pueden identificar un conjunto de objetos que tiene más o menos objetos que otro conjunto?
- ¿Los estudiantes pueden usar y comprender el vocabulario comparativo 'más que', 'menos que' e 'igual que'?

Aprendamos LE, pág. 42

Diga a los estudiantes que vayan a la pág. 42 del LE. Pida a los estudiantes que cuenten los objetos en los 2 conjuntos de dibujos y que los comparen. Lea el texto de los globos de diálogo.

Manos a la obra

LE, págs. 43–44

En las tareas 1 a 3 se practica comparar conjuntos de hasta 10 objetos.

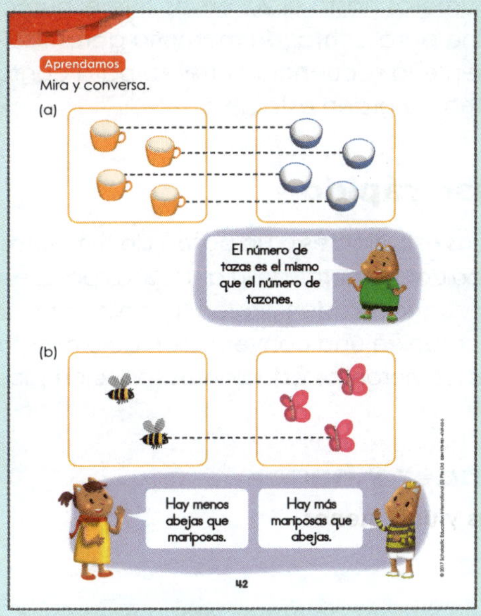

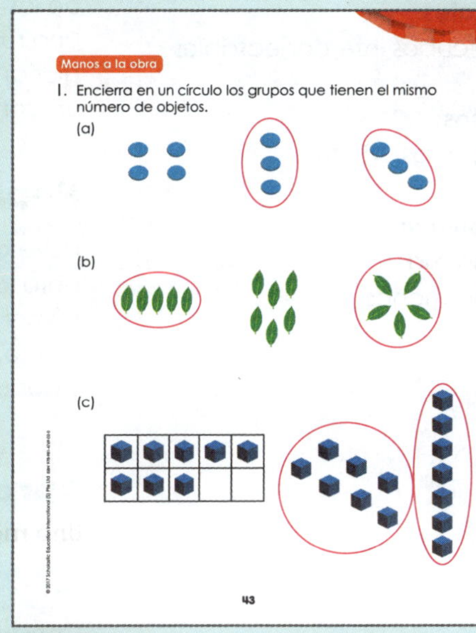

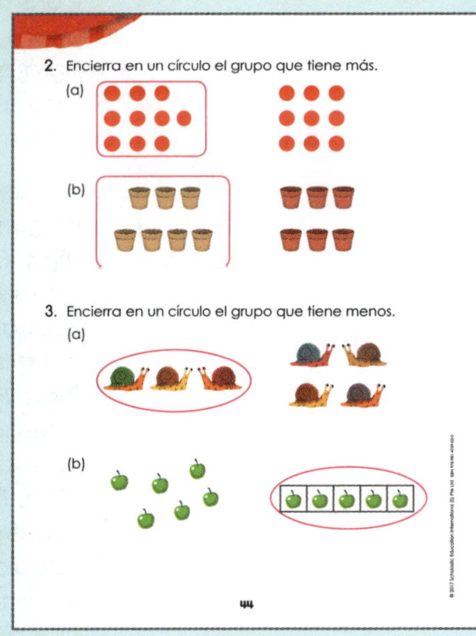

Reforzar conceptos

Pida a los estudiantes que comparen grupos más pequeños de hasta 5 objetos, primero emparejando 1:1 y luego comparando grupos de hasta 10 objetos. Pregunte "¿Qué grupo tiene más?", y luego pregunte "¿Qué grupo tiene menos?".

Dé a los estudiantes actividades adicionales con 2 grupos que tengan la misma cantidad de objetos (dispuestos de diferentes maneras) para ayudarlos a comprender la conservación así como el significado de 'igual que'.

Actividad diaria de conclusión

Pregunte: *¿Es más fácil ver que un conjunto tiene más objetos o que un conjunto tiene menos objetos?*
Pida a los estudiantes que compartan sus ideas con la clase. Para los niños pequeños, el concepto de 'menos que' es más difícil que el concepto de 'más que'.

 ISBN 978-981-4822-01-5

Lección 6: Uno más y uno menos

DÍA 1

Objetivos:

- Comparar 2 grupos de hasta 10 objetos
- Hacer comparaciones usando 'igual que', 'más que' y 'menos que'
- Comprender que el número que sigue es 1 más

Materiales:

- 55 cubos interconectables

Recursos:

- LE, págs. 45–46

Vocabulario:

- uno más
- uno menos

Actividad diaria de preparación

Objetivo: Contar de memoria de 1 en 1 del 1 al 15

El nuevo rango de la rutina para contar de memoria es del 1 al 15. Cuando un estudiante dice 15, se sienta.

No hay ningún patrón en la secuencia para contar del 1 al 15. Contar los 5 números que siguen al 10 puede resultar difícil para los estudiantes porque los números del 11 al 15 no comienzan con el prefijo 'dieci-', como el resto de los números hasta el 20, en los que el número cardinal sigue a este prefijo. Una rutina para contar de memoria garantiza que los estudiantes practican diariamente la secuencia correcta para contar. Esto los ayuda a desarrollar un conteo de orden estable.

Repaso rápido

Lleve a los estudiantes a un paseo de 5 minutos dentro de la escuela o colegio para localizar números del 0 al 10. Si es posible, tome una fotografía de cada número cuando lo identifiquen (por ejemplo, en un tablero de anuncios). Luego, organice una conversación de 5 minutos sobre los números identificados y dónde los vieron los estudiantes (por ejemplo, en la puerta de una oficina).

Aprender y hacer

Uno más y uno menos

Laboratorio de matemáticas

Construya 5 torres de **cubos interconectables**, comenzando con 1 cubo, 2 cubos, 3 cubos, 4 cubos y 5 cubos. Coloque las torres una al lado de la otra para que los estudiantes puedan verlas en orden ascendente.
Pida a los estudiantes que cuenten y digan la cantidad de cubos de cada torre mientras señala cada torre comenzando por la que tiene 1 cubo.

Señale las primeras dos torres.
Pregunte: *¿Qué torre tiene más?*
Diga: *Esta torre* (señale la segunda torre) *tiene 1 cubo más que esta torre* (señale la primera torre).
Repita este procedimiento con la segunda y la tercera, la tercera y la cuarta, y la cuarta y la quinta torre.
Diga: *Hay más cubos en cada torre a medida que seguimos contando*
Agregue otra torre de 5 cubos al final y pregunte a los estudiantes cuántos cubos hay. Luego, agregue otro cubo a la torre.
Diga: *Tenemos uno más en el conjunto. Ahora tenemos 6 cubos.*
Construya otra torre de 6 cubos y agregue un cubo más a la torre. Pida a los estudiantes que observen que la nueva torre tiene 7 cubos.
Repita este procedimiento con 8, 9 y 10 cubos. Pida a diferentes estudiantes que digan el total después de agregar un cubo más a cada conjunto.

Luego, pida a los estudiantes que cuenten las torres otra vez de 1 a 10. Ahora, cuente hacia atrás desde la torre de 10 cubos. Pida a los estudiantes que comparen la décima y la novena torre.
Diga: *Tenemos uno menos en esta torre.* (Señale la novena torre).
Repita esta actividad varias veces para que los estudiantes puedan identificar que hay un cubo menos a medida que cuentan hacia atrás.

 ISBN 978-981-4822-01-5

Observa

Aprendamos LE, pág. 45

Diga a los estudiantes que vayan a la pág. 45 del LE. Pida a los estudiantes que sigan contando desde 1. Pídales que señalen cada torre de cubos a medida que cuentan. Recuérdeles que cada torre que sigue tiene 1 cubo más que la anterior. Luego, pídales que cuenten hacia atrás desde 10. Recuerde a los estudiantes que cada torre anterior tiene 1 cubo menos.

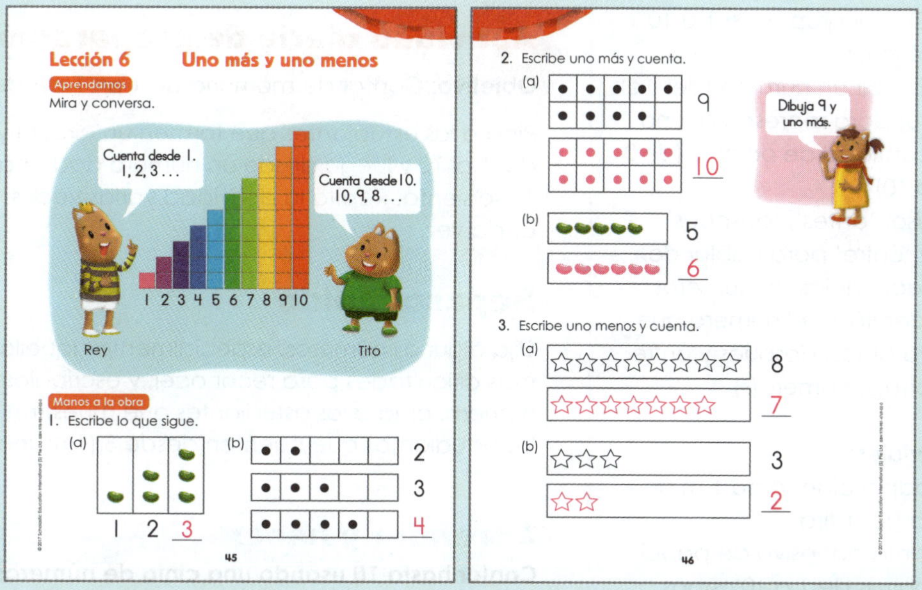

Lección 6 Uno más y uno menos

Aprendamos

Mira y conversa.

Manos a la obra

1. Escribe lo que sigue.

(a) 1 2 3

(b) 2 3 4

45

2. Escribe uno más y cuenta.

(a) 9 10

(b) 5 6

3. Escribe uno menos y cuenta.

(a) 8 7

(b) 3 2

46

Manos a la obra

LE, pág. 46

En la tarea 1 se practica identificar el número que va después.

En la tarea 2 se practica dibujar y contar 1 más.

En la tarea 3 se practica dibujar y contar 1 menos.

Reforzar conceptos

Comience con grupos pequeños de 1 a 5 **cubos**. Pida a los estudiantes que cuenten una disposición dispersa de 3 cubos y pregunte "¿Cuántos hay?". Agregue otro cubo a la disposición y pregunte "¿Cuántos cubos hay ahora?".

Actividad diaria de conclusión

Pida a los estudiantes que aplaudan 3 veces.

Diga: *Aplaudan una vez más. Ahora, ¿cuántas veces aplaudieron?* (4)

Pida a los estudiantes que se toquen la cabeza 5 veces.

Diga: *Ahora tóquense la cabeza 1 vez menos que 5.*

Haga esto con los estudiantes ya que es más difícil de visualizar que 'uno más'.

Pida a los estudiantes que salten 4 veces.

Diga: *Ahora salten igual cantidad de veces.*

2

 ISBN 978-981-4822-01-5

Objetivos:
- Contar grupos de 1 a 10 objetos
- Escribir un número (del 0 al 10) para representar una cantidad de objetos (de 0 a 10)
- Usar 'antes', 'después' y 'entre' para hablar de secuencias de números
- Identificar el número que va antes, después y entre otro(s) número(s)

Materiales:
- papel blanco de 1 m de largo, 1 tira
- cinta adhesiva de papel
- barras de 1 a 10 cubos interconectables

Recursos:
- LE, págs. 47–48
- Tarjetas de puntos 0–10 (RM 1.11 y 2.9)

Vocabulario:
- cinta de números
- antes
- después
- entre

Actividad diaria de preparación

Objetivo: Contar de memoria de 1 en 1 desde cualquier número hasta 10

Pida a los estudiantes que formen un círculo y se turnen para contar primero del 1 al 10 y luego desde un número dado hasta 10. El estudiante que dice el 10 se sienta. Repita la actividad varias veces, cambiando el primer número cada vez.

Repaso rápido

Elija algunos números, especialmente aquellos que los estudiantes tengan más dificultades para reconocer, y escríbalos en el pizarrón. Para cada número, pida a los estudiantes que muestren esa cantidad de dedos. Pida a los estudiantes que cuenten desde 5 (1 mano) hasta los números más altos.

Aprender y hacer

Contar hasta 10 usando una cinta de números

Laboratorio de matemáticas

Pida a los estudiantes que se sienten en círculo. Coloque las **Tarjetas de números 0–10 (RM 1.11 y 2.9)** y una **tira de papel blanco** en el medio del círculo. (Use solo una de la tarjeta de números 0).

Diga: *Pondremos las tarjetas de números en orden.*
Elija una tarjeta de números (por ejemplo, 5) y pida a los estudiantes que identifiquen el número.

Pregunte: *¿Qué número es 1 más que 5?* (6)
Coloque el 6 después del 5.

Recuerde a los estudiantes lo que han aprendido sobre seguir contando y contar hacia atrás. Trabaje con los estudiantes para colocar los números en la secuencia correcta. Use la **cinta adhesiva de papel** para pegar las tarjetas de números, una junto a la otra, en una tira de papel.

Para reforzar los conceptos de 'antes', 'después' y 'entre', haga preguntas como las siguientes:
- *¿Qué número va después del 3* (una vez que se ha colocado el 3)*?*
- *¿Qué número va antes del 5* (una vez que se ha colocado el 5)*?*
- *¿Qué números van entre el 7 y el 10* (una vez que se han colocado el 7 y el 10)*?*

Cuando la cinta de números esté completa, incie una conversación con la clase.
Diga: *Esta es una cinta de números. Muestra el orden de los números para ayudarnos a contar.*
Pregunte: *¿Qué números van antes del 5 en la cinta de números? Usen la cinta de números como ayuda.* (0, 1, 2, 3 y 4)
Pida a los estudiantes que conversen en parejas y compartan sus ideas con la clase.
Pregunte: *¿Qué números van después del 5?* (6, 7, 8, 9 y 10)
Pregunte: *¿Qué número va entre el 4 y el 6?* (5)
Pregunte: *¿Qué números van entre el 6 y el 10?* (7, 8 y 9)

 ISBN 978-981-4822-01-5

Observe:

- ¿Los estudiantes tienen dificultades para identificar algunos de los números?
- ¿Los estudiantes comprenden los conceptos de 'antes', 'después' y 'entre'?
- ¿Los estudiantes invierten el significado de 'antes' y 'después'?
- ¿Los estudiantes pueden identificar los números que van antes, después o entre números dados sin usar la cinta de números?

Observa

Aprendamos LE, pág. 47

Diga a los estudiantes que vayan a la pág. 47 del LE. Pida a los estudiantes que miren la cinta de números y sigan contando y cuenten hacia atrás desde un número dado (por ejemplo, del 3 al 10).

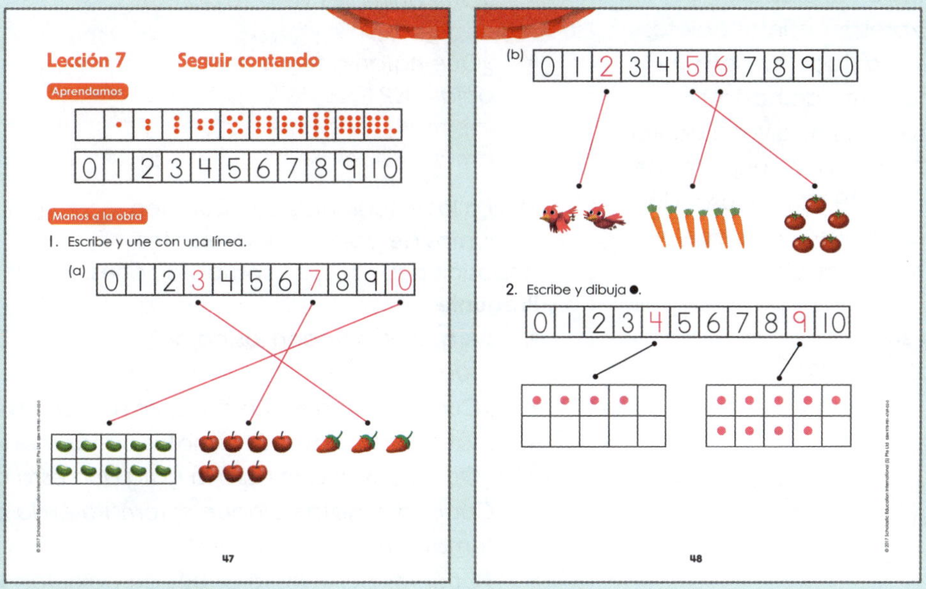
Lección 7 Seguir contando

Aprendamos

0	1	2	3	4	5	6	7	8	9	10

Manos a la obra

1. Escribe y une con una línea.

(a)

0	1	2	3	4	5	6	7	8	9	10

47

(b)

0	1	2	3	4	5	6	7	8	9	10

2. Escribe y dibuja ●.

0	1	2	3	4	5	6	7	8	9	10

48

Manos a la obra

LE, págs. 47–48

En la tarea 1 se practica hacer una secuencia de números y emparejar los números con sus cantidades.

En la tarea 2 se practica completar una cinta de números y usar un cuadro de 10 para contar hasta la cantidad correspondiente.

2

Reforzar conceptos

Pida a los estudiantes que trabajen con una **cinta de números** del 0 al 5.
Pídales que primero la construyan usando las **Tarjetas de puntos '0 – 5'**.
Cubra diferentes números en la cinta de números del 0 al 5 para que los estudiantes los identifiquen.

Actividad diaria de conclusión

Repase qué es la cinta de números. Muestre a los estudiantes las torres (disposición vertical) de 1 a 10 **cubos interconectables**. Pida a los estudiantes que coloquen una torre arriba del número correspondiente en una cinta de números. Pregunte a los estudiantes qué notan acerca de las torres de cubos mientras cuentan. (Ejemplo: las torres se agrandan en 1 cubo cada vez).

Ejercicios del capítulo y actividades para los Centros de intereses

DÍA 1

Objetivos:

- Contar hasta 10 objetos (en línea, cuadro de 10, matriz, círculo, dispersos)
- Identificar el último número que se cuenta como la cantidad de objetos que hay en el grupo
- Expresar cuántos objetos ya contado hay en un conjunto de hasta 10 objetos sin volver a contar
- Comparar 2 conjuntos de hasta 10 objetos usando 'igual que', 'más que' y 'menos que'

Recursos:

- LE, pág. 49

Ejercicios del capítulo

LE, pág. 49

Pida a los estudiantes que miren el dibujo de la pág. 49 del LE.
Haga las siguientes preguntas para animar a los estudiantes a conversar.

Pregunte:

- *¿Qué animales ven?* (pajaritos, una gata)
- *¿Qué notan acerca de los pajaritos?* (Dos de los pajaritos son más grandes. Algunos son amarillos, 1 es negro y 1 es azul).

Pida a los estudiantes que cuenten conjuntos de objetos en diferentes disposiciones y hagan comparaciones.

Pregunte:

- *¿A qué se parecen las cajas?* (cuadros de 10)
- *¿Cuántos tomates y manzanas hay en las cajas?* (9 tomates y 10 manzanas) *¿Hay más tomates o más manzanas?* (manzanas)
- *¿Qué piensan que hará la gata que está arriba?* (Agarrará el tomate). *Cuando la gata coloque el tomate en la caja de 9 tomates, ¿cuántos tomates habrá en la caja?* (10 tomates)
- *¿Cuántos polluelos, o bebés de pajaritos, y lombrices hay en las hileras?* (6 polluelos y 7 lombrices) *¿Hay menos lombrices o polluelos?* (polluelos)
- *¿Cuántos polluelos hay?* (7) *¿Qué pueden decir sobre su color?* (1 es negro, 6 son amarillos)
- *¿Cuántas lombrices hay en el cuenco?* (0)
- *¿De qué cosas hay más de 5?* (manzanas, tomates, pajaritos y lombrices)

***NOTA:** Las preguntas evalúan la capacidad de los estudiantes para contar más de 5, hasta 10 objetos y comparar conjuntos de objetos. Al preguntarles por conjuntos que tienen más de 5 objetos, también se evalúa su comprensión de los números que van después del 5.*

 ISBN 978-981-4822-01-5

Objetivos:

- Contar hasta 10 objetos (en matriz, círculo, dispersos)
- Identificar el último número que se cuenta como la cantidad de objetos que hay en el grupo
- Expresar cuántos objetos hay en un conjunto ya contado de hasta 10 objetos sin volver a contar
- Comparar 2 conjuntos de hasta 10 objetos usando 'igual que', 'más que' y 'menos que'

Materiales:

- 10 fichas por pareja

Recursos:

- LE, pág. 50

2

Actividad 1 LE, pág. 50

Pida a los estudiantes que miren la pág. 50 del LE y piensen cuál de los gatos tiene razón y por qué. Luego, pídales que conversen sobre su razonamiento en parejas y compartan sus ideas con la clase.

Dé 10 **fichas** a cada pareja. Pida a los estudiantes que trabajen juntos para comprobar qué grupo tiene menos cubos.

Observe:

- ¿Cómo cuentan los estudiantes los cubos de la página del Libro del estudiante ? ¿Usan la correspondencia uno a uno mientras cuentan?
- ¿Llevan la cuenta del conteo colocando los cubos de uno en uno en la representación gráfica de cada grupo?
- ¿Pueden expresar la cantidad de cubos que hay en un grupo sin volver a contar?

Pregunte: *¿Cómo pueden contar los cubos para mostrar qué grupo tiene menos cubos?* (Ejemplo: Ponemos un cubo arriba de cada dibujo como ayuda para contar. Contamos 2 veces para asegurarnos de que lo estamos haciendo bien. Ponemos una X grande sobre cada cubo que contamos).

Pregunte: *¿Quién tiene razón? ¿Qué grupo tiene menos cubos? Expliquen sus ideas.* (Ejemplo: Hay menos cubos en el Grupo A. ¡Parece que hay más cubos porque hay más espacio entre los cubos! Hay 9 cubos en el Grupo B y 8 cubos en el Grupo A. 9 cubos son más que 8 cubos. Hay 1 cubo menos en el círculo).

 ISBN 978-981-4822-01-5

Objetivos:

- Contar hasta 10 objetos (en línea, cuadro de 10, matriz, círculo, dispersos)
- Expresar cuántos objetos hay en un conjunto ya contado de hasta 10 objetos sin volver a contar
- Leer y escribir los números del 0 al 10 y reconocer el nombre de los números
- Contar un grupo de hasta 10 objetos de un grupo más grande de hasta 15 objetos

Materiales:

- 15 fichas, 1 vaso por pareja

Recursos:

- LE, pág. 51
- Cuadro de 10 (RM 2.1), 1 por pareja
- Tarjetas de puntos 0–10 (RM 1.11 y 2.9), 1 conjunto por pareja

Actividad 2 **LE, pág. 51**

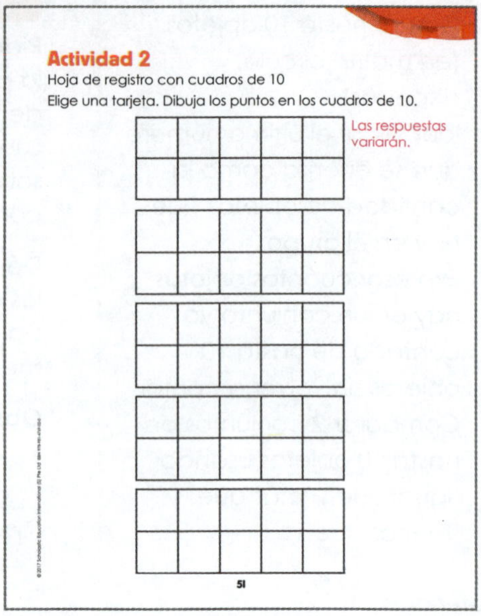
Actividad 2
Hoja de registro con cuadros de 10
Elige una tarjeta. Dibuja los puntos en los cuadros de 10.
Las respuestas variarán.
51

Diga a los estudiantes que vayan a la pág. 51 del LE. Dé un **cuadro de 10 (RM 2.1)** y un conjunto de **Tarjetas de números 0–10 (RM 1.11 y 2.9)** a cada pareja.

Explique cómo se desarrolla la actividad.

- Las tarjetas de números están mezcladas y boca abajo.
- El Estudiante A elige una tarjeta y le dice al Estudiante B el número.
- El Estudiante B saca esa cantidad de **fichas** (del vaso) y las coloca en un cuadro de 10.
- El Estudiante A cuenta las fichas en el cuadro de 10 y dice la cantidad de fichas.
- Ambos estudiantes dibujan puntos en sus **Hojas de registro con cuadros de 10** y escriben la cantidad de puntos al lado de cada cuadro de 10.
- Los compañeros intercambian roles y repiten la actividad.

 ISBN 978-981-4822-01-5

Objetivos:

- Leer y escribir los números del 0 al 10 y reconocer el nombre de los números
- Identificar los números que van antes, después y entre otro(s) número(s)

Recursos:

- LE, pág. 52

Actividad 3 **LE, pág. 52**

Diga a los estudiantes que vayan a la pág. 52 del LE. Explique a los estudiantes que el camino que va desde la cesta de zanahorias hasta la cesta de manzanas está numerado. Deben escribir los números que van antes, después o entre otros números en el camino.

Pida a los estudiantes que comprueben el trabajo de sus compañeros después de la actividad.

Actividad 3
Números que van antes, después y entre

1. Escribe los números que van después del 8.
 9 10
2. Escribe los números que van antes del 2.
 0 1
3. Escribe los números que van entre el 3 y el 6.
 4 5
4. Escribe el número que va justo después del 7.
 8
5. Escribe el número que va justo antes del 3.
 2

52

Actividad de conclusión del capítulo

Pida a los estudiantes que conversen sobre lo que aprendieron en el capítulo.

Pregunte:

- *¿Qué números pueden contar ahora?* (1, 2, 3, 4, 5, 6, 7, 8, 9 y 10)
- *Si ordeno 7 cubos de una manera, y luego los ordeno de una manera diferente, ¿seguiré teniendo 7 cubos?* (sí)
- *¿Cómo pueden recordar lo que han contado?* (colocando un cubo sobre cada dibujo/quitando el objeto/colocando una X sobre cada dibujo/usando un cuadro de 10)
- (Sostenga en alto la Tarjeta de números 0). *¿Qué significa este número?* (que no hay nada para contar)
- *¿Cuál es el número que va antes del 7?* (6) *¿Cuál es el número que va después del 0?* (1) *¿Qué número va entre el 4 y el 6?* (5)

» Resolución de problemas (1 día)

Consulte los Recursos para Resolución de problemas, donde encontrará materiales y notas para la enseñanza.

 ISBN 978-981-4822-01-5

2

3 Clasificar y hacer encuestas

Plan de trabajo

Lección	Objetivos
Lección 1: Clasificar	
Clasificar cubos interconectables por color Gráfica con dibujos de frutas favoritas	• Clasificar y agrupar hasta 10 objetos por color • Contar y determinar la cantidad total de objetos en cada grupo de hasta 10 objetos • Comparar 2 conjuntos de hasta 10 objetos cada uno contando y uniendo con una línea • Usar 'igual que', 'más que' y 'menos que' para describir comparaciones
Lección 2: Encuestas y gráficas con dibujos	
Gráfica con dibujos del clima favorito	• Participar en encuestas cuantitativas de toda la clase para reunir datos • Clasificar, contar y determinar el total en cada grupo de hasta 10 objetos creando gráficas con dibujos de 3 columnas • Clasificar, contar y determinar el total en cada grupo de hasta 10 objetos creando gráficas con dibujos de 3 hileras • Comparar visualmente los objetos de las gráficas con dibujos • Usar 'igual que', 'más que' y 'menos que' para describir comparaciones
Gráfica con dibujos del helado favorito	
Ejercicios del capítulo y actividades del Centro de intereses	
Ejercicios del capítulo	• Clasificar y agrupar hasta 10 objetos por color o patrón • Contar y determinar la cantidad total de objetos en cada grupo de hasta 10 objetos • Comparar 2 conjuntos de hasta 10 objetos cada uno contando y uniendo con una línea • Usar 'igual que', 'más que' y 'menos que' para describir comparaciones • Participar en encuestas cuantitativas de toda la clase para reunir datos • Clasificar, contar y determinar el total en cada grupo creando gráficas con dibujos de 3 columnas • Comparar visualmente los objetos de las gráficas con dibujos
Actividad 1	
Actividad 2	
Actividad 3	
Resolución de problemas	

Duración total: 5 días (1 día = 1 hora)

Materiales	Recursos	Vocabulario
		1 día
• 10 cubos interconectables (rojos y amarillos), 1 vaso por pareja • hojas grandes de papel • dibujos de una manzana roja, una naranja y un plátano • crayones (rojo, naranja y amarillo) • bolsa	• LE, págs. 53–55 • Recortables de frutas (RM 3.1)	• clasificación • igual que • parecido a • unir con una línea • más que • menos que • hilera • encuesta • gráfica
		2 días
• bolsa • hojas grandes de papel	• LE, pág. 56 • Recortables de frutas (RM 3.1) • Recortables del clima (RM 3.2)	• clasificación • gráfica con dibujos • columna • más que • menos que • igual que
• hojas grandes de papel • crayones (café, rosa y blanco), 1 conjunto por pareja	• LE, pág. 57 • Recortables de frutas (RM 3.1) • Recortables de helados (RM 3.3), 1 por estudiante	• clasificación • gráfica con dibujos • hilera • más que • menos que • igual que
		1 día
	• LE, pág. 58	
• 10 cubos interconectables (de 2 colores, 5 de cada color), 1 vaso por pareja	• LE, pág. 59	
	• LE, pág. 60 • Gráfica de las Bebidas en la fiesta de Emily (RM 3.4) • Recortables de tarjetas de bebidas (RM 3.5)	
• lápices de colores (azul, rojo y amarillo), 1 juego por pareja	• LE, pág. 61	
		1 día
	• Resolución de problemas: Superlibro 3 y Libro de lectura 3 • Resolución de problemas: Guía del profesor	

3 Clasificar y hacer encuestas

Presentación del capítulo

Lección 1: Clasificar
Lección 2: Encuestas y gráficas con dibujos

Introducción

La habilidad para clasificar es un conocimiento fundamental que respalda la capacidad de los estudiantes para recolectar, organizar, mostrar y analizar los datos. El día 1 se dedica a la clasificación por color. A los estudiantes se les presenta una encuesta que 'crece', o incorpora datos adicionales en los siguientes 3 días. Cada día los estudiantes comentan cómo cambian los datos de un día al otro y recolectan, clasifican y organizan datos en gráficas de dibujos verticales y horizontales. Analizan estos datos usando 'igual que', 'más que' y 'menos que'.

Lección 1: Clasificar — DÍA 1

Objetivos:

- Clasificar y agrupar hasta 10 objetos por color
- Contar y determinar la cantidad total de objetos en cada grupo de hasta 10 objetos
- Comparar 2 conjuntos de hasta 10 objetos cada uno contando y uniendo con una línea
- Usar 'igual que', 'más que' y 'menos que' para describir comparaciones

Materiales:

- 10 cubos interconectables (rojos y amarillos), 1 vaso por pareja
- hojas grandes de papel
- dibujos de una manzana roja, una naranja y un plátano
- crayones (rojo, naranja y amarillo)
- bolsa

Recursos:

- LE, págs. 53–55
- Recortables de frutas (RM 3.1)

Vocabulario:

- clasificación
- igual que
- parecido a
- unir con una línea
- más que
- menos que
- hilera
- encuesta
- gráfica

Actividad diaria de preparación

Objetivo: Contar de memoria del 1 al 15

Continúe la rutina de conteo de memoria del 1 al 15. Instruya a los estudiantes para que salten en el lugar cuando dicen 15. Repítalo una vez más. Elija un número distinto para iniciar el conteo (por ejemplo: comenzar con el 8 y contar hasta el 15).

Observe:

- ¿Los estudiantes saltan o repiten algún número? Si es así, ¿cuáles?
- ¿Cuentan en una secuencia incorrecta, por ejemplo, 7, 9, 8, 10?
- ¿Tienen dificultades para seguir contando desde un número que no sea 1? (Por ejemplo: cuando les pide que cuenten desde el 4, ¿cuentan en voz baja del 1 al 3 antes de contar en voz alta del 4 al 15?)

Repaso de conocimientos previos

Repasemos **LE, pág. 53**

En la tarea 1 se evalúa la capacidad de los estudiantes para contar hasta 10 objetos dispuestos de diferentes maneras.

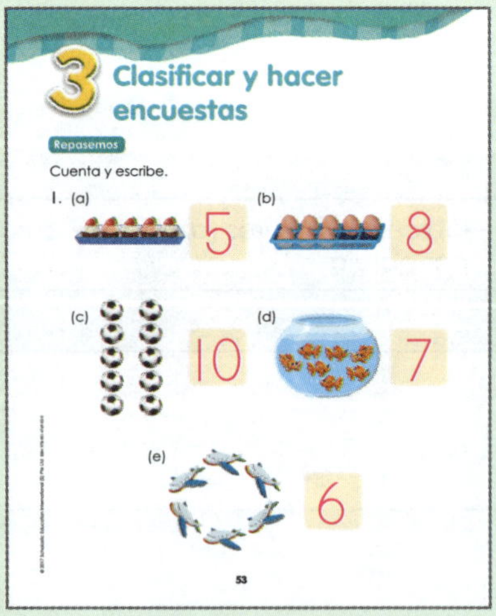

Aprender y hacer

Clasificar cubos interconectables por color

Laboratorio de matemáticas

Dé a cada pareja un vaso de **cubos interconectables**. Dé algunos minutos para que exploren los cubos.

Pregunte: *¿Qué ven?* (Vemos cubos interconectables. Algunos son amarillos y otros son rojos. Hay 10 en total).

Diga: *Clasifiquemos los cubos interconectables. 'Clasificar' significa colocar objetos en grupos por su parecido.* Demuestre cómo colocar los cubos amarillos en un grupo y los rojos en otro grupo.

 ISBN 978-981-4822-01-5

Pregunte: *¿En qué se parecen estos cubos interconectables?* (En este grupo son todos amarillos/rojos).
Diga: *Clasifiquen los cubos interconectables por color.* Dé un minuto a los estudiantes para que lo hagan.
Pregunte: *¿Cuántos grupos de cubos tienen?* (2) *¿De qué colores son sus grupos?* (rojo y amarillo)
Diga: *Cuenten los cubos en el grupo rojo. ¿Cuántos hay? Cuenten los del amarillo. ¿Cuántos hay?*
Pregunte: *¿Qué grupo tiene más?* Recuerde a los estudiantes que pueden alinear los cubos rojos al lado de los cubos amarillos y usar la estrategia de unir con una línea uno a uno para determinar cuál es el grupo que tiene más, menos o igual cantidad.

Observa

Aprendamos **LE, pág. 54**

Pregunte: *¿Qué ven en los estantes?* (un trofeo, una pelota de tenis, una planta, una gorra, una rana, un robot, un conejo y un dibujo de una oveja). *¿Qué colores ven?* (amarillo, verde, blanco) Vaya a cada estante. **Pregunte:** *¿En qué se parecen estas cosas?* (Son todas amarillas/verdes/blancas.) *¿Cuántos grupos de cosas ven?* (3) *¿Dónde debería poner Juan la pelota?* (en el estante de abajo) *¿Por qué?* (porque es blanca) **Diga:** *Contemos las cosas del grupo verde. ¿Cuántas hay?* (4) *Contemos las cosas del grupo blanco. ¿Cuántas hay?* (3)
Pregunte: *¿Cuál es el grupo o color que tiene más cosas?* (el verde)

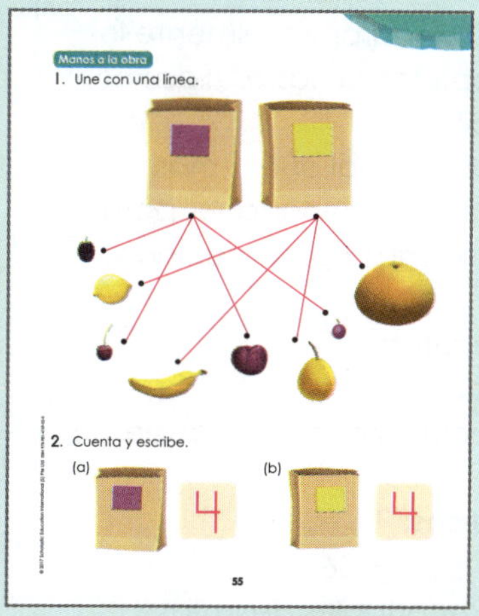

Manos a la obra **LE, pág. 55**

En la tarea 1 se practica la clasificación por color en la bolsa correcta.
En la tarea 2 se practica el conteo de la fruta.

Gráfica con dibujos de frutas favoritas

Laboratorio de matemáticas · Observa

Presente la gráfica en 'crecimiento'. La gráfica continúa 'creciendo' en los días 2 y 3 a medida que se agrega más información durante la actividad diaria de preparación. Antes de la lección, prepare la gráfica en **hojas grandes de papel** con el título *Nuestra fruta favorita* y 3 columnas rotuladas 'manzana', 'naranja' y 'plátano'. Fotocopie los **Recortables de frutas (RM 3.1)** y pida a los estudiantes que usen los **crayones** para colorearlos. Muestre a los estudiantes **dibujos** de una manzana roja, una naranja y un plátano.
Pregunte: *¿Cuál es la fruta que les gusta más? Expliquen la razón al compañero.*
Diga: *Cuando hago una pregunta sobre qué es lo que más les gusta, estoy haciendo una encuesta. Pondremos todas nuestras respuestas en una gráfica, y veremos cuál es la fruta favorita. Hoy averiguaremos qué les gusta a 6 estudiantes.*
Pida a 6 estudiantes que elijan la fruta que más les gusta. Ellos escriben sus nombres en los dibujos. Muestre a los estudiantes la gráfica en una hoja grande de papel, recuérdeles que se denomina gráfica y diga que les indicará cuál es la fruta que más les gusta. Lea el título: *Nuestra fruta favorita*. Pida a los 6 estudiantes que se turnen para pegar sus dibujos en la gráfica. Pida a los estudiantes que conversen sobre los datos. Pregunte '¿Cuántos...?' para reforzar los números cardinales.

> ***NOTA:*** *Compare solo 2 conjuntos de cosas a la vez porque aún no se ha trabajado con 3.*

Pregunte: *¿A cuántos amigos les gustan más las manzanas? ¿Y las naranjas? ¿Y los plátanos? Contemos otra vez los dibujos de cada columna.* Pregunte "¿Cuántos...?" para reforzar los números cardinales. *¿Cuál es la fruta que gusta más que las otras? ¿Cómo lo saben? ¿Cuál fue la fruta menos elegida por los amigos? ¿Cómo lo saben?*
Diga: *Mañana más estudiantes elegirán su fruta favorita y agregarán la nueva información a la gráfica. Me pregunto cómo cambiará mañana la gráfica.*
Pregunte: *¿Qué creen ustedes?* Dé tiempo para que compartan sus predicciones.

Reforzar conceptos

Para estudiantes con dificultades, distribuya **fichas** moradas y amarillas (o cubos interconectables) para representar la cantidad de fruta. Pídales que clasifiquen las fichas por color.

Actividad diaria de conclusión

Diga a los estudiantes que tomen su vaso de **cubos interconectables**.
Pregunte: *¿Cómo podemos saber si un grupo tiene más cubos que otro grupo?* Dé tiempo a los estudiantes para conversar con un compañero y varios minutos para compartir. (Ejemplo: Alineamos los cubos en dos hileras para hacer parejas. Si un cubo no tiene pareja/compañero, entonces esa hilera tiene más cubos. También podemos contar).

 ISBN 978-981-4822-01-5

Lección 2: Encuestas y gráficas con dibujos

DÍA 1

Objetivos:

- Participar en encuestas cuantitativas de toda la clase para reunir datos
- Clasificar, contar y determinar el total en cada grupo de hasta 10 objetos creando gráficas con dibujos de 3 columnas
- Comparar visualmente los objetos de las gráficas con dibujos
- Usar 'igual que', 'más que' y 'menos que' para describir comparaciones

Materiales:

- bolsa
- hojas grandes de papel

Recursos:

- LE, pág. 56
- Recortables de frutas (RM 3.1)
- Recortables del clima (RM 3.2)

Vocabulario:

- clasificación
- gráfica con dibujos
- columna
- más que
- menos que
- igual que

Actividad diaria de preparación

Objetivo: Llevar a cabo una encuesta y crear una gráfica

Repase la gráfica de *Nuestra fruta favorita*. Colóquela en un lugar visible para todos los estudiantes.
Pregunte: *Ayer reunimos una información sobre cuál era la fruta preferida de 6 amigos de nuestra clase. ¿A cuántos amigos les gustan más las manzanas? ¿Y las naranjas? ¿Y los plátanos?*
Diga: *Me pregunto cómo se verá nuestra gráfica hoy, después de que agreguemos más fruta.*
Pregunte: *¿Qué creen ustedes?*
Pida a 6 estudiantes más que se turnen para elegir 6 **Recortables de frutas (RM 3.1)** más y los peguen en las columnas correspondientes.
Pregunte: *¿Qué notan en la gráfica ahora?*
Diga: *Conversen con un compañero para compartir lo que ven.*
Dé tiempo para que los estudiantes compartan con toda la clase. Anímelos a compartir cuántas frutas hay ahora en cada columna, qué columna tiene más o menos frutas o si hay 2 columnas con la misma cantidad de fruta.
Pregunte: *Ayer, la fruta que más les gustaba a nuestros amigos fue ______. ¿Es ______ la que más gusta todavía? ¿Por qué dicen eso?*

> ***NOTA:*** *Debido a que los estudiantes solo han aprendido los números del 1 al 10, es posible que deba dividir su clase en 2 o más grupos y crear gráficas múltiples de modo que la cantidad de datos en cualquier columna no exceda el número 10. Aplique este principio a la recolección de datos y creación de gráficas a lo largo de toda la lección.*

Repaso rápido

Explique a los estudiantes que se clasificarán en 2 grupos según su vestimenta: si es corta (por ejemplo, pantalones cortos o falda corta) o larga (por ejemplo, pantalones o vestido o falda larga). Ajuste las 2 categorías de clasificación según lo que vistan los estudiantes.
Pida a los estudiantes que trabajen juntos para decidir a qué grupo pertenecen los compañeros. Luego, todos juntos cuenten la cantidad de estudiantes de cada grupo.
Pregunte: *¿Cuántos son?* Esto ayudará a reforzar la cardinalidad. Pida a los estudiantes que identifiquen el grupo con más o menos estudiantes, o si ambos grupos tienen igual cantidad de estudiantes. Anime a los estudiantes a comparar los 2 grupos usando la estrategia de unir con una línea uno a uno.

> ***NOTA:*** *La cantidad en un grupo/s puede ser mayor a 10 dependiendo del tamaño de la clase. Demuestre cómo contar de memoria más allá de 10 y pida a los estudiantes que cuenten con usted. Adapte las 'reglas' de clasificación según la ropa de la estación, por ejemplo, mangas largas y cortas.*

Aprender y hacer

Gráfica con dibujos del clima favorito

Laboratorio de matemáticas | Observa

Antes de la lección, use una **hoja grande de papel** para crear una gráfica vertical de 3 columnas con los rótulos: *soleado*, *lluvioso* y *nublado* en la parte inferior. Escriba el título *Nuestro clima favorito* en la parte superior. Prepare los **Recortables del clima (RM 3.2)**.

 ISBN 978-981-4822-01-5

Recuerde a los estudiantes que una gráfica muestra información sobre una pregunta que se hizo. Explique a los estudiantes que reunirán información sobre cuál es el tipo de clima que prefieren. Presente los grupos del clima: soleado, lluvioso y nublado. Los estudiantes deben elegir el Recortable del clima que represente el clima que cada uno prefiera y lo colocarán en una pila al frente del salón de clase.

Diga: *Recuerden que cuando clasifican, colocan juntos objetos que son parecidos.*

Pregunte: *¿Cómo podemos clasificar los dibujos del clima en grupos?* (por tipo de clima)

Pida a algunos de los estudiantes que clasifiquen los recortables en 3 grupos.

Pregunte: *¿Cuál es el clima que creen ustedes es el que más les gusta a nuestros amigos?* (sin que los estudiantes cuenten aún) *¿Por qué creen eso? ¿Cómo podemos hallar la respuesta?* (contando)

Pida a otros 3 estudiantes que cuenten juntos la cantidad de recortables en cada grupo. Anime a los estudiantes para que peguen los recortables en las columnas correctas de la gráfica.

Señale la gráfica.

Diga: *Esta es la información sobre nuestro clima favorito.*

Pregunte: *¿Qué notan sobre la información de la gráfica?*

Dé tiempo a los estudiantes para que piensen primero individualmente y luego para conversar con un compañero sobre lo que notaron. Dé varios minutos para que los estudiantes compartan con toda la clase. (Ejemplo: El clima soleado tiene más dibujos. El clima lluvioso tiene dos dibujos. ¡El clima nublado tiene un solo dibujo!)

Diga: *Contemos la cantidad de dibujos de cada columna.* Cuando los estudiantes completan un conteo, pregunte '¿Cuántos hay?' para reforzar la cardinalidad.

Pregunte: *¿Hay columnas iguales?*

Pregunte: *¿Qué columna tiene menos dibujos que la columna ______ ? ¿Qué tipo de clima es ese?*

Pregunte: *¿Qué columna tiene más dibujos que la columna ______ ?*

¿Cómo lo saben? ¿Qué tipo de clima es ese?

> ***NOTA:** Hasta ahora, los estudiantes solo aprendieron '1 más/1 menos' y 'más que/menos que'. Concéntrese en los términos 'más', 'menos' e ' igual que' para comparar 2 conjuntos de datos a la vez en la gráfica. Para los estudiantes más capaces, presente 'el/la más' y 'el/la menos' informalmente para comparar 3 conjuntos de datos.*

Observa

Aprendamos — LE, pág. 56

Diga a los estudiantes que vayan a la gráfica con dibujos *Nuestro clima favorito* en el LE, pág. 56 y vean los datos de las primeras 2 columnas.

Manos a la obra — LE, pág. 56

Pida a los estudiantes que cuenten y escriban la cantidad de niños que prefieren el clima nublado. Guíe a los estudiantes para que también conversen sobre los datos de la gráfica usando 'más' y 'menos'.

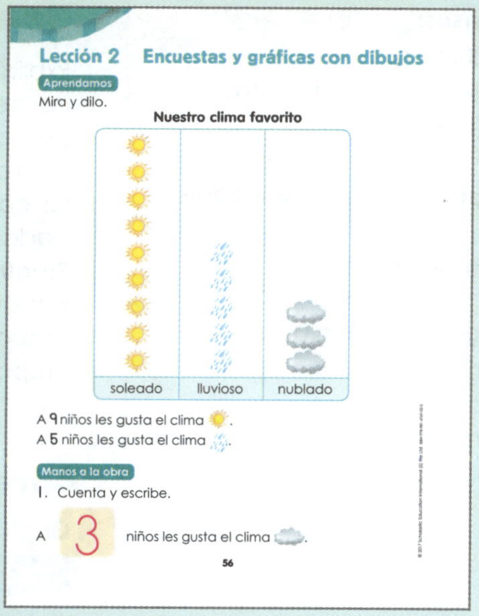

Reforzar conceptos

Recuerde a los estudiantes que cada dibujo representa a 1 niño. Dé **cubos interconectables** en 3 colores diferentes para que los estudiantes los coloquen en los dibujos como ayuda para contar.

Actividad diaria de conclusión

Jueguen 'Tres esquinas'. Los estudiantes esperan a ser 'clasificados' por tema. Anuncie las 3 categorías y designe las esquinas, por ejemplo, Deporte favorito: Esquina 1 es básquetbol, Esquina 2 es gimnasia y Esquina 3 es fútbol. Los estudiantes van a la esquina de su deporte favorito y cuentan cuántos niños hay en su grupo. Registre los datos en una gráfica en el pizarrón con figuras de palos para representar a cada estudiante.

Pregunte: *¿Hay más amigos que prefieren ______ en vez de ______?*

Repita esta pregunta con los otros grupos.

Pregunte: *¿Hay menos amigos que prefieren ______ en vez de ______?*

3

 ISBN 978-981-4822-01-5

Lección 2: Encuestas y gráficas con dibujos

DÍA 1 DÍA 2

Objetivos:

- Participar en encuestas cuantitativas de toda la clase para reunir datos
- Clasificar, contar y determinar el total en cada grupo de hasta 10 objetos creando gráficas con dibujos de 3 hileras
- Comparar visualmente los objetos de las gráficas con dibujos
- Usar 'igual que', 'más que' y 'menos que' para describir comparaciones

Materiales:

- hojas grandes de papel
- crayones (café, rosa y blanco), 1 conjunto por pareja

Recursos:

- LE, pág. 57
- Recortables de frutas (RM 3.1)
- Recortables de helados (RM 3.3), 1 por estudiante

Vocabulario:

- clasificación
- gráfica con dibujos
- hilera
- más que
- menos que
- igual que

Actividad diaria de preparación

Objetivo: Llevar a cabo una encuesta y crear una gráfica

Repase la gráfica de *Nuestra fruta favorita*. Colóquela en un lugar visible para todos los estudiantes. Pida a los estudiantes que se turnen para colocar los **Recortables de frutas (RM 3.1)** que quedan en la gráfica. Pídales que conversen con un compañero sobre lo que notan en los datos de hoy. Dé tiempo para que los estudiantes compartan con toda la clase.
Indique a los estudiantes que cuenten los dibujos de cada columna y refuerce el lenguaje informal 'más que', 'menos que' e 'igual que'.
Pregunte: *¿Cuál es la fruta que le gusta a la menor cantidad de amigos? ¿Cómo lo saben?*
Diga: *El primer día, más amigos prefirieron ______. ¿Les sorprende que sean más los amigos que prefieren ______ ahora? Expliquen sus ideas.*
Pregunte: *¿Hay dos frutas que sean preferidas por la misma cantidad de amigos?*
Pregunte: *¿Cómo cambió la información de la gráfica cada día?* (Ejemplo: La cantidad de cada fruta seguía aumentando. En ocasiones las manzanas fueron las más deseadas y luego fueron los plátanos).

Repaso rápido

Explique a los estudiantes que se clasificarán en 3 grupos de acuerdo a 3 colores o por otras categorías de ropa que estén vistiendo (por ejemplo: pantalones cortos, falda, sudadera, chaqueta).
Pida a los estudiantes que trabajen juntos para decidir a qué grupo pertenecen los compañeros. Luego, todos juntos cuentan la cantidad de estudiantes de cada grupo.
Pregunte: *¿Cuántos son?* Esto ayudará a reforzar la cardinalidad. Pida a los estudiantes que identifiquen el grupo con más o menos estudiantes, o si ambos grupos tienen igual cantidad de estudiantes. Anímelos a comparar 2 grupos a la vez usando la estrategia de unir con una línea uno a uno.

Aprender y hacer

Gráfica con dibujos de nuestro helado favorito

Laboratorio de matemáticas | Observa

Antes de la lección, use una **hoja grande de papel** para crear una gráfica horizontal de 3 hileras rotuladas con *chocolate*, *vainilla* y *fresa* a la izquierda de cada hilera. Escriba el título *Nuestro helado favorito* en la parte superior. Fotocopie y recorte la cantidad necesaria de **Recortables de helados (RM 3.3)**. Distribuya los recortables y pida a los estudiantes que usen **crayones** para colorearlos con su sabor favorito antes de la lección.

Pida a los estudiantes que coloquen sus conos de helado juntos sobre una mesa y que los observen.
Pregunte: *¿Saben cuál es el sabor de helado favorito de nuestra clase? ¿Saben a cuántos niños les gusta la vainilla? ¿Cómo podemos clasificar nuestros conos de helado?* (por sabor o color)
Seleccione algunos voluntarios para clasificar los conos en 3 grupos. Luego, cuente la cantidad de conos de cada grupo junto con los estudiantes.

 ISBN 978-981-4822-01-5

Pregunte: *¿Cuántos son?* Esto ayudará a reforzar la cardinalidad.
Diga a los estudiantes que sus dibujos serán colocados en la gráfica en hileras. Pida a los estudiantes que se turnen para pegar los dibujos de los helados en la gráfica en las hileras correspondientes.
Pregunte: *¿Cuál es el título de la gráfica?* (Nuestro helado favorito)
Diga: *Esto nos dice de qué trata esta gráfica.*
Pregunte: *¿Cuál es la pregunta que intentamos responder?* (¿Cuál es el sabor de helado favorito de nuestra clase?)
Pregunte: *¿Qué notan sobre la información de esta gráfica?*
Pida a los estudiantes que piensen primero individualmente y luego dé tiempo para que compartan su razonamiento con un compañero.
Elija dos hileras contiguas de conos de helado para comparar.
Pregunte: *¿Cuántos estudiantes prefieren el helado de vainilla? ¿Es más que la cantidad de* estudiantes *que prefiere el helado de fresa? ¿Cómo lo saben?* (Ejemplo: Estos conos de helado de vainilla no tienen parejas. Entonces, hay más amigos que prefieren el helado de vainilla).
Pregunte: *¿Tenemos que comprar un montón de helado de ______ si celebramos una fiesta en el salón de clase? Expliquen sus ideas.*
Pregunte: *¿Qué sabor se prefiere menos que ______? ¿Cómo podemos saberlo?*
Recuerde a los estudiantes que usen las estrategias de unir con una línea uno a uno o la de conteo cuando comparan la cantidad de conos en 2 grupos.

Manos a la obra **LE, pág. 57**

Consulte la gráfica de dibujos de *Nuestro helado favorito* en el LE, pág. 57. Pida a los estudiantes que cuenten y escriban la cantidad de niños a los que les gusta el helado de chocolate/vainilla/fresa. Guíe a los estudiantes para conversar sobre los datos de la gráfica usando 'más que', 'menos que' e 'igual que'.

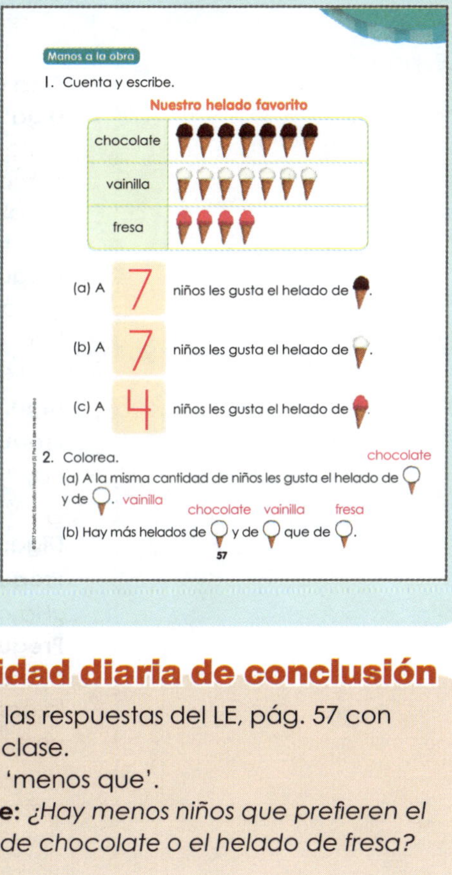
Manos a la obra

1. Cuenta y escribe.

Nuestro helado favorito

chocolate	
vainilla	
fresa	

(a) A 7 niños les gusta el helado de .

(b) A 7 niños les gusta el helado de .

(c) A 4 niños les gusta el helado de .

2. Colorea.

(a) A la misma cantidad de niños les gusta el helado de chocolate y de vainilla.

(b) Hay más helados de chocolate y de vainilla que de fresa.

57

Reforzar conceptos

Repase el significado de 'igual que'. Asegúrese de que los estudiantes se den cuenta de que, con solo observar la gráfica, sin tener que contar, podemos ver que la cantidad de niños que eligen el helado de chocolate y el de vainilla es igual.

Actividad diaria de conclusión

Repase las respuestas del LE, pág. 57 con toda la clase.
Repase 'menos que'.
Pregunte: *¿Hay menos niños que prefieren el helado de chocolate o el helado de fresa?*

3

 ISBN 978-981-4822-01-5

Ejercicios del capítulo y actividades para los Centros de intereses

DÍA 1

Objetivos:

- Clasificar y agrupar hasta 10 objetos por color
- Contar y determinar la cantidad total de objetos en cada grupo de hasta 10 objetos
- Comparar 2 conjuntos de hasta 10 objetos cada uno contando y uniendo con una línea
- Usar 'igual que', 'más que' y 'menos que' para describir comparaciones
- Participar en encuestas cuantitativas de toda la clase para reunir datos

Recursos:

- LE, pág. 58

Ejercicios del capítulo

LE, pág. 58

Pida a los estudiantes que miren el dibujo en el LE, pág. 58.
Haga las siguientes preguntas para animar a los estudiantes a conversar.

Pregunte:

- *¿Cuáles son los alimentos que comimos en la fiesta de cumpleaños de Emily?* (hamburguesas, bizcochitos, frutas)
- *¿Cuántos regalos recibió Emily?* (7)
- *¿Qué otras cosas observas?* (sombreros de fiesta, un pastel de cumpleaños con forma de pelota de fútbol, globos, hormigas, un ratón, un cuchillo, una mesa, una silla, un plato con una porción de pastel)

Pida a los estudiantes que cuenten conjuntos de objetos según el color.

Diga: *Conversen con un compañero sobre lo que ven en el dibujo.* (una fiesta de cumpleaños/una fiesta de cumpleaños de fútbol/la fiesta de cumpleaños de Emily)

Dé algunos minutos para que los estudiantes compartan una conversación con toda la clase.

Pregunte: *¿Qué notan en los alimentos que comieron los amigos de Emily? ¿Cuántos amigos comieron hamburguesas?* (3) *¿Cuántos amigos comieron bizcochitos?* (4) *¿Cuántos amigos comieron frutas?* (3) *¿Hay más amigos que prefieren las hamburguesas o las frutas?* (igual)

Diga: *Clasifiquemos los sombreros de fiesta por color.*

Pregunte: *¿Cuántos sombreros blancos hay?* (3) *¿Cuántos sombreros negros hay?* (3) *¿Hay menos sombreros blancos que negros?* (No, hay igual cantidad).

Diga: *Clasifiquemos los regalos por color.*

Pregunte: *¿Cuántos regalos verdes hay?* (6) *¿Cuántos regalos rojos hay?* (1) *¿Hay más regalos verdes o rojos?* (más regalos verdes)

Pregunte: *¿Cómo podemos clasificar los globos?* (por color) *¿Cuántos globos blancos hay?* (4) *¿Cuántos globos negros hay?* (2) *¿Qué pueden decir sobre la cantidad de globos en los 2 grupos?* (Hay más globos blancos que globos negros./Hay menos globos negros que globos blancos).

 ISBN 978-981-4822-01-5

Objetivos:

- Clasificar y agrupar hasta 10 objetos por color o patrón
- Comparar 2 conjuntos de hasta 10 objetos cada uno contando y uniendo con una línea
- Usar 'igual que', 'más que' y 'menos que' para describir comparaciones

Materiales:

- 10 cubos interconectables (de 2 colores, 5 de cada color), 1 vaso por pareja

Recursos:

- LE, pág. 59

Actividad 1 LE, pág. 59

Pida a los estudiantes que escuchen con atención mientras lee los globos de diálogo.

Pida a los estudiantes que PIENSEN primero en quién tiene razón. Luego, pida a los estudiantes que CONVERSEN con un compañero para comentar su razonamiento.

Pregunte: *¿Quién tiene razón, Tito o Rey? ¿Se usaron más vasos con lunares en la fiesta? ¿O se usaron más vasos con rayas? ¿O la cantidad de vasos con lunares es igual que la cantidad de vasos con rayas?*

Diga: *CONVERSEN con su compañero otra vez para pensar un modo de probar que su razonamiento es correcto.*

Distribuya un vaso de **cubos interconectables** a cada pareja. Diga a los estudiantes que los cubos representan los vasos. Observe a los estudiantes mientras trabajan juntos para probar cuál es el estudiante que tiene razón.

Observe:

- ¿Los estudiantes clasifican primero los cubos interconectables?
- ¿Cómo cuentan los vasos en cada grupo?
- ¿Usan la correspondencia de uno a uno mientras cuentan?
- ¿Marcan el conteo colocando los cubos de uno en uno en cada vaso?
- ¿Pueden decir la cantidad de cubos que hay en un grupo cuando les preguntan (sin volver a contar)?
- ¿Los estudiantes cuentan y luego alinean cada grupo (usando cubos y uniendo con una línea) para comparar?
- ¿Los estudiantes cuentan los cubos para comparar (sin alinearlos)?

Pregunte: *¿Cómo hallaron cuál es el gato que tiene razón?* (Ejemplo: Clasificamos los cubos por color. Luego los contamos. (Hay 5 vasos con lunares y 5 vasos con rayas. Hay una cantidad igual de vasos en cada grupo). Contamos los vasos y los representamos con cubos. Hicimos parejas con los cubos. Todos los cubos tenían un compañero, así que los dos grupos son iguales).

3

 ISBN 978-981-4822-01-5

Objetivos:

- Clasificar, contar y determinar el total en cada grupo creando gráficas con dibujos de 3 columnas
- Comparar visualmente los objetos de las gráficas con dibujos

Recursos:

- LE, pág. 60
- Gráfica de las bebidas en la fiesta de Emily (RM 3.4)
- Recortables de tarjetas de bebidas (RM 3.5)

Actividad 2 LE, pág. 60

Diga a los estudiantes que vayan al LE, pág. 60. Dé a cada pareja una **Gráfica de las bebidas en la fiesta de Emily (RM 3.4)** y un conjunto de **Recortables de tarjetas de bebidas (RM 3.5)**. Explique que las tarjetas muestran las bebidas que los amigos de Emily bebieron en su fiesta: leche, agua y limonada. Pida a los estudiantes de mezclen las tarjetas y las coloquen boca abajo en una pila. Explique a los estudiantes que se turnarán para colocar una tarjeta en la gráfica 5 veces. Cada pareja colocará un total de 10 tarjetas en la gráfica.

Actividad 2

Mira la gráfica de las bebidas que se sirvieron en la fiesta de Emily. Las respuestas variarán.

1. Cuenta.

(a) ¿Cuántos amigos bebieron ?

(b) ¿Cuántos amigos bebieron ?

(c) ¿Cuántos amigos bebieron ?

2. Encierra en un círculo la palabra correcta.

Más / Menos amigos bebieron que .

60

Explique cómo se desarrolla la actividad.

- El compañero A toma la tarjeta de arriba de la pila (por ejemplo, leche) y la coloca en la gráfica en la parte de abajo de la columna de la *leche*.
- El compañero B toma la siguiente tarjeta de la pila (por ejemplo, limonada) y la coloca en la gráfica debajo de la columna de *limonada*.
- Los estudiantes continúan turnándose para elegir y colocar las tarjetas en las columnas apropiadas. Cada pareja colocará un total de 5 tarjetas en la gráfica.
- Las parejas trabajan juntas para responder las preguntas del LE, pág. 60, usando la información que organizaron en la gráfica. Supervise y compruebe las respuestas de los estudiantes.

 ISBN 978-981-4822-01-5

Objetivos:

- Contar y determinar la cantidad total de objetos en cada grupo de hasta 10 objetos
- Comparar 2 conjuntos de hasta 10 objetos cada uno contando y uniendo con una línea
- Usar 'igual que', 'más que' y 'menos que' para describir comparaciones
- Comparar visualmente los objetos de las gráficas con dibujos

Materiales:

- lápices de colores (azul, rojo y amarillo), 1 conjunto por pareja

Recursos:

- LE, pág. 61

Actividad 3 **LE, pág. 61**

Explique a los estudiantes que deben contar y comparar la cantidad de globos de la gráfica para responder las preguntas. Para la tarea 2, asegúrese de que los estudiantes sepan que deben colorear el globo y para (c) deben colorear dos globos.

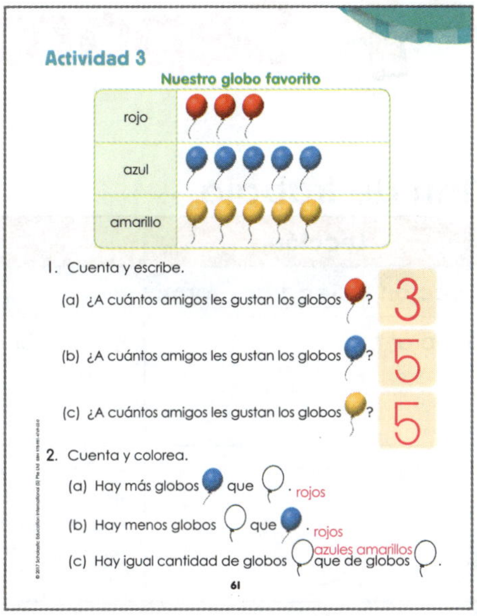

Actividad 3

Nuestro globo favorito

rojo	
azul	
amarillo	

1. Cuenta y escribe.
   (a) ¿A cuántos amigos les gustan los globos ? 3
   (b) ¿A cuántos amigos les gustan los globos ? 5
   (c) ¿A cuántos amigos les gustan los globos ? 5
2. Cuenta y colorea.
   (a) Hay más globos que . rojos
   (b) Hay menos globos que . rojos
   (c) Hay igual cantidad de globos azules amarillos que de globos .

61

Actividad de conclusión del capítulo

Pida a los estudiantes que conversen sobre lo que aprendieron en el capítulo.

Pregunte:

- *¿Cómo pueden comparar 2 grupos para saber cuál tiene más cantidad?* (Puedo alinear los grupos y unir con una línea cada objeto con otro del otro grupo. Si hay alguno sin compañero, significa que hay más en ese grupo./Puedo contar la cantidad de objetos de ese grupo. Puedo mirar la cinta de números para asegurarme de que tengo razón).

Muestre la gráfica *Nuestro globo favorito*.

Pregunte: *¿Qué nos dice la gráfica?*

(Ejemplo: La gráfica puede decirnos a cuántos de nuestros amigos les gusta algo. Podemos saber si a más amigos les gustan los globos rojos, los globos azules o los globos amarillos).

» Resolución de problemas (1 día)

Consulte los Recursos para Resolución de problemas, donde encontrará materiales y notas para la enseñanza.

 ISBN 978-981-4822-01-5

4 Separar y formar 4 y 5

Plan de trabajo

Lección	Objetivos
Lección 1: Separar y formar 4	
Separar 4	• Separar 4 objetos en dos partes de varias maneras
Separar y formar 4	• Separar 4 objetos en dos partes de varias maneras • Formar 4 con dos partes • Usar un número (del 0 al 4) para mostrar la cantidad de objetos que hay en cada parte al descomponer 4
Separar y formar 4 usando grupos de números relacionados	• Separar 4 objetos en dos partes de varias maneras • Escribir números relacionados para formar 4
Completar grupos de números relacionados para formar 4	• Separar 4 objetos en dos partes de varias maneras • Nombrar la parte que falta para formar 4
Lección 2: Separar y formar 5	
Separar 5	• Separar 5 objetos en dos partes de varias maneras
Separar y formar 5	• Separar 5 objetos en dos partes de varias maneras • Formar 5 con dos partes • Usar un número (del 0 al 5) para mostrar la cantidad de objetos que hay en cada parte al descomponer 5
Separar y formar 5 usando grupos de números relacionados	• Separar 5 objetos en dos partes de varias maneras • Escribir grupos de números relacionados para formar 5
Completar grupos de números relacionados para formar 5	• Separar 5 objetos en dos partes de varias maneras • Nombrar la parte que falta para formar 5
Ejercicios del capítulo y actividades para los Centros de intereses	
Ejercicios del capítulo Actividad 1 Actividad 2 Actividad 3	• Separar conjuntos de 4 y 5 objetos en dos partes de varias maneras • Usar un número (del 0 al 5) para mostrar la cantidad de objetos que hay en cada parte al descomponer 4 y 5 • Representar cómo formar y descomponer conjuntos de 4 y 5 objetos con dibujos y conectarlo con diagramas de números relacionados • Nombrar la parte que falta para formar 4 ó 5
Resolución de problemas	

Duración total: 10 días (1 día = 1 hora)

Materiales	Recursos	Vocabulario
		4 días
• bolsas de fichas de 2 colores, 1 bolsa por mesa • vaso, 1 por pareja • hojas grandes de papel • crayones (rojos y amarillos), 1 conjunto por pareja	• LE, págs. 62–64 • Hileras de cuadrados (RM 4.1), 8 tiras de 4 cuadrados por pareja	• separar • parte • todo
• cubos interconectables (4 rojos y 4 azules), 8 cubos por pareja	• LE, págs. 65–66 • Tablero de parte-parte-todo (RM 4.2), 2 por estudiante	• separar • parte • todo • formar
• barras de 4 cubos interconectables, 1 barra por estudiante • hojas grandes de papel	• LE, pág. 67 • Tablero de parte-parte-todo (RM 4.2), 1 por estudiante	• grupo de números relacionados
• hojas grandes de papel, 2 hojas • 4 cubos interconectables, 1 barra • cadenas de 4 anillos interconectables (del mismo color), 1 cadena por estudiante	• LE, págs. 68–69 • Hoja de registro de números relacionados (RM 4.3), 1 por estudiante	• grupo de números relacionados
		4 días
• bolsas de fichas de 2 colores, 1 bolsa por mesa • vaso, 1 por pareja • hojas grandes de papel, 2 hojas • crayones (rojos y amarillos), 1 conjunto por pareja	• LE, págs. 70–71 • Hileras de cuadrados (RM 4.1), 8 tiras de 5 cuadrados por pareja	• separar • parte • todo
• cubos interconectables, 5 por estudiante	• LE, págs. 72–74 • Tablero de parte-parte-todo (RM 4.2), 2 por estudiante • Recortables para separar 5 (RM 4.4), 1 por estudiante	• separar • parte • todo • formar
• barras de 5 cubos interconectables, 1 barra por estudiante • hojas grandes de papel, 2 hojas	• LE, pág. 75 • Tablero de parte-parte-todo (RM 4.2), 2 por estudiante	• grupo de números relacionados
• hojas grandes de papel • 5 cubos interconectables, 1 barra • cadenas de 5 anillos interconectables (del mismo color), 1 cadena por estudiante	• LE, págs. 76–77 • Hoja de registro de números relacionados (RM 4.3), 1 por estudiante	• grupo de números relacionados
		1 día
	• LE, pág. 78	
• bolsas de 20 cubos interconectables (del mismo color), 1 bolsa por pareja	• LE, pág. 79	
• barras de 5 cubos interconectables, 1 barra por pareja	• LE, pág. 80 • Tablero de parte-parte-todo (RM 4.2), 1 por pareja	
• hojas grandes de papel	• LE, pág. 81	
		1 día
	• Resolución de problemas: Superlibro 4 y Libro de lectura 4 • Resolución de problemas: Guía del profesor	

4

4 Separar y formar 4 y 5

Presentación del capítulo

Lección 1: Separar y formar 4
Lección 2: Separar y formar 5

Introducción

El objetivo de este capítulo es comenzar a desarrollar la comprensión de los estudiantes del concepto parte-parte-todo de los números. Los estudiantes descompondrán y formarán cantidades de 4 y 5 de distintas maneras, lo que constituye la base para los conceptos de suma y resta. La capacidad de los estudiantes de reconocer el todo, y las distintas partes que componen el todo, es crucial para un cálculo fluido en los años escolares posteriores. Los estudiantes también aprenderán a usar números (del 0 al 5) para representar los resultados de separar 4 y 5 usando dibujos y grupos de números relacionados.

Lección 1: Separar y formar 4

DÍA 1 · DÍA 2 · DÍA 3 · DÍA 4

Objetivo:
- Separar 4 objetos en dos partes de varias maneras

Materiales:
- bolsas de fichas de 2 colores, 1 bolsa por mesa
- vaso, 1 por pareja
- hojas grandes de papel
- crayones (rojos y amarillos), 1 conjunto por pareja

Recursos:
- LE, págs. 62–64
- Hileras de cuadrados (RM 4.1), 8 tiras de 4 cuadrados por pareja

Vocabulario:
- separar
- parte
- todo

Actividad diaria de preparación

Objetivos: Contar de memoria de 1 en 1 desde cualquier número hasta 15; Contar hacia atrás del 5 al 0

Continúe la rutina de contar de memoria del 1 al 15. Luego, elija otro número para comenzar, por ejemplo, pida a un estudiante que comience desde el 9 y que cuente hasta 15. El estudiante que dice 15 se da la vuelta una vez. Repase contar hacia atrás del 5 al 0. El estudiante que dice 0 se sienta. Repita la actividad varias veces.

Repaso de conocimientos previos

Forme grupos de 4 estudiantes dispuestos de distintas maneras (por ejemplo, en una hilera, en una matriz de 2 × 2, dispersos) por todo el salón de clases. Pida a los estudiantes que señalen a cada compañero y cuenten las personas de cada grupo. Luego, pregunte '¿Cuántos son?'. Repita la actividad disponiendo a los estudiantes en grupos de 5 de distintas maneras. Refuerce el concepto de que, a pesar de que los grupos están dispuestos de distintas maneras, sigue habiendo 4 (o 5) estudiantes por grupo. Esto desarrolla la comprensión de los estudiantes de la conservación.

Repasemos **LE, pág. 62**

En la tarea 1 los estudiantes practican contar y diferenciar grupos de 4 y 5.

4 Separar y formar 4 y 5

Repasemos

1. Encierra en un círculo los grupos de 4.
Encierra en un cuadrado los grupos de 5.

62

Aprender y hacer

Separar 4

Laboratorio de matemáticas

Muestre a los estudiantes una **ficha de 2 colores**.
Pregunte: *¿Qué notan en esta ficha?* (Es roja de un lado y amarilla del otro).
Saquen 4 fichas de la bolsa de fichas de 2 colores y pónganlas en un **vaso**.
Diga: *Llamemos a las 4 fichas dentro del vaso el 'todo'. El 'todo' muestra cuántas fichas hay en total. En este caso, son todas las fichas que hay en el vaso.*
Pregunte: *¿Qué creen que pasará cuando vuelque las 4 fichas de este vaso en la mesa?* (Ejemplo: Algunas serán rojas y otras amarillas./¡Todas serán rojas!)
Demuestre cómo cubrir y luego agitar el vaso dos veces. Vuelque las fichas en la mesa.
Pregunte: *¿Cuántas fichas ven de cada color?* (Ejemplo: 2 rojas, 2 amarillas)
Anote los números que describan en una **hoja grande de papel**. Muéstreles cómo anotarlo en una tira de 4 cuadrados recortada de las **Hileras de cuadrados (RM 4.1)** coloreando 2 cuadrados de rojo y 2 de amarillo.
Diga: *Recuerden que nuestro 'todo' está formado por 4 fichas. Cuando las fichas cayeron en la mesa, teníamos dos partes. La primera parte era 2 fichas rojas y la segunda parte era 2 fichas amarillas.*
Agite el vaso otra vez y vuelque las fichas en la mesa. Anote los resultados en una hoja grande de papel y en otra tira de 4 cuadrados.

Pida a los estudiantes que continúen con la actividad. Dé a cada pareja una bolsa de fichas de 2 colores, un vaso, un conjunto de **crayones** rojos y amarillos y 8 tiras de 4 cuadrados. Pídales que saquen cuatro fichas de 2 colores y que las coloquen dentro del vaso. Explique que 1 estudiante debe agitar el vaso, volcar las fichas en la mesa y decir cuántas fichas son rojas o amarillas. El otro estudiante debe luego colorear los cuadrados de una tira para mostrar los resultados. Luego los estudiantes intercambian roles.

Pídales que guarden sus trabajos para compartirlos durante la Actividad de conclusión. Anímelos a usar la palabra 'parte' para describir cómo caen las fichas (por ejemplo, ¿Cuántos cuadrados colorean de rojo/amarillo para cada parte?). Pídales que usen números para explicar sus resultados (por ejemplo: una parte es 3 fichas rojas; la otra parte es 1 ficha amarilla).

Observa

Aprendamos **LE, pág. 63**

Diga a los estudiantes que vayan a la pág. 63 del LE. Pídales que miren un conjunto de 4 juguetes, por ejemplo, los aviones de juguete.
Pregunte: *¿Cuántos aviones de juguete hay?* (4)
Luego, pida que digan cuántos aviones de juguete hay en la caja y cuántos hay fuera.
Diga: *Hay 4 aviones de juguete (el 'todo'). Los 2 juguetes que están en la caja forman una parte y los 2 juguetes que están fuera forman la otra parte. Podemos separar 4 en 2 y 2.*
Repita con los otros conjuntos de 4 juguetes. Recuérdeles que cada gato tiene 4 juguetes.

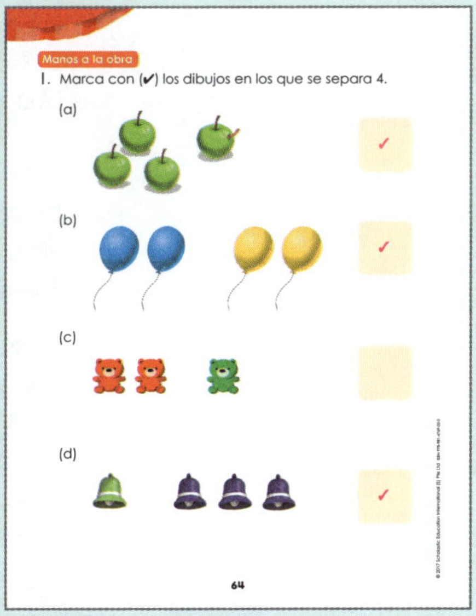

Manos a la obra **LE, pág. 64**

En la tarea 1 los estudiantes identifican distintas formas de separar grupos de 4 objetos.

Reforzar conceptos

Pida a los estudiantes que saquen cuatro **fichas** de 2 colores, que las agiten en un **vaso** y que lo vacíen en la mesa. Pídales que digan, por ejemplo, "Tengo 4. Tengo 2 rojas y 2 amarillas". Para asegurarse de que los estudiantes pueden contar números pequeños, pídales que cuenten los números de cada parte, por ejemplo: "1, 2. Tengo 2 rojas. 1, 2. Tengo 2 amarillas".

Actividad diaria de conclusión

Pregunte: *Después de volcar las fichas, ¿cómo mostraron 4 en dos partes?* Pida a las parejas que compartan sus resultados y peguen una **tira de papel** en la **hoja grande de papel**. Escriba el número 4 en la parte superior de la hoja. Lea el registro de cada resultado. Por ejemplo: **Diga:** *Podemos separar 4 en 1 ficha roja y en 3 fichas amarillas.* Explique que en algunos casos pueden ser todas rojas (o todas amarillas). En ese caso, una parte es 0 pero sigue habiendo dos partes.

 ISBN 978-981-4822-01-5

Lección 1: Separar y formar 4

Objetivos:

- Separar 4 objetos en dos partes de varias maneras
- Formar 4 con dos partes
- Usar un número (del 0 al 4) para mostrar la cantidad de objetos que hay en cada parte al descomponer 4

Materiales:

- cubos interconectables (4 rojos y 4 azules), 8 cubos por pareja

Recursos:

- LE, págs. 65–66
- Tablero de parte-parte-todo (RM 4.2), 2 por estudiante

Vocabulario:

- separar
- parte
- todo
- formar

Actividad diaria de preparación

Objetivos: Contar de memoria de 1 en 1 desde cualquier número hasta 15; Contar hacia atrás del 5 al 0

Continúe la rutina de contar de memoria del 1 al 15. Luego, elija otro número para comenzar, por ejemplo, pida a un estudiante que comience desde el 10 y que cuente hasta 15. Pida a los estudiantes que se toquen la nariz cuando lleguen a 15. Repase contar hacia atrás del 5 al 0. El estudiante que dice el 0 se sienta. Repita la actividad varias veces.

Repaso rápido

Repase lo que los estudiantes anotaron al separar 4. Recuerde a los estudiantes que el todo son 4 fichas y que ellos separaron 4 en dos partes.

Diga: *Podemos separar 4 en 2 cuadrados rojos y 2 cuadrados amarillos.* Pida a los estudiantes que describan el resto de sus resultados del mismo modo.

Aprender y hacer

Separar y formar 4

Laboratorio de matemáticas

Dé a cada pareja 4 **cubos interconectables** rojos y 4 azules y a cada estudiante 2 copias del **Tablero de parte-parte-todo (RM 4.2)**.
Pregunte: *¿Qué notan en el tablero?* (Tiene 1 casilla grande y 2 más pequeñas).
Lea los rótulos de cada casilla. Explique que los estudiantes usarán el tablero para separar 4 cubos interconectables en dos partes.
Pida a los estudiantes que cuenten 2 cubos rojos y 2 azules y que los conecten.
Diga: *Ahora tienen una barra entera de 4 cubos.*
Pida a los estudiantes que coloquen su barra junto a la barra de su compañero.
Pregunte: *¿Ambos tienen 4 cubos?* (sí)

Pregunte: *Miren su tablero. ¿En qué casilla deben poner su barra de 4 cubos?* Repita que la casilla de arriba del tablero representa el 'todo' y que la barra de 4 cubos forma el 'todo'. Pida a los estudiantes que coloquen la barra de 4 cubos en la casilla de 'Todo'.
Diga: *Escriban el número en la casilla de 'Todo' para mostrar cuántos cubos hay en el todo.* (4)

Pida a los estudiantes que separen la barra en dos partes, los cubos rojos y los cubos azules, y pongan los cubos de un color en cada casilla de 'Parte'.
Diga: *Escriban el número que muestre cuántos cubos hay en una parte.*
Pida a los estudiantes que hagan lo mismo en la otra casilla de 'Parte'.
Diga: *Podemos separar 4 en 2 y 2.*
Pregunte: *¿Cuántos cubos rojos hay?* (2) *¿Cuántos cubos azules hay?* (2)
Recuerde a los estudiantes que hay 2 cubos rojos en una parte y 2 cubos azules en la otra parte. Luego, pídales que coloquen todos los cubos en la casilla de 'Todo'.
Diga: *Cuenten los cubos otra vez. ¿Cuántos cubos hay?* (4) *2 cubos rojos y 2 cubos azules forman 4 cubos.*

Explique a los estudiantes que ahora mostrarán una manera diferente de separar 4 cubos en el otro Tablero de parte-parte-todo. Pida a los estudiantes que guarden uno de los cubos rojos y que lo reemplacen con uno azul.

 ISBN 978-981-4822-01-5

Diga: *Vuelvan a unir sus 4 cubos. Pongan la barra entera de 4 cubos en la casilla de 'Todo'.*
Pregunte: *¿Cuántos cubos interconectables tienen? Escriban el número en la casilla de 'Todo'.*
Pida a los estudiantes que vuelvan a separar su barra en cubos rojos y cubos azules y que coloquen ambas partes en las casillas de 'Parte'. Pídales que cuenten y anoten la cantidad de cubos de cada casilla de 'Parte'. Pida a los estudiantes que guarden sus trabajos para compartirlos durante la Actividad de conclusión.
Diga: *Podemos separar 4 en 1 y 3.*
Pregunte: *¿Cuántos cubos rojos hay?* (1) *¿Cuántos cubos azules hay?* (3)
Recuerde a los estudiantes que hay 1 cubo rojo en una parte y 3 cubos azules en la otra parte. Luego, pídales que coloquen todos los cubos en la casilla de 'Todo' una vez más.
Diga: *Cuenten los cubos otra vez. ¿Cuántos cubos hay?* (4) *1 cubo rojo y 3 cubos azules forman 4 cubos.*

Observa

Aprendamos **LE, pág. 65**

Diga a los estudiantes que miren la ilustración de la pág. 65 del LE.
Pregunte: *¿Cuántas gorras ven en el estante?* (4)
Pida a los estudiantes que cuenten las gorras que están en el estante de arriba. Luego, pídales que digan cuántas de las gorras son verdes y cuántas son amarillas. Diga a los estudiantes que 4 se puede separar en 1 y 3.
Pregunte: *¿Cuántos robots rojos ven?* (2) *¿Cuántos robots amarillos ven?* (2)
Pida a los estudiantes que cuenten todos los robots.
Diga: *2 robots rojos y 2 robots amarillos forman 4 robots.*

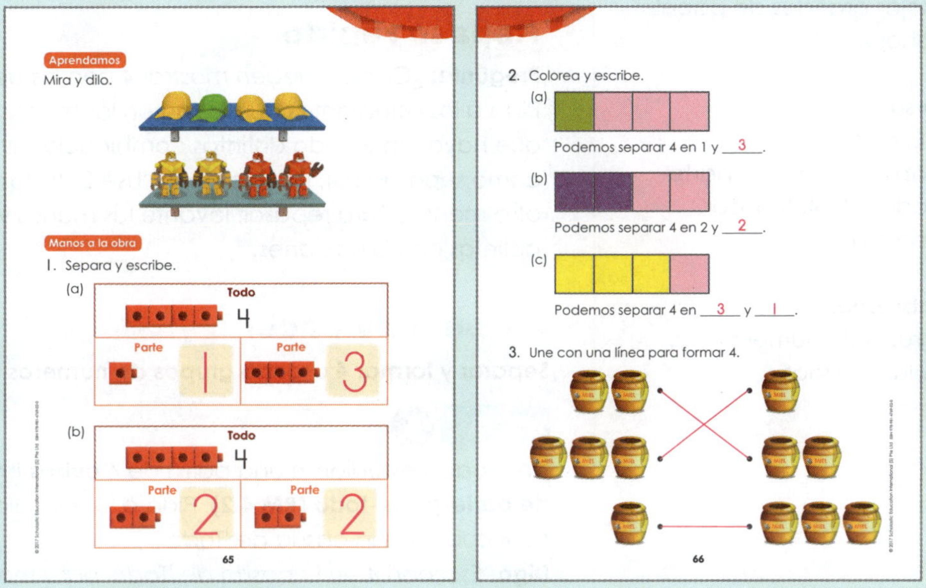

Aprendamos
Mira y dilo.

Manos a la obra
1. Separa y escribe.
(a) Todo 4 — Parte 1 — Parte 3
(b) Todo 4 — Parte 2 — Parte 2

65

2. Colorea y escribe.
(a) Podemos separar 4 en 1 y 3.
(b) Podemos separar 4 en 2 y 2.
(c) Podemos separar 4 en 3 y 1.

3. Une con una línea para formar 4.

66

Manos a la obra **LE, págs. 65–66**

En la tarea 1 los estudiantes cuentan los cubos que hay en cada parte y usan los números para mostrar cómo se puede separar 4.
En la tarea 2 se practica usar dos colores para mostrar cómo separar 4.
En la tarea 3 se practica formar 4 uniendo las partes.

Reforzar conceptos

Separe 4 **cubos interconectables** del mismo color. Pida a los estudiantes que cuenten primero el todo y que luego cuenten las partes, después de separar la barra de 4 cubos.

Actividad diaria de conclusión

Dé tiempo a los estudiantes para compartir uno de sus resultados. Mientras los estudiantes comentan su trabajo, pídales que usen números para explicar qué hay en el todo y qué hay en cada parte.

 ISBN 978-981-4822-01-5

Lección 1: Separar y formar 4

DÍA 1 DÍA 2 DÍA 3 DÍA 4

Objetivos:

- Separar 4 objetos en dos partes de varias maneras
- Escribir un grupo de números relacionados para formar 4

Materiales:

- barras de 4 cubos interconectables, 1 barra por estudiante
- hojas grandes de papel, 2 hojas

Recursos:

- LE, pág. 67
- Tablero de parte-parte-todo (RM 4.2), 1 por estudiante

Vocabulario:

- grupo de números relacionados

Actividad diaria de preparación

Objetivos: Contar de memoria de 1 en 1 desde cualquier número hasta 15; Contar hacia atrás del 5 al 0

Continúe la rutina de contar de memoria del 1 al 15. Luego, elija otro número para comenzar, por ejemplo, pida a un estudiante que comience desde 11 y que cuente hasta 15. Pida a los estudiantes que levanten los brazos cuando lleguen a 15. Repase contar hacia atrás del 5 al 0. El estudiante que dice 0 se sienta. Repita la actividad varias veces.

Repaso rápido

Pregunte: *¿Cómo pueden mostrar 4 con los dedos de las dos manos?*
Pida a los estudiantes que levanten las manos. Anime a algunos estudiantes que hayan mostrado distintas combinaciones a usar números para explicar cómo separaron 4, por ejemplo, "Usé 2 dedos de esta mano y 2 dedos de la otra mano". Para repasar, levante las manos y muestre a los estudiantes las distintas combinaciones.

Aprender y hacer

Separar y formar 4 usando grupos de números relacionados

Laboratorio de matemáticas

Dé a cada estudiante una barra de 4 **cubos interconectables** y un **Tablero de parte-parte-todo (RM 4.2)**. Pida a los estudiantes que coloquen la barra de 4 cubos en la casilla de 'Todo'.
Diga: *Escriban 4 en la casilla de 'Todo' para mostrar cuántos cubos hay en el todo.*

Diga: *Separen las barras y coloquen una cantidad de cubos en una de las partes. Luego, coloquen el resto de los cubos en la otra parte.*

Diga: *Digan a su compañero cómo separaron 4 en dos partes en el Tablero de parte-parte-todo. Luego, escriban los números para mostrar cuántos cubos hay en cada parte.*

Observa

Muestre lo que un estudiante anotó en el Tablero de parte-parte-todo y péguelo en una **hoja grande de papel**. Escriba números relacionados junto al tablero, para mostrar la misma información usando solo números. Muestre algunos trabajos más de los estudiantes y escriba números relacionados junto a cada uno. Guarde algunos trabajos para la Actividad de conclusión.

Señale el primer grupo de números relacionados.
Pregunte: *¿Qué creen que muestra esto? ¿Qué significan los números?* (Ejemplo: El número del círculo de la izquierda muestra cuántos cubos hay en el todo. Los números de los otros círculos muestran cuántos cubos hay en cada parte).

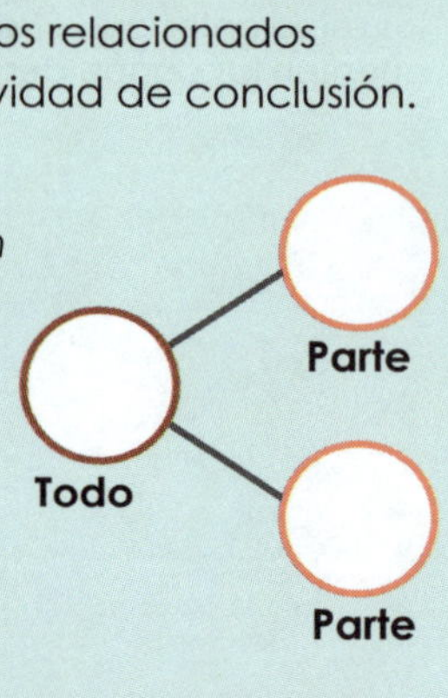

Rotule el diagrama de números relacionados como se indica y muestre a los estudiantes los círculos de 'Todo' y de 'Parte'.
Pregunte: *¿En qué se parece esto al Tablero de parte-parte-todo?* (Ejemplo: Ambos tienen 3 secciones. Hay 1 sección para el todo y 2 secciones para las partes).

 ISBN 978-981-4822-01-5

Pregunte: *¿En qué se diferencian?* (Ejemplo: En el Tablero de parte-parte-todo, teníamos cubos interconectables. Aquí solo tenemos números).
Señale cada línea.
Diga: *Cada línea va desde el círculo de 'Todo' hasta el círculo de 'Parte'.*
Señale un grupo de números relacionados.
Diga: *Estos son grupos de números relacionados. Muestran un todo y sus partes.*
Explique que los grupos de números relacionados también muestran los dos números que forman el todo, que en este caso es 4.

Observa

Aprendamos **LE, pág. 67**

Diga a los estudiantes que vayan a la pág. 67 del LE. Pida a los estudiantes que miren el tablero y que cuenten los hongos que están en la casilla de 'Todo'. Luego, pídales que cuenten la cantidad de hongos en cada casilla de 'Parte'. Pídales que piensen en los números que deben ir en las casillas de 'Todo' y de 'Parte'.
Luego, pida a los estudiantes que miren los números relacionados correspondientes.
Pregunte: *¿Qué muestra el círculo de la izquierda de los números relacionados?* (el todo) *¿Cuántos hongos hay en el todo?* (4)
Pida a los estudiantes que noten cómo los números relacionados corresponden a la cantidad de hongos de las casillas de 'Todo' y de 'Parte'. Luego, lea en voz alta el globo de diálogo.

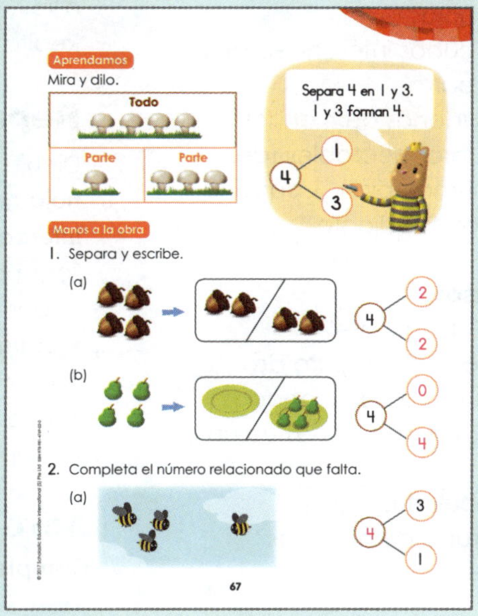

Manos a la obra **LE, pág. 67**

En la tarea 1 se practica separar 4 y completar los grupos de números relacionados. Explique que el primer dibujo en 1(a) y en 1(b) muestra el todo, mientras que el segundo dibujo muestra cómo se separa el todo.

En la tarea 2 los estudiantes completan los grupos de números relacionados, dadas las partes.

Reforzar conceptos

Pida a los estudiantes que usen el **Tablero de parte-parte-todo** y separen 4 **cubos interconectables**. Asegúrese de que los estudiantes primero coloquen la barra de 4 cubos en la casilla de 'Todo' e identifiquen el todo, que son 4 cubos. Luego, pídales que separen la barra en dos partes y que las coloquen en las respectivas casillas de 'Parte'. Pida a los estudiantes que cuenten la cantidad de cubos de cada casilla de 'Parte'.

Actividad diaria de conclusión

Comparta algunos registros más del **Tablero de parte-parte-todo**. Dibuje un diagrama de números relacionados en blanco junto a cada registro y pida a los estudiantes que digan los números que van en cada círculo.

4

 ISBN 978-981-4822-01-5

Lección 1: Separar y formar 4

DÍA 1 DÍA 2 DÍA 3 **DÍA 4**

Objetivos:
- Separar 4 objetos en dos partes de varias maneras
- Nombrar la parte que falta para formar 4

Materiales:
- hojas grandes de papel, 2 hojas
- 4 cubos interconectables, 1 barra
- cadenas de 4 anillos interconectables (del mismo color), 1 cadena por estudiante

Recursos:
- LE, págs. 68–69
- Hojas de registro de números relacionados (RM 4.3), 1 por estudiante

Vocabulario:
- grupo de números relacionados

Actividad diaria de preparación

Objetivos: Contar de memoria de 1 en 1 desde cualquier número hasta 15; Contar hacia atrás del 5 al 0

Continúe la rutina de contar de memoria del 1 al 15. Luego, elija otro número para comenzar, por ejemplo, pida a un estudiante que comience desde el 8 y que cuente hasta 15. Pida a los estudiantes que aplaudan cuando lleguen a 15. Repase contar hacia atrás del 5 al 0. El estudiante que dice 0 se sienta. Repita la actividad varias veces.

Repaso rápido

Dibuje varios diagramas de números relacionados en blanco en una **hoja grande de papel**. Muestre a los estudiantes una barra de 4 **cubos interconectables**. Separe una barra de 4 cubos detrás de su espalda, y sostenga una 'parte' en cada mano. Muestre a los estudiantes la cantidad de cubos que tiene en cada mano.
Pregunte: *¿Qué números relacionados escribimos para mostrar cómo están separados los cubos?* (Ejemplo: 4, 2, 2)
Anote los números relacionados y luego haga lo mismo con las otras maneras de separar 4.

Aprender y hacer

Completar números relacionados para formar 4

Laboratorio de matemáticas

Dé una cadena de 4 **anillos interconectables** y una **Hoja de registro de números relacionados (RM 4.3)** a cada pareja. Si es necesario, muestre a los estudiantes cómo desconectar y volver a conectar los anillos. Explique a los estudiantes que separarán la cadena de 4 anillos interconectables y anotarán los resultados usando números relacionados. Recuerde a los estudiantes que los grupos de números relacionados muestran el todo y sus partes.

Demuestre cómo anotar los resultados con números relacionados. Muestre un diagrama de números relacionados en blanco en una **hoja grande de papel**. Escriba un '4' en el círculo de la izquierda.
Pregunte: *¿Qué muestra el número 4?* (el todo)
Separe los anillos interconectables en 1 y 3 anillos.
Escriba un '1' y un '3' en los círculos de la derecha.
Pregunte: *¿Qué muestran los números 1 y 3?* (las partes)

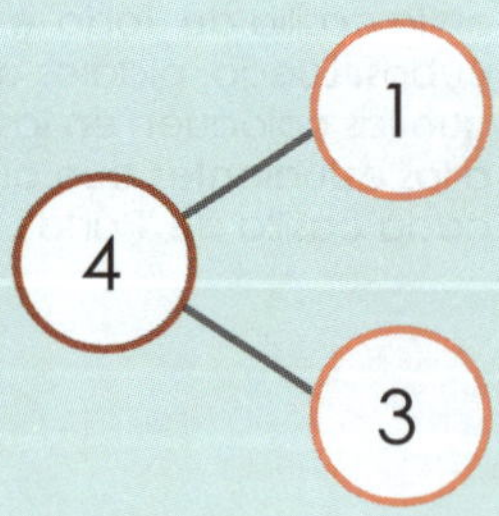

Recuérdeles que hay 1 anillo en una parte y 3 anillos en la otra. Muestre a los estudiantes cómo volver a conectar los anillos.
Diga: *1 anillo y 3 anillos forman 4 anillos.*
Ahora, muestre a los estudiantes los 4 anillos y separe 4 de una manera diferente antes de que los estudiantes anoten los números en la Hoja de registro de números relacionados. Luego pida a los estudiantes que digan cómo las dos partes forman el todo (por ejemplo, 4 anillos y 0 anillos forman 4 anillos) y anote los números en la oración que está debajo de los respectivos números relacionados.

Escriba números relacionados para formar 4 en el pizarrón, por ejemplo:

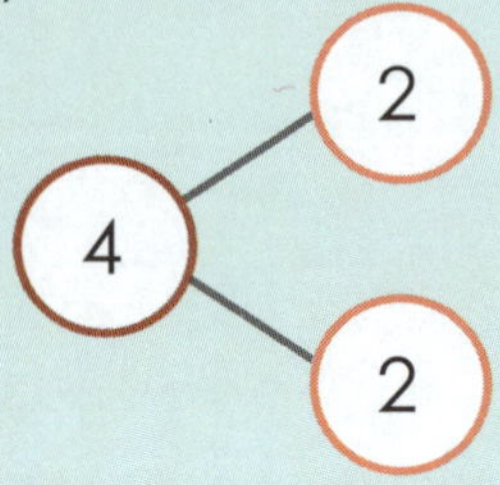

Pida a las parejas que separen sus anillos interconectables según se muestra en los números relacionados. Los estudiantes deben tener 2 anillos en cada parte. Haga lo mismo con las otras maneras de separar 4.

 ISBN 978-981-4822-01-5

Escriba los números relacionados antes de pedir a los estudiantes que usen los anillos para mostrar cómo separar 4. Así se asegura de que los estudiantes entienden qué representan los grupos de números relacionados.

Diga a los estudiantes que van a hallar los números relacionados que faltan. Muéstreles los 4 anillos interconectables. Sepárelos en 2 partes de 2 anillos cada una. Cubra cada parte.

Dibuje un diagrama de números relacionados para formar 4 que tenga completo solo el círculo de 'Todo'. Descubra primero una parte.

Pregunte: *¿Cuántos anillos interconectables ven?* (2)

Escriba '2' en uno de los círculos de 'Parte'.

Diga a los estudiantes que todavía falta una parte, que es la que aún está cubierta. Descubra la otra parte y pida a los estudiantes que cuenten los anillos. Escriba '2' en el círculo restante.

Diga: *2 y 2 forman 4.*

Escriba algunos grupos de números relacionados incompletos en una hoja grande de papel.

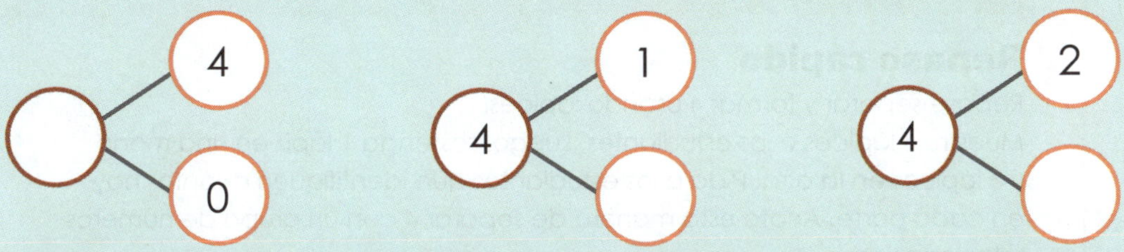

Pida a las parejas que usen sus 4 anillos interconectables para hallar los números que faltan. Dígales que, si conocen el todo y una parte, puede contar los anillos de esa parte primero. Luego, cuentan lo que está en la otra parte.

Observa

Aprendamos **LE, pág. 68**

Diga a los estudiantes que vayan a la pág. 68 del LE. Señale el dibujo de Bela con los anillos interconectables.

Pregunte: *¿Cuántos anillos interconectables tiene Bela?* (4)

Diga: *Los dibujos de los anillos muestran cómo se puede separar la cadena de 4 anillos.*

Pida a los estudiantes que cuenten los anillos y que luego completen con los números relacionados que faltan.

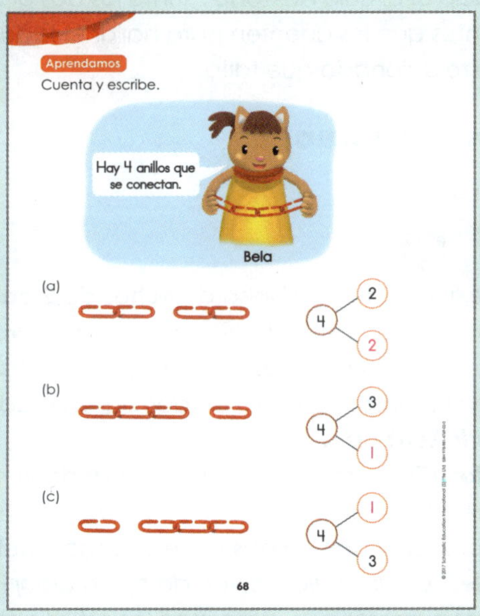

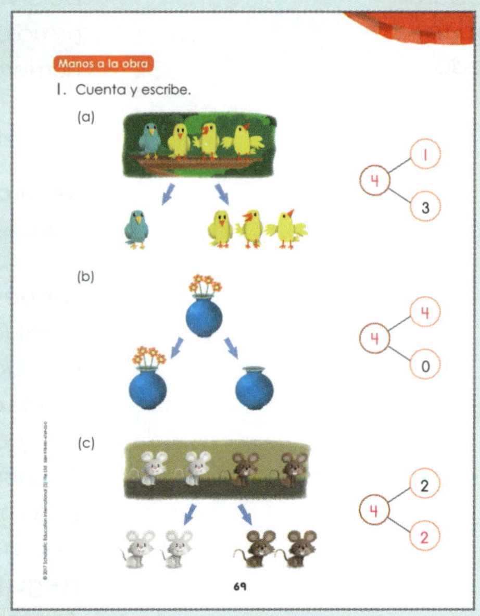

Manos a la obra **LE, pág. 69**

En la tarea 1 se practica usar grupos de números relacionados para mostrar los resultados de separar 4.

Reforzar conceptos

Repase el uso de los **anillos interconectables** para separar 4. Luego, pida a los estudiantes que separen los 4 anillos y que los coloquen en los respectivos círculos de los grupos de números relacionados para mostrar qué hay en cada parte. Luego, pida a los estudiantes que cuenten la cantidad de anillos de cada parte y que escriban el número para representarla. Luego pida a los estudiantes que unan los anillos y observen que hay 4 anillos cuando juntan las dos partes.

Actividad diaria de conclusión

Pida a las parejas que comenten una manera de separar 4.

Pregunte: *¿Qué maneras diferentes hay de separar 4?* Pida a las parejas que compartan sus ideas. Mientras comentan sus ideas, anote las maneras en un grupo de números relacionados.

Pregunte: *¿Alguna de las partes de un grupo de números relacionados tiene los mismos números que están en otro grupo de números relacionados? ¿Cuáles?* (3 y 1, 1 y 3, 4 y 0, 0 y 4) *¿En qué sentido son diferentes estas dos maneras?* (Ejemplo: Están en diferentes partes).

 ISBN 978-981-4822-01-5

Objetivo:

- Separar 5 objetos en dos partes de varias maneras

Materiales:

- bolsas de fichas de 2 colores, 1 bolsa por mesa
- vaso, 1 por pareja
- hojas grandes de papel, 2 hojas
- crayones (rojos y amarillos), 1 conjunto por pareja

Recursos:

- LE, págs. 70–71
- Hileras de cuadrados (RM 4.1), 8 tiras de 5 cuadrados por pareja

Vocabulario:

- separar
- parte
- todo

Actividad diaria de preparación

Objetivo: Contar de memoria de 1 en 1 del 1 al 20

Demuestre cómo contar de memoria de 1 en 1 del 1 al 20. Pida a los estudiantes que repitan después de usted varias veces.

***NOTA:** Los números del 16 al 19 tienen el número cardinal detrás de 'dieci'. Es probable que los estudiantes relacionen el conteo de 16, 17, 18 y 19 con el de 6, 7, 8 y 9. Esto los ayudará cuando cuenten hasta 20.*

Repaso rápido

Repase separar y formar 4 usando lápices.
Muestre 4 lápices a los estudiantes. Luego, sostenga 1 lápiz en una mano y 3 lápices en la otra. Pida a los estudiantes que identifiquen cuántos hay en cada parte. Anote esta manera de separar 4 con un grupo de números relacionados.
Luego, muestre a los estudiantes 2 lápices en cada mano y escriba otro grupo de números relacionados en el pizarrón. Escriba '2' en cada círculo de 'Parte'. Deje vacío el círculo de 'Todo'. Junte los dos grupos de lápices y pida a los estudiantes que los cuenten para hallar el todo. Luego, complete con el número relacionado que falta.

Aprender y hacer

Separar 5

Laboratorio de matemáticas

Saque 5 fichas de una bolsa de **fichas de 2 colores** y colóquelas en un **vaso**.
Diga: *Recuerden que a las fichas dentro del vaso las llamamos el 'todo'. El 'todo' muestra cuántas fichas hay en total. Cuando vacío el vaso de 5 fichas en la mesa, separo 5 en dos partes o colores. Una parte será roja y la otra parte será amarilla.*
Pregunte: *¿Qué creen que pasará cuando vuelque las 5 fichas de este vaso en la mesa?* (Ejemplo: Algunas serán rojas y otras amarillas).
Cubra el vaso y agítelo dos veces. Luego, vuelque las fichas en la mesa.
Pregunte: *¿Cuántas fichas ven de cada color?* (Ejemplo: 2 rojas, 3 amarillas)
Anote los números que describen los estudiantes en **hoja grande de papel**. Repita la actividad y pida a los estudiantes que describan los resultados usando números, por ejemplo, 1 roja y 4 amarillas.

Pida a los estudiantes que continúen con la actividad. Dé a cada pareja una bolsa de fichas de 2 colores, un vaso, un conjunto de **crayones** rojos y amarillos y 8 tiras de 5 cuadrados recortadas de las **Hileras de cuadrados (RM 4.1)**. Pídales que saquen cinco fichas de 2 colores y que las coloquen dentro del vaso. Explique que 1 estudiante debe agitar el vaso, volcar las fichas en la mesa y decir cuántas fichas son rojas o amarillas. El otro estudiante luego debe colorear los cuadrados de una tira para mostrar los resultados. Luego los estudiantes intercambian roles.

Pida a los estudiantes que guarden sus trabajos para compartirlos durante la Actividad de conclusión. Continúe reforzando el vocabulario de 'parte' y 'todo' para describir cómo caen las fichas, (por ejemplo: ¿Cuántos cuadrados colorean de rojo/amarillo para cada parte?) Pida a los estudiantes que usen números para explicar sus resultados (Ejemplo: Una parte tiene 3 fichas rojas. La otra parte tiene 2 fichas amarillas.).

Observa

Aprendamos **LE, pág. 70**

Lección 2 Separar 5

Aprendamos

Mira y dilo.

70

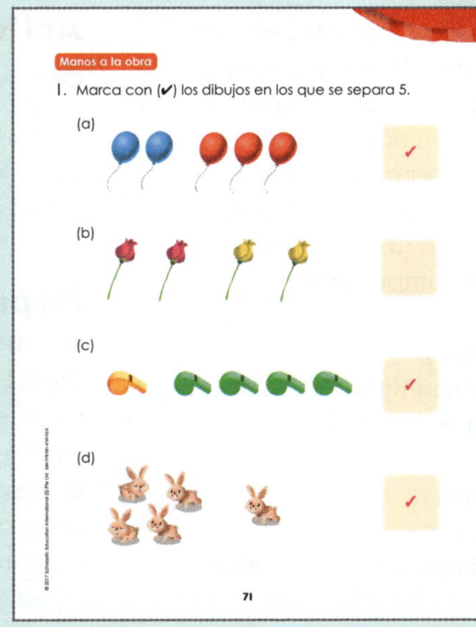
Manos a la obra

1. Marca con (✔) los dibujos en los que se separa 5.

(a) ✓

(b)

(c) ✓

(d) ✓

71

Diga a los estudiantes que vayan a la pág. 70 del LE. Pídales que miren el grupo de 5 niños. Pídales que señalen el todo y las partes usando números, por ejemplo, 2 niñas, 3 niños.

Diga: *Hay 5 niños en total. Hay 2 niñas en una parte y 3 niños en la otra parte. Podemos separar 5 en 2 y 3.*

Repita con el grupo de peces y pida a los estudiantes que cuenten la cantidad de peces que hay en cada parte para mostrar cómo separar 5.

Manos a la obra **LE, pág. 71**

En la tarea 1 se practica identificar distintas maneras de separar grupos de 5 objetos.

Reforzar conceptos

Pida a los estudiantes que saquen cinco **fichas de 2 colores**, que las agiten en un **vaso** y que vuelquen el vaso en la mesa. Pídales que digan, por ejemplo, "Tengo 5. Tengo 2 rojas y 3 amarillas".

Para asegurarse de que los estudiantes pueden contar números pequeños, pídales que cuenten los números de cada parte, por ejemplo: "1, 2. Tengo 2 rojas. 1, 2, 3. Tengo 3 amarillas".

Actividad diaria de conclusión

Pregunte: *¿Cómo separaron 5?*

Pida a las parejas que compartan sus trabajos y peguen la **tira de papel** en una **hoja grande de papel**. Escriba 5 en la parte superior de la hoja grande de papel. Lea cada registro con los estudiantes.

Diga: *Podemos separar 5 en 2 fichas rojas y 3 fichas amarillas.*

Explique que en algunos casos pueden ser todas rojas (o todas amarillas). En ese caso, una parte es 0 pero sigue habiendo dos partes.

 ISBN 978-981-4822-01-5

Objetivos:

- Separar 5 objetos en dos partes de varias maneras
- Formar 5 con dos partes
- Usar un número (del 0 al 5) para mostrar la cantidad de objetos que hay en cada parte al descomponer 5

Materiales:

- cubos interconectables, 5 por estudiante

Recursos:

- LE, págs. 72–74
- Tablero de parte-parte-todo (RM 4.2), 2 por estudiante
- Recortables para separar 5 (RM 4.4), 1 por estudiante

Vocabulario:

- separar
- parte
- todo
- grupo de números relacionados

Actividad diaria de preparación

Objetivo: Contar hacia atrás del 10 al 0

Repase cómo contar hacia atrás del 5 al 0, y el estudiante que dice el 0 debe levantar el pulgar. Explique a los estudiantes que ahora van a contar hacia atrás del 10 al 0. Repita la actividad varias veces.

Repaso rápido

Repase cómo separar 5 usando lápices.

Diga: *Usen 5 lápices para mostrar cómo pueden separar 5. Muestren una parte en una mano y la otra parte en la otra mano.*

Pida a los estudiantes que levanten las manos. Pida a algunos estudiantes que compartan con la clase cómo separar 5, por ejemplo, usando 2 lápices en una mano y 3 lápices en la otra. Mientras lo hacen, anote las distintas maneras en grupos de números relacionados.

Aprender y hacer

Separar y formar 5

Laboratorio de matemáticas

Explique a los estudiantes que separarán 5 **cubos interconectables**. Dé a cada estudiante 5 cubos individuales y 2 copias del **Tablero de parte-parte-todo (RM 4.2)**.

Pida a los estudiantes que cuenten a medida que conectan los cubos.

Diga: *Recuerden que cuando unen 5 cubos, tienen una barra entera de 5 cubos.*

Pregunte: *¿Dónde pueden poner sus barras de 5 cubos en el tablero para mostrar el todo?* (en la casilla de 'Todo')

Pida a los estudiantes que coloquen la barra de 5 cubos en la casilla de 'Todo'.

Diga: *Escriban el número en la casilla de 'Todo' para mostrar cuántos cubos hay en el todo.* (5)

Diga: *Muestren una manera de separar una barra de 5 cubos.*

Pida a los estudiantes que separen la barra en dos partes de 2 y 3 cubos y que pongan cada una de las partes más pequeñas en las dos casillas más pequeñas.

Diga: *Escriban los números que muestran cuántos cubos hay en cada parte.*

Dé algo de tiempo a los estudiantes para que cuenten y escriban los números.

Diga: *Podemos separar 5 en 2 y 3.*

Pregunte: *¿Cuántos cubos hay en cada casilla de 'Parte'?* (Hay 2 cubos en una casilla de 'Parte' y 3 cubos en la otra casilla de 'Parte').

Luego, pídales que coloquen todos los cubos en la casilla de 'Todo'.

Diga: *Cuenten los cubos otra vez. ¿Cuántos cubos hay?* (5) *2 cubos y 3 cubos forman 5 cubos.*

Explique a los estudiantes que ahora mostrarán una manera diferente de separar 5 cubos en el otro Tablero de parte-parte-todo.

Diga: *Vuelvan a unir sus 5 cubos. Pongan la barra entera de 5 cubos en la casilla de 'Todo'. Escriban la cantidad de cubos en la casilla de 'Todo' para mostrar cuántos hay en el todo.*

Pida a los estudiantes que quiten 1 cubo de su todo y que lo coloquen en una de las casillas de 'Parte'. Luego, colocan el resto de los cubos en la otra casilla de 'Parte'. Pídales que cuenten y anoten la cantidad de cubos que hay en cada casilla de 'Parte'. Dígales que guarden sus trabajos para compartirlos durante la Actividad de conclusión.

Diga: *Podemos separar 5 en 1 y 4.*
Pregunte: *¿Cuántos cubos hay en cada casilla de 'Parte'?* (Hay 1 cubo en una casilla de 'Parte' y 4 cubos en la otra casilla de 'Parte').
Recuerde a los estudiantes que hay 1 cubo en una parte y 4 cubos en la otra parte. Luego, pídales que coloquen todos los cubos en la casilla de 'Todo'.
Diga: *Cuenten los cubos otra vez. ¿Cuántos cubos hay?* (5) *1 cubo y 4 cubos forman 5 cubos.*

Observa

Aprendamos **LE, págs. 72–73**

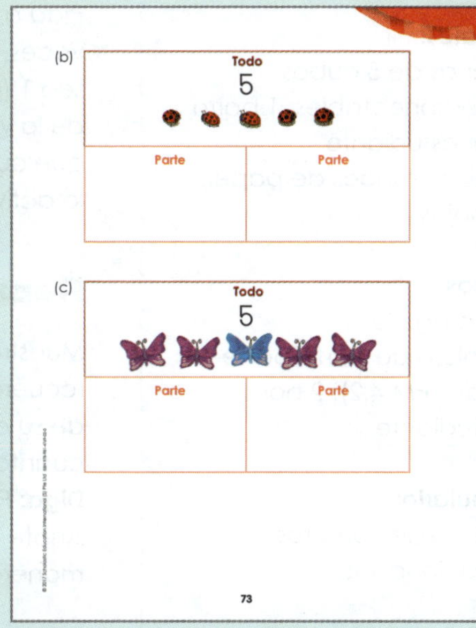

Diga a los estudiantes que vayan a la pág. 72 del LE. Pida a los estudiantes que cuenten la cantidad de objetos que hay en cada grupo y guíelos para que identifiquen que '5' es el todo.
Diga: *Hay 5 pájaros, 5 mariposas y 5 mariquitas.*
Luego, pida a los estudiantes que miren el tablero de la pág. 72 del LE. Pida a los estudiantes que cuenten la cantidad de pájaros de la casilla de 'Todo'. Pida a los estudiantes que miren las casillas de 'Parte'.
Pregunte: *¿Cuántos pajaritos hay en cada casilla de 'Parte'?* (Hay 3 pajaritos rojos en una casilla de 'Parte'. Hay 2 pajaritos verdes en la otra casilla de 'Parte').
Diga: *3 pajaritos rojos y 2 pajaritos verdes forman 5 pajaritos.*
Dé a cada estudiante los **Recortables para separar 5 (RM 4.4)**. Diga a los estudiantes que van a recortar y pegar dibujos de mariposas y de mariquitas para mostrar distintas maneras de separar 5.
Pregunte: *¿Cuántas mariquitas hay?* (5)
Señale que las mariquitas están en un grupo de 5. Pida a los estudiantes que peguen 5 mariquitas en una de las casillas de 'Parte'. Señale que no hay mariquitas en la otra casilla de 'Parte'.
Diga: *5 mariquitas y 0 mariquitas forman 5 mariquitas.*
Pregunte: *¿Cuántas mariposas hay?* (5)
Señale que las mariposas se pueden separar en 1 azul y 4 moradas. Pida a los estudiantes que se basen en eso para recortar y pegar las mariposas en las casillas de 'Parte'.
Diga: *1 mariposa azul y 4 mariposas moradas forman 5 mariposas.*

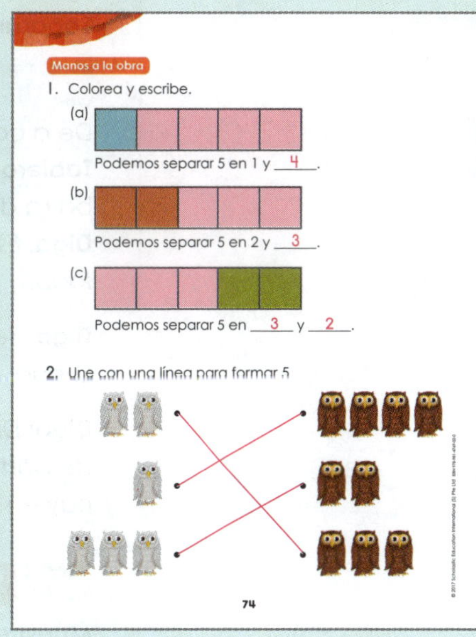

Manos a la obra **LE, pág. 74**

En la tarea 1 se practica usar dos colores para mostrar cómo separar 5.

En la tarea 2 se practica formar 5 uniendo las partes.

Reforzar conceptos

Separe 5 **cubos interconectables** del mismo color. Pida a los estudiantes que cuenten primero el todo y que luego cuenten las partes, después de separar la barra de 5 cubos.

Actividad diaria de conclusión

Dé tiempo a los estudiantes para compartir uno de sus resultados. Mientras los estudiantes comentan su trabajo, pídales que usen números para explicar qué hay en el todo y qué hay en cada parte.

4

 ISBN 978-981-4822-01-5

Objetivos:

- Separar 5 objetos en dos partes de varias maneras
- Escribir grupos de números relacionados para formar 5

Materiales:

- barras de 5 cubos interconectables, 1 barra por estudiante
- hojas grandes de papel, 2 hojas

Recursos:

- LE, pág. 75
- Tablero de parte-parte-todo (RM 4.2), 2 por estudiante

Vocabulario:

- grupo de números relacionados

Actividad diaria de preparación

Objetivos: Contar de memoria de 1 en 1 desde cualquier número hasta 20; Contar hacia atrás del 10 al 0

Pida a los estudiantes que cuenten de memoria de 1 en 1 del 1 al 20 varias veces. Luego, pídales que cuenten desde un determinado número que no sea 1 (por ejemplo, 10). Cada vez que un estudiante diga 20, pídale que se dé la vuelta. Repita la actividad varias veces. Luego, pida a los estudiantes que cuenten hacia atrás del 10 al 0. El estudiante que dice 0 se sienta. Repita la actividad varias veces.

Repaso rápido

Muestre a los estudiantes una barra de 5 **cubos interconectables** y recuérdeles que representa el todo. Separe la barra de 5 cubos por detrás de su espalda. Muestre las partes a los estudiantes y pídales que digan cuántos hay en cada parte. Demuestre a los estudiantes cómo expresarlo.
Diga: *Podemos separar 5 en 2 y 3.*
Anote los resultados en una **hoja grande de papel**. Repita esto con las otras maneras de separar 5.

Aprender y hacer

Separar y formar 5 usando números relacionados

Laboratorio de matemáticas

Dé a cada estudiante una barra de 5 **cubos interconectables** y 2 copias del **Tablero de parte-parte-todo (RM 4.2)**. Pida a los estudiantes que coloquen la barra de 5 cubos en la casilla de 'Todo'.
Diga: *Escriban 5 en la casilla de 'Todo' para mostrar cuántos cubos hay en el todo.*

Diga: *Separen sus barras y coloquen una cantidad de cubos en una parte. Luego, coloquen el resto de los cubos en la otra parte.*

Diga: *Digan a su compañero cómo separaron 5 en dos partes en el Tablero de parte-parte-todo. Luego, escriban el número que muestre cuántos cubos hay en cada parte.*

Observa

Muestre lo que un estudiante anotó en el Tablero de parte-parte-todo y péguelo en una **hoja grande de papel**. Escriba grupos de números relacionados junto al tablero, para mostrar la misma información usando solo números. Muestre algunos trabajos más de los estudiantes y escriba números relacionados junto a cada uno. Guarde algunos trabajos para la Actividad de conclusión.

Señale los números relacionados y recuerde a los estudiantes cómo se llaman.
Pregunte: *¿Qué muestran los números relacionados?* (Ejemplo: Muestran un todo y sus partes. El círculo de la izquierda muestra cuántos hay en el todo. Los otros círculos muestran cuántos hay en cada parte).
Recuerde a los estudiantes que el grupo de números relacionados también muestra los dos números que forman el todo.

Aprendamos **LE, pág. 75**

Diga a los estudiantes que vayan a la pág. 75 del LE. Pida a los estudiantes que cuenten la cantidad de ciruelas que hay en la casilla de 'Todo'. Luego, pídales que cuenten la cantidad de ciruelas de cada casilla de 'Parte' y que digan los números que deben ir en la casilla de 'Todo' y en cada casilla de 'Parte'.

Pida a los estudiantes que miren los números relacionados correspondientes, y vean cómo los números relacionados corresponden a la cantidad de ciruelas de las casillas de 'Todo' y de 'Parte'. Luego, lea en voz alta el globo de diálogo.

Manos a la obra **LE, pág. 75**

En la tarea 1 se practica separar 5 y completar grupos de números relacionados. Explique que el primer dibujo en 1(a) y en 1(b) muestra el todo, mientras que el segundo dibujo muestra cómo se separa el todo.

En la tarea 2 los estudiantes completan los grupos de números relacionados, dadas las partes.

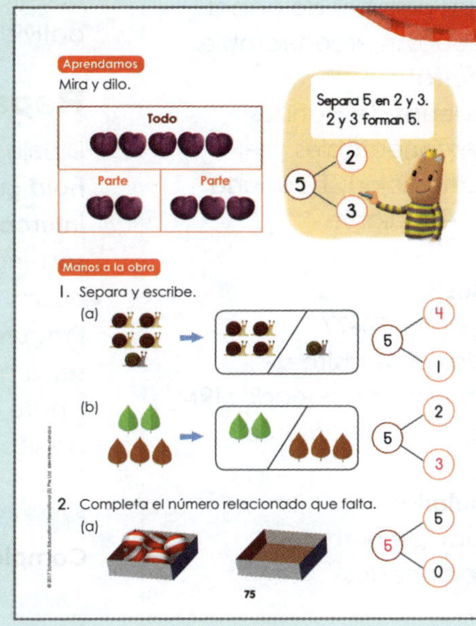

Reforzar conceptos

Escriba un grupo de números relacionados en el pizarrón.
Muestre a los estudiantes una barra de 5 cubos.
Pregunte: *¿Cuántos cubos hay en el todo?* (5)
Pida a los estudiantes que identifiquen el círculo de 'Todo' en el diagrama de números relacionados. Escriba '5' en el círculo de 'Todo'.
Separe la barra de 5 cubos en dos partes de 1 y 4 cubos.
Pregunte: *¿Cuántos cubos hay en cada parte?* (Hay 1 cubo en una parte y 4 cubos en la otra parte).
Diga: *1 cubo y 4 cubos forman 5 cubos.*

Actividad diaria de conclusión

Pida a los estudiantes que compartan uno de sus registros del **Tablero de parte-parte-todo**. Dibuje un diagrama de números relacionados en blanco junto a cada registro y pida a los estudiantes que digan los números que van en cada círculo.

 ISBN 978-981-4822-01-5

Lección 2: Separar y formar 5

DÍA 1 DÍA 2 DÍA 3 **DÍA 4**

Objetivos:
- Separar 5 objetos en dos partes de varias maneras
- Nombrar la parte que falta para formar 5

Materiales:
- hojas grandes de papel
- 5 cubos interconectables, 1 barra
- cadenas de 5 anillos interconectables (del mismo color), 1 cadena por estudiante

Recursos:
- LE, págs. 76–77
- Hojas de registro de números relacionados (RM 4.3), 1 por estudiante

Vocabulario:
- grupo de números relacionados

Actividad diaria de preparación

Objetivos: Contar de memoria de 1 en 1 desde cualquier número hasta 20; Contar hacia atrás del 10 al 0

Repase cómo contar de memoria hasta 20 varias veces, y comience en un determinado número que no sea 1. Luego, pida a los estudiantes que cuenten hacia atrás del 10 al 0. El estudiante que dice 0 se sienta. Repita la actividad varias veces.

Repaso rápido

Dibuje varios diagramas de números relacionados en blanco en una **hoja grande de papel**. Muestre a los estudiantes una barra de 5 **cubos interconectables.** Separe una barra de 5 cubos detrás de su espalda, y sostenga una 'parte' en cada mano. Muestre a los estudiantes la cantidad de cubos que tiene en cada mano.
Pregunte: *¿Qué números relacionados escribimos para mostrar cómo se separaron los cubos?* (Ejemplo: 5, 3, 2)
Anote los números relacionados y luego haga lo mismo con las otras maneras de separar 5.

Aprender y hacer

Completar grupos de números relacionados para formar 5

Laboratorio de matemáticas

Dé una cadena de 5 **anillos interconectables** y una **Hoja de registro de números relacionados (RM 4.3)** a cada pareja. Explique a los estudiantes que separarán la cadena de 5 anillos interconectables y anotarán los resultados usando números relacionados. Recuerde a los estudiantes que los grupos de números relacionados muestran el todo y las partes que forman el todo.

Una vez que los estudiantes hayan completado dos maneras distintas de separar 5 y que hayan anotado cada manera con números relacionados, pídales que expliquen a su compañero qué representa cada número.

Pregunte: *¿Dónde anotamos el todo?*
Pida a los estudiantes que escriban '5' en el círculo de la izquierda.
Pregunte: *¿Dónde anotamos las partes?*
Pida a los estudiantes que anoten los números en cada parte.

Muestre a los estudiantes cómo volver a conectar los anillos. Recuérdeles cuántos hay en cada parte y diga cómo las dos partes forman el todo (por ejemplo: ___ y ___ forman 5). Muestre a los estudiantes los 5 anillos interconectables y separe 5 de una manera diferente antes de que los estudiantes anoten los números en la Hoja de registro de números relacionados.

Luego pida a los estudiantes que digan cómo las dos partes forman el todo y anote los números en la oración debajo de los números relacionados.

Escriba números relacionados para formar 5 en el pizarrón, por ejemplo:

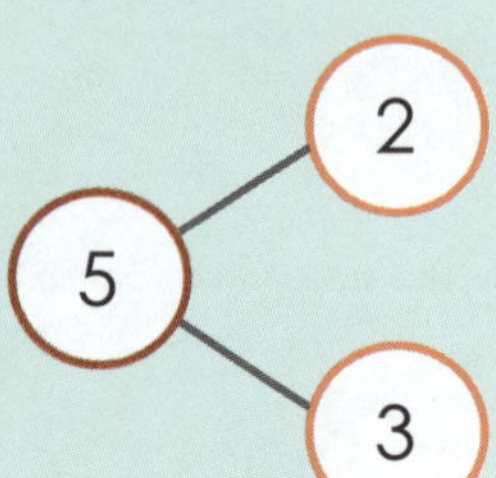

Pida a las parejas que separen sus anillos interconectables de la manera que se muestra en el grupo de números relacionados. Los estudiantes deben tener 2 anillos en una parte y 3 en la otra. Haga lo mismo con las otras maneras de separar 5. Escriba los números relacionados antes de pedir a los estudiantes que usen los anillos para mostrar cómo separar 5. Así se asegura de que los estudiantes entienden qué representan los grupos de números relacionados.

 ISBN 978-981-4822-01-5

Diga a los estudiantes que van a hallar los números relacionados que faltan. Muestre a los estudiantes los 5 anillos interconectables. Sepárelos en 2 partes de 2 y 3 anillos interconectables cada una. Cubra cada parte. Dibuje un diagrama de números relacionados para formar 5 que tenga completo solo el círculo de 'Todo'. Descubra primero una parte.

Pregunte: *¿Cuántos anillos interconectables ven?* (2)

Escriba '2' en uno de los círculos de 'Parte'.

Diga a los estudiantes que todavía falta una parte, que es la que aún está cubierta. Descubra la otra parte y pida a los estudiantes que cuenten los anillos. Escriba '3' en el círculo restante de los números relacionados.

Diga: *2 y 3 forman 5.*

Escriba algunos grupos de números relacionados incompletos en una hoja grande de papel.

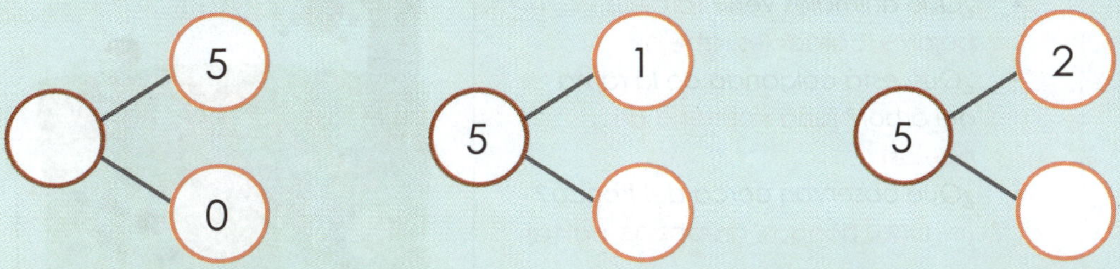

Pida a las parejas que usen sus 5 anillos interconectables para hallar los números que faltan. Recuerde a los estudiantes que primero quiten los anillos de una parte antes de contar los anillos de la otra parte.

Observa

Aprendamos **LE, pág. 76**

Diga a los estudiantes que vayan a la pág. 76 del LE. Señale el dibujo de Bela con los anillos interconectables.

Pregunte: *¿Cuántos anillos interconectables tiene Bela?* (5)

Diga: *Los dibujos de los anillos muestran cómo se puede separar la cadena de 5 anillos.*

Pida a los estudiantes que cuenten los anillos y que luego completen los números relacionados.

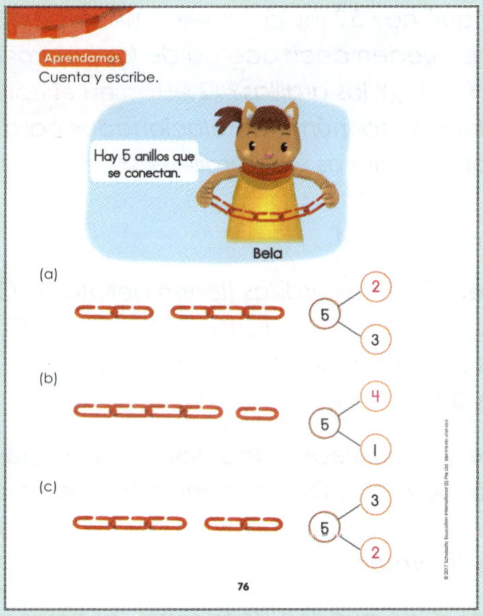

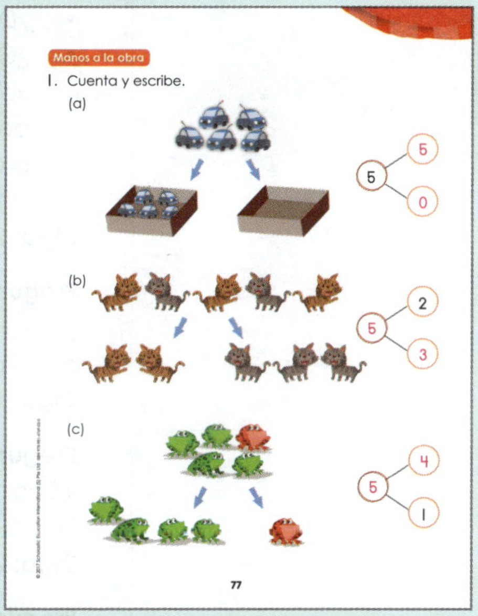

Manos a la obra **LE, pág. 77**

En la tarea 1 se practica hallar el número que falta para formar 5 o para representar cómo separar 5.

Reforzar conceptos

Muestre a los estudiantes una barra de 5 cubos interconectables.

Pregunte: *¿Cuántos cubos hay?* (5)

Diga: *Hay 5 cubos en el todo.*

Escriba '5' en el círculo de 'Todo'. Muestre a los estudiantes otra barra de 5 cubos interconectables. Separe la barra en dos partes. Muestre a los estudiantes una de las partes, por ejemplo, 4 cubos. Escriba '4' en uno de los círculos de 'Parte'. Luego, diga a los estudiantes que todavía falta una parte. Pida a los estudiantes que comparen la parte que tiene 4 cubos con la otra barra de 5 cubos para que se den cuenta de que la parte que falta es 1 cubo. Escriba '1' en el círculo restante de los números relacionados.

Diga: *4 y 1 forman 5.*

Actividad diaria de conclusión

Pida a las parejas que conversen para explicar cómo separaron 5.

Pregunte: *¿Cuántas maneras diferentes hay de separar 5?* (6)

Pida a las parejas que comenten si algunos de los grupos de números relacionados tienen los mismos números (5 y 0, 0 y 5, 4 y 1, 1 y 4, 3 y 2, 2 y 3).

 ISBN 978-981-4822-01-5

Ejercicios del capítulo y actividades para los Centros de intereses

DÍA 1

Objetivos:

- Separar conjuntos de 4 y 5 objetos en dos partes de varias maneras
- Formar 4 y 5 con dos partes

Recursos:

- LE, pág. 78

Ejercicios del capítulo

LE, pág. 78

Pida a los estudiantes que miren el dibujo del LE, pág. 78 del LE.
Haga las siguientes preguntas para animar a los estudiantes a conversar.

Pregunte:

- *¿Qué animales ven?* (ardillas, pájaros, caracoles, abejas)
- *¿Qué está colgando de la rama del árbol?* (una colmena de abejas)
- *¿Qué observan cerca del tronco?* (algunos hongos, grupos de pasto)

Pida a los estudiantes que cuenten los conjuntos de objetos.

Pregunte:

- *¿De qué hay 4?* (pájaros, ardillas, caracoles, grupos de pasto)
- *¿De qué hay 5?* (hojas, abejas, hongos)
- *¿Qué pueden decir acerca de los pájaros?* (2 están en la rama y 2 están volando). *¿Y las ardillas?* (2 están en el tronco y 2 en el suelo). *¿Cómo podemos usar números relacionados para mostrar cómo separar el grupo de pájaros y de ardillas?* (4 – todo, 2 – cada parte) *¿Son iguales?* (sí)

Diga: *2 y 2 forman 4.*

Pregunte: *¿Cuántas ardillas tienen bellotas? ¿Cuántas no tienen bellotas?* (1 ardilla con bellota, 3 ardillas sin bellotas) *¿Cuántos caracoles amarillos y cuántos color café hay?* (1 caracol amarillo, 3 caracoles color café)
Diga: *1 y 3 forman 4.*

Pregunte: *¿Qué pueden decir sobre los hongos?* (2 son azules y 3 son rojos) *¿Cuántos hay?* (5) *¿Qué pueden decir de las abejas?* (2 están mirando hacia un lado y 3 están mirando hacia el otro lado).
Diga: *2 y 3 forman 5.*

Pregunte: *¿Qué pueden decir sobre las hojas que están en el suelo?* (1 hoja es color café y 4 hojas son verdes).

NOTA: *Las preguntas evalúan la capacidad de los estudiantes para identificar las relaciones parte-parte-todo de 4 y 5.*

 ISBN 978-981-4822-01-5

Objetivo:

- Separar conjuntos de 4 objetos en dos partes de varias maneras

Materiales:

- bolsas de 20 cubos interconectables (del mismo color), 1 bolsa por pareja

Recursos:

- LE, pág. 79

Actividad 1 **LE, pág. 79**

Pida a los estudiantes que miren la pág. 79 del LE y piensen en cuál de los gatos tiene razón y por qué. Luego, pídales que conversen sobre sus ideas con un compañero. Dé algunos minutos a los estudiantes para repasar las maneras en que se separó 4 en las pulseras.

Pregunte: *Hablaron con su compañero sobre qué gato tiene razón. ¿Cómo saben que ese gato tiene razón?*

Dé a cada pareja una bolsa de **cubos interconectables**. Pida a las parejas que separen 4 cubos de diferentes maneras.

Observe:

- ¿Los estudiantes usan los cubos para representar las formas de separar 4 que ya se mostraron?
- ¿Los estudiantes siguen un patrón al ordenar los cubos para decidir si hay otra forma de separar 4 (por ejemplo, 4 y 0, 3 y 1, 2 y 2, 1 y 3, 0 y 4)?
- ¿Los estudiantes pueden identificar y justificar que 0 y 4 es la otra forma de separar 4?

Pregunte: *¿Qué gato tiene razón?* (Rey) *Expliquen sus ideas.* (Ejemplo: Hay más de una forma. Cambiamos de lado para dejar 4 en el lado derecho de la pulsera y nada en el otro).

Objetivos:

- Separar conjuntos de 4 y 5 objetos en dos partes de varias maneras
- Representar cómo descomponer 4 y 5 con objetos y conectarlo con diagramas de números relacionados

Materiales:

- barras de 5 cubos interconectables, 1 barra por pareja

Recursos:

- LE, pág. 80
- Tablero de parte-parte-todo (RM 4.2), 1 por estudiante

Actividad 2 **LE, pág. 80**

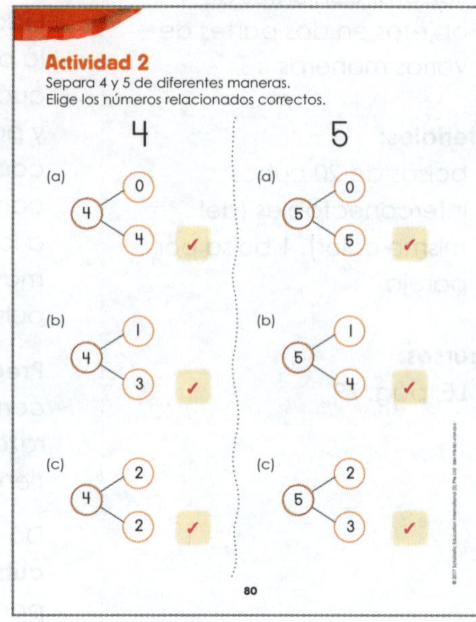

Pida a los estudiantes que vayan a la pág. 80 del LE. Diga a los estudiantes que las dos columnas muestran los números relacionados para formar 4 y 5.
Dé a cada estudiante una barra de 5 **cubos interconectables** y un **Tablero de parte-parte-todo (RM 4.2)**. Recuerde a los estudiantes que, cuando separan 4, deben usar solo 4 cubos.

Explique cómo se desarrolla la actividad.

- El Estudiante A conecta 4 ó 5 cubos y muestra la barra al Estudiante B.
- El Estudiante A separa la barra de cubos y coloca las dos partes en el tablero.
- El Estudiante B mira la página del Libro del estudiante e identifica los números relacionados que representan correctamente lo que se muestra en el tablero.
- El Estudiante A comprueba el trabajo de su compañero.
- Los compañeros intercambian roles y repiten la actividad.
- Diga a los estudiantes que una vez que marquen un grupo de números relacionados en la página del Libro del estudiante, no pueden repetir esa misma manera de separar 4 ó 5.

 ISBN 978-981-4822-01-5

Objetivo:

- Representar con dibujos cómo descomponer conjuntos de 4 y 5 objetos

Materiales:

- hojas grandes de papel

Recursos:

- LE, pág. 81

Actividad 3 LE, pág. 81

Pida a los estudiantes que vayan a la pág. 81 del LE. Explique a los estudiantes que deben dibujar 4 peces en la pecera y colorear algunos de rojo y otros de amarillo. Luego, deben escribir números en los espacios en blanco para decir cómo se separó el grupo de 4 peces.

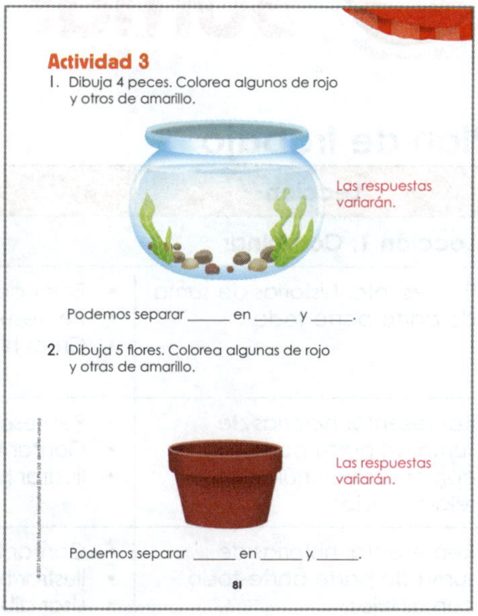

Luego, pida a los estudiantes que dibujen 5 flores en la maceta y que coloreen algunas de rojo y otras de amarillo. Luego, deben escribir números en los espacios en blanco para decir cómo se separó el grupo de 5 flores.

Luego de haber completado sus dibujos, pida a los estudiantes que describan cómo separaron 4 y 5 a un compañero.

Actividad de conclusión del capítulo

Pida a los estudiantes que conversen sobre lo que aprendieron en el capítulo.

Pregunte: *¿Qué maneras hay de separar 4?*

Pida a los estudiantes que describan las distintas maneras de separar 4 y escríbalas en una **hoja grande de papel**, por ejemplo, podemos separar 4 en 2 y 2.

Pregunte: *¿Hemos hallado todas las maneras de separar 4?*

Repita esta pregunta para separar 5.

» Resolución de problemas (1 día)

Consulte los Recursos para Resolución de problemas, donde encontrará materiales y notas para la enseñanza.

 ISBN 978-981-4822-01-5

5 Sumar y restar hasta 5

Plan de trabajo

Lección	Objetivos
Lección 1: Combinar	
Representar historias de suma de parte-parte-todo	• Entender el significado de la suma en las historias de suma de parte-parte-todo • Representar historias de suma de parte-parte-todo • Crear historias de suma de parte-parte-todo
Representar historias de suma de parte-parte-todo con grupos de números relacionados	• Representar historias de suma de parte-parte-todo • Contar todo para sumar dos cantidades hasta 5 • Ilustrar historias de suma de parte-parte-todo con grupos de números relacionados
Representar historias de suma de parte-parte-todo con dibujos	• Contar todo para sumar dos cantidades hasta 5 • Ilustrar historias de suma de parte-parte-todo con grupos de números relacionados • Usar dibujos para representar historias de suma de parte-parte-todo
Lección 2: Añadir	
Representar historias de suma de *añadir*	• Entender el significado de la suma en historias de suma de *añadir* • Representar historias de suma de añadir • Crear historias de suma de añadir
Usar dibujos para representar historias de suma de *añadir*	• Contar todo para sumar dos cantidades hasta 5 • Usar dibujos para representar historias de suma de *añadir* • Usar grupos de números relacionados para ilustrar historias de suma de *añadir* • Relacionar 'más' con añadir
Seguir contando para sumar	• Seguir contando para sumar dos números hasta 5 • Usar grupos de números relacionados para ilustrar historias de suma de *añadir*
Lección 3: Separar	
Representar historias de resta de parte-parte-todo	• Entender el significado de la resta en las historias de resta de parte-parte-todo • Representar historias de resta de parte-parte-todo • Crear historias de resta de parte-parte todo
Representar historias de resta de parte-parte-todo con grupos de números relacionados	• Representar historias de resta de parte-parte-todo • Ilustrar historias de resta de parte-parte todo con grupos de números relacionados • Restar una parte de un todo de hasta 5 para hallar la otra parte
Representar historias de resta de parte-parte-todo con dibujos	• Restar una parte de un todo de hasta 5 para hallar la otra parte • Ilustrar historias de resta de parte-parte todo con grupos de números relacionados • Usar dibujos para representar historias de resta de parte-parte-todo

Duración total: 16 días (1 día = 1 hora)

Materiales	Recursos	Vocabulario
		3 días
• notas adhesivas • hojas grandes de papel • cubos interconectables, 10 por pareja	• LE, págs. 82–83 • Tarjetas con niños (RM 5.1)	• parte • todo • total • en total
• hojas grandes de papel • marcadores (1 amarillo y 3 rojos), 1 conjunto por estudiante	• LE, págs. 84–86 • Tablero para combinar parte-parte-todo (RM 5.2), 1 por estudiante	• parte • todo • en total • total • grupos de números relacionados
• notas adhesivas • hojas grandes de papel	• LE, págs. 87–88 • Tablero para combinar parte-parte-todo (RM 5.2), 1 por estudiante	
		3 días
• hojas grandes de papel	• LE, pág. 89	• más • añadir
• hojas grandes de papel • papel de dibujo, 1 hoja por estudiante • cubos interconectables (varias combinaciones de cubos rojos y verdes), hasta 5 cubos por pareja	• LE, págs. 90–91	• más • suma • añadir
• hojas grandes de papel • notas adhesivas (rosadas, amarillas y azules) • vasos con 10 cubos interconectables (5 azules y 5 rojos), 1 vaso por pareja	• LE, págs. 92–93 • Tablero de historias del jardín (RM 5.3), 1 por estudiante	• más • añadir • seguir contando
		3 días
• notas adhesivas (rosadas, amarillas y azules) • vasos con 5 cubos interconectables, 1 vaso por estudiante • hojas grandes de papel • barras de 5 cubos interconectables (del mismo color), 1 barra por pareja	• LE, pág. 94	• parte • todo • separar • restar
• hojas grandes de papel • marcadores (3 rojos y 1 amarillo)	• LE, págs. 95–96 • Tablero de parte-parte-todo (RM 4.2)	• parte • todo • separar • restar • grupos de números relacionados
• hojas grandes de papel • vasos con cubos interconectables (3 azules y 2 verdes), 1 vaso por estudiante	• LE, pág. 97 • Tablero de parte-parte-todo (RM 4.2), 1 por estudiante	

5

Lección	Objetivos
Lección 4: Quitar	
Representar historias de resta de *quitar*	• Entender el significado de la resta en historias de resta de *quitar* • Representar historias de resta de *quitar* • Crear historias de resta de *quitar*
Usar dibujos para representar historias de resta de *quitar*	• Restar una parte de un todo de hasta 5 para hallar la otra parte • Usar dibujos para representar historias de resta de *quitar* • Usar números relacionados para ilustrar historias de resta de *quitar* • Relacionar 'queda' con quitar
Contar hacia atrás para restar	• Contar hacia atrás para restar hasta 5 • Usar números relacionados para ilustrar historias de resta de *quitar*
Lección 5: Problemas de suma y resta	
Resolver problemas de suma y resta de parte-parte-todo	• Identificar y resolver problemas de parte-parte-todo relacionados con situaciones que requieren *combinar* y *separar* • Usar un número (del 0 al 5) para representar el resultado de problemas de suma y resta de parte-parte-todo
Resolver problemas de *añadir* y *quitar*	• Identificar y resolver problemas de *añadir* y *quitar* • Usar un número (del 0 al 5) para representar el resultado de problemas de *añadir* y *quitar*
Ejercicios del capítulo y actividades para los Centros de intereses	
Ejercicios del capítulo Actividad 1 Actividad 2 Actividad 3	• Identificar y resolver problemas de suma y resta de parte-parte-todo • Usar un número (del 0 al 5) para representar el resultado de problemas de suma y resta de parte-parte-todo • Ilustrar situaciones de suma y resta de parte-parte-todo con grupos de números relacionados • Reconocer y entender que 'añadir' significa sumar y 'quitar' significa restar • Usar un número (del 0 al 5) para representar el resultado de problemas de *añadir* o *quitar*
Resolución de problemas	

Materiales	Recursos	Vocabulario
		3 días
• hojas grandes de papel	• LE, pág. 98 • Tarjetas de 3 puntos (RM 5.4)	• quedar • restar
• hojas grandes de papel	• LE, págs. 99–100 • Tarjetas de 3 puntos (RM 5.4)	• quedar • restar
• hojas grandes de papel • cubos interconectables (5 naranja y 5 verdes), 10 cubos por pareja	• LE, págs. 101–102 • Tablero de historias del jardín (RM 5.3)	• quedar • restar • contar hacia atrás
		2 días
• hojas grandes de papel • 4 tarjetas en blanco • recipiente (para las tarjetas) • cubos interconectables, 1 balde por mesa	• LE, pág. 103 • Tarjetas de 4 puntos (RM 5.5) • Tablero de parte-parte-todo (RM 4.2)	• suma • resta
• 4 tarjetas en blanco • recipiente (para las tarjetas) • cubos interconectables, 1 balde por mesa • hojas grandes de papel	• LE, págs. 104–105 • Tarjetas de 3 puntos (RM 5.4) • Tarjetas de 4 puntos (RM 5.5)	• sumar • quitar
		1 día
	• LE, pág. 106	
• 8 cubos interconectables (del mismo color), 1 bolsa por pareja	• LE, pág. 107	
• 5 cubos interconectables, (de colores diferentes), 2 barras por pareja	• LE, pág. 108 • Tarjetas de números (0–5) (RM 1.11) y 1 conjunto por pareja	
	• LE, pág. 109	
		1 día
	• Resolución de problemas: Superlibro 5 y Libro de lectura 5 • Resolución de problemas: Guía del profesor	

5

5 Sumar y restar hasta 5

Presentación del capítulo

Lección 1: Combinar
Lección 2: Añadir
Lección 3: Separar
Lección 4: Quitar
Lección 5: Problemas de suma y resta

Introducción

En este capítulo, los estudiantes exploran el significado de la suma y la resta. Los estudiantes representarán situaciones de suma y resta, harán dibujos para mostrar la acción en una historia de matemáticas y representarán historias de matemáticas con objetos, palabras y números. Se usarán palabras en lugar de símbolos de operaciones (por ejemplo, 3 y 2 son 5) para ayudar a los estudiantes a entender cómo representar problemas de suma y resta con símbolos de operaciones, que serán presentados en la segunda mitad del año escolar.

Lección 1: Combinar

DÍA 1 DÍA 2 DÍA 3

Objetivos:

- Entender el significado de la suma en las historias de suma de parte-parte-todo
- Representar historias de suma de parte-parte-todo
- Crear historias de suma de parte-parte-todo

Materiales:

- notas adhesivas
- cubos interconectables, 10 por pareja
- hojas grandes de papel

Recursos:

- LE, págs. 82–83
- Tarjetas con niños (RM 5.1)

Vocabulario:

- parte
- todo
- en total
- total

Actividad diaria de preparación

Objetivo: Crear y comentar los datos de una gráfica

Haga una gráfica de tres columnas titulada *Bebidas de desayuno*. Escriba *Leche*, *Jugo*, *Otras* en cada una de las 3 columnas. Pida a los estudiantes que escriban sus nombres en las **notas adhesivas**. Pregunte si alguno de ellos bebió leche esa mañana. Si es así, deben poner sus notas adhesivas en la columna *Leche*. Haga lo mismo con la columna *Jugo*. Aquellos que bebieron algo que no fuera leche o jugo deben poner sus notas adhesivas en la columna *Otras*. Pida a los estudiantes que conversen sobre los datos. Apoye la conversación con preguntas, por ejemplo: "¿Cuántos compañeros bebieron leche esta mañana? ¿Más compañeros bebieron leche o jugo esta mañana?". Apoye a los estudiantes para que usen el vocabulario de las comparaciones, como 'más que', 'menos que' 'igual que'. La gráfica será actualizada a medida que avance el capítulo. Conserve esta gráfica para que los estudiantes puedan repasarla para entender cómo pueden cambiar los datos.

Repaso de conocimientos previos

Repasemos LE, pág. 82

Dé a las parejas 10 **cubos interconectables.**

Diga: *Cuenten 4 cubos. Únanlos para formar una barra de cubos entera. Separen sus barras de 4 cubos en dos partes y muestren a su compañero cómo lo hicieron.*

Pida a los estudiantes que comenten cómo separaron sus barras de cubos. Repita la actividad con 5 cubos interconectables.

Diga a los estudiantes que vayan a la pág. 82 del LE. Pida a los estudiantes que completen los grupos de números relacionados para mostrar algunas maneras de separar 4 y 5.

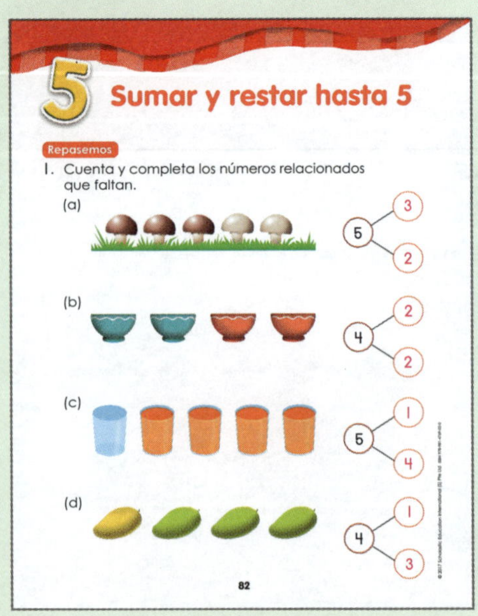
5 Sumar y restar hasta 5

Repasemos

1. Cuenta y completa los números relacionados que faltan.

(a) 5, 3, 2

(b) 4, 2, 2

(c) 5, 1, 4

(d) 4, 1, 3

82

Aprender y hacer

Representar historias de suma de *parte-parte-todo*

Laboratorio de matemáticas

Antes de la lección, escriba la siguiente historia de matemáticas en una **hoja grande de papel.**
2 niños están de pie.
3 niños están sentados.
Hay 5 niños en total.

***NOTA:** En las historias de parte-parte-todo en las que se combina, unimos dos grupos (las partes) para formar un nuevo grupo (el todo).*

Pida a los estudiantes que representen la situación. Pida a 2 estudiantes que se pongan de pie y a otros 3 que se sienten junto a aquellos que están de pie.
Pregunte: *¿Cuántos compañeros están de pie?* (2) *¿Cuántos compañeros están sentados?* (3)
Diga: *Cuenten a todos los compañeros que están de pie y sentados.*

Muestre a los estudiantes la historia de matemáticas que escribió en la hoja grande de papel y léala en voz alta.
Diga: *Hay 5 niños en total. Las palabras "en total" nos dicen cuántos hay en el todo.*

Dibuje una imagen grande de un tablero de parte-parte-todo en una hoja grande de papel, con las casillas de las partes en la parte superior. Use las **Tarjetas con niños (RM 5.1)** y ponga las imágenes de los 2 varones en una casilla de 'Parte' y escriba el número 2 en la casilla de'Parte'.
Diga: *Hay 2 niños. Ese es el número que ponemos en una parte de nuestro tablero.*
Haga lo mismo con las imágenes de las 2 niñas.

Luego, coloque las imágenes de los niños y las niñas en la casilla de 'Todo' y pida a los estudiantes que las cuenten.
Diga: *Contamos todos los niños y las niñas para hallar el todo de 4, es decir, cuántos niños hay en total. Podemos decir también que hay 2 niños y 2 niñas. 2 y 2 son 4.*

Observa

Aprendamos **LE, pág. 83**

Lea la primera historia de matemáticas de la pág. 83 del LE a los estudiantes. Pida a los estudiantes que identifiquen las cantidades de cada parte, y la cantidad del todo. Lea el texto del globo de diálogo y pida a los estudiantes que cuenten todos los patos.

Lea las otras historias de matemáticas de la página. En cada una, pida a los estudiantes que identifiquen las 'partes' y que respondan la pregunta. Luego, pídales que cuenten todo para hallar el total. Ayude a los niños a usar y entender el vocabulario 'parte', 'todo' y 'en total'.

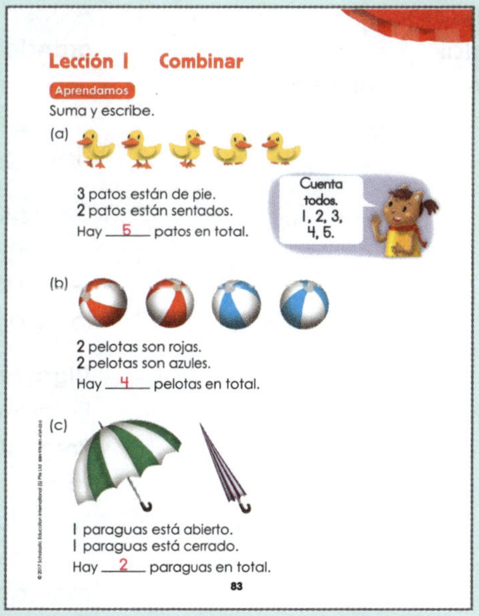
Lección 1 Combinar
Aprendamos
Suma y escribe.
(a)
3 patos están de pie.
2 patos están sentados.
Hay 5 patos en total.
Cuenta todos. 1, 2, 3, 4, 5.
(b)
2 pelotas son rojas.
2 pelotas son azules.
Hay 4 pelotas en total.
(c)
1 paraguas está abierto.
1 paraguas está cerrado.
Hay 2 paraguas en total.
83

Actividad diaria de conclusión

Repase las historias de matemáticas de la pág. 83 del LE.
Pregunte: *¿Qué saben en cada historia?* (cuántos hay en cada parte)
¿Qué quieren hallar? (cuántos hay en el todo, o en total)
Diga: *Hoy, combinamos dos partes y contamos todo para hallar cuántos había en total.*

 ISBN 978-981-4822-01-5

Lección 1: Combinar

DÍA 1 · DÍA 2 · DÍA 3

Objetivos:

- Representar historias de suma de parte-parte-todo
- Contar todo para sumar dos cantidades hasta 5
- Ilustrar historias de suma de parte-parte-todo con grupos de números relacionados

Materiales:

- notas adhesivas
- hojas grandes de papel
- marcadores (1 amarillo y 3 rojos), 1 conjunto por estudiante

Recursos:

- LE, págs. 84–86
- Tablero para combinar parte-parte-todo (RM 5.2), 1 por estudiante

Vocabulario:

- parte
- todo
- combinar
- en total
- total
- grupo de números relacionados

Actividad diaria de preparación

Objetivo: Crear y comentar los datos de una gráfica

Repase la gráfica *Bebidas de desayuno* que los estudiantes crearon el día anterior. Pida a los estudiantes que pongan sus **notas adhesivas** en las columnas correspondientes. Use notas adhesivas de colores diferentes de los que usó el día anterior. Pida a los estudiantes que conversen acerca de los datos y los comparen con los datos del día anterior. Haga preguntas para apoyar la conversación, por ejemplo: "¿Más compañeros bebieron leche esta mañana que ayer a la mañana?" Apoye a los estudiantes para que usen vocabulario para hacer comparaciones, como 'más que', 'menos que' e 'igual que'.

Repaso rápido

Repase una de las historias de matemáticas de la pág. 83 del LE.

Pregunte: *¿Cómo pueden representar esta historia de matemáticas con los dedos?*

Pida a los estudiantes que muestren cómo pueden usar los dedos para hallar el total.

Aprender y hacer

Representar historias de suma de parte-parte-todo con números relacionados

Laboratorio de matemáticas

Antes de la lección, escriba la siguiente historia de matemáticas en una **hoja grande de papel.**

______ marcadores son rojos.
______ marcador es amarillo.
Hay ______ marcadores en total.

Dé a cada estudiante un **Tablero para combinar parte-parte-todo (RM 5.2)** y un conjunto de 3 **marcadores** rojos y 1 amarillo.

Lea la historia de matemáticas de arriba y use los marcadores para representar la historia de matemáticas.

Diga: *Hay dos partes en esta historia: los marcadores amarillos y los rojos.*

Pida a los estudiantes que señalen las casillas de 'Parte' en sus tableros.

Pregunte: *¿Cuántos marcadores amarillos tengo?* (1) *¿Dónde debo ponerlo(s)?* (en una de las casillas de 'Parte')

Haga lo mismo con los marcadores rojos.

Pida a los estudiantes que demuestren esto en sus tableros poniendo los marcadores amarillos y rojos en las respectivas casillas de 'Parte'.

Diga: *Podemos combinar las dos partes y contar todos los marcadores para hallar el todo.*

Pida a los estudiantes que coloquen sus marcadores amarillos y rojos en la casilla de 'Todo' antes de contar todo para hallar la cantidad total de marcadores.

Dibuje un diagrama de números relacionados en una hoja grande de papel. Recuerde a los estudiantes cuál es el círculo que representa el todo y cuáles representan las partes.

Diga: *Sabemos que hay 1 marcador amarillo en 1 parte y 3 marcadores rojos en la otra parte.*

Escriba los números 1 y 3 en los círculos de 'Parte' del grupo de números relacionados.

Diga: *Contamos todo y hay 4 marcadores en total.*

Escriba el número 4 en el círculo de 'Todo'.

 ISBN 978-981-4822-01-5

Si los estudiantes comprenden el concepto rápidamente, déjelos explorar más cambiando la cantidad total de marcadores (por ejemplo, 1 amarillo y 2 rojos) o la cantidad de marcadores rojos y amarillos (por ejemplo, 2 rojos y 3 amarillos). Pídales que usen sus tableros para calcular la cantidad total de marcadores y completar los números relacionados respectivos que reflejen la historia de matemáticas.

Observa

Aprendamos LE, pág. 84

Lea la historia de matemáticas de la pág. 84 del LE.
Pida a los estudiantes que identifiquen las partes y el todo.
Pregunte: *¿Qué muestra el número relacionado '5' en el grupo de números relacionados?* (el todo o cuántas flores hay en total)

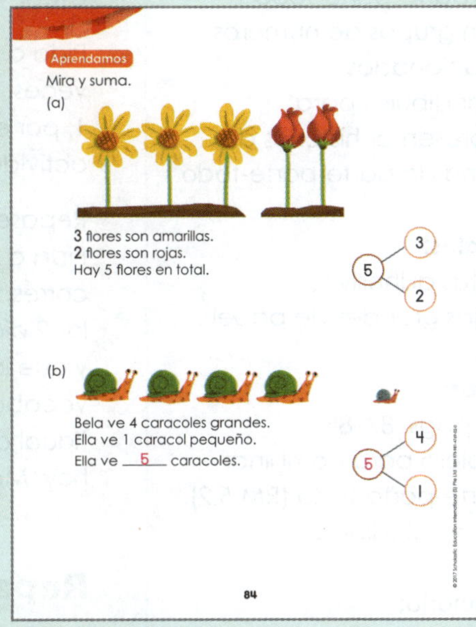

Luego, lea la segunda historia de matemáticas de la página. Pida a los estudiantes que identifiquen las partes y las relacionen con los números relacionados correspondientes. Luego, pídales que cuenten para hallar el todo y completar el número relacionado que falta.

Observe:

- ¿Los estudiantes pueden usar los términos 'parte', 'todo,' 'en total', para hablar sobre una historia de matemáticas?
- ¿Cuentan todo o usan otros métodos para determinar el total?
- ¿Pueden identificar los números en la historia de matemáticas y usar grupos de números relacionados para representarlos?

Manos a la obra

LE, págs. 85–86

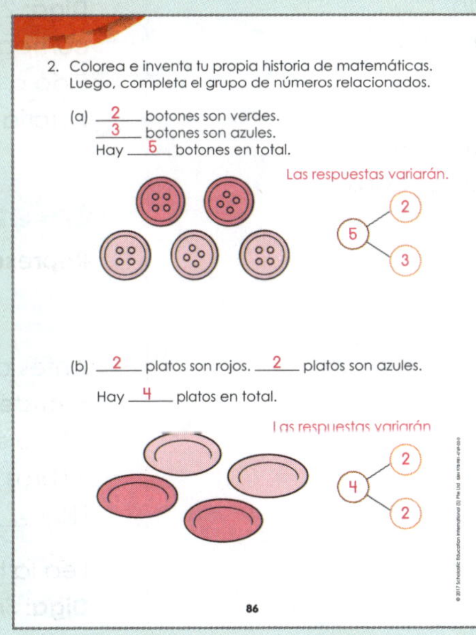

Muestre la pág. 85 del LE. En la tarea 1 los estudiantes practican sumar hasta 5 y usan grupos de números relacionados para representar las historias de matemáticas.

Use la pág. 86 del LE. En la tarea 2 se da a los estudiantes una oportunidad para elaborar sus propias historias de matemáticas.

Guíe a los estudiantes para que hagan la actividad 2(a). Primero pídales que coloreen algunos de los botones de verde y otros de azul. Luego, dígales que cuenten cuántos tienen de cada color y que completen la historia de matemáticas y los números relacionados. Luego pídales que completen la actividad 2(b) de forma independiente.

Reforzar conceptos

Pida a los estudiantes que usen fichas para representar las historias de matemáticas del Libro del estudiante en sus tableros antes de contar todo para hallar el total. A medida que representan la historia, pídales que identifiquen 1 parte y correlacionen esa parte con los números relacionados antes de identificar la otra parte y el todo.

Actividad diaria de conclusión

Pida a los estudiantes que compartan con un compañero las historias de matemáticas que crearon para la pág. 86 del LE. El compañero debe comprobar que los números relacionados son correctos. Luego, invite a algunos estudiantes a compartir su historia de matemáticas con toda la clase.

5

 ISBN 978-981-4822-01-5

Objetivos:

- Contar todo para sumar dos cantidades hasta 5
- Ilustrar historias de suma de parte-parte-todo con grupos de números relacionados
- Usar dibujos para representar historias de suma de parte-parte-todo

Materiales:

- notas adhesivas
- hojas grandes de papel

Recursos:

- LE, págs. 87–88
- Tablero para combinar parte-parte-todo (RM 5.2), 1 por estudiante

Vocabulario:

- parte
- todo
- combinar
- en total
- total
- grupos de números relacionados

Actividad diaria de preparación

Objetivos: Contar de memoria de 1 en 1 desde cualquier número hasta 20; Crear y comentar los datos de una gráfica

Pida a los estudiantes que cuenten de memoria de 1 en 1 hasta 20 varias veces. Luego, pídales que cuenten desde un número dado que no sea 1, por ejemplo, 10. El estudiante que dice 20, se da la vuelta. Repita la actividad varias veces.

Repase la gráfica *Bebidas de desayuno* que crearon los estudiantes. Pida a los estudiantes que pongan sus **notas adhesivas** en las columnas correspondientes. Use notas adhesivas de colores diferentes de los que usó los 2 días previos. Pida a los estudiantes que conversen acerca de los datos y que los comparen con los datos de los dos días previos. Ayúdelos a usar vocabulario para hacer comparaciones, como 'más que', 'menos que' e 'igual que', por ejemplo: "Más compañeros bebieron jugo el primer día que hoy. Menos compañeros bebieron leche hoy".

Repaso rápido

Pida a 2 estudiantes que se pongan de pie y a 1 que se siente.
Diga: *2 compañeros están de pie. 1 compañero está sentado. Hay 3 compañeros en total.*
Pida a los estudiantes que identifiquen las partes y el todo y representen la historia con números relacionados.

Aprender y hacer

Representar historias de suma de parte-parte-todo con dibujos

Laboratorio de matemáticas | Observa

Antes de la lección, escriba la siguiente historia de matemáticas en una **hoja grande de papel.**
1 libro es grande.
3 libros son pequeños.
Hay ______ libros en total.

Lea la historia de matemáticas.
Diga: *Si no tenemos libros, podemos hacer dibujos para la historia de matemáticas.*
Dibuje un tablero de parte-parte-todo con las casillas de 'Parte' en la parte superior, en una hoja grande de papel.

Pregunte: *Algunos de los libros son grandes. ¿Cuántos libros son grandes?* (1) *¿Qué dibujaremos en una de las casillas de 'Parte'?* (1 libro grande)
Dibuje 1 libro grande en una de las casillas de 'Parte'.
Pregunte: *Algunos de los libros son pequeños. ¿Cuántos libros son pequeños?* (3) *¿Qué dibujaremos en la otra casilla de 'Parte'?* (3 libros pequeños)
Dibuje 3 libros pequeños en la otra casilla de 'Parte'.
Pregunte: *¿Qué mostraremos en la casilla de 'Todo'?* (la cantidad de libros que hay en total)
Demuestre cómo unir las dos partes dibujando dos flechas que vayan hasta la casilla 'Todo'. Luego, dibuje 1 libro grande y 3 libros pequeños en la casilla 'Todo', y explique que son los libros de las casillas de 'Parte'. Pida a los estudiantes que cuenten todo para hallar el total.

Dibuje un grupo de números relacionados junto al tablero de parte-parte-todo y pida a los estudiantes que identifiquen los números que representan la historia de matemáticas. Complete los números relacionados.

Dé a cada estudiante un **Tablero para *combinar* parte-parte-todo (RM 5.2)**. Use la misma historia, pero esta vez, diga a los estudiantes que los números han cambiado. Ahora lea la siguiente historia.
2 libros son grandes.
1 libro es pequeño.
Hay ______ libros en total.

Pida a los estudiantes que dibujen 2 libros grandes y 1 libro pequeño en las respectivas casillas de 'Parte' del Tablero para combinar parte-parte-todo. Pida a los estudiantes que dibujen flechas para mostrar qué hay que combinar en la casilla de 'Todo'. Pida a los estudiantes que cuenten todos los libros. Cuando terminen, pídales que usen números relacionados para representar la historia.

Aprendamos

LE, pág. 87

Diga a los estudiantes que vayan a la pág. 87 del LE. Lea la primera historia de matemáticas de la página. Pida a los estudiantes que miren las ilustraciones de los tableros que representan los objetos de la historia de matemáticas. Señale cómo se combinan las partes.

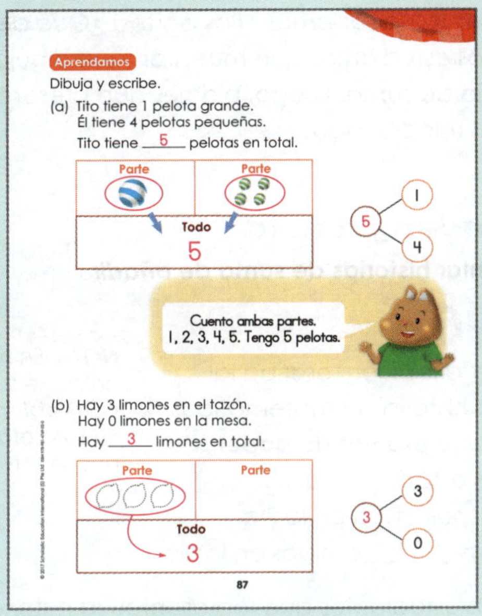

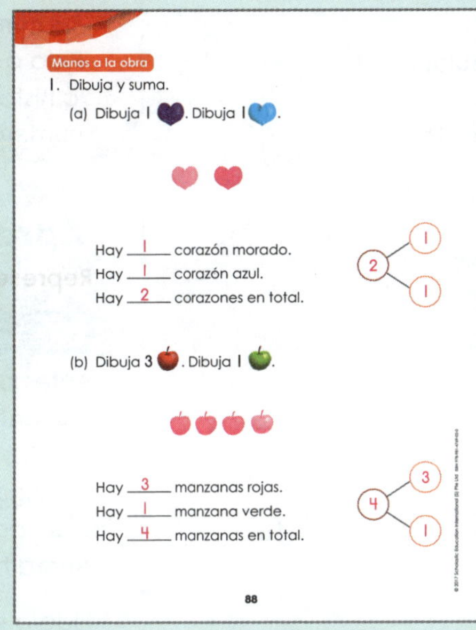

Explique a los estudiantes que pueden dibujar 1 pelota grande y 4 pelotas pequeñas en la casilla de 'Todo' antes de contar para hallar el total. Luego, guíelos para completar el número relacionado que falta.

Lea la segunda historia de matemáticas y guíe a los estudiantes para que dibujen los limones y completen los números relacionados.

Manos a la obra LE, pág. 88

En la tarea 1 se practica usar dibujos para representar los números de una historia de suma de parte-parte-todo, y relacionar eso con los respectivos números relacionados.

Reforzar conceptos

Pida a los estudiantes que primero representen las historias de matemáticas con cubos u objetos en sus tableros, y luego pídales que hagan dibujos para reproducir el trabajo de sus tableros. Luego, dígales que cuenten para hallar el todo.

Actividad diaria de conclusión

Pida a los estudiantes que trabajen en parejas para compartir el trabajo que hicieron en la pág. 88 del LE. Repita que los estudiantes usaron dibujos para representar los objetos.
Pregunte: *¿Cómo se dieron cuenta de cuántos había en total?* (Ejemplo: Junte los grupos de las casillas de 'Parte' y los conté).

5

 ISBN 978-981-4822-01-5

Lección 2: Añadir

DÍA 1 | DÍA 2 | DÍA 3

Objetivos:

- Entender el significado de la suma en historias de suma de *añadir*
- Representar historias de suma de *añadir*
- Crear historias de suma de *añadir*

Materiales:

- hojas grandes de papel

Recursos:

- LE, pág. 89

Vocabulario:

- más
- añadir

Actividad diaria de preparación

Objetivo: Contar de memoria hacia atrás del 10 al 0

Pida a los estudiantes que cuenten de memoria hacia atrás del 10 al 0. Cuando un estudiante dice el 0, pídale que salte. Repita la actividad varias veces antes de que los estudiantes cuenten hacia atrás desde un número dado que no sea el 10, por ejemplo, 7. El estudiante que dice el 0 salta. Repita la actividad varias veces.

Repaso rápido

Repase una de las historias de matemáticas del día anterior.
Pregunte: *¿Qué sabemos?* (las partes) *¿Qué debemos hallar?* (el todo)
Pida a los estudiantes que muestren qué dibujos harían para representar la historia de suma. Luego, pídales que presenten la historia de suma con números relacionados.

Aprender y hacer

Representar historias de suma de *añadir*

Laboratorio de matemáticas

Antes de la lección, escriba la siguiente historia de matemáticas en una **hoja grande de papel.**
3 amigos están en una fila.
1 amigo más entra en la fila.
Ahora hay ______ amigos en la fila.

> ***NOTA:*** *En situaciones de añadir, un grupo se suma a otro grupo existente para obtener un nuevo total o grupo. En esta etapa, el objetivo es hallar el nuevo total.*

Pida a los estudiantes que representen la historia de matemáticas.
Pida a 3 estudiantes que formen una fila.
Pregunte: *¿Cuántos compañeros hay en la fila?* (3)
Pida que 1 estudiante más se una a la fila.
Pregunte: *¿Qué sucedió?* (1 amigo más se unió a la fila).

Lea la historia de matemáticas.
Pregunte: *¿Cuántos amigos están en la fila?* (3) *¿Cuántos amigos se unieron al grupo?* (1)
Dirija la atención de los estudiantes a la palabra 'ahora'. Explique que esa palabra muestra que la cantidad de amigos que están en la fila ha cambiado.

Diga: *Queremos hallar cuántos amigos están en la fila ahora, después de que 1 amigo más se une a la fila.*
Pida a los estudiantes que sugieran cómo pueden hallar el nuevo total. Los estudiantes probablemente contarán a todos los niños de la fila para identificar el total.
Diga: *Entonces, ustedes contaron a todos en la fila. 1, 2, 3, 4. Hay 4 amigos en la fila ahora.*

Diga: *En esta historia de matemáticas, comenzamos con 3 amigos en la fila. Después, 1 amigo más se unió a la fila. Cuando tenemos 1 más, sumamos 1 a la cantidad de amigos que ya están en la fila.*

 ISBN 978-981-4822-01-5

Anote lo siguiente debajo del problema de matemáticas: 3 y 1 son 4.

Diga a los estudiantes que representarán otra historia de matemáticas. Pida a cada estudiante que saque 1 ó 2 lápices. Explique que ellos pueden decidir por sí mismos si quieren sacar 1 ó 2 lápices.

Escriba la siguiente historia de matemáticas en una hoja grande de papel.
Tengo ______ lápiz/lápices.
Mi amigo me dio ______ lápiz/lápices más.
Ahora tengo ______ lápices.

Pida a una pareja que represente la historia de matemáticas frente a la clase. Pida a la pareja que sugiera los números para completar la historia de matemáticas. (Ejemplo: Tengo 1 lápiz. Mi amigo me dio 1 lápiz. Ahora tengo 2 lápices).

Pida a las parejas de estudiantes que realicen la actividad y, luego, invite a algunas parejas a compartir sus historias de matemáticas con la clase.

A medida que representan cada problema, haga las siguientes preguntas a la clase.

- *¿Cuántos lápices tenían nuestros amigos al principio?*
- *¿Cuántos lápices le dio su amigo(a) a él/ella?*
- *¿Cuántos lápices tiene______ (nombre del estudiante) ahora?*

Luego, pida a los estudiantes que cuenten para resolver el problema. Al final de cada problema de matemáticas, repita los números que se usaron, por ejemplo: "Ella tenía 1 lápiz". Se añadió 1 lápiz más al grupo. Ahora tiene 2 lápices.

Observa

Aprendamos LE, pág. 89

Diga a los estudiantes que vayan a la pág. 89 del LE. En cada historia, pida a los estudiantes que hagan lo siguiente:

- identifiquen la cantidad de objetos que hay al principio;
- identifiquen la cantidad de objetos que se añaden al grupo original y
- cuenten todo para hallar el nuevo total.

Recuerde animar a los estudiantes a que usen los términos 'añadir' y 'más'.

Lección 2 Añadir
Aprendamos
Mira y suma.
(a) Hay 2 carritos en la mesa.
Rey pone 1 carrito más en la mesa.
Ahora hay 3 carritos en la mesa.

(b) Hay 2 ranas sentadas en las rocas.
Hay 2 ranas más saltado a las rocas.
Ahora hay 4 ranas en las rocas.
89

Actividad diaria de conclusión

Repase las historias de matemáticas de la pág. 89 del LE.

Diga: *En las historias de suma de hoy, sabíamos cuántos había en un grupo al principio. Luego, se añadió otro grupo.*

Pregunte: *¿Cómo hallamos cuántos había después de que se sumaron más objetos?*
(Ejemplo: Contamos todos los carritos/todas las ranas).

Lección 2: Añadir

DÍA 1 DÍA 2 DÍA 3

Objetivos:

- Contar todo para sumar dos cantidades hasta 5
- Usar dibujos para representar historias de suma de *añadir*
- Usar números relacionados para ilustrar historias de suma de *añadir*
- Relacionar 'más' con *añadir*

Materiales:

- hojas grandes de papel
- papel de dibujo, 1 hoja por estudiante
- cubos interconectables (varias combinaciones de cubos rojos y verdes), hasta 5 cubos por pareja

Recursos:

- LE, págs. 90–91

Vocabulario:

- más
- añadir

Actividad diaria de preparación

Objetivo: Contar de memoria hacia atrás del 10 al 0

Pida a los estudiantes que cuenten de memoria hacia atrás del 10 al 0. Pida a los estudiantes que sugieran una acción para hacer cada vez que un estudiante diga 0. Pida a los estudiantes que cuenten hacia atrás desde un número dado que no sea 10, por ejemplo, 9. Repita la actividad varias veces.

Repaso rápido

Lea la siguiente historia de suma de *añadir*, y use libros reales para representarla.
Hay 4 libros en la mesa.
Pongo 1 libro más en la mesa.
Ahora hay ______ libros en la mesa.

Pregunte:

- *¿Cuántos libros había en la mesa al principio?*
- *¿Cuántos libros añadí?*
- *¿Cómo podemos hallar la cantidad de libros que hay en la mesa ahora?* (contando)

Pida a los estudiantes que cuenten juntos: 1, 2, 3, 4, 5. Sostenga en alto cada libro a medida que los estudiantes cuentan.
Diga: *Hay 5 libros en total. 4 y 1 son 5.*

Aprender y hacer

Usar dibujos para representar historias de suma de *añadir*

Laboratorio de matemáticas | Observa

Antes de la lección, escriba la siguiente historia de matemáticas en una **hoja grande de papel.**
Hay 1 libro en la mesa.
Pongo 3 libros más en la mesa.
Ahora hay ______ libros en la mesa.

Lea la historia de matemáticas que escribió en la hoja grande de papel. A medida que lee, represente la historia de matemáticas. Explique que la palabra 'más' dice que se añadieron objetos al grupo original. En este caso, se pusieron 3 libros más en la mesa. Recuerde a los estudiantes que no siempre representamos la historia; también podemos hacer dibujos para mostrar qué sucede en una historia de matemáticas.

En una hoja grande de papel, demuestre cómo usar dibujos para representar la historia de matemáticas.
Pregunte: *¿Cuántos libros había en la mesa al principio?* (1)
Dibuje 1 libro en la hoja grande de papel.
Pregunte: *¿Cuántos libros se añadieron?* (3)
Dibuje 3 libros más en la hoja grande de papel.
Pregunte: *¿Cuántos libros hay en la mesa ahora? ¿Cómo pueden saberlo?* (4. Contamos todos los libros).
Dibuje un diagrama de números relacionados junto a los dibujos de los libros. Explique que la cantidad de libros que hay al principio forma una parte, y los libros que se añadieron forman la otra parte. Escriba los respectivos números en los círculos de 'Parte'. Luego, pregunte a los estudiantes qué piensan que debe ir en el círculo de 'Todo'. Escriba '4' en el círculo de 'Todo'.

 ISBN 978-981-4822-01-5

Dé a cada pareja de estudiantes una hoja de **papel de dibujo** y un conjunto de hasta 5 **cubos interconectables** formado por cubos rojos y verdes. Varíe la cantidad total de cubos, así como la cantidad de cubos de cada color, por ejemplo, dé a una pareja una barra de 2 cubos rojos y 2 verdes, y dé a otra pareja una barra de 1 cubo rojo y 3 cubos verdes.

Escriba la siguiente historia de matemáticas y léala a los estudiantes.
Tenemos ______ cubos verdes.
Añadimos ______ cubos rojos.
Tenemos ______ cubos en total.

Pregunte: *¿Cuántos cubos verdes tienen?*
Pida a las parejas que dibujen y coloreen esa cantidad de cubos verdes en su hoja de dibujo.
Diga: *Sumen sus cubos rojos a sus cubos verdes.*
Pregunte: *¿Cuántos cubos rojos añadieron?*
Pida a las parejas que dibujen y coloreen esa cantidad de cubos rojos en su hoja de dibujo.
Pregunte: *¿Cuántos cubos tienen en total?*
Pida a los estudiantes que cuenten todo para hallar el total. Pídales que dibujen un diagrama de números relacionados en las hojas de dibujo y que representen su historia de matemáticas con números relacionados. Invite a algunas parejas de estudiantes a compartir sus historias de matemáticas con toda la clase.

Aprendamos LE, pág. 90

Diga a los estudiantes que vayan a la pág. 90 del LE. Léales las historias de matemáticas y pídales que miren cómo Bela y Rey usaron los dibujos para hallar el nuevo total. Luego, pida a los estudiantes que cuenten para completar las historias de matemáticas de *añadir* y los números relacionados respectivos.

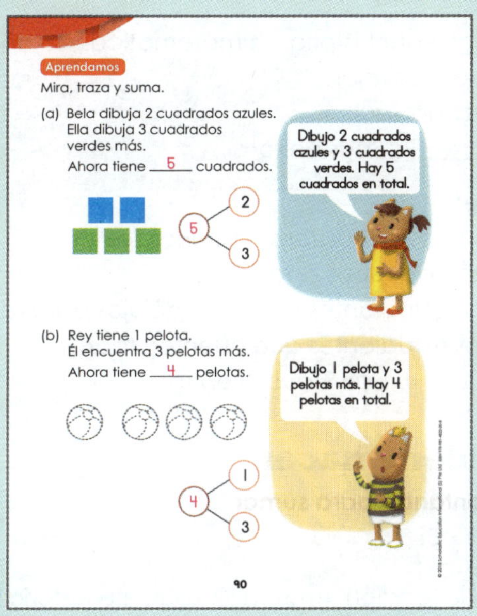
Aprendamos
Mira, traza y suma.
(a) Bela dibuja 2 cuadrados azules. Ella dibuja 3 cuadrados verdes más.
Ahora tiene 5 cuadrados.
Dibujo 2 cuadrados azules y 3 cuadrados verdes. Hay 5 cuadrados en total.
5 — 2 — 3
(b) Rey tiene 1 pelota. Él encuentra 3 pelotas más.
Ahora tiene 4 pelotas.
Dibujo 1 pelota y 3 pelotas más. Hay 4 pelotas en total.
4 — 1 — 3
90

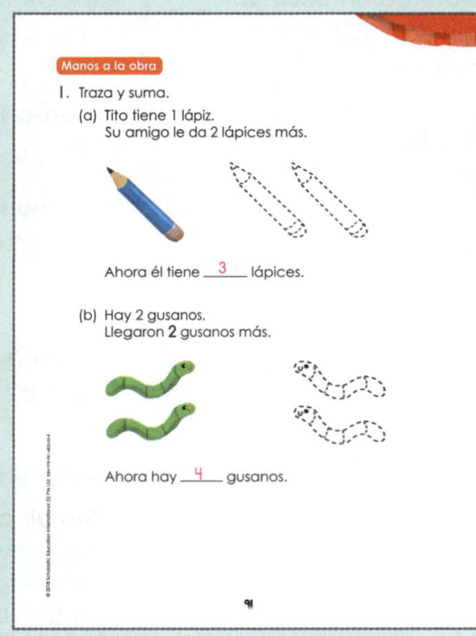
Manos a la obra
1. Traza y suma.
(a) Tito tiene 1 lápiz. Su amigo le da 2 lápices más.
Ahora él tiene 3 lápices.
(b) Hay 2 gusanos. Llegaron 2 gusanos más.
Ahora hay 4 gusanos.
91

En la actividad (b), pida a los estudiantes que primero tracen 1 pelota para mostrar cuántas pelotas tenía Rey al principio. Luego, pida que tracen 3 pelotas más para mostrar el grupo que se añadió. Pida a los estudiantes que cuenten todo para hallar el nuevo total.

Manos a la obra LE, pág. 91

En la tarea 1 se practica usar dibujos y números relacionados para representar una historia de suma de *añadir*. Se requiere que los estudiantes tracen los objetos y cuenten todos los lápices/gusanos para obtener el nuevo total.

Reforzar conceptos

Pida a los estudiantes que representen las historias de matemáticas del Libro del estudiante y dibujen mientras usted les lee las historias. Recuerde a los estudiantes que hagan 1 dibujo por cada objeto que tienen o añaden.

Pregunte a los estudiantes cuántos objetos hay al principio. Pídales que dibujen esa cantidad de objetos. Luego, pregunte cuántos se añadieron. Pida que dibujen esos objetos al lado del grupo original. Por último, recuérdeles que están tratando de hallar cuántos objetos hay ahora o en total. Pídales que cuenten todo para hallar el nuevo total.

Actividad diaria de conclusión

Pregunte: *En las historias de matemáticas de hoy, ¿cómo mostraron cuántos objetos más se añadieron a un grupo?*
Pida a los estudiantes que compartan el trabajo de la pág. 91 del LE. Invite a varios estudiantes a compartir su trabajo con el resto de la clase.

5

 ISBN 978-981-4822-01-5

Lección 2: Añadir — DÍA 1 DÍA 2 DÍA 3

Objetivos:
- Seguir contando para sumar dos cantidades hasta 5
- Usar números relacionados para ilustrar historias de suma de *añadir*

Materiales:
- hojas grandes de papel
- notas adhesivas (rosadas, amarillas y azules)
- vasos con 10 cubos interconectables (5 azules y 5 rojos), 1 vaso por pareja

Recursos:
- LE, págs. 92–93
- Tablero de historias del jardín (RM 5.3), 1 por estudiante

Vocabulario:
- más
- añadir
- seguir contando

Actividad diaria de preparación

Objetivo: Crear y comentar los datos de una gráfica

Use una **hoja grande de papel** para crear una gráfica de tres columnas que lleve el título: *Notas adhesivas de colores*. Escriba *azul, rosada, amarilla* en las columnas, respectivamente. Pida a los estudiantes que elijan un color y escriban sus nombres en las **notas adhesivas**. Pida a los estudiantes que peguen sus notas adhesivas en las columnas de acuerdo a los colores que eligieron. Pida a los estudiantes que conversen acerca de los datos. Puede hacer preguntas como las siguientes.

Pregunte:
- *¿Cuántos compañeros eligieron las notas adhesivas azules? ¿Cómo lo saben?* (Contamos las notas adhesivas de la columna Azul).
- *¿Más compañeros eligieron notas adhesivas rosadas o azules? ¿Cómo lo saben?*

Repaso rápido

Lea la siguiente historia de matemáticas de *añadir*.
Tengo 3 cubos rojos.
Sumo 1 cubo azul.
Tengo ______ cubos en total.

Pregunte:
- *¿Cuántos cubos tenía al principio?* (3)
- *¿Cuántos cubos añadí?* (1)

Pida a los estudiantes que usen dibujos para representar la historia de suma. Pida a los estudiantes que cuenten todo.
Diga: *1, 2, 3, 4. Hay 4 cubos en total.*

Aprender y hacer

Seguir contando para sumar

Laboratorio de matemáticas

Antes de la lección, escriba la siguiente historia de matemáticas en una **hoja grande de papel.**
2 conejos juegan.
2 conejos más se unen al juego.
______ conejos están jugando ahora.

Dé un **Tablero de historias del jardín (RM 5.3)** a cada estudiante y un vaso con 5 **cubos interconectables** rojos y 5 azules a cada pareja. Los estudiantes usarán los cubos interconectables para representar los animales, los objetos y las personas de las historias de matemáticas.

Pregunte: *¿Qué ven en el tablero?* (Ejemplo: Hay una cerca. Parece un jardín).
Diga: *Leeremos historias de matemáticas acerca de un jardín de fantasía.*

Lea la historia de matemáticas que escribió en la hoja grande de papel. Explique a los estudiantes que usarán un color para representar a los conejos que están jugando y otro color para representar a los conejos que se unen a ellos. Lea la historia otra vez.
Pregunte: *¿Cuántos conejos había en el jardín al principio?* (2) *¿Cómo pueden mostrar eso en el tablero?* (Ponemos 2 cubos de un color en el Tablero de historias del jardín).
Pregunte: *¿Cuántos conejos llegaron al jardín?* (2) Pida a los estudiantes que pongan 2 cubos de otro color en el Tablero de historias del jardín.

 ISBN 978-981-4822-01-5

Pregunte: *¿Cuántos conejos hay en el jardín ahora o en total?*

Pida a los estudiantes que cuenten todo para determinar el total.
Diga: *Entonces, ustedes contaron todos los conejos, 1, 2, 3, 4. Ahora hay 4 conejos en el jardín.*

Dibuje una cinta de números del 0 al 5 en una hoja grande de papel. Explique a los estudiantes que cuando sumamos, nos movemos hacia adelante en la línea de números. Recuérdeles que en la historia de matemáticas, había 2 conejos al principio. Luego, 2 conejos más se añadieron al grupo de 2 conejos.
Diga: *Cuando sumamos, podemos seguir contando desde la cantidad de conejos que había al principio. Comenzamos desde 2 y contamos 2 más, porque añadimos 2 conejos.*

Cuente 2 más desde 2 con los estudiantes.
Diga: *2, 3, 4.*
A medida que cuenta, dibuje una flecha sobre la cinta de números como se muestra:

0	1	2	3	4	5

Anote lo siguiente debajo de la historia de matemáticas: 2 y 2 son 4.

Pida a los estudiantes que trabajen con un compañero para representar las siguientes historias de matemáticas usando sus cubos y sus tableros.

- 4 ratones juegan en el jardín. 1 ratón más viene a jugar.
  Ahora hay ______ ratones en el jardín.
- Hay 2 sillas en el jardín. Mamá puso 3 sillas más en el jardín.
  Hay ______ sillas en total.

Diga a los estudiantes que sigan contando para hallar el nuevo total. Asegúrese de que identifiquen el punto de partida correctamente.
En cada historia de matemáticas, pida a algunas parejas que compartan cómo hallaron el total. En cada historia diga:

- *4 y 1 forman 5.*
- *2 y 3 son 5.*

Observa

Aprendamos LE, pág. 92

Pida a los estudiantes que miren las ilustraciones de la pág. 92 del LE. Guíelos en las historias de matemáticas. En cada historia de matemáticas, pregunte:

- *¿Cuántos ______ hay en el mantel al principio?*
- *¿Cuántos ______ se añaden de la canasta?*
- *¿Pueden contar cuántos ______ hay ahora?*

Aprendamos
Mira y dilo. ¿Qué cosas hay en el mantel?
¿Qué cosas de la canasta añaden los gatos?

(a) Hay 2 plátanos.
Bela coloca 2 plátanos más en el mantel.
2 y 2 forman __4__.
Hay __4__ plátanos en total.

(b) Los gatos tienen __1__ pastel grande.
Ponen __2__ pasteles pequeños más en el mantel.
__1__ y __2__ forman __3__.
Tienen __3__ pasteles en total.

(c) Hay __4__ sándwiches en un plato.
__1__ sándwich más se pone en el plato.
__4__ y __1__ forman __5__.
Ahora hay __5__ sándwiches en el plato.

92

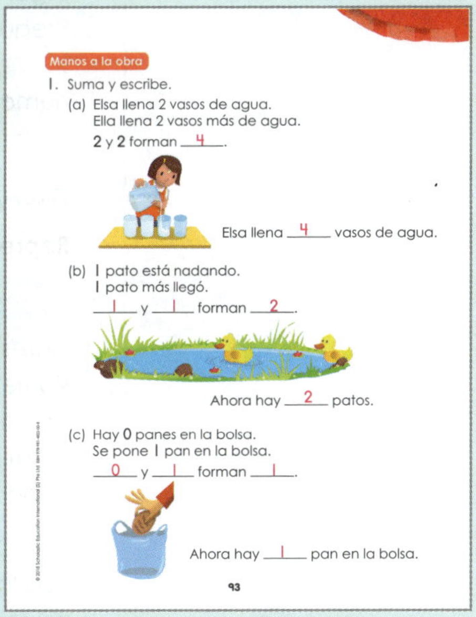
Manos a la obra
1. Suma y escribe.
(a) Elsa llena 2 vasos de agua.
Ella llena 2 vasos más de agua.
2 y 2 forman __4__.
Elsa llena __4__ vasos de agua.

(b) 1 pato está nadando.
1 pato más llegó.
__1__ y __1__ forman __2__.
Ahora hay __2__ patos.

(c) Hay 0 panes en la bolsa.
Se pone 1 pan en la bolsa.
__0__ y __1__ forman __1__.
Ahora hay __1__ pan en la bolsa.

93

Manos a la obra LE, pág. 93

En la tarea 1 se practica seguir contando para hallar el nuevo total.

Reforzar conceptos

Repase la cinta de números del 0 al 5 con los estudiantes.
Comience sumando 1.
Diga: *Tengo 2 juguetes. Compro 1 juguete más. Quiero hallar la cantidad de juguetes que tengo ahora.*
Pídales que señalen el número desde el que deben comenzar a contar. Señale el número 2. Pregunte cuántos deben contar para sumar 1 juguete más. Cuente 1 más desde 2.
Diga: *2, 3.*
Repita el procedimiento cambiando los números, por ejemplo, comience desde 1 y sume 2.

Actividad diaria de conclusión

Pida a los estudiantes que digan cómo sumaron en las historias de suma de la pág. 93 del LE.
Pregúnteles si contaron todo o si siguieron contando para hallar el total.

 ISBN 978-981-4822-01-5

Lección 3: Separar

DÍA 1 DÍA 2 DÍA 3

Objetivos:

- Entender el significado de la resta en las historias de resta de parte-parte-todo
- Representar historias de resta de parte-parte-todo
- Crear historias de resta de parte-parte todo

Materiales:

- notas adhesivas (rosadas, amarillas y azules)
- vasos con 5 cubos interconectables, 1 vaso por pareja
- hojas grandes de papel
- barras de 5 cubos interconectables (del mismo color), 1 barra por pareja

Recursos:

- LE, pág. 94

Vocabulario:

- parte
- todo
- separar
- restar

Actividad diaria de preparación

Objetivo: Crear y comentar los datos de una gráfica

Repase la gráfica de tres columnas *Notas adhesivas de colores*. Pida a los estudiantes que elijan el color de sus **notas adhesivas** de nuevo. Anímelos a elegir un color diferente al del día anterior. Pídales que escriban sus nombres, peguen sus notas adhesivas en las columnas apropiadas y conversen sobre los datos.

Pregunte:

- *¿Cuántos compañeros eligieron las notas adhesivas azules hoy? ¿Menos compañeros eligieron notas adhesivas rosadas hoy o ayer?*
- *¿Más compañeros eligieron notas adhesivas rosadas o azules hoy? ¿Y ayer?*
- *¿Cuántos compañeros eligieron notas adhesivas amarillas? ¿Es igual que ayer? ¿Más o menos compañeros eligieron notas adhesivas amarillas hoy?*

Repaso rápido

Dé a cada estudiante un vaso con 5 **cubos interconectables**. Pida a los estudiantes que saquen 1 cubo de su vaso antes de representar el problema de matemáticas de *sumar*.

Diga: *Saquen 3 cubos más. Sumen los 3 cubos al cubo que están sosteniendo.*

Pregunte: *¿Cuántos cubos tienen ahora?*

Pida a los estudiantes que cuenten todo o cuenten más para decir el total. Luego, anote los resultados en el pizarrón. (Ejemplo: 1 y 3 son 4).

Pida a los estudiantes que guarden los cubos y comiencen con un número diferente de cubos, por ejemplo, 2 cubos.

Diga: *Saquen 2 cubos más. Sumen 2 cubos a los 2 cubos que están sosteniendo.*

Pregúnteles cuántos cubos tienen y anote los resultados en el pizarrón. (Ejemplo: 2 y 2 son 4). Repita la actividad varias veces, con diferentes números cada vez. Asegúrese de que el total no sea más de 5.

Aprender y hacer

Representar historias de resta de parte-parte-todo

Laboratorio de matemáticas

Antes de la lección, escriba la siguiente historia de matemáticas en una **hoja grande de papel.**

5 amigos están sentados a la mesa.
3 son niñas.
______ son niños.

> ***NOTA:*** *En las historias de resta parte-parte-todo, se separa una parte de un todo existente para hallar la otra parte.*

Lea la historia de matemáticas y prepare una mesa con 5 sillas. Pida que 2 niños y 3 niñas se sienten a la mesa de espalda a la clase.

Pregunte: *¿Cuántos compañeros hay en la mesa?* (5)

Pida a las niñas que se den la vuelta.

Pregunte: *¿Cuántas niñas hay?* (3)

Diga: *Tenemos un todo de 5 compañeros. Una parte es 3 niñas. Queremos hallar el número de la otra parte.*

Explique que para hallar la cantidad de varones restamos la cantidad de niñas del todo de 5 niños.

 ISBN 978-981-4822-01-5

Pida a las niñas que se sienten en un grupo, ligeramente aparte de los varones. Luego, pida a los varones que se sienten juntos en un grupo. Asegúrese de que aún estén sentados a la mesa.
Pida a los estudiantes que cuenten la cantidad de varones.
Diga: *Hay 2 niños.*

Dé a cada estudiante una barra de 5 **cubos interconectables**. Explique que los estudiantes restarán una parte del todo para hallar la otra parte. Lea las siguientes historias de resta a los estudiantes.

- 5 amigos están en una fila.
  1 es una niña.
  ______ son varones.

- Tengo 4 mascotas.
  3 son gatos.
  ______ es un conejo.

- Tengo 2 juguetes.
  1 es un carrito.
  ______ es un tambor de juguete.

Trabaje con la primera historia de resta con la clase. Pida a los estudiantes que identifiquen el todo (por ejemplo, 5 amigos). Haga que formen una barra de 5 cubos interconectables. Luego, pida que identifiquen cuántos hay en una parte (por ejemplo, 1 niña). Pida que resten 1 de 5 separando la barra de cubos en 1 y 4 cubos. Luego, pida que cuenten la cantidad de cubos de la otra parte (por ejemplo, 4 varones). Pida a los estudiantes que, en parejas, trabajen con las otras dos historias de resta.

Observa

Aprendamos **LE, pág. 94**

Lea la primera historia de matemáticas de la pág. 94 del LE. Pida a los estudiantes que noten que hay 5 regalos en total. Luego, señale que el grupo de 5 regalos se puede separar en dos partes.
Pregunte: *¿Cuántos regalos grandes hay?* (1) *¿Cuántos regalos pequeños hay?* (4)

Guíe a los estudiantes en la actividad (b). Pídales que primero cuenten la cantidad de frutas. Luego, pídales que noten cómo el grupo se divide en dos partes. Pida a los estudiantes que identifiquen las partes y la cantidad de manzanas y mangos que hay en cada parte.

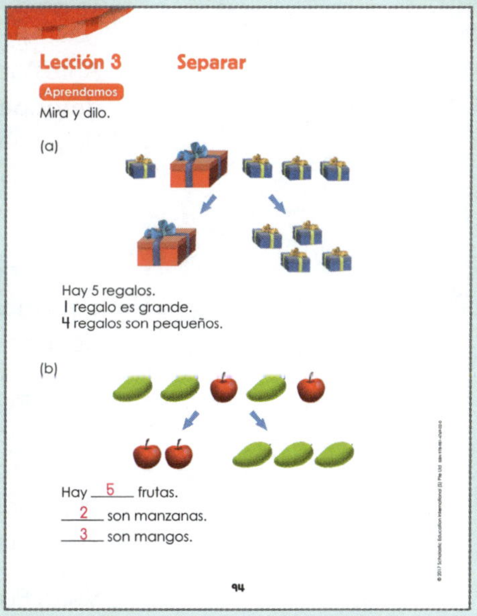
Lección 3 Separar
Aprendamos
Mira y dilo.
(a)
Hay 5 regalos.
1 regalo es grande.
4 regalos son pequeños.
(b)
Hay 5 frutas.
2 son manzanas.
3 son mangos.
94

Actividad diaria de conclusión

Diga: *En las historias de resta de hoy, sabíamos cuántos había en total o en el todo. También sabíamos cuántos había en una parte.*
Pregunte: *¿Qué debíamos hallar?* (cuántos había en la otra parte)
Pregunte: *¿Cómo hallaron la otra parte?*
Pida a los estudiantes que compartan cómo restaron una parte del todo para obtener la otra parte.

5

 ISBN 978-981-4822-01-5

Lección 3: Separar

DÍA 1 · DÍA 2 · DÍA 3

Objetivos:
- Representar historias de resta de parte-parte-todo
- Ilustrar historias de resta de parte-parte todo con números relacionados
- Restar una parte de un todo de hasta 5 para hallar la otra parte

Materiales:
- hojas grandes de papel
- marcadores (3 rojos y 1 amarillo), 4 marcadores por estudiante
- crayones (rojos y amarillos)

Recursos:
- LE, págs. 95–96
- Tablero de parte-parte-todo (RM 4.2), 1 por estudiante

Vocabulario:
- parte
- todo
- separar
- restar

Actividad diaria de preparación

Objetivo: Contar de memoria de 1 en 1 desde cualquier número hasta 20

Pida a los estudiantes que cuenten de memoria del 1 al 20. Luego, pida a los estudiantes que cuenten desde un número dado que no sea 1 (por ejemplo, 15) hasta 20. Pida a los estudiantes que sugieran un movimiento para hacer cuando un estudiante diga 20. Repita la actividad varias veces.

Repaso rápido

Escriba una historia de resta de parte-parte-todo en una **hoja grande de papel**.
3 animales están jugando.
1 es un conejito.
______ son ardillas.

Pida a los estudiantes que muestren 3 dedos. Luego, muestre cómo restar la cantidad de conejitos del todo para hallar la cantidad de ardillas con 1 dedo de una mano para mostrar 1 conejo y 2 dedos de la otra mano para mostrar 2 ardillas.

Aprender y hacer

Representar historias de resta de parte-parte-todo

Laboratorio de matemáticas

Antes de la lección, escriba la siguiente historia de resta en una **hoja grande de papel.**
Hay 4 marcadores en la mesa.
3 marcadores son rojos.
______ marcador es amarillo.

Dé a cada estudiante un **Tablero de parte-parte-todo (RM 4.2)** y un conjunto de 3 **marcadores** rojos y 1 marcador amarillo. A medida que lee la historia de resta, represéntela usando los marcadores.

Pregunte: *¿Cuántos marcadores hay?* (4)
Pida a los estudiantes que pongan los 4 marcadores en la casilla de 'Todo' de sus tableros.
Diga: *Sabemos que 3 de los marcadores son rojos.*
Pida a los estudiantes que lleven los marcadores a una casilla de 'Parte'.

Diga: *Para hallar la cantidad de marcadores amarillos, restamos 3 de 4.*
Pida a los estudiantes que lleven el marcador amarillo a la otra casilla de 'Parte'.
Anote lo siguiente debajo de la historia: Resto 3 de 4 y me queda 1.

Dibuje un diagrama de números relacionados en una hoja grande de papel. Pida a los estudiantes que identifiquen qué es lo que saben de la historia de resta (el todo y una parte). Complete el círculo de 'Todo' y el círculo de una 'Parte'. Recuerde a los estudiantes que falta una parte y que pueden restar para hallar la parte que falta.

A medida que trabaja con los números relacionados con los estudiantes, haga las siguientes preguntas.
- *¿Cuántos marcadores hay en el todo?*
- *¿Cuántos marcadores rojos hay en una parte?*
- *¿Cuántos marcadores amarillos hay en la otra parte?*

 ISBN 978-981-4822-01-5

Tome 1 marcador rojo de cada estudiante. Escriba otra historia de resta en una hoja grande de papel.
Hay 3 marcadores en la mesa.
2 son rojos.
______ es amarillo.
Pida a los estudiantes que trabajen en parejas para representar la historia de resta con los marcadores y los tableros. Luego, pídales que usen números relacionados para ilustrar la historia.

Observa

Aprendamos **LE, pág. 95**

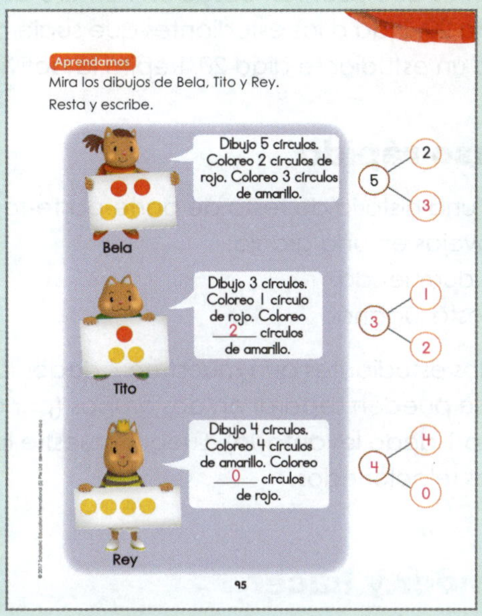
Aprendamos
Mira los dibujos de Bela, Tito y Rey.
Resta y escribe.

95

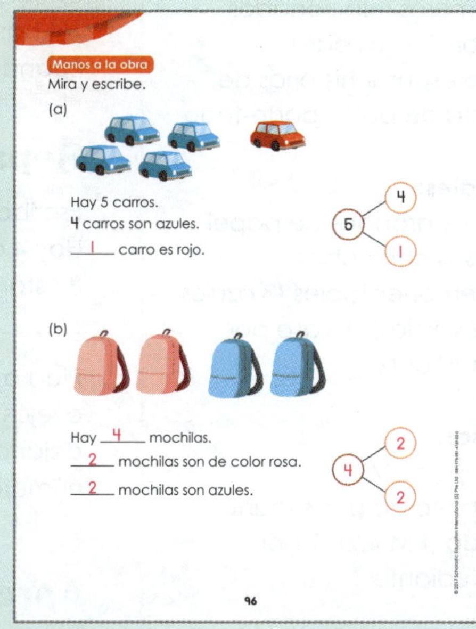
Manos a la obra
Mira y escribe.

(a)

Hay 5 carros.
4 carros son azules.
1 carro es rojo.

(b)

Hay 4 mochilas.
2 mochilas son de color rosa.
2 mochilas son azules.

96

Pida a los estudiantes que miren lo que dibujan Bela, Tito y Rey.
Pregunte: *¿Cuántos círculos dibuja Bela?* (5)
Diga: *Hay 5 círculos en el todo.*
Pregunte: *¿Cuántos círculos colorea Bela de rojo?* (2)
Diga: *Sabemos que hay 2 círculos en una parte.*
Muestre a los estudiantes cómo se representan los números en los números relacionados.
Diga: *Restamos 2 de 5 para hallar cuántos círculos coloreó Bela de amarillo.*
Pida a los estudiantes que cuenten la otra parte, o los círculos amarillos y completen los números relacionados. Repita las mismas preguntas para las otras dos historias de matemáticas.

Manos a la obra **LE, pág. 96**

En la tarea 1 los estudiantes practican restar hasta 5 e ilustran historias de resta con números relacionados.

Reforzar conceptos

Pida a los estudiantes que representen las historias de matemáticas del Libro del estudiante con cubos u objetos en sus tableros antes de contar todo para completar los números relacionados.

Actividad diaria de conclusión

Diga: *En las historias de matemáticas de hoy, restamos una parte del todo para hallar la otra parte.*
Pida a los estudiantes que miren la siguiente historia de matemáticas.
Hay 2 paraguas.
1 paraguas está cerrado.
1 paraguas está abierto.
Pida a los estudiantes que identifiquen el todo y las partes y los representen con números relacionados.

5

 ISBN 978-981-4822-01-5

Lección 3: Separar

DÍA 1 DÍA 2 DÍA 3

Objetivos:
- Restar una parte de un todo de hasta 5 para hallar la otra parte
- Ilustrar historias de resta de parte-parte todo con números relacionados
- Usar dibujos para representar historias de resta de parte-parte-todo

Materiales:
- hojas grandes de papel
- vasos con cubos interconectables (3 azules y 2 verdes), 1 vaso por estudiante

Recursos:
- LE, pág. 97
- Tablero de parte-parte-todo (RM 4.2), 1 por estudiante

Vocabulario:
- parte
- separar
- todo

Actividad diaria de preparación

Objetivo: Contar de memoria de 1 en 1 desde cualquier número hasta 20

Pida a los estudiantes que cuenten de memoria del 1 al 20. Luego, pida a los estudiantes que cuenten desde un número dado que no sea 1 (por ejemplo, 15) hasta 20. Pida a los estudiantes que sugieran un movimiento para hacer cuando un estudiante diga 20. Repita la actividad varias veces.

Repaso rápido

Escriba una historia de resta de parte-parte-todo en el pizarrón.
Hay 4 ovejas en una granja.
3 están durmiendo.
______ está jugando.

Pida a los estudiantes que muestren 4 dedos. Luego, muestre cómo las ovejas se pueden separar en dos grupos (por ejemplo, doblando 3 dedos, dejando 1 dedo levantado). Luego, muestre los números en un diagrama de números relacionados.

Aprender y hacer

Representar cómo *separar* con dibujos

Laboratorio de matemáticas | Observa

Antes de la lección, escriba la siguiente historia de resta en una **hoja grande de papel.**
Hay 5 cubos en un vaso.
3 cubos son azules.
2 cubos son verdes.

Dé a cada estudiante un **Tablero de parte-parte-todo (RM 4.2)** y un vaso con 3 **cubos interconectables** azules y 2 verdes.

Pida a los estudiantes que representen la historia de resta y separen sus 5 cubos en azules y verdes.

Recuerde a los estudiantes que pueden hacer dibujos para ilustrar una historia de resta como lo hicieron con las historias de suma.

Dibuje un diagrama de parte-parte-todo en una hoja grande de papel.
Pregunte: *¿Qué dibujarán en la casilla de 'Todo'?* (5 cubos)
Dibuje 5 cubos, 3 azules y 2 verdes, en la casilla de 'Todo'.
Pregunte: *¿Qué dibujarán en las casillas de 'Parte'?* (3 cubos azules en una casilla de 'Parte' y 2 cubos verdes en la otra casilla de 'Parte')

Demuestre cómo separar los 5 cubos de la casilla de 'Todo' y dibujar los 3 cubos azules y los 2 cubos verdes en las respectivas casillas de 'Parte'. Luego, dibuje flechas desde el 'Todo' hasta las casillas de 'Parte' para mostrar cómo se separa el todo.
Escriba lo siguiente debajo de la historia de matemáticas: Resto 3 de 5 y me quedan 2.

 ISBN 978-981-4822-01-5

Dibuje un diagrama de números relacionados al lado de una historia de resta y pida a los estudiantes que identifiquen los números que representan la historia de matemáticas (5, 3 y 2).
Diga a los estudiantes que van a escuchar otra historia de resta y, esta vez, dibujarán en sus tableros.
Use la misma historia, pero diga a los estudiantes que los números han cambiado. Ahora lea la siguiente historia de resta.

Hay 4 cubos en un vaso.
2 cubos son azules.
______ cubos son verdes.

Pida a los estudiantes que primero dibujen 4 cubos (sin colorear los cubos) en la casilla de 'Todo' del Tablero de parte-parte-todo. Luego, pida a los estudiantes que coloreen 2 cubos de azul y el resto de los cubos de verde. Pida a los estudiantes que encierren en un círculo los cubos azules y dibujen una flecha a una de las casillas de 'Parte'. Pida que hagan lo mismo con los cubos verdes. Pídales que cuenten la cantidad de cubos verdes para hallar cuántos cubos verdes hay. Cuando terminen, pida a los estudiantes que usen números relacionados para representar la historia.

Aprendamos **LE, pág. 97**

Lea la historia de matemáticas de la pág. 97 del LE.
Pregunte: *¿Cómo están separados los cubos?*
Pida a los estudiantes que miren las ilustraciones y noten cómo se separaron los cubos. Lea lo que dice Tito para mostrar cómo usó los dibujos para hallar la parte que no conocía.

Manos a la obra **LE, pág. 97**

En la tarea 1 se practica hacer dibujos para representar los números de un historia de resta de parte-parte-todo, y escribir los números relacionados respectivos.

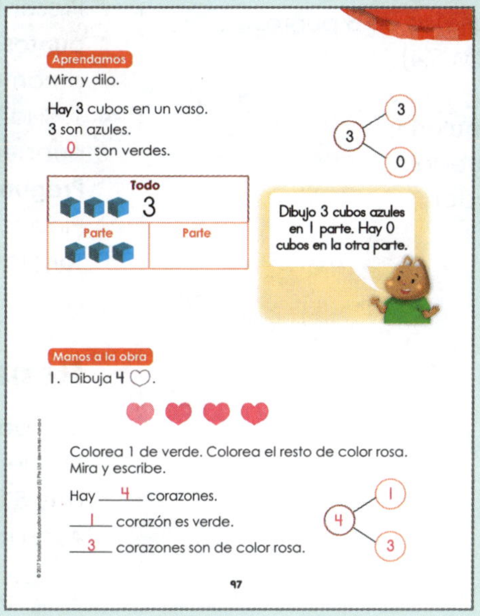

Reforzar conceptos

Pida a los estudiantes que primero representen las historias de matemáticas con cubos u objetos en sus tableros, y luego pídales que hagan dibujos para reproducir el trabajo de sus tableros. Luego, pídales que cuenten para hallar la parte que no conocen.

Actividad diaria de conclusión

Pida a los estudiantes que trabajen en parejas para compartir el trabajo que hicieron en la pág. 97 del LE.
Pregunte: *¿Cómo hallaron cuántos había en cada parte?* (Ejemplo: Separé del todo la parte que conocía).

5

 ISBN 978-981-4822-01-5

Lección 4: Quitar

DÍA 1 DÍA 2 DÍA 3

Objetivos:

- Entender el significado de la resta en historias de resta de *quitar*
- Representar historias de resta de *quitar*
- Crear historias de resta de *quitar*

Materiales:

- hojas grandes de papel

Recursos:

- LE, pág. 98
- Tarjetas de 3 puntos (RM 5.4)

Vocabulario:

- quedar
- restar

Actividad diaria de preparación

Objetivo: Subitizar (hacer un reconocimiento súbito de) hasta 3 objetos

NOTA: *Subitizar es la capacidad de reconocer instantáneamente un pequeño grupo de objetos organizados o dispuestos al azar sin contar los objetos. Esta rutina cambiará para incluir cantidades más grandes de puntos así como disposiciones de puntos en cuadros de 5 y 10.*

Cuando a los estudiantes se les da la oportunidad de subitizar regularmente, su sentido de los números se fortalece. Esto los ayuda a dejar de contar de 1 en 1 y a ver cantidades en partes. Comenzarán a desarrollar un entendimiento conceptual de la suma y la resta.

Presente una rutina de subitizar. Muestre a los estudiantes **Tarjetas de 3 puntos (RM 5.4)** durante 3 segundos. Baje la tarjeta. (Si la tarjeta se muestra durante más de 3 segundos, los estudiantes tienen tiempo de contar de 1 en 1. Si la tarjeta se muestra durante menos de 3 segundos, los estudiantes no pueden crear una imagen mental de los puntos).
Pregunte: *¿Cuántos puntos vieron? ¿Cómo lo saben?*
Pida a los estudiantes que digan cómo lo resolvieron. Luego, muestre las Tarjetas de 3 puntos restantes, una a la vez, y repita las preguntas.

Repaso rápido

Escriba la siguiente historia de matemáticas en una **hoja grande de papel** y dibuje un diagrama de números relacionados junto al problema.
Hay 5 flores en un florero.
4 son rojas.
______ es amarilla.

Pregunte: *¿Cuántas flores hay en total o en el todo?* (5)
Pregunte: *¿Qué deben escribir en este círculo (todo)?* (5) *¿Cuántas flores son rojas?* (4) *¿Qué deben hallar?* (la cantidad de flores amarillas)
Pida a los estudiantes que usen los dedos para mostrar cómo separar el todo de 5 en dos partes.

Aprender y hacer

Representar historias de resta de *quitar*

Laboratorio de matemáticas

Antes de la lección, escriba la siguiente historia de matemáticas en una **hoja grande de papel.**
5 amigos están sentados a la mesa.
2 amigos se van.
Ahora hay ______ amigos en la mesa.

NOTA: *En las historias de resta de quitar, se conoce el total y una cantidad que se quitó de ese total. Los estudiantes luego determinan la cantidad que queda. Como en las historias de suma de añadir, en estas historias hay una acción que cambia la cantidad inicial.*

Pida a 5 estudiantes que se sienten a la mesa.
Pregunte: *¿Cuántos compañeros hay en la mesa?* (5)
Pida a 2 estudiantes que se levanten de la mesa.
Pregunte: *¿Qué sucede en la historia?* (Se van 2 compañeros).

Pregunte: *¿Qué debemos hallar?* (cuántos amigos aún están en la mesa)
Diga: *2 amigos se levantaron de la mesa. Contemos para hallar cuántos aún están en la mesa. 1, 2, 3. Ahora hay 3 amigos en la mesa.*

Escriba la siguiente historia de matemáticas en una hoja grande de papel. Léala a la clase. Use los nombres de los estudiantes cuando les pida que la representen.

______ tiene 4 lápices.
Él/ella le da 2 lápices a ______.
A él/ella le quedan______.

Pregunte: *¿Cuántos lápices tenía ______ al principio?* (4)
Pregunte: *¿Qué sucede en la historia?* (Él/ella regala 2 lápices).
Pregunte: *¿Qué debemos hallar?* (cuántos lápices le quedaron a él/ella)
Diga: ______ *regala 2 lápices. Contemos para ver cuántos le quedan. 1, 2. A ______ le quedan 2 lápices.*

Observa

Aprendamos **LE, pág. 98**

Lea el primer problema de la pág. 98 del LE y muestre que la cantidad de objetos que se quitan está tachada. Resalte a los estudiantes que los objetos que no están tachados del grupo muestran lo que queda.

Resuelva con los estudiantes el resto de los problemas de matemáticas. Pídales que representen las historias donde sea posible y que cuenten para tachar la cantidad de objetos que se quitan. Luego, pídales que cuenten la cantidad de objetos que quedan y completen las historias de resta.

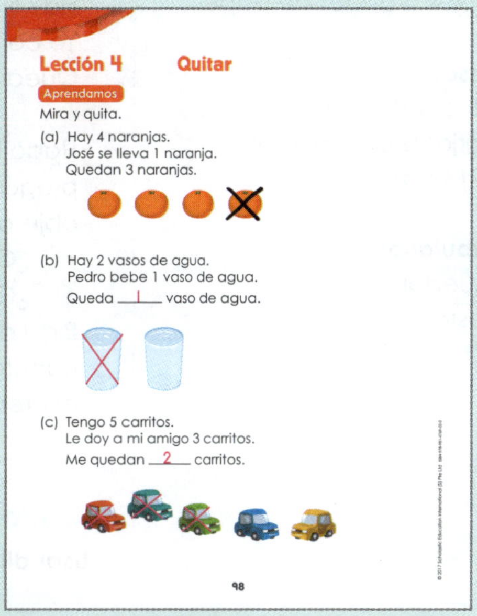
Lección 4 Quitar
Aprendamos
Mira y quita.
(a) Hay 4 naranjas.
José se lleva 1 naranja.
Quedan 3 naranjas.
(b) Hay 2 vasos de agua.
Pedro bebe 1 vaso de agua.
Queda 1 vaso de agua.
(c) Tengo 5 carritos.
Le doy a mi amigo 3 carritos.
Me quedan 2 carritos.
98

5

Actividad diaria de conclusión

Pregunte: *En las historias de resta de hoy, ¿qué sabíamos al principio?* (cuántos objetos había al principio)
Pregunte: *¿Qué sucedió en cada historia?* (se quitaron algunos objetos)
Pregunte: *¿Qué debíamos hallar?* (la cantidad de objetos que quedaron)

 ISBN 978-981-4822-01-5

Objetivos:

- Restar una parte de un todo de hasta 5 para hallar la otra parte
- Usar dibujos para representar historias de resta de *quitar*
- Usar números relacionados para ilustrar historias de resta de *quitar*
- Relacionar 'quedar' con quitar

Materiales:

- hojas grandes de papel

Recursos:

- LE, págs. 99–100
- Tarjetas de 3 puntos (RM 5.4)

Vocabulario:

- quedar
- restar

Actividad diaria de preparación

Objetivo: Subitizar hasta 3 objetos

Repase la rutina de subitizar con los estudiantes. Muestre a los estudiantes algunas **Tarjetas de 3 puntos (RM 5.4)** durante 3 segundos.
Pregunte: *¿Cuántos puntos vieron? ¿Cómo lo saben?*
Pida a los estudiantes que digan cómo se dieron cuenta. Luego, muestre las Tarjetas de 3 puntos restantes, de una en una, y repita las preguntas.

Repaso rápido

Escriba la siguiente historia de matemáticas en una **hoja grande de papel**.
Hay 5 manzanas en un tazón.
Yo como 2 manzanas.
Quedan ______ manzanas.

Haga las siguientes preguntas a los estudiantes. A medida que les hace las preguntas, pídales que levanten los dedos para representar la cantidad de objetos de la historia.

- *¿Cuántas manzanas había al principio?* (5)
- *¿Cuántas manzanas me comí?* (2)

Pida a los estudiantes que doblen 2 dedos y dejen 3 levantados. Pídales que cuenten cuántos quedaron. Repita el problema de resta con una cantidad diferente de manzanas.

Aprender y hacer

Usar dibujos para representar historias de resta de *quitar*

Laboratorio de matemáticas

Antes de la lección, escriba la siguiente historia de resta de *quitar* en una **hoja grande de papel.**
3 pájaros están sobre una roca.
1 pájaro se va volando.
Quedan ______ pájaros.

Diga: *Recuerden que podemos usar dibujos para mostrar qué sucede en una historia de matemáticas.*
Lea la historia de matemáticas. En la hoja grande de papel, demuestre cómo usar dibujos para representar la historia de matemáticas.
Pregunte: *¿Cuántos pájaros están sobre la roca?* (3)
Pida a los estudiantes que dibujen 3 pájaros.
Pregunte: *¿Cuántos se fueron volando?* (1)
Pida a los estudiantes que tachen 1 pájaro.
Diga: *Contemos para ver cuántos pájaros quedan. 1, 2. Quedan 2 pájaros sobre la roca.*

Dibuje un diagrama de números relacionados junto al dibujo de los pájaros. Pida a los estudiantes que digan cuántos pájaros hay en el todo. Escriba '4' en el círculo de 'Todo'. Luego, recuérdeles que se restaron 2 pájaros del grupo. Escriba '2' en el círculo superior de 'Parte'. Pregunte a los estudiantes qué piensan que debe ir en el último círculo de 'Parte'. Luego, escriba '2' en el otro círculo de 'Parte'.

Dé a cada pareja una hoja de **papel de dibujo**.

 ISBN 978-981-4822-01-5

Trabaje con las siguientes historias de matemáticas de la misma manera; esta vez, pida a los estudiantes que hagan los dibujos.

- Hay 5 hojas en el suelo.
  El viento voló 4 hojas.
  Queda ______ hoja.
- Hay 2 huevos en el refrigerador.
  Mamá usó 0 huevos.
  Quedan ______ huevos.

Pregunte a los estudiantes si necesitan tachar algún dibujo en la segunda historia. Luego, pida a los estudiantes que cuenten la cantidad de huevos que quedan.

Observa

Aprendamos **LE, pág. 99**

Pida a los estudiantes que miren las ilustraciones de la pág. 99 del LE.

Explique cómo Bela ha usado dibujos para hallar lo que queda. Luego, pida a los estudiantes que completen el grupo de números relacionados. Pida a los estudiantes que completen los dibujos en (b) y (c), tachen las partes que se restaron y completen la historia y los números relacionados correspondientes.

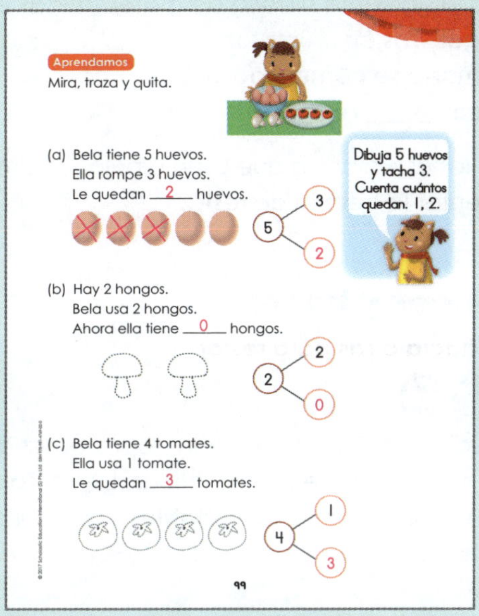
Aprendamos
Mira, traza y quita.
(a) Bela tiene 5 huevos.
Ella rompe 3 huevos.
Le quedan 2 huevos.

(b) Hay 2 hongos.
Bela usa 2 hongos.
Ahora ella tiene 0 hongos.

(c) Bela tiene 4 tomates.
Ella usa 1 tomate.
Le quedan 3 tomates.

99

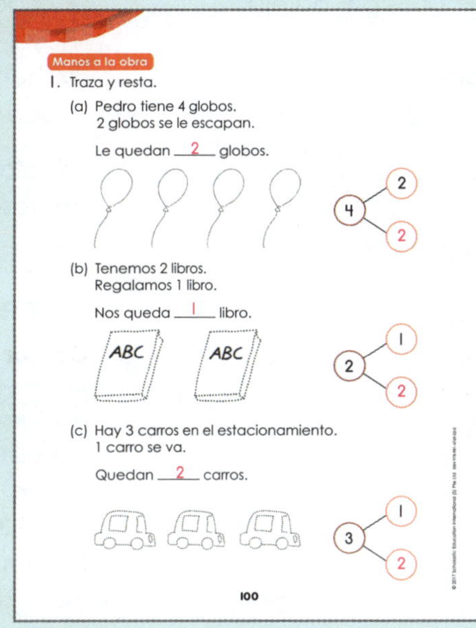
Manos a la obra
1. Traza y resta.
(a) Pedro tiene 4 globos.
2 globos se le escapan.
Le quedan 2 globos.

(b) Tenemos 2 libros.
Regalamos 1 libro.
Nos queda 1 libro.

(c) Hay 3 carros en el estacionamiento.
1 carro se va.
Quedan 2 carros.

100

Manos a la obra **LE, pág. 100**

En la tarea 1 se practica usar dibujos y números relacionados para representar una historia de resta.

5

Reforzar conceptos

Pida a los estudiantes que usen cubos para representar las historias de matemáticas del Libro del estudiante y que luego dibujen mientras usted explica cada pregunta. Pregunte a los estudiantes cuántos objetos hay al principio. Pídales que dibujen esa cantidad de objetos. Luego, pregunte cuántos se quitaron. Pida que tachen esa cantidad de objetos. Por último, recuérdeles que están tratando de hallar cuántos hay ahora, o cuántos quedan. Pídales que solo cuenten los objetos que no están tachados.

Actividad diaria de conclusión

Pregunte: *En la historia de matemáticas de hoy, ¿cómo mostraron que se quitaron, o restaron, objetos de un grupo?*
Pida a los estudiantes que compartan el trabajo de la pág. 102 del LE.

 ISBN 978-981-4822-01-5

Lección 4: Quitar

DÍA 1 DÍA 2 DÍA 3

Objetivos:

- Contar hacia atrás para restar hasta 5
- Usar números relacionados para ilustrar historias de resta de *quitar*

Materiales:

- hojas grandes de papel
- cubos interconectables (5 naranja y 5 verdes), 10 cubos por pareja

Recursos:

- LE, págs. 101–102
- Tablero de historias del jardín (RM 5.3)

Vocabulario:

- quedar
- restar
- contar hacia atrás

Actividad diaria de preparación

Objetivo: Contar de memoria hacia atrás del 10 al 0

Contar hacia atrás del 10 al 0 y luego contar hacia atrás de un número que no sea 10 (por ejemplo, 9, 6 y 5) hasta 0. Pida a los estudiantes que elijan un movimiento para hacer cuando un estudiante dice 0.

Repaso rápido

Escriba la siguiente historia de matemáticas en una **hoja grande de papel.**
Hay 4 galletas en un plato.
Mi hermana se come 2 galletas.
Quedan ______ galletas.

Pida a los estudiantes que usen dibujos y números relacionados para representar la historia de resta.

Aprender y hacer

Contar hacia atrás para restar

Laboratorio de matemáticas

Los estudiantes usan cubos para representar los objetos *que se quitan*, o *se restan*, en historias de matemáticas. Dé un **Tablero de historias del jardín (RM 5,3)** y 5 **cubos interconectables** color naranja y 5 verdes a cada pareja.
Pregunte: *¿Qué ven en el tablero?* (Ejemplo: Hay lugares para poner plantas).
Explique a los estudiantes que este es un jardín y los montículos son lugares donde pueden sembrar plantas de zanahoria o lechuga.
Diga: *Leeremos historias de matemáticas acerca de un jardín imaginario.*

Escriba la siguiente historia de resta en *quitar* en una **hoja grande de papel**.
Hay 4 plantas de zanahoria en un jardín.
Un conejito se come 1 planta de zanahoria.
Quedan ______ plantas de zanahoria en el jardín.

Pregunte: *¿Qué está pasando en la historia de matemáticas?*
Pida a los estudiantes que usen los cubos color naranja para representar las plantas de zanahorias.
Pregunte: *¿Cuántas plantas de zanahoria hay en el jardín?* (4) *¿Cómo pueden mostrar eso en el Tablero de historias del jardín?* (poniendo un cubo color naranja en cada montículo)
Pregunte: *¿Cuántas plantas de zanahoria se come el conejito?* (1) *¿Cómo podemos mostrar que el conejito se come una planta de zanahoria?* (quitando 1 cubo)
Pregunte: *¿Qué debemos hallar?* (cuántas zanahorias quedan)
Pida a los estudiantes que cuenten los cubos que quedan.
Diga: *Hay 4 plantas de zanahoria en el jardín. Un conejito come 1 planta de zanahoria. Por lo tanto, quedan 3 plantas de zanahoria en el jardín.*

Dibuje una cinta de números del 0 al 5 en una hoja grande de papel.
Explique a los estudiantes que cuando restamos, nos movemos hacia atrás en la línea de números. Recuérdeles que, en la historia de matemáticas, al principio había 4 plantas de zanahorias. Luego, se quitó 1 planta de zanahoria del grupo de 4.
Diga: *Cuando se quitan cosas, podemos contar hacia atrás desde la*

 ISBN 978-981-4822-01-5

cantidad de plantas de zanahorias que había al principio. Comenzamos desde 4 y contamos 1 hacia atrás porque quitamos 1 planta de zanahoria.

Cuente 1 hacia atrás desde 4 con los estudiantes.
Diga: *4, 3.*
A medida que cuenta, dibuje una flecha sobre la cinta de números como se muestra:

0	1	2	3	4	5

Anote lo siguiente debajo de la historia de matemáticas: Si a 4 le quitas 1 hay 3.

Pida a los estudiantes que trabajen con un compañero para representar las siguientes historias de matemáticas con cubos y el Tablero de historias del jardín.

- Hay 5 plantas de lechuga en el jardín.
  Un venado se come 2 plantas de lechuga.
  ______ plantas de lechuga todavía quedan en el jardín.
- Hay 4 plantas de zanahoria en el jardín.
  Mamá recoge 0 plantas de zanahoria.
  Quedan ______ plantas de zanahoria.

Recuerde a los estudiantes que pueden contar hacia atrás para hallar el nuevo total. Pida a algunas parejas que digan cómo hallaron lo que quedó.
En cada historia diga:

- Si a 5 le quitas 2 hay 3.
- Si a 4 le quitas 0 hay 4.

Observa

Aprendamos LE, pág. 101

Pida a los estudiantes que miren las ilustraciones de la pág. 101 del LE. Lea las historias de matemáticas que están debajo de la ilustración. En cada historia, pida a los estudiantes que identifiquen el total y la cantidad de objetos que se quitaron. Pídales que cuenten hacia atrás para hallar la cantidad de objetos que quedan.

Manos a la obra

LE, pág. 102

En la tarea 1 se practica hacer historias de resta y contar hacia atrás para hallar cuántos quedan.

Aprendamos

Mira y quita.

(a) Hay 2 vasos de jugo. Bela bebe 1 vaso de jugo.
Si a 2 le quitas 1 hay 1.
Queda 1 vaso de jugo.

(b) Hay 5 plátanos. Tito se come 2 plátanos.
Si a 5 le quitas 2 hay 3.
Quedan 3 plátanos.

(c) Hay 4 peras. Los niños se comen 4 peras.
Si a 4 le quitas 4 hay 0.
Quedan 0 peras.

(d) Hay 3 botellas de jugo. Tito bebe 1 botella.
Si a 3 le quitas 1 hay 2.
Quedan 2 botellas de jugo.

101

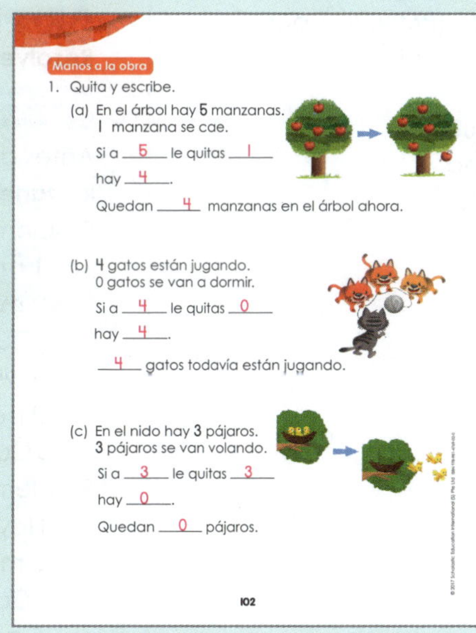
Manos a la obra

1. Quita y escribe.

(a) En el árbol hay 5 manzanas. 1 manzana se cae.
Si a 5 le quitas 1 hay 4.
Quedan 4 manzanas en el árbol ahora.

(b) 4 gatos están jugando. 0 gatos se van a dormir.
Si a 4 le quitas 0 hay 4.
4 gatos todavía están jugando.

(c) En el nido hay 3 pájaros. 3 pájaros se van volando.
Si a 3 le quitas 3 hay 0.
Quedan 0 pájaros.

102

Reforzar conceptos

Pida a los estudiantes que primero representen las historias de matemáticas con fichas o cubos. En cada etapa, pregúnteles cuántos hay al principio y cuántos se quitan. Luego, pídales que cuenten para hallar cuántos hay ahora. Después, pídales que usen los dedos para quitar y contar hacia atrás a medida que bajan cada dedo.

Actividad diaria de conclusión

Pida a los estudiantes que compartan sus historias de matemáticas de la pág. 101 del LE.
Diga: *Hoy contamos hacia atrás para hallar cuántos objetos quedan.*

5

Objetivos:
- Identificar y resolver problemas de parte-parte-todo relacionados con situaciones que requieren *combinar* y *separar*
- Usar un número (del 0 al 5) para representar el resultado de problemas de suma y resta de parte-parte-todo

Materiales:
- hojas grandes de papel
- 4 tarjetas en blanco
- recipiente (para las tarjetas)
- cubos interconectables, 1 balde por mesa

Recursos:
- LE, pág. 103
- Tarjetas de 4 puntos (RM 5.5)
- Tablero de parte-parte-todo (RM 4.2), 1 por estudiante

Vocabulario:
- suma
- resta

Actividad diaria de preparación

Objetivo: Subitizar hasta 4 objetos

Presente las **Tarjetas de 4 puntos (RM 5.5)** en la rutina de subitizar. Comience con la tarjeta que muestra 2 hileras de 2 puntos con la disposición común que se suele ver en un dado.
Pregunte: *¿Cuántos puntos vieron? ¿Cómo lo saben?*
Pida a los estudiantes que digan cómo se dieron cuenta. Luego, muestre las Tarjetas de 4 puntos que quedan, de una en una, y repita las preguntas.

Repaso rápido

Escriba la siguiente historia de matemáticas en una **hoja grande de papel**.
Hay 2 patos en el estanque.
1 pato sale del estanque.
Queda ______ pato en el estanque.

Pida a los estudiantes que usen los dedos para representar la historia de resta. Pida que levanten 2 dedos primero. Luego cuente hacia atrás con los estudiantes y doble un dedo a medida que cuenta. Recuerde a los estudiantes que cuentan 1 hacia atrás porque solo se quita 1 pato.

Aprender y hacer

Resolver problemas de suma y resta de parte-parte-todo

Laboratorio de matemáticas

Antes de la lección, escriba los siguientes problemas de matemáticas en las **tarjetas**.
Problemas de matemáticas en los que se *combina:*
- 1 manzana es roja.
  2 manzanas son verdes.
  ¿Cuántas manzanas hay en total?
- 3 peces son naranja.
  2 peces son negros.
  ¿Cuántos peces hay en total?

Problemas de matemáticas en los que se *separa:*
- Hay 3 manzanas en un tazón.
  2 manzanas son rojas.
  ¿Cuántas son verdes?
- 5 peces están nadando.
  4 peces son naranja.
  ¿Cuántos son negros?

Ponga las tarjetas en el **recipiente**.
Dé a cada estudiante un **Tablero de parte-parte-todo (RM 4.2)** y ponga un balde de **cubos interconectables** en cada mesa.

Diga: *Hoy resolveremos* problemas *de matemáticas de* combinar y separar. *Primero, elegirán* problemas *de matemáticas de este recipiente.*
Lea el primer problema de matemáticas que elija un estudiante. Escríbalo en una hoja grande de papel.

 ISBN 978-981-4822-01-5

Pregunte:

- *¿Qué sabemos en este problema?*
- *¿Qué debemos hallar?*
- *¿Debemos sumar o restar? Conversen con un compañero sobre lo que piensan.*

Después de que los estudiantes terminen de conversar, pida a algunos estudiantes que expliquen sus ideas.

Pida a los estudiantes que trabajen en parejas para resolver el problema de matemáticas usando cubos en el Tablero de parte-parte-todo. Invite a algunas parejas a compartir su trabajo.
Pregunte: *¿Combinaron dos partes para hallar cuántos había en total? ¿O separaron un todo para hallar cuántos hay en cada parte?*
Dibuje un diagrama de números relacionados al lado del problema de matemáticas y pida a los estudiantes que lo completen para representar los números del problema de matemáticas. También anote el problema usando palabras y números, por ejemplo, 1 y 2 son 3; Resto 4 de 5 y me queda 1.

Pida a un estudiante que elija otro problema de matemáticas del recipiente y repita el proceso.

Observa

Aprendamos LE, pág. 103

Pida a los estudiantes que lean los problemas de matemáticas de la pág. 103 del LE. Pida a los estudiantes que digan si deben sumar o restar. Lea el texto de los globos de diálogo para mostrar cómo los gatos sumaron para hallar el todo o restaron para hallar una parte.

En cada uno de los problemas de matemáticas, pregunte a los estudiantes qué información saben, por ejemplo, cuántos hay en el todo o cuántos hay en cada parte.

Pida a los estudiantes que expliquen su razonamiento.

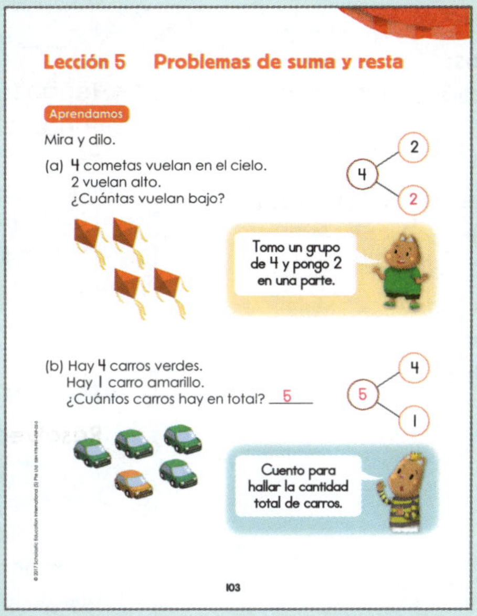

Actividad diaria de conclusión

Pida a los estudiantes que miren los problemas de matemáticas de la pág. 103 del LE nuevamente para identificar las características de los problemas de matemáticas de *combinar* y *separar*.
En cada historia de matemáticas, pida a los estudiantes que identifiquen lo que ya saben y lo que deben hallar.

5

 ISBN 978-981-4822-01-5

Lección 5: Problemas de suma y resta

DÍA 1 DÍA 2

Objetivos:
- Identificar y resolver problemas de *sumar* y *restar*
- Usar un número (del 0 al 5) para representar el resultado de problemas de *sumar* y *restar*

Materiales:
- 4 tarjetas en blanco
- recipiente (para las tarjetas)
- cubos interconectables, 1 balde por mesa
- hojas grandes de papel

Recursos:
- LE, págs. 104–105
- Tarjetas de 3 puntos (RM 5.4)
- Tarjetas de 4 puntos (RM 5.5)

Vocabulario:
- sumar
- restar

Actividad diaria de preparación

Objetivo: Subitizar hasta 4 objetos

Continúe la rutina de subitizar repasando las **Tarjetas de 4 puntos (RM 5.5).**
Pregunte: *¿Cuántos puntos vieron? ¿Cómo lo saben?*
Pida a los estudiantes que digan cómo lo resolvieron. Luego, muestre las **Tarjetas de 3 puntos (RM 5.4)** y las Tarjetas de 4 puntos restantes, de una en una, y repita las preguntas.

Repaso rápido

Escriba las siguientes historias de matemáticas en una **hoja grande de papel**.
Tengo 5 cubos.
4 son verdes.
______ es azul.

Tengo 2 cubos rojos.
Tengo 1 cubo amarillo.
Tengo ______ cubos en total.

Lea la primera historia de matemáticas y pida a los estudiantes que digan si deben sumar o restar. Luego, pida a los estudiantes que usen los dedos para representar la historia de resta. Haga lo mismo con la historia de suma.

Aprender y hacer

Resolver problemas de *añadir* y *quitar*

Laboratorio de matemáticas

Antes de la lección, escriba los siguientes problemas de matemáticas en las **tarjetas**.
Historias de matemáticas de *añadir:*
- Hay 3 flores en un florero.
  Mamá puso 2 flores más en el florero.
  ¿Cuántas flores hay en total?
- 1 naranja está en una bolsa.
  Se añaden 3 naranjas más a la bolsa.
  ¿Cuántas naranjas hay en total?

Historias de matemáticas de *quitar:*
- Hay 4 manzanas en una fuente.
  Mi hermana y yo nos comemos 4 manzanas.
  ¿Cuántas manzanas hay ahora?
- Hay 5 lápices sobre una mesa.
  1 lápiz se cae de la mesa.
  ¿Cuántos lápices quedan sobre la mesa?

Ponga las tarjetas en el **recipiente**.
Diga: *Hoy vamos a resolver problemas de matemáticas de añadir y quitar. Ustedes elegirán problemas de matemáticas que están en este recipiente.*
Lea el primer problema de matemáticas que elija un estudiante.
Pregunte:
- *¿Qué está pasando en este problema?*
- *¿Qué debemos hallar?*
- *¿Debemos sumar o restar? Conversen con un compañero sobre lo que piensan.*

 ISBN 978-981-4822-01-5

Después de que los estudiantes terminen de conversar, pida a algunos estudiantes que expliquen su razonamiento.

Ponga un balde de **cubos interconectables** en cada mesa.
Pida a los estudiantes que trabajen en parejas para resolver el problema de matemáticas con los cubos.
Recuérdeles que pueden usar cubos, dibujos y números relacionados, seguir contando o contar hacia atrás.
Invite a algunas parejas a compartir su trabajo.
Pregunte: *¿Añadieron algo a un grupo o quitaron una parte de un grupo?*

Dibuje un diagrama de números relacionados en una **hoja grande de papel**. Pida a los estudiantes que completen los números relacionados para representar los números del problema de matemáticas. También anote con palabras y números, por ejemplo, 1 y 2 son 3; si a 4 le quitas 4 hay 0, etc.

Pida a un estudiante que elija otro problema de matemáticas del recipiente y repita el proceso.

Observa

Aprendamos LE, pág. 104

Pida a los estudiantes que lean los problemas de matemáticas de la pág. 104 del LE. Pida a los estudiantes que identifiquen si deben *añadir* a un grupo o *quitar* de un grupo. Pídales que expliquen su razonamiento. Lea el texto de los globos de diálogo para ayudar a los estudiantes a decidir.

Manos a la obra

LE, pág. 105

En la tarea 1 se practica cómo identificar problemas de suma y resta.

Aprendamos
Mira y dilo.
(a) Mamá hace 3 pasteles.
Los niños se comen los 3 pasteles.
¿Cuántos pasteles hay ahora? 0

(b) 1 perro juega en el agua.
2 perros más llegan.
¿Cuántos perros juegan en el agua? 3

104

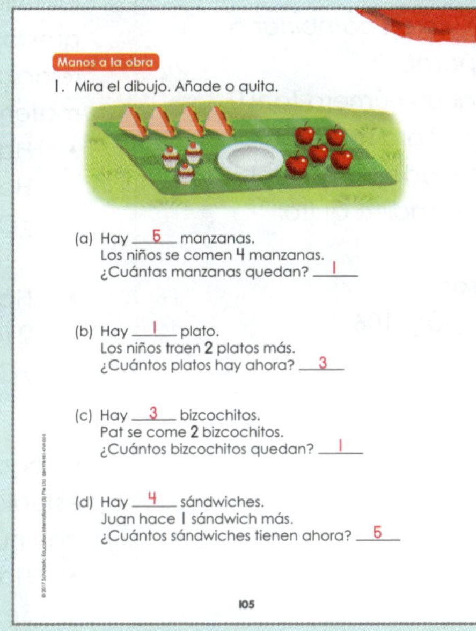

Manos a la obra
1. Mira el dibujo. Añade o quita.

(a) Hay 5 manzanas.
Los niños se comen 4 manzanas.
¿Cuántas manzanas quedan? 1

(b) Hay 1 plato.
Los niños traen 2 platos más.
¿Cuántos platos hay ahora? 3

(c) Hay 3 bizcochitos.
Pat se come 2 bizcochitos.
¿Cuántos bizcochitos quedan? 1

(d) Hay 4 sándwiches.
Juan hace 1 sándwich más.
¿Cuántos sándwiches tienen ahora? 5

105

Reforzar conceptos

Demuestre los problemas de matemáticas con la ayuda de 2 estudiantes. Dé a cada estudiante 2 **lápices**. Pida al resto de la clase que diga cuántos lápices tiene cada estudiante. Luego, dé 1 lápiz a 1 estudiante y quite 1 lápiz a otro estudiante.
Diga: _______ *(nombre del estudiante) tiene 2 lápices. Le di a él/ella 1 lápiz más. ¿Cuántos lápices tiene ahora _______?*
Pida a los demás estudiantes que cuenten los lápices que tiene ese estudiante. Repita las preguntas con el otro estudiante.

Actividad diaria de conclusión

Pida a los estudiantes que miren los problemas de matemáticas de la pág. 104 del LE nuevamente para identificar las características de los problemas de matemáticas de *añadir* y *quitar*.
Pida a los estudiantes que digan lo que saben en cada problema y si añadieron o quitaron del grupo inicial.

5

 ISBN 978-981-4822-01-5

Ejercicios del capítulo y actividades para los Centros de intereses

DÍA 1

Objetivos:
- Identificar y resolver problemas de parte-parte-todo que requieren *combinar* o *separar*
- Usar un número del (0 al 5) para representar el resultado de problemas de parte-parte-todo que requieren *combinar* o *separar*
- Usar números relacionados para ilustrar situaciones de parte-parte-todo que requieren *combinar* o *separar*
- Usar un número (del 0 al 5) para representar el resultado de un problema de *añadir* o *quitar*

Recursos:
- LE, pág. 106

Ejercicios del capítulo

LE, pág. 106

Pida a los estudiantes que miren el dibujo de la pág. 106 del LE.
Haga las siguientes preguntas para animar a los estudiantes a conversar.

Pregunte:
- *¿Qué tiene en las manos Helicóptero?*
  (un impermeable)

En cada problema de matemáticas, pida a los estudiantes que identifiquen las partes y el todo y que los representen con números relacionados. Lea los problemas de matemáticas.
- Hay 3 impermeables amarillos.
  Hay 2 impermeables azules.
  ¿Cuántos impermeables hay?
  (3 (parte)/2 (parte)/5 (todo))
- Hay 5 ranas.
  2 ranas están sobre la roca.
  ¿Cuántas ranas están en el agua?
  (5 (todo)/2 (parte)/3 (parte))

En cada uno de los siguientes problemas de matemáticas, pida a los estudiantes que identifiquen si deben sumar o restar y que los representen con números relacionados. Lea los problemas de matemáticas.
- Hay 4 libélulas.
  Se comieron 1.
  ¿Cuántas libélulas quedan?
  (4 (todo)/1 (parte)/3 (parte))
- Hay 2 barcos de papel en el agua.
  Bela pone 1 barco de papel más en el agua.
  ¿Cuántos barcos de papel hay en el agua ahora?
  (2 (parte)/1 (parte)/3 (todo))

Pida a los estudiantes que hagan sus propios problemas de matemáticas acerca de los paraguas y los patos. Por ejemplo:
- Hay 1 paraguas verde.
  Hay 2 paraguas naranja.
  ¿Cuántos paraguas hay en total?
  (1 (parte)/2 (parte)/3 (todo))
- Hay 3 patos en el agua.
  1 pato más se une a ellos.
  ¿Cuántos patos hay ahora?
  (3 (parte)/1 (parte)/4 (todo))

NOTA: *Las preguntas evalúan la capacidad de los estudiantes para identificar los diferentes tipos de problemas de matemáticas y representar la relación parte-parte-todo con números relacionados.*

 ISBN 978-981-4822-01-5

Objetivo:

- Reconocer y entender que 'quitar' significa restar en un problema de *resta*

Materiales:

- fichas de ositos, 5 por pareja

Recursos:

- LE, pág. 107

Actividad 1 **LE, pág. 107**

Pida a los estudiantes que sigan el texto a medida que usted lee los globos de diálogo de la pág. 107 del LE.

Pida a los estudiantes que primero PIENSEN en cuál de los gatos tiene razón y por qué. Luego, pida a los estudiantes que CONVERSEN con un compañero para comentar lo que piensan. Dé varios minutos para que los estudiantes conversen acerca de cuál de los gatos ha interpretado correctamente la ilustración de quitar algo.
Diga: *Conversaron con un compañero sobre cuál de los gatos tiene razón. ¿Cómo saben que ese gato tiene razón? CONVERSEN con su compañero otra vez.*

Dé 5 **fichas** de **ositos** a cada pareja. Pídales que representen lo que se muestra en la ilustración de la pág. 107 del LE.

Observe:

- ¿Los estudiantes usan 5 fichas de ositos para representar el todo?
- ¿Los estudiantes quitan la parte que está tachada para determinar lo que queda?
- ¿Los estudiantes pueden identificar 5 como el total y 2 y 3 como las partes?
- ¿Los estudiantes pueden identificar cuál de los gatos tiene razón y explicar por qué?

Pregunte: *¿Cuál de los gatos tiene razón? Expliquen sus ideas.* (Ejemplo: 3 ositos están tachados, entonces, ya no están más en el grupo. Quedan solo 2 ositos. Si a 5 le quitas 3 hay 2).

Objetivos:

- Reconocer y entender que 'quitar' significa restar en un problema de *resta*
- Usar un número (del 0 al 5) para representar el resultado de problemas de resta de quitar

Materiales:

- barras de 5 cubos interconectables (de colores diferentes), 2 barras por pareja

Recursos:

- LE, pág. 108
- Tarjetas con números (0–5) (RM 1.11), 1 conjunto por pareja

Actividad 2 LE, pág. 108

Muestre la pág. 108 del LE. Diga a los estudiantes que quitarán de 5. Pida a los estudiantes que miren los cuadros de 5 y los enunciados de quitar de la página.

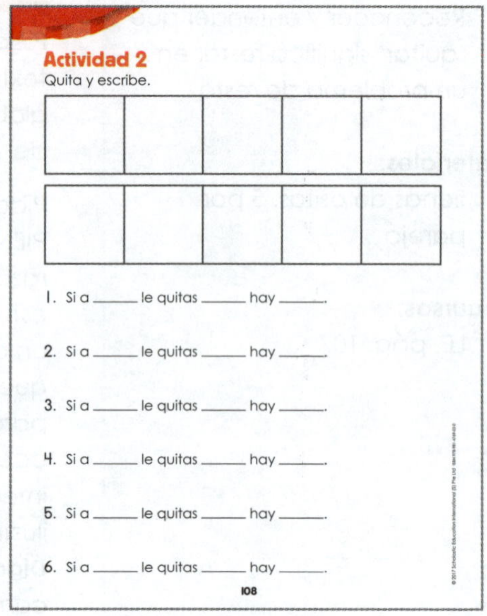
Actividad 2
Quita y escribe.

1. Si a ____ le quitas ____ hay ____.
2. Si a ____ le quitas ____ hay ____.
3. Si a ____ le quitas ____ hay ____.
4. Si a ____ le quitas ____ hay ____.
5. Si a ____ le quitas ____ hay ____.
6. Si a ____ le quitas ____ hay ____.

108

Explique cómo se desarrolla la actividad.

- Los estudiantes mezclan las **Tarjetas de números (0–5) (RM 1.11)** y las apilan boca abajo. Cada estudiante coloca 5 **cubos** en uno de los cuadros de 5.
- El Estudiante A elige la tarjeta de arriba, por ejemplo, la del 2, la identifica y quita esa cantidad de cubos del cuadro de 5. El Estudiante B dice: Si a 5 se le quitan 2 hay 3.
- El Estudiante B elige la tarjeta de arriba, por ejemplo, la del 0, la identifica y resta esa cantidad de cubos del cuadro de 5. El compañero A dice: Si a 5 se le quitan 0 hay 5.
- Los estudiantes trabajan en parejas para escribir los números que representan los resultados de la pág. 108 del LE.
- Los estudiantes reemplazan los 5 cubos en sus cuadros de 5 y continúan hasta que se usen todas las Tarjetas de números.

 ISBN 978-981-4822-01-5

Objetivos:

- Identificar y resolver problemas de parte-parte-todo que requieren *combinar* o *separar*
- Usar un número (del 0 al 5) para representar el resultado de un problema de parte-parte-todo de suma o resta

Recursos:

- LE, pág. 109

Actividad 3 **LE, pág. 109**

Explique a los estudiantes que, en cada historia de matemáticas, primero tienen que decidir si deben sumar o restar. Recuerde a los estudiantes que pueden dibujar para representar los objetos del problema de matemáticas.

Actividad de conclusión del capítulo

Pida a los estudiantes que conversen sobre lo que aprendieron en el capítulo.

Pregunte:

- *¿Qué sabemos en los problemas de suma?* (Ejemplo: Sabemos cuántos hay en cada parte).
- *¿Qué tenemos que hallar en los problemas de suma?* (Ejemplo: Tenemos que hallar cuántos hay en total).
- *¿Qué sabemos en los problemas de resta?* (Ejemplo: Sabemos cuántos hay en el todo. También sabemos cuántos hay en una parte).
- *¿Qué tenemos que hallar en los problemas de resta?* (Ejemplo: Tenemos que hallar cuántos quedan).

» Resolución de problemas (1 día)

Consulte los Recursos para Resolución de problemas, donde encontrará materiales y notas para la enseñanza.

 ISBN 978-981-4822-01-5

6 Números ordinales

Plan de trabajo

Lección	Objetivos
Lección 1: Del primero al quinto	
Números ordinales del primero al quinto	• Usar los números ordinales del primero al quinto para indicar posición • Reconocer la forma numérica y el nombre de los números ordinales del primero al quinto
Lección 2: Del primero al décimo	
Números ordinales del primero al décimo	• Usar los números ordinales del primero al décimo para indicar posición • Reconocer la forma numérica y el nombre de los números ordinales del primero al décimo
Ejercicios del capítulo y actividades para los Centros de intereses	
Ejercicios del capítulo	• Usar los números ordinales del primero al décimo para indicar posición • Reconocer la forma numérica y el nombre de los números ordinales del primero al décimo
Actividad 1	
Actividad 2	
Actividad 3	
Resolución de problemas	

Duración total: 4 días (1 día = 1 hora)

Materiales	Recursos	Vocabulario
		1 día
• hojas grandes de papel • notas adhesivas • 18 cubos interconectables (6 rojos, 6 azules y 6 amarillos), 1 bolsa por mesa	• LE, págs. 110–111 • Tarjetas de números 1–10 (RM 1.11 y 2.9) • Tarjetas de números ordinales 1°–5° (RM 6.1), 1 conjunto por pareja	• números ordinales • primero – quinto • siguiente • último • después • posición
		1 día
• notas adhesivas • hojas grandes de papel, 2 hojas • 20 fichas de ositos (10 de cada uno de 2 colores diferentes), 1 conjunto por pareja	• LE, págs. 112–113 • Tarjetas de números ordinales 1°–10° (RM 6.1–6.2), 1 conjunto por pareja • Tablero: Edificio de 10 pisos (RM 6.3), 1 por pareja	• números ordinales • primero – décimo • siguiente • último • después • posición
		1 día
	• LE, pág. 114	
	• LE, pág. 115	
• cubos interconectables (5 rojos y 5 azules), 10 cubos por pareja	• LE, pág. 116 • Tarjetas de números ordinales 1°–10° (RM 6.1–6.2), 1 conjunto por pareja	
	• LE, pág. 117	
		1 día
	• Resolución de problemas: Superlibro 6 y Libro de lectura 6 • Resolución de problemas: Guía del profesor	

6

6 Números ordinales

Presentación del capítulo

Lección 1: Del primero al quinto
Lección 2: Del primero al décimo

Introducción

En este capítulo, los estudiantes explorarán el uso de los números ordinales para describir el orden de la secuencia numérica o la posición de objetos o personas en una fila. Aprenderán el nombre de la posición relativa de un objeto en un grupo ordenado y que el orden depende del punto de partida, por ejemplo, tercero desde la puerta. Inicialmente se recomienda la enseñanza directa. Las experiencias de enseñanza pueden integrarse a las actividades escolares diarias para reforzar la comprensión de los números ordinales (en instrucciones, al ordenar objetos, al formar una fila).

Si bien su uso es muy habitual, los nombres de los números ordinales en español pueden resultar difíciles para los estudiantes puesto que no hay conexiones obvias con sus respectivos números cardinales. Sin embargo, su expresión numérica abreviada resulta sencilla puesto que se acompaña el número con la letra º volada o en superíndice para el masculino y la letra ª para el femenino, por ejemplo, 1º o 1ª, 2º o 2ª, etc.

Lección 1: Del primero al quinto (DÍA 1)

Objetivos:

- Usar los números ordinales del primero al quinto para indicar posición
- Reconocer la forma numérica y el nombre de los números ordinales del primero al quinto

Materiales:

- hojas grandes de papel
- notas adhesivas
- 18 cubos interconectables (6 rojos, 6 azules y 6 amarillos), 1 bolsa por mesa

Recursos:

- LE, págs. 110–111
- Tarjetas de números 1–10 (RM 1.11 y 2.9)
- Tarjetas de números ordinales - 1º - 5º (RM 6.1), 1 conjunto por pareja

Vocabulario:

- números ordinales
- primer, primero, primera
- segundo, segunda
- tercer, tercero, tercera
- cuarto, cuarta
- quinto, quinta
- siguiente
- último
- después
- posición

Actividad diaria de preparación

Objetivo: Crear y comentar los datos de una gráfica

Use **hojas grandes de papel** para crear una gráfica de 2 columnas con el título *Yo sé...* Escriba *Nadar* en una columna y *Jugar al tenis* en la otra. Pida a 8 estudiantes que escriban sus nombres en **notas adhesivas** y que las peguen en la columna del deporte que practican.
Pida a los estudiantes que expliquen qué notan acerca de esos datos. Ayúdelos en la conversación preguntando, por ejemplo, "¿Cuántos compañeros saben nadar? ¿Hay más compañeros que saben nadar o más compañeros que saben jugar al tenis?" Ayúdelos en la conversación con el uso de 'más que', 'menos que' o 'igual que'.

Repasar conocimientos previos

Pida a 10 estudiantes que formen una fila mirando hacia una dirección, por ejemplo, hacia la puerta. Dé a cada estudiante una tarjeta del conjunto de **Tarjetas de números 1–10 (RM 1.11 y 2.9)** en orden. Luego, pídales que muestren los números a la clase. Pida a los estudiantes que miren las tarjetas de números.

Pregunte:

- *¿Qué número va antes del 5?* (4)
- *¿Qué número va después del 8?* (9)
- *¿Qué números van entre el 4 y el 7?* (5 y 6)

Repasemos **LE, pág. 110**

Pida a los estudiantes que unan los puntos siguiendo la secuencia de números correcta.

 ISBN 978-981-4822-01-5

Aprender y hacer

Números ordinales del primero al quinto

Laboratorio de matemáticas

Diga: *Vamos a ordenarnos usando los números ordinales. Usamos números ordinales para decir en qué posición está una persona o dónde está esa persona en una fila.*

Coloque un conjunto mezclado de **Tarjetas de números ordinales 1°–5° (RM 6.1–6.2)** donde los estudiantes las puedan ver. Ubíquese cerca del primer estudiante de la fila y señálelo (comience desde la izquierda).

Pregunte: *¿Qué compañero está más cerca de mí? ¿Qué número tiene?* (1)

Diga: *Él/Ella es el primero/la primera de la fila.*

Pregunte: *¿Qué tarjeta debemos darle a ______ para mostrar que está primero(a) en la fila?*

Pida a los estudiantes que compartan sus ideas. Pida al primer estudiante que cambie la Tarjeta de números para ordenar 1 por la Tarjeta de números ordinales de 1ro.

Pregunte: *¿Qué saben de la tarjeta que tiene ______?* (Ejemplo: Hay un '1' con la letra 'o' y un '1' con 'ro').

Señale la palabra 'primero' y explique que '1°' y 1ro se dice 'primero'.

Continúe con preguntas similares para el resto de los estudiantes en la fila y pídales que intercambien sus Tarjetas de números para ordenar (2, 3, 4 y 5) por Tarjetas de números ordinales (2°, 3°, 4° y 5°).

Pregunte: *¿Cuál es el último compañero de la fila? La palabra 'último' es otra forma de decir que nuestro compañero está al final de la fila. ¿Qué Tarjeta de números ordinales tiene ______?*

Diga: ______ *es el quinto compañero de la fila.*

Lea la secuencia y señale cada tarjeta de números ordinales mientras lee. Primero, segundo, tercero, cuarto, quinto. Pida a los estudiantes que identifiquen la posición de cada compañero. Use distintos atributos para distinguir a los compañeros y haga preguntas como las siguientes:

Pregunte:

- *¿De qué color son los zapatos del compañero que está tercero(a)?* (Si usan uniforme, halle otras características para hacer las preguntas, por ejemplo, el largo del cabello, etc.).
- ______ *es el primero/la primera de la fila. ¿Qué número ordinal sigue o va después de primero?* (2°)
- *¿El compañero que está en cuarto lugar tiene mangas cortas o largas?*

Pida a otros 5 estudiantes que se ordenen usando las Tarjetas de números ordinales. Haga preguntas para reforzar la comprensión de los ordinales del primero al quinto, por ejemplo, "¿Quién está en cuarto lugar?".

Dé a cada pareja un conjunto de Tarjetas de números ordinales y coloque una bolsa de **cubos interconectables** en cada mesa. Dé a cada pareja tiempo para poner las tarjetas en orden. Dé indicaciones como las siguientes y repita la actividad varias veces. **Diga:**

- *Coloquen un cubo rojo en la primera tarjeta.*
- *Coloquen un cubo azul en la última o quinta tarjeta.*
- *Coloquen un cubo amarillo en la cuarta tarjeta.*
- *Coloquen 2 cubos rojos en la segunda tarjeta.*
- *Coloquen 3 cubos azules en la tercera tarjeta.*

Observa

Aprendamos LE, pág. 111

Pregunte a los estudiantes qué notan en el dibujo de la pág. 111 del LE. Dígales que la flecha muestra el comienzo, o punto de partida. Explique que ese osito está primero o es el primer osito. **Pregunte:**

- *¿Qué osito es el primero que se desliza por el tobogán o resbaladilla?* (el osito amarillo)
- *¿Qué lugar ocupa el osito azul?* (3°)
- *¿Qué osito es el cuarto en deslizarse por el tobogán o resbaladilla?* (el osito verde)

Manos a la obra LE, pág. 111

Pida a los estudiantes que marquen las pelotas en la pág. 111 del LE. Señale que la flecha es el comienzo.

Reforzar conceptos

Pida a los estudiantes que usen números del 1 al 5 para contar las pelotas en la pág. 111 del LE. Luego, reemplace los números con números ordinales para indicar posición.

Actividad diaria de conclusión

Pida a 5 estudiantes que formen una fila cerca de la puerta. Luego, pida a la clase que decida qué Tarjeta de números ordinales del primero al quinto recibirá cada estudiante. Recuérdeles que la puerta es el comienzo.

 ISBN 978-981-4822-01-5

Lección 2: Del primero al décimo

DÍA 1

Objetivos:

- Usar los números ordinales del primero al décimo para indicar posición
- Reconocer la forma numérica y el nombre de los números ordinales del primero al décimo

Materiales:

- notas adhesivas
- hojas grandes de papel, 2 hojas
- 20 fichas de ositos (10 de cada uno de 2 colores diferentes),1 conjunto por pareja

Recursos:

- LE, págs. 112–113
- Tarjetas de números ordinales 1°–10° (RM 6.1–6.2), 1 conjunto por pareja
- Tablero: Edificio de 10 pisos (RM 6.3), 1 por pareja

Vocabulario:

- números ordinales
- primer, primero, primera
- segundo, segunda
- tercer, tercero, tercera
- cuarto, cuarta
- quinto, quinta
- sexto, sexta
- séptimo, séptima
- octavo, octava
- noveno, novena
- décimo, décima
- siguiente
- último
- después
- posición

Actividad diaria de preparación

Objetivo: Crear y comentar los datos de una gráfica

Repase la gráfica que tiene el título *Yo sé...* Pida a otros 8 estudiantes que coloquen sus **notas adhesivas** en las columnas correspondientes.
Pida a los estudiantes que expliquen qué notan acerca de esos datos. Ayúdelos en la conversación preguntando, por ejemplo, "¿Cuántos compañeros saben jugar al tenis? ¿Hay más compañeros que saben nadar o más que saben jugar al tenis?" Ayúdelos en la conversación con el uso de 'más que', 'menos que' o 'igual que'.

Repaso rápido

Pida a 5 estudiantes que formen una fila cerca de usted. Identifique el punto de partida para los estudiantes.
Pregunte: *Quiero darle la mano al cuarto compañero de la fila. ¿Quién es?*
Pida a los estudiantes que señalen al 4° o 4a estudiante. Ese estudiante deberá salir de la fila y darle la mano antes de volver a su lugar en la fila.
Pregunte: *¿Quién es el último de la fila? Va después del compañero ubicado en el cuarto lugar. ¿Qué número ordinal va después del cuarto?* (5°)
Pregunte: *¿Se puede sentar el compañero que va en segundo lugar?*
Pida al 2° estudiante que se siente mientras está en la fila.
Pregunte: *¿Pueden cambiarse de lugar el primer y tercer compañero de la fila?*
Pida a los estudiantes que están en 1° y 3° lugar que intercambien sus posiciones en la fila.

Aprender y hacer

Números ordinales del primero al décimo

Laboratorio de matemáticas

Muestre las **Tarjetas de números ordinales 6°–10° (RM 6.2)** a los estudiantes.
Anote del sexto al décimo en una **hoja grande de papel** y, mientras los estudiantes dicen cada número ordinal, escriba el nombre del cardinal correspondiente al lado. Por ejemplo, cuando los estudiantes digan 'sexto', escriba 'seis'.
Pida a los estudiantes que lean los pares de números ordinales y cardinales para que memoricen la relación entre los dos tipos de números.
Pida a 10 estudiantes que formen una fila entre un escritorio y la puerta. Dé a cada estudiante de la fila una de las **Tarjetas de números ordinales 1°–10° (RM 6.1–6.2)** siguiendo el orden en que están ubicados.
Señale a cada estudiante mientras identifica su posición en la fila (1°/1ª, 2°/2ª, ..., 10°/10ª).
Diga: ______ *es el compañero que está en el décimo o último lugar en la fila.*
Pida a los estudiantes que miren hacia la puerta.
Pregunte: *¿Qué compañero está primero, contando desde la puerta?*
Recuerde a los estudiantes que deben comenzar a contar desde el compañero que está más cerca de la puerta. Pida a los estudiantes que identifiquen a los compañeros en 3°, 6° y 10° lugar desde la puerta. Luego, cambie el punto de partida. Ahora pídales que giren y miren hacia el escritorio.
Pregunte: *¿Qué compañero está primero, contando desde el escritorio?*

 ISBN 978-981-4822-01-5

Explique que esta vez deberán comenzar a contar desde el compañero que está más cerca del escritorio. Pida a los estudiantes que identifiquen a los compañeros en 2°, 5° y 8° lugar desde el escritorio. Pida a un estudiante que lo ayude a demostrar la siguiente actividad. Mezcle un conjunto de **Tarjetas de números ordinales 1°–10° (RM 6.1–6.2)** y colóquelas boca abajo en una pila. Tome el **Tablero: Edificio de 10 pisos (RM 6.3)**.

Dé a los estudiantes 5 **fichas de ositos** del mismo color y quédese con 5 fichas de ositos de un color diferente.

Explique cómo se desarrolla la actividad.

- El Compañero A (estudiante) elige la tarjeta que está arriba en la pila, lee el número ordinal, por ejemplo, 3°/tercero, y coloca una ficha de ositos en el piso 3° del edificio.
- El Compañero B (maestro) luego elige una tarjeta, lee el número ordinal y coloca su ficha de osito en el piso correspondiente del edificio.

Los compañeros continúan hasta que todos los pisos tengan fichas.

Pregunte: *¿En qué pisos están sus fichas de ositos?* (Ejemplo: 1°, 2°, 6°, 8°, 10°)

Pregunte: *¿Qué ve tu osito en el ______ piso?*

Señale en el tablero lo que vieron los ositos en los diferentes niveles.

Observe:

- ¿Los estudiantes cuentan las casillas como ayuda para decidir dónde ubicar el número ordinal (por ejemplo, un estudiante cuenta 1, 2, 3, 4 para saber cuál es el 4° piso)?
- ¿Los estudiantes dicen los números ordinales en secuencia comenzando desde el 1° como ayuda para decidir dónde ubicar el número ordinal que está después en una secuencia?

Observa

Aprendamos

LE, págs. 112–113

Pida a los estudiantes que miren el dibujo de la pág. 112–113 del LE. Pida a los estudiantes que identifiquen las posiciones.

Diga: *El perro está cerca de la meta. Los otros animales están detrás. El perro es el primero.*

Pida a un estudiante que señale el segundo animal en el dibujo. Pida a algunos estudiantes que señalen los animales que están en el sexto, séptimo y noveno lugar.

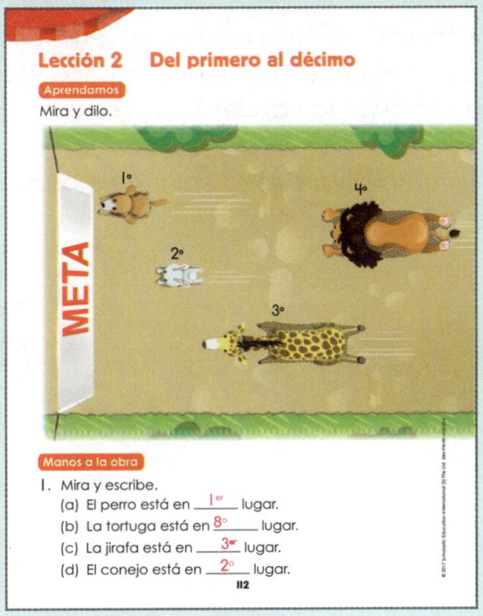

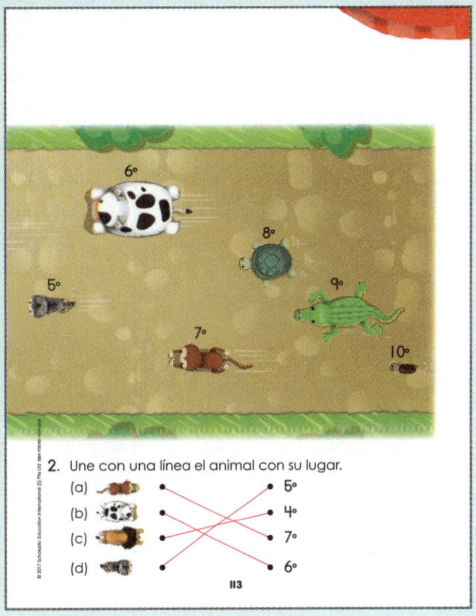

Manos a la obra **LE, págs. 112–113**

En la tarea 1 se practica identificar las posiciones de los animales.

En la tarea 2 se pide a los estudiantes que identifiquen los animales a partir de sus respectivas posiciones.

Reforzar conceptos

Pida a 5 estudiantes que formen una fila mirando en una dirección. Comenzando desde uno de los extremos, asigne a los estudiantes el primer, segundo y siguientes lugares, por ejemplo, "Ella es la primera de la fila". Pida a 5 estudiantes más que se unan a la actividad y repita el procedimiento del 6° al 10°.

Actividad diaria de conclusión

Diga: *Usamos números ordinales cuando queremos decir en qué posición está una persona.*

Escriba 1°, ____, 3°, ____5° en el pizarrón y pida a los estudiantes que digan los números ordinales que completan la secuencia. Luego, repita la actividad con 6°, 7°, ____, ____, 10°.

 ISBN 978-981-4822-01-5

6

Ejercicios del capítulo y actividades para los Centros de intereses

DÍA 1

Objetivos:

- Usar los números ordinales del primero al décimo para indicar posición
- Reconocer la forma numérica y el nombre de los números ordinales del primero al décimo

Recursos:

- LE, pág. 114

Ejercicios del capítulo

LE, pág. 114

Pida a los estudiantes que miren el dibujo de la pág. 114 del LE. Haga las siguientes preguntas para animar a los estudiantes a conversar.

Pregunte:

- *¿Hacia dónde van los carros?* (hacia el puente)
- *¿Dónde está el motociclista?* (Está parado en el camino).
- *¿Cómo saben que es el motociclista?* (Tiene puesto un casco).
- *¿Qué creen que está haciendo el motociclista?* (Está pidiendo al resto de los conductores que se detengan).
- *¿Cuál es el primer carro en cruzar el puente?* (el carro azul)
- *¿Qué tipo de vehículo está en segundo lugar?* (una motocicleta)
- *¿Qué está sucediendo en frente del tercer vehículo?* (Algunos patos están cruzando en frente del 3° vehículo).
- *¿Qué tipo de vehículo está en noveno lugar?* (un autobús amarillo)
- *¿De qué color es el décimo carro?* (rosado)
- *¿Qué vehículos son azules?* (Los vehículos que están en el 1°, 4° y 8° lugar).
- *Hay un camión que lleva cajas de manzanas. ¿En qué posición de la fila está?* (6° posición)

***NOTA:** Las preguntas evalúan la capacidad de los estudiantes para identificar la posición de los objetos en una fila y decir el número ordinal que indica la posición de un objeto.*

 ISBN 978-981-4822-01-5

Objetivo:

- Usar los números ordinales del primero al décimo para indicar posición

Recursos:

- LE, pág. 115

Actividad 1 LE, pág. 115

Diga a los estudiantes que vayan a la pág. 115 del LE. Pídales que lo sigan mientras identifica al 1.er osito.

Pregunte: *¿De qué color es el primer osito?*

Lea los globos de diálogo a los estudiantes.

Actividad 1
Piensa y conversa con un compañero.
3°
El osito amarillo es el primero.
El osito rojo es el primero.
Bela
Rey
¿Quién tiene razón? Los dos pueden tener razón.
¿Por qué lo dices? Si cuentas desde la izquierda, el osito verde es el 3°. Si cuentas desde la derecha, el osito verde sigue siendo el 3°.
115

Pida a los estudiantes que primero PIENSEN cuál de los gatos tiene razón y por qué. Luego, pídales que CONVERSEN con un compañero sobre su razonamiento.

Diga: *Conversaron con un compañero sobre cuál de los gatos tiene razón. ¿Por qué creen que ese gato tiene razón? CONVERSEN con su compañero otra vez.*

Observe:

- ¿Los estudiantes usan los términos ordinales mientras conversan?
- ¿Se confunden en el punto de partida para comenzar a contar?
- ¿Los estudiantes explican que el osito que está en cada extremo puede ser el primer osito? (Por como está planteada la pregunta, es una conclusión válida puesto que el punto de partida no está establecido).
- ¿Los estudiantes identifican rápidamente el osito de la izquierda como el primero? (Con frecuencia, los estudiantes comienzan desde la izquierda puesto que generalmente leen de izquierda a derecha).

Pregunte: *¿Quién tiene razón? ¿Por qué lo dicen?* (Ejemplo: Creemos que los dos, Bela y Rey, tienen razón. Si contamos desde la izquierda, 1°, 2°, 3°, 4°, 5°, el osito verde es el 3°. Si contamos desde la derecha, 1°, 2°, 3°, 4°, 5°, el osito verde es el 3°).

Diga: *El segundo osito es azul. ¿Qué osito es el primero?* (el osito rojo)

Pregunte: *¿Por qué es importante saber dónde comenzar a contar con los números ordinales? Expliquen su razonamiento.*

6

 ISBN 978-981-4822-01-5

Objetivos:

- Usar los números ordinales del primero al décimo para indicar posición
- Reconocer la forma numérica y el nombre de los números ordinales del primero al décimo

Materiales:

- cubos interconectables (5 rojos y 5 azules), 10 cubos por pareja

Recursos:

- LE, pág. 116
- Tarjetas de números ordinales 1°–10° (RM 6.1–6.2), 1 conjunto por pareja

Actividad 2 **LE, pág. 116**

Diga a los estudiantes que vayan a la pág. 116 del LE. Dé un conjunto de **Tarjetas de números ordinales 1°–10° (RM 6.1–6.2)** y 5 **cubos interconectables** rojos y 5 azules a cada pareja.

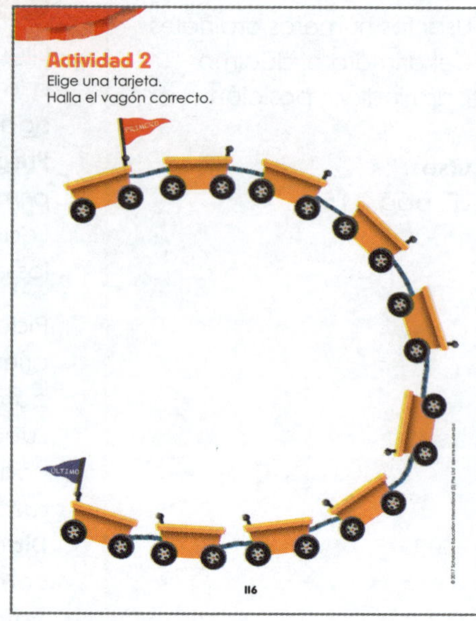

Explique cómo se juega.

- Las tarjetas de números ordinales están mezcladas y boca abajo.
- Cada compañero elige un color de cubos interconectables.
- El Estudiante A elige la tarjeta que está arriba e identifica el número ordinal y su nombre (por ejemplo, 3°, tercero). El Estudiante A luego ubica uno de sus cubos en el 3er vagón.
- El Estudiante B comprueba la ubicación del cubo usando los términos ordinales para contar desde el punto de partida (1°, 2°, 3°).
- Los compañeros intercambian roles.
- Los compañeros se turnan hasta que cada vagón tenga un cubo.

 ISBN 978-981-4822-01-5

Objetivos:

- Usar los números ordinales del primero al décimo para indicar posición
- Reconocer la forma numérica y el nombre de los números ordinales del primero al décimo

Recursos:

- LE, pág. 117

Actividad 3 LE, pág. 117

Explique a los estudiantes que deben unir con una línea cada número ordinal/nombre con el bloque correspondiente de la torre.

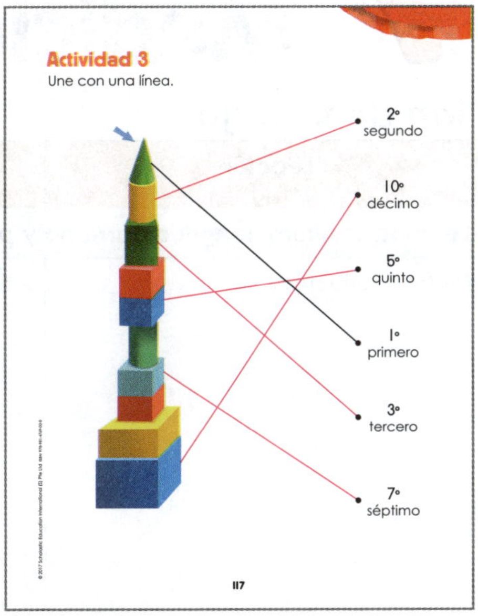

Actividad de conclusión del capítulo

Pida a los estudiantes que conversen sobre lo que aprendieron en el capítulo.
Pregunte: *¿Cuándo podrían usar números ordinales?* (Ejemplo: para indicar la posición de algo)

» Resolución de problemas (1 día)

Consulte los Recursos para Resolución de problemas, donde encontrará materiales y notas para la enseñanza.

6

 ISBN 978-981-4822-01-5

7 Medición

Plan de trabajo

Lección	Objetivos
Lección 1: Altura, longitud, tamaño y peso	
Explorar atributos	• Describir los atributos medibles de un objeto con las palabras 'grande', 'pequeño', 'largo', 'corto', 'alto', 'bajo', 'pesado' y 'liviano' • Comparar objetos según su tamaño y usar 'grande' y 'pequeño' para describir las comparaciones
Lección 2: Comparar tamaño	
Grande, más grande, el más grande	• Comparar y ordenar hasta 3 objetos según su tamaño y describir su relación
Más grande que y más pequeño que Buscar un objeto más grande y otro más pequeño que un lápiz	• Comparar 2 objetos usando 'más grande que' y 'más pequeño que'
Lección 3: Comparar longitud y altura	
Largo, más largo, el más largo Corto, más corto, el más corto Más alto que y más bajo que	• Comparar hasta 3 objetos y ordenarlos por longitud o altura, y describir su relación • Colocar 2 objetos uno al lado del otro y comparar su longitud • Comparar 2 objetos usando lenguaje de medición y comparación
Lección 4: Medir longitud y altura	
Explorar formas de medir	• Medir la longitud y la altura de los objetos usando 10 o menos unidades no convencionales comunes del mismo tamaño
Lección 5: Comparar volumen	
Comparar volumen	• Comparar el volumen de un líquido en 2 recipientes iguales y describirlos

Duración total: 11 días (1 día = 1 hora)

Materiales	Recursos	Vocabulario
		1 día
• 2 recipientes (1 alto y 1 bajo, por ejemplo, un florero y un vaso) • goma de borrar corta o borrador corto • regla larga • libro (liviano) delgado • libro (pesado) grueso • un conjunto de parejas de objetos grandes/pequeños, livianos/pesados y cortos/largos/bajos/altos que se encuentren en un salón de clases, por ejemplo: lápices, crayones, gomas de borrar o borradores, sacapuntas, vasos, recipientes, limpiapipas, clips, un pisapapeles o una perforadora, un libro delgado (liviano) y un libro grueso (pesado) (1 conjunto por mesa)	• LE, págs. 118–121	• grande • pequeño • largo • corto • alto • bajo • pesado • liviano • más • menos • lleno • vacío • contener
		2 días
• hojas grandes de papel • bloques de atributos, 1 triángulo y 1 círculo (1 grande y 1 pequeño), 1 bolsa por estudiante • notas adhesivas, 1 por estudiante • 3 cajas grandes de diferentes tamaños • 3 rótulos: grande, más grande, el más grande • 3 gomas de borrar o borradores de diferentes tamaños • 3 rótulos: pequeño, más pequeño, el más pequeño	• LE, págs. 122–123	• grande • más grande • el más grande • pequeño • más pequeño • el más pequeño • compara
• caja grande • goma de borrar o borradores • lápices, 1 por pareja	• LE, pág. 124	• más grande que • más pequeño que
		1 día
• clip • regla • cubos interconectables, aproximadamente 50 por mesa • 3 objetos que puedan ordenarse por longitud (por ejemplo: lápiz, puntero, crayón) • 3 objetos que puedan ordenarse por altura (por ejemplo: florero alto, vaso, balde)	• LE, págs. 125–128 • Tarjetas de 3 puntos (RM 5.4) • Tarjetas de 4 puntos (RM 5.5) • Tarjetas de números 1–10 (RM 1.11 y 2.9), 1 por pareja	• más largo que • más corto que • más alto que • más bajo que • longitud • altura • más corto • más largo • más alto • más bajo
		1 día
• 30 cubos interconectables, 1 recipiente • marcador • clips (aprox. 5 cm de largo), 1 caja por mesa • lápices (sin punta, aprox. 19–20 cm de largo), 1 por estudiante • limpiapipas (u otros objetos que tengan 30 cm de largo aprox.), 1 por estudiante • cubos interconectables • recipiente (no más alto que 10 cubos interconectables)	• LE, págs. 129–130 • Tarjetas de 3 puntos (RM 5.4) • Tarjetas de 4 puntos (RM 5.5)	• medida • longitud • largo • más largo • corto • más corto
		1 día
• cordel o hilo (25 cm de largo aprox.) • 10 clips (5 cm de largo aprox.) • 2 recipientes transparentes de igual altura • rótulos, A y B • baldes de agua • cubos numerados (1–6), 1 por pareja • vasos pequeños, 1 por pareja • vasos grandes iguales, 2 por pareja	• LE, págs. 131–132	• vacío • más que • menos que • lleno

<table>
<tr><th>Lección</th><th>Objetivos</th></tr>
<tr><td colspan="2">Lección 6: Comparar peso</td></tr>
<tr><td>Más pesado y más liviano</td><td>• Explorar y comparar 2 objetos similares levantándolos con las manos y describir la comparación</td></tr>
<tr><td colspan="2">Lección 7: Medir peso</td></tr>
<tr><td>Pesar objetos</td><td>• Medir el peso de un objeto en una balanza de platillos con 10 o menos objetos de uso diario</td></tr>
<tr><td colspan="2">Lección 8: Estimar peso</td></tr>
<tr><td>Estimar el peso de los objetos

Grandes y livianos, pequeños y pesados</td><td>• Explorar la estimación del peso
• Explorar y comprender que un objeto grande no es necesariamente más pesado que un objeto pequeño</td></tr>
<tr><td colspan="2">Ejercicios del capítulo y actividades para los Centros de intereses</td></tr>
<tr><td>Ejercicios del capítulo</td><td rowspan="4">• Describir los atributos de un objeto con las palabras 'grande', 'pequeño', 'largo', 'corto', 'lleno', 'vacío', 'pesado' y 'liviano'
• Comparar y describir objetos con las palabras 'grande', 'pequeño', 'más grande que' y 'más pequeño que'
• Comparar 2 objetos usando lenguaje de medición y comparación
• Comparar y ordenar hasta 3 objetos según un atributo dado y describir su relación
• Colocar 2 objetos uno al lado del otro y comparar su longitud
• Comparar y describir el volumen de líquido en 2 recipientes iguales con las palabras 'vacío', 'lleno', 'más' y 'menos'
• Explorar y describir el peso o la masa de 2 objetos similares levantándolos con las manos
• Explorar y comprender que un objeto grande no es necesariamente más pesado que un objeto pequeño
• Medir la longitud de objetos usando hasta 10 unidades no convencionales
• Medir el peso de un objeto en una balanza de platillos usando hasta 10 unidades no convencionales
• Explorar la estimación del peso de un objeto en una balanza de platillos</td></tr>
<tr><td>Actividad 1</td></tr>
<tr><td>Actividad 2</td></tr>
<tr><td>Actividad 3</td></tr>
<tr><td colspan="2">Resolución de problemas</td></tr>
<tr><td></td><td></td></tr>
</table>

Materiales	Recursos	Vocabulario
		1 día
• 2 vasos o recipientes transparentes iguales • agua • 2 libros pesados iguales (por ejemplo: diccionarios) • clip • balanza de platillos (con bandejas o baldes transparentes a ambos lados) • conjuntos de 1 objeto pesado, 1 objeto liviano, 2 objetos de peso similar (1 conjunto por pareja) • 16–24 crayones, 1 caja • marcadores, 1 paquete • piedrecita (del tamaño de una palma), flor real/de plástico, mochila escolar, paquete de marcadores (1 por mesa) • libro pequeño • hojas grandes de papel	• LE, págs. 133–134 • Tarjetas de 3 puntos (RM 5.4) • Tarjetas de 4 puntos (RM 5.5)	• pesado • más pesado • liviano • más liviano • igual • balanza de platillos
		1 día
• libro pequeño • balanza de platillos (con bandejas o baldes transparentes a ambos lados), 1 por pareja • cubos interconectables, 1 recipiente por mesa • conjuntos de un lápiz, goma de borrar o borradores, lapicero, caja de crayones, estuche para lápices, bloques geométricos de espuma, etc. (1 conjunto por mesa) • marcador • hojas grandes de papel	• LE, págs. 135–136 • Hoja para equilibrar objetos (RM 7.1), 1 por estudiante	• más pesado • más liviano • equilibrio • balanza de platillos
		1 día
• conjunto de artículos (previamente pesados) • 5 cubos interconectables • balanza de platillos (con bandejas o baldes transparentes a ambos lados), 1 por pareja/grupo de 3 • cubos interconectables, 10 por pareja • conjuntos de 4 objetos que pesen lo mismo o menos que 10 cubos interconectables, 1 conjunto por mesa • crayón • caja grande vacía o bolsa de plumas • objeto pesado pequeño (por ejemplo: pisapapeles) • 3 marcadores • cubos interconectables • tijeras pequeñas • cuchara pequeña	• LE, págs. 137–138 • Hojas para estimar peso (RM 7.2), 1 copia por pareja	• aproximadamente • equilibrio • balanza de platillos
		1 día
	• LE, pág. 139	
• 10 clips pequeños, 1 bolsa por estudiante	• LE, pág. 140	
• balanza de platillos, 1 por pareja • clips, 10 por pareja • fichas de osito (1 Mamá y 1 Bebé), 1 conjunto por pareja • lápiz (sin punta), 1 por pareja	• LE, pág. 141	
	• LE, pág. 142	
		1 día
	• Resolución de problemas: Superlibro 7 y Libro de lectura 7 • Resolución de problemas: Guía del profesor	

7

7 Medición

Presentación del capítulo

Lección 1: Altura, longitud, tamaño y peso
Lección 2: Comparar tamaño
Lección 3: Comparar longitud y altura
Lección 4: Medir longitud y altura
Lección 5: Comparar volumen
Lección 6: Comparar peso
Lección 7: Medir peso
Lección 8: Estimar peso

Introducción

Los estudiantes exploran y describen los atributos de los objetos que pueden medirse (longitud, volumen y peso). Usan clips, cubos interconectables y otras unidades no convencionales para comparar y determinar la longitud de una variedad de objetos. Cuando los estudiantes comparan 2 objetos usando el mismo atributo, comienzan a desarrollar una comprensión de la medición, por ejemplo, que es necesario alinear los extremos de los objetos para comparar sus longitudes. Los estudiantes llenan 2 recipientes iguales y observan que 1 recipiente tiene más agua que el otro o que ambos recipientes tienen la misma cantidad de agua. Al principio los estudiantes 'sienten' el peso de 2 objetos sosteniendo un objeto en cada mano y actuando como una balanza. Luego usan una balanza para hallar el peso de un objeto usando unidades no convencionales.

Objetivos:

- Describir los atributos medibles de un objeto con las palabras 'grande', 'pequeño', 'largo', 'corto', 'alto', 'bajo', 'pesado' y 'liviano'
- Comparar objetos según su tamaño y usar 'grande' y 'pequeño' para describir las comparaciones

Materiales:

- 2 recipientes (1 alto y 1 bajo, por ejemplo, un florero y un vaso)
- goma de borrar corta
- regla larga
- libro (liviano) delgado
- libro (pesado) grueso
- un conjunto de parejas de objetos grandes/pequeños, livianos/pesados y cortos/largos/bajos/altos del salón, por ejemplo: útiles, un libro delgado (liviano) y uno grueso (pesado) (1 conjunto por mesa)

Recursos:

- LE, págs. 118–121

Vocabulario:

- grande
- pequeño
- largo
- corto
- bajo
- alto
- pesado
- liviano
- más
- menos
- lleno
- vacío
- contener

Lección 1: Altura, longitud, tamaño y peso

DÍA 1

Actividad diaria de preparación

Objetivo: Contar de memoria del 1 al 25

Muestre cómo contar de memoria del 1 al 25 con los estudiantes varias veces. Indique que después del 20, cuentan 21, 22, 23, 24, y 25. Pida a los estudiantes que cuenten a partir de un número dado que no sea 1 (por ejemplo 10, 15 y 20). Cuando un estudiante dice 25, pida a ese estudiante que salte.

Repaso de conocimientos previos

Repasemos **LE, pág. 118**

Las tareas evalúan la habilidad de los estudiantes para identificar números hasta 10. También puede repasar los colores.

En la tarea 1, diga cada número en voz alta y pida a los estudiantes que aplaudan las veces que indica el número.

En la tarea 2, aplauden 3 veces, luego 9. Pida a los estudiantes que escriban el número correcto cada vez.

NOTA: El identificar y contar números son ejemplos de la aplicación de los números en los conceptos de medición.

Aprender y hacer

Explorar atributos

Laboratorio de matemáticas

Muestre 2 **recipientes**, 1 alto y 1 bajo, donde se vean fácilmente.
Pregunte: *¿Qué notan acerca de estos recipientes?*
Pida a los estudiantes que lo piensen.

Diga: *Cuéntenle a un miembro de su grupo lo que notan acerca de los recipientes.*
Dé tiempo a los estudiantes para que compartan con toda la clase.
Anote el vocabulario que usan los estudiantes para describir los atributos medibles de los recipientes, por ejemplo, grande y pequeño, alto y bajo, más o menos, vacío, contener. Ilustre los atributos que sugieren los estudiantes al lado del vocabulario para aclarar su significado. Si los estudiantes usan vocabulario informal, acepte estas descripciones y anótelas; luego introduzca el vocabulario formal. Por ejemplo, si un estudiante observa que no hay nada en los recipientes, explique que el recipiente está 'vacío'.
Muestre a los estudiantes la **goma de borrar o borrador** y la **regla**. Haga preguntas similares para que los estudiantes piensen en los atributos medibles de ambos artículos.

Muestre los **libros** a los estudiantes y haga preguntas para que piensen en los atributos medibles de los dos libros. Si los estudiantes usan el vocabulario de la lista, haga una marca al lado esas palabras.
Introduzca la palabra 'liviano' pidiendo a los estudiantes que se turnen para sostener los libros y perciban la diferencia entre pesado y liviano.
Distribuya un **conjunto de parejas de objetos del salón de clases** en cada mesa. Dé tiempo para que exploren los objetos y compartan sus observaciones con un compañero y luego con la clase. Refuerce el vocabulario que describe los atributos medibles de los objetos.
Diga: *Pongan los objetos de su mesa en 2 grupos. Hagan un grupo de objetos grandes y otro de objetos pequeños.*
Pídales que expliquen por qué agruparon los objetos así.
Diga: *Usen los mismos objetos para hacer un grupo de objetos pesados y otro de objetos livianos.* Dé tiempo a los estudiantes para hacer la actividad y luego pídales que compartan cómo agruparon los objetos esta vez. Pida que los clasifiquen en largos y cortos.
Refuerce los atributos medibles de los objetos, por ejemplo: *¿Por qué decidieron poner el vaso en el grupo de objetos pequeños?* (Ejemplo: Es más pequeño que el florero).

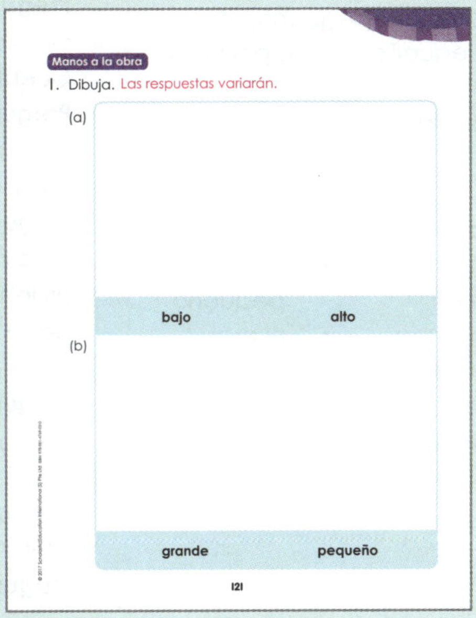

Observa

Aprendamos LE, págs. 119–120

Mientras los estudiantes observan las imágenes y las palabras, asegúrese de que comprenden los significados y que se familiarizan con las palabras escritas. Digan las palabras y señalen las imágenes juntos.

Manos a la obra LE, pág. 121

Explique la tarea 1 a los estudiantes. Tienen que dibujar dos pares de objetos, uno corto y el otro largo, y uno pequeño y el otro grande.

Reforzar conceptos

De más ejemplos concretos de objetos grandes y pequeños o señale ejemplos en el salón de clases, o hable sobre objetos familiares para los estudiantes.

Actividad diaria de conclusión

Muestre los 2 **recipientes** de nuevo.
Pregunte: *¿Cómo describieron estos recipientes?*
Dé tiempo a los estudiantes para que piensen. Si los estudiantes dicen que 1 recipiente es alto y el otro es bajo, pídales que ubiquen los recipientes uno al lado del otro para comprobarlo. Repita si usan 'largo' y 'bajo' para describirlos.
Pregunte: *Si los recipientes están vacíos, ¿qué significa?* (Ejemplo: no hay nada dentro).
Pregunte: *Si un recipiente está lleno, ¿qué significa?* (Ejemplo: Tiene algo dentro./No puede ponerse nada más en el recipiente).
Muestre la **goma de borrar o borrador** y la **regla** y repase sus atributos con preguntas.

 ISBN 978-981-4822-01-5

Objetivo:
- Comparar y ordenar hasta 3 objetos según su tamaño y describir su relación

Materiales:
- hojas grandes de papel
- bloques de atributos, 1 triángulo y 1 círculo (1 grande y 1 pequeño), 1 bolsa por estudiante
- notas adhesivas, 1 por estudiante
- 3 cajas grandes de diferentes tamaños
- 3 rótulos: grande, más grande, el más grande
- 3 gomas de borrar o borradores de diferentes tamaños
- 3 rótulos: pequeño, más pequeño, el más pequeño

Recursos:
- LE, págs. 122–123

Vocabulario:
- grande
- más grande
- el más grande
- pequeño
- más pequeño
- el más pequeño
- comparar

Actividad diaria de preparación y Repaso rápido

Objetivo: Repasar 'grande' y 'pequeño', formas y gráficas

Aunque contar y el concepto de 'más' y 'menos' no son el foco de este capítulo, esta conversación integra mediciones con conceptos y destrezas de conteo.

NOTA: La Actividad diaria de preparación y el Repaso rápido están combinados porque los conceptos de medición de ambas secciones están integrados.

Antes de la lección, dibuje un círculo grande en una **hoja grande de papel**. Escriba dentro del círculo: *Mi triángulo es grande*. Llene las **bolsas** con **bloques geométricos**. Ponga un triángulo grande y un círculo pequeño en algunas, y en otras un triángulo pequeño y un círculo grande. Ponga una bolsa y una **nota adhesiva** en el lugar de cada estudiante. Cuando lleguen los estudiantes, pídales que escriban su nombre en una nota adhesiva y la pongan dentro o fuera del círculo grande dependiendo de si su triángulo es grande o pequeño en comparación con el círculo de su bolsa.

Pregunte: *¿Qué notan sobre la cantidad de notas adhesivas dentro del círculo? ¿Cuántos compañeros tienen bolsas con un triángulo grande?*
Cuenten juntos y pregunte '¿Cuántos son?' cuando terminen.
Pregunte: *¿Por qué creen que estas notas adhesivas están fuera del círculo?* (Ejemplo: El círculo es grande y el triángulo es pequeño).
Diga: *Contemos cuántos compañeros tienen un círculo grande.*
Pregunte: *¿Cuántos son?*
Pida a un estudiante que quite las notas adhesivas del círculo y que las ordene formando una línea horizontal. Luego, elija a otro estudiante para que ponga las notas adhesivas que estaban fuera del círculo debajo de la hilera anterior. Señale la hilera de notas de arriba.
Pregunte: *¿Había más notas adhesivas dentro del círculo? ¿Cómo lo saben?* (Ejemplo: Hay más notas adhesivas dentro del círculo porque no todas las notas tienen pareja).
Rotule las 2 hileras con *triángulos grandes* y *triángulos pequeños*. Señale las hileras de notas adhesivas.
Pregunte: *¿Qué parece esto?* (una gráfica)

Aprender y hacer

Grande, más grande, el más grande

Laboratorio de matemáticas

Antes de la lección, prepare las 3 **cajas** grandes de diferentes tamaños con los **rótulos** *grande, más grande, la más grande* que puedan pegarse en el pizarrón o apoyarse en una mesa.

Coloque la caja más pequeña donde los estudiantes puedan verla.
Diga: *Esta caja es grande.*
Ponga la segunda caja al lado de la primera caja.
Diga: *Esta caja es más grande.*
Ponga la tercera caja al lado de la segunda caja.
Diga: *Esta caja es más grande que las otras 2 cajas. Es la más grande.*
Describa cada caja otra vez mientras señala cada una y diga "Grande, más grande, la más grande". Pida a los estudiantes que repitan mientras usted señala.

Mezcle el orden de las cajas. Invite a estudiantes voluntarios a ordenarlas de grande a la más grande y a rotularlas respectivamente.

 ISBN 978-981-4822-01-5

Laboratorio de matemáticas

Antes de la lección, prepare 3 **gomas de borrar o borradores** de diferentes tamaños con los **rótulos** *pequeña(o), más pequeña(o), la(el) más pequeña(o)* que puedan apoyarse en la mesa.

Sostenga en alto la goma de borrar o borrador más grande en su mano derecha para que todos los estudiantes puedan verla.
Diga: *Esta goma de borrar es pequeña. /Este borrador es pequeño.*
Sostenga en alto la goma o borrador más pequeño en su mano izquierda.
Diga: *Esta goma de borrar es más pequeña. /Este borrador es más pequeño.*
Ponga las gomas de borrar o borradores con sus respectivos rótulos.
Sostenga en alto la goma o el borrador más pequeño y ubíquela con su rótulo.
Diga: *Esta goma de borrar es más pequeña que las otras 2. Esta goma de borrar es la más pequeña. /Este borrador es más pequeño que los otros 2. Este borrador es el más pequeño.*
Vuelva a describir cada goma o borrador mientras los señala y dice"Pequeña, más pequeña, la más pequeña" o "Pequeño, más pequeño, el más pequeño. Pida a los estudiantes que repitan mientras usted señala.

Mezcle el orden de las gomas o borradores. Pida a estudiantes voluntarios que los ordenen de pequeño al más pequeño y que los rotulen respectivamente.

Observa

Aprendamos

LE, pág. 122

Repase la página junto con los estudiantes para asegurar la comprensión y la familiaridad con los términos escritos. Diga las palabras mientras señala las ilustraciones.
Asegúrese de que los estudiantes entienden que usamos 'más grande' y 'más pequeño' cuando comparamos 2 cosas, y 'el más grande' y 'el más pequeño' con 3 cosas.

Lección 2 Comparar tamaño

Aprendamos

Dilo y señala.

(a)

(b)

122

Manos a la obra

Colorea.

1.

2.

3.

123

Manos a la obra LE pág. 123

Explique la tarea 1 a los estudiantes. Deben colorear la imagen correcta de acuerdo con el superlativo o el comparativo.

Reforzar conceptos

Asegúrese de que los estudiantes comprenden el significado de 'grande' y 'pequeño'. Luego, repase los significados de los comparativos y superlativos con el LE, pág. 122.

Actividad diaria de conclusión

Mezcle las **cajas** que usaron en el Laboratorio de matemáticas, pero mantenga los **rótulos** en orden de grande a la más grande.
Pida a un voluntario que ordene las cajas de grande a la más grande. Pida a la clase que compruebe la respuesta del estudiante.
Repita esto con las **gomas de borrar o borradores** y otro estudiante.

7

 ISBN 978-981-4822-01-5

Lección 2: Comparar tamaño

DÍA 1 DÍA 2

Objetivo:

- Comparar 2 objetos usando 'más grande que' y 'más pequeño que'

Materiales:

- caja grande
- goma de borrar o borrador
- lápices, 1 por pareja

Recursos:

- LE, pág. 124

Vocabulario:

- más grande que
- más pequeño que

Actividad diaria de preparación

Objetivo: Contar de memoria hacia atrás del 15 al 0

Cuente de memoria hacia atrás con los estudiantes del 10 al 0 varias veces. Luego, indique a los estudiantes que cuenten hacia atrás del 15 al 0. Repítalo varias veces. Pida a los estudiantes que cuenten hacia atrás desde un número dado que no sea 15 (por ejemplo, 13 u 11). Pida a los estudiantes que sugieran un movimiento para hacer cada vez que digan 0.

Repaso rápido

Indique a los estudiantes que vayan a la sección Aprendamos en el LE, pág. 122 y que repasen los adjetivos comparativos y superlativos.

Aprender y hacer

Más grande que y más pequeño que

Laboratorio de matemáticas

Coloque la **caja** grande y la **goma de borrar o borrador** grande donde los estudiantes puedan verlas.

Diga: *Esta caja es grande.*

Pregunte: *¿Qué más podemos decir del tamaño de la caja si la comparamos con la goma o borrador? ¿Es más grande o más pequeña?* (La caja es más grande que la goma o borrador./Es más grande).

Diga: *Sí, la caja es más grande que la goma o borrador. Ahora observemos la goma de borrar o borrador.*

Pregunte: *¿Qué podemos decir del tamaño de la goma de borrar o borrador?* (Es pequeña(o)./Es más pequeña(o) que la caja).

Diga: *Sí, la goma o borrador es más pequeña(o) que la caja.*

Por último, repita el siguiente enunciado mientras señala el objeto correspondiente.

Diga: *La caja es más grande que la goma o borrador. La goma o borrador es más pequeña(o) que la caja.*

Buscar un objeto más grande y otro más pequeño que un lápiz

Laboratorio de matemáticas

Diga: *Formen parejas y busquen en el salón de clase algo que sea más grande que su **lápiz**.*

Dé varios minutos a los estudiantes para que hagan esto. Dé tiempo a las parejas para que compartan el objeto que hallaron que es más grande que el lápiz (el estudiante A comparte). Mientras los estudiantes describen sus objetos, observe si usan vocabulario de medición para describir que el objeto es más grande. Anime a los estudiantes para que coloquen su lápiz al lado del objeto más grande para comparar sus tamaños.

Diga: *Busquen algo en el salón de clase que sea más pequeño que su lápiz.*

Dé tiempo para que las parejas compartan el objeto que hallaron que es más pequeño que el lápiz (el estudiante B comparte). Observe el uso del vocabulario de medición y cómo prueban que su objeto es más pequeño.

Diga: *Cuando compararon sus objetos, explicaron qué objeto era más grande o más pequeño que su lápiz.*

 ISBN 978-981-4822-01-5

Manos a la obra LE, pág. 124

Explique la tarea 1 a los estudiantes. Los estudiantes deben tildar la oración correcta y escribir una cruz en la oración incorrecta de acuerdo a la imagen.
Lea en voz alta las oraciones para los estudiantes que no leen y guíelos un poco más.

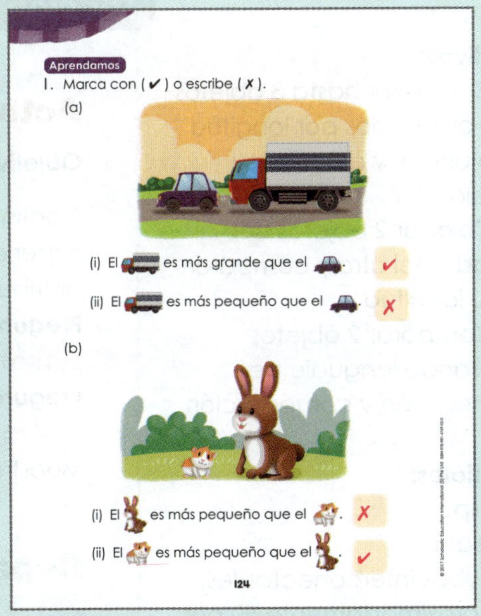
Aprendamos

1. Marca con (✔) o escribe (✗).

(a)

(i) El [camión] es más grande que el [carro]. ✔

(ii) El [camión] es más pequeño que el [carro]. ✗

(b)

(i) El [conejo] es más pequeño que el [hámster]. ✗

(ii) El [hámster] es más pequeño que el [conejo]. ✔

124

Reforzar conceptos

Si los estudiantes tienen problemas para entender las oraciones y decidir si marcar con una tilde o escribir una cruz, cambie las oraciones a preguntas, por ejemplo, "¿El camión es más grande que el carro? Si la respuesta es 'sí', marcar con una tilde. Si la respuesta es 'no', escribe una cruz".

Actividad diaria de conclusión

Pida a los estudiantes que miren la sección Manos a la obra en el LE, pág. 124.
Conversen sobre otros objetos que son más grandes/más pequeños que los objetos de la página.

Pregunte: *¿Qué es más pequeño que un camión?* (Las respuestas variarán). *¿Un avión es más grande o más pequeño que un camión?* (más grande) Repita con otros objetos.

 ISBN 978-981-4822-01-5

Objetivos:
- Comparar hasta 3 objetos y ordenarlos por longitud o altura, y describir su relación
- Colocar 2 objetos uno al lado del otro y comparar su longitud
- Comparar 2 objetos usando lenguaje de medición y comparación

Materiales:
- clip
- regla
- cubos interconectables, aproximadamente 50 por mesa
- 3 objetos que puedan ordenarse por longitud (por ejemplo: lápiz, puntero, crayón)
- 3 objetos que puedan ordenarse por altura (por ejemplo: florero alto, vaso, balde)

Recursos:
- LE, págs. 125–128
- Tarjetas de 3 puntos (RM 5.4)
- Tarjetas de 4 puntos (RM 5.5)
- Tarjetas de números 1–10 (RM 1.11 y 2.9), 1 por pareja

Vocabulario:
- más largo que
- más corto que
- más alto que
- más bajo que
- longitud
- altura
- más corto
- más largo
- más alto
- más bajo

Actividad diaria de preparación

Objetivo: Subitizar **Tarjetas de 3 puntos (RM 5.4)** y **Tarjetas de 4 puntos (RM 5.5)**

Continúe la rutina de subitización repasando las Tarjetas de 3 y 4 puntos. Las experiencias repetidas permiten que los estudiantes reconozcan cómo están distribuidos los puntos en cada tarjeta más rápidamente.

Pregunte: *¿Cuántos puntos vieron y cómo estaban ordenados?* (Ejemplo: Vi 4 puntos. Había un punto en cada esquina).

Pregunte: *¿Alguien vio 4 puntos de otra manera?* (Ejemplo: Yo vi 2 puntos en las esquinas de arriba y 2 puntos en las de abajo).

Muestre las tarjetas de puntos restantes, de una en una, y repita las preguntas.

Repaso rápido

Sostenga en alto un **clip** y una **regla**.

Pregunte:
- *¿Cuál objeto es corto?* (el clip)
- *¿Cuál objeto es largo?* (la regla)

Pida a un voluntario que se pare junto a usted.

Pregunte:
- *¿Quién es bajo?* (nombre del estudiante)
- *¿Quién es alto?* (nombre del maestro)

Aprender y hacer

Largo, más largo, el más largo

Laboratorio de matemáticas

Antes de la lección, prepare los **cubos interconectables** y las **Tarjetas de números 1–10 (RM 1.11 y 2.9)**.

Los estudiantes juegan a 'Ordena las barras' en parejas para reforzar la comparación de 3 objetos según su longitud. Ordenan los objetos de largo al más largo. Mezcle las Tarjetas de números y colóquelas boca abajo en una pila. Demuestre el juego con la ayuda de un estudiante.
- El Compañero A (el estudiante) elige la tarjeta de arriba, identifica el número y hace una barra con la misma cantidad de cubos interconectables.
- El Compañero B (el maestro) toma la próxima tarjeta, identifica el número y hace una barra con la misma cantidad de cubos.

Cuando el Compañero A (el estudiante) completa 2 barras de cubos, pídale que compare sus barras usando el vocabulario de medición. (Ejemplo: Esta barra solo llega hasta aquí, entonces es más corta que la otra barra./Esta barra de cubos es más larga porque tiene 9 cubos y la otra solo tiene 8).

Continúe con la demostración del juego hasta que los dos (el estudiante y el maestro) tengan 3 barras de cubos. Use cada Tarjeta de números una vez.

Diga: *Vamos a ordenar las 3 barras por longitud.*

Sostenga en alto una barra de 5 cubos y **diga** "*Esta barra es larga*".

Sostenga en alto una barra de 8 cubos y **diga** "*Esta barra es más larga*".

Sostenga en alto una barra de 10 cubos y **diga** "*Esta barra es la más larga. Es más larga que las otras 2 barras*".

Los estudiantes ordenan sus 3 barras de cubos de larga a la más larga y comprueban el trabajo del otro. Pregunte al resto de los estudiantes si están de acuerdo con el orden de las barras y por qué.

Dé tiempo a las parejas para que hagan varias rondas del juego.

 ISBN 978-981-4822-01-5

Observe:

- ¿Los estudiantes pueden comparar 2 barras de cubos y decir qué barra es más larga?
- ¿Los estudiantes usan el vocabulario de medición para describir cómo ordenaron las 3 barras de cubos?
- ¿Los estudiantes ponen los extremos de las barras al mismo nivel cuando las comparan y las ordenan?

Corto, más corto, el más corto

Laboratorio de matemáticas

Indique a los estudiantes que hagan barras de 5 cubos. Sosténgala en alto.
Diga: *Esta es una barra corta. ¿Pueden hacer otras 2 barras que sean más cortas?*
Dé tiempo a los estudiantes para que hagan esto.
Diga: *Ahora colóquenlas en orden de corta, más corta y la más corta.*
Indíqueles que conversen y comprueben sus respuestas con las de otro estudiante.

Observa

Aprendamos LE, págs. 125–126

Vea la página con los estudiantes para asegurar la comprensión y la familiaridad con los términos escritos. Diga las palabras y señalen las imágenes todos juntos.

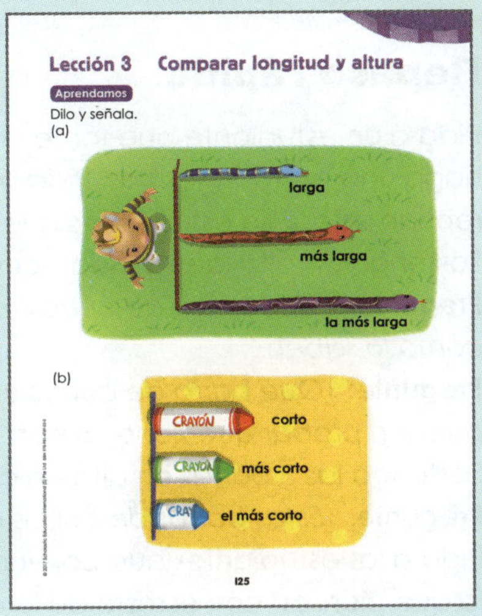

Manos a la obra LE, págs. 127–128

Explique la tarea 1 a los estudiantes. Deben unir con una línea las imágenes con las palabras correctas.
En la tarea 2, tienen que dibujar 3 objetos según las alturas. Mientras completan esta página, obsérvelos para determinar si las imágenes que dibujan muestran correctamente la comparación. Ayude a los estudiantes que tengan dificultades a pensar en objetos para dibujar.

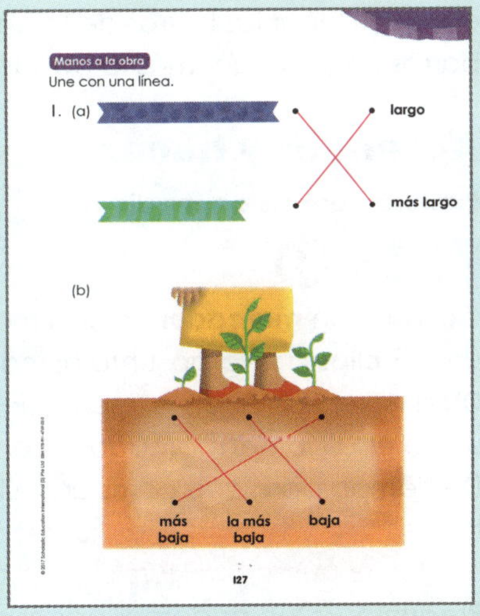

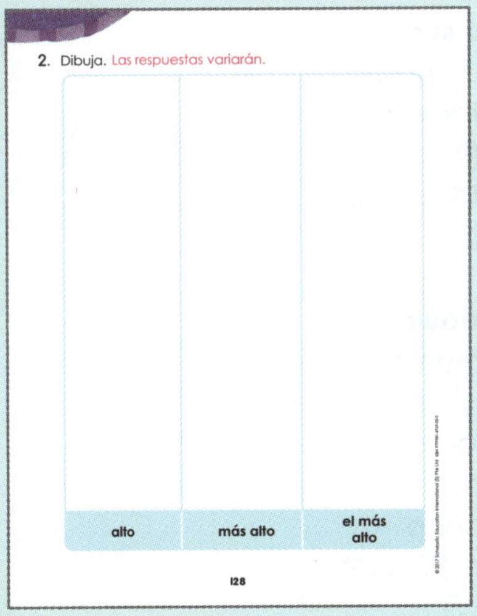

Más alto que y más bajo que

Laboratorio de matemáticas

Coloque la barra de 5 cubos en forma vertical sobre la mesa.
Pregunte: *¿Pueden hacer una torre que sea más alta que esta?*
Dé a los estudiantes algo de tiempo para hacer esto y que comprueben sus respuestas con otro estudiante.
Pregunte: *¿Pueden hacer una torre que sea más baja que esta* (señale la barra de 5 cubos)*?*
Deles tiempo para hacer esto y comprobar sus respuestas con otro estudiante. Explique la diferencia entre 'largo' y 'alto', y 'bajo' y 'corto'.
Diga: *Usamos 'alto' y 'bajo' para describir la altura de algo, por ejemplo, un edificio alto, una montaña baja (ilustre con los brazos).*
Diga: *Usamos 'largo' y 'corto' para describir la longitud de algo, por ejemplo, un cordón largo*, un lápiz corto (ilustre con brazos y manos).

NOTA: *Pasar de longitud a altura permite que los estudiantes tengan diferentes experiencias de medición.*

7

Reforzar conceptos

Pida a los estudiantes que nombren algo que sea alto para repasar el significado. Luego, pídales que nombren algo 'más alto'. Por último, pídales que nombren algo que sea 'más alto' que la segunda cosa o 'el más alto'.

Actividad diaria de conclusión

Prepare 2 conjuntos de **objetos largos y altos**. Muestre 1 conjunto a la vez.
Diga: *Coméntenle a un compañero lo que notan sobre estos objetos* (por ejemplo: lápiz, puntero, crayón).
Pídales que compartan con la clase.
Pregunte: *¿Cómo podemos ordenar estos objetos?* (por longitud) *Háganlo.*
Repita preguntas similares para comparar la altura de 3 elementos del segundo conjunto.

 ISBN 978-981-4822-01-5

Lección 4: Medir longitud y altura

DÍA 1

Objetivo:

- Medir la longitud y la altura de los objetos usando 10 o menos unidades no convencionales comunes del mismo tamaño

Materiales:

- 30 cubos interconectables, 1 recipiente
- marcador
- clips (aprox. 5 cm de largo), 1 caja por mesa
- lápices (sin punta, aprox. 19–20 cm de largo), 1 por estudiante
- limpiapipas (u otros objetos que tengan 30 cm de largo aprox.), 1 por estudiante
- recipiente (no más alto que 10 cubos interconectables)
- cubos interconectables

Recursos:

- LE, págs. 129–130
- Tarjetas de 3 puntos (RM 5.4)
- Tarjetas de 4 puntos (RM 5.5)

Vocabulario:

- medida
- longitud
- largo
- más largo
- corto
- más corto

Actividad diaria de preparación

Objetivo: Subitizar **Tarjetas de 3 puntos (RM 5.4)** y **Tarjetas de 4 puntos (RM 5.5)**

En la rutina de subitización, mezcle las Tarjetas de 3 y 4 puntos. Muestre cada tarjeta, de una en una, por 3 segundos.
Pregunte: *¿Cuántos puntos vieron y cómo estaban ordenados? ¿Alguien vio los puntos de manera diferente?*
Muestre las tarjetas de puntos restantes y repita las preguntas.

Repaso rápido

Pida a un estudiante que tome un puñado de **cubos interconectables** y haga una barra de cubos. Pida a un segundo y a un tercer estudiante que repitan esto. Elija estudiantes que tengan manos de diferentes tamaños. Sostenga en alto la segunda barra más larga.
Pregunte: *¿Qué barra de cubos es más corta que esta barra? Muestren cómo lo saben.*
Pregunte: *¿Qué barra de cubos es más larga que esta barra? ¿Cómo pueden probar que tienen razón?*
Sostenga las 3 barras en alto en cualquier orden.
Pregunte: *¿Estas barras de cubos están ordenadas de larga a la más larga?*
Pida a los estudiantes que conversen con un compañero antes de compartir lo que piensan con el resto de la clase. Deles tiempo para que expliquen cómo ordenar las barras de larga a la más larga y para que identifiquen las barras como larga, más larga y la más larga.

Aprender y hacer

Explorar formas de medir

Laboratorio de matemáticas

Coloque un **marcador** en una mesa para que todos puedan verlo. Alinee unos 3 **clips** a lo largo junto al marcador.
Diga: *Miren los clips y el marcador. ¿Qué observan? ¿Qué podemos decir sobre el largo del marcador? Conversen con un compañero sobre esto.*
Dé tiempo para que compartan lo que piensan. (Por ejemplo: Tiene el largo de algunos clips. 'Algunos' no nos dice si es corto o largo. Podría ser cualquier número./El largo del marcador y los 3 clips es casi igual).
Pregunte: *¿Qué podemos hacer para saber el largo del marcador?*
Diga: *Tiene el mismo largo que______ clips.* (3)
Pida a los estudiantes que cuenten los clips juntos.
Diga: *Este marcador mide más o menos 3 clips.*
Pregunte: *¿Cómo coloqué los clips para medir el marcador?*
Pida a los estudiantes que conversen con un compañero sobre cómo se ordenaron los clips. (Por ejemplo: El primer clip está al lado del extremo del marcador. Los clips se tocan).
Pregunte: *¿Qué notan sobre el tamaño de los clips?* (Por ejemplo: Todos tienen el mismo tamaño).

NOTA: *Los estudiantes están aprendiendo a alinear unidades del mismo tamaño a lo largo, cómo repetir estas unidades y cómo contar las unidades para describir una longitud en números. Es importante que los estudiantes tengan múltiples experiencias midiendo objetos con unidades no convencionales del mismo tamaño, ya que les hace darse cuenta que dejar espacio entre las unidades o superponerlas produce mediciones incorrectas.*

 ISBN 978-981-4822-01-5

Distribuya 1 **lápiz** por estudiante y una caja de clips en cada mesa.
Diga: *Cada uno de ustedes medirá la longitud de su lápiz. Luego, trabajen con un compañero y comprueben el trabajo de medición del otro.*
Observe:

- ¿Los estudiantes alinean el extremo del lápiz con el extremo del primer clip?
- ¿Colocan algún clip encima de otro?
- ¿Dejan espacios entre los clips?
- ¿Cuentan los clips con precisión para determinar la longitud del lápiz?

Pregunte: *¿Qué descubrieron sobre el largo del lápiz?* (Por ejemplo: Tiene cerca de 4 clips de largo. El último clip apenas sobrepasaba el extremo del lápiz).
Diga: *El lápiz tiene aproximadamente 4 clips de largo. Digo 'aproximadamente' porque el clip sobresalía un poco/no llegaba al extremo del lápiz.*

Distribuya un **limpiapipas** de 30 cm de largo (u otro objeto con un largo similar) a cada estudiante. Pida que midan el largo de sus limpiapipas y cuando terminen, que comprueben entre sí sus mediciones.

Pregunte: *¿Qué hallaron sobre el largo del limpiapipas?* (Por ejemplo: ¡Tiene aproximadamente 6 clips de largo! El último clip sobresalía un poco/no llegaba al extremo, pero se acercaba mucho).

Distribuya un **recipiente**. Pida a los estudiantes que se turnen para medir la altura con **cubos interconectables**.
Coloque los cubos la mesa de lado sin conectarlos. Comenten las mediciones entre todos.

Observa

Aprendamos

LE, pág. 129

Vea la página con los estudiantes y señale que se pueden usar diferentes elementos para medir algo, sin embargo, cada elemento de medición tiene que tener el mismo tamaño. Refuerce que el primer elemento debe coincidir con el borde del objeto a medir y que los elementos deben estar uno al lado del otro o uno sobre el otro sin espacios entre sí. Señale que en (b) y (c) la unidad sobrepasa o no alcanza el extremo del elemento. Haga énfasis en 'aproximadamente'. Comenten si la medición sería más exacta si sacaran un clip o un cubo interconectable.

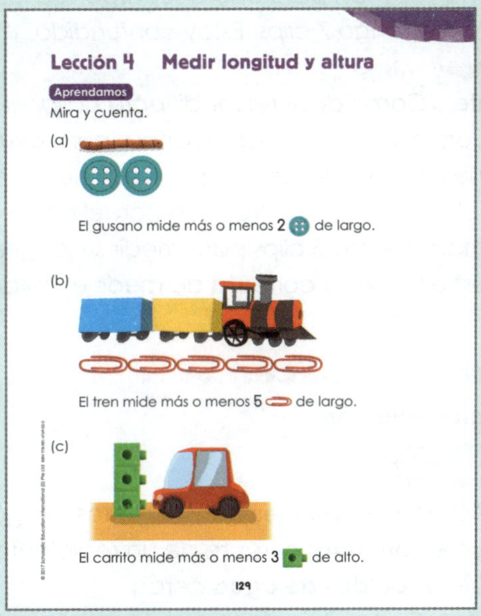
Lección 4 Medir longitud y altura
Aprendamos
Mira y cuenta.
(a)
El gusano mide más o menos 2 de largo.
(b)
El tren mide más o menos 5 de largo.
(c)
El carrito mide más o menos 3 de alto.
129

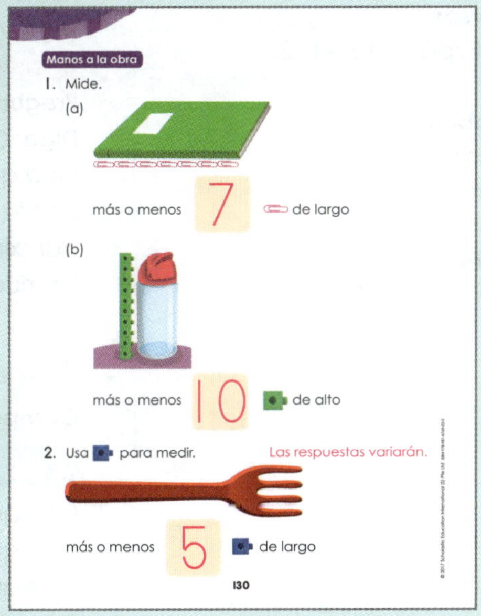
Manos a la obra
1. Mide.
(a)
más o menos 7 de largo
(b)
más o menos 10 de alto
2. Usa para medir. Las respuestas variarán.
más o menos 5 de largo
130

Manos a la obra

LE, pág. 130

Explique la tarea 1 a los estudiantes. Tienen que contar la cantidad de elementos para medir cada objeto.
En la tarea 2, deben usar **cubos interconectables** para medir la longitud del tenedor. Compruebe las respuestas con toda la clase.

Reforzar conceptos

Cuente la unidad de medición de cada tarea con los estudiantes. En la tarea 2, pregunte a los estudiantes dónde deberían colocar el primer cubo y observe mientras colcan los cubos subsiguientes. Cuando lleguen al extremo del tenedor, comenten si deberían agregar otro cubo.

Actividad diaria de conclusión

Pida a los estudiantes que conversen con un compañero sobre algo que hayan aprendido en la lección de matemáticas de hoy. Luego, pida a los estudiantes que compartan con toda la clase. (Por ejemplo: Puedes usar clips para medir el largo de algo./Todos los clips tenían el mismo tamaño./Hay que colocar el extremo del objeto junto al extremo del primer clip./No dejes espacios entre los clips. ¡Tu medición no será correcta!)

Lección 5: Comparar volumen DÍA 1

Objetivo:
- Comparar el volumen de un líquido en 2 recipientes iguales y describirlos

Materiales:
- cordel o hilo (25 cm de largo aprox.)
- 10 clips (5 cm de largo aprox.)
- 2 recipientes transparentes de igual altura
- rótulos, A y B
- baldes de agua
- cubos numerados (1–6), 1 por pareja
- vasos pequeños, 1 por pareja
- vasos grandes iguales, 2 por pareja

Recursos:
- LE, págs. 131–132

Vocabulario:
- vacío
- más que
- menos que
- lleno

Actividad diaria de preparación

Objetivo: Contar de memoria hacia atrás del 15 al 0

Guíe a los estudiantes para que cuenten hacia atrás del 15 al 0. Repítalo varias veces. Pida a los estudiantes que cuenten hacia atrás desde un número dado que no sea 15 (por ejemplo, 12 ó 9). Pida a los estudiantes que sugieran una acción para hacer cada vez que digan 0.

Repaso rápido

Coloque el **cordel** en línea recta sobre una mesa. Explique que medirá el cordel con **clips**. Comience a medir la longitud del cordel, pero no empareje los extremos del cordel y del primer clip.
Pregunte: *¿Qué tal voy?* (Por ejemplo: ¡No empezó bien!)
Pregunte: *¿Qué debería hacer primero?* (Por ejemplo: emparejar el extremo del cordel con el extremo del clip)
Comience otra vez emparejando los extremos, pero deje espacios amplios entre los clips.
Diga: *El cordel tiene 3 clips de largo.* (Por ejemplo: ¡3 clips no son suficientes!)
Mida una vez más, pero ahora superponga los clips.
Diga: *Ahora tengo 7 clips. Estoy confundido.* (Por ejemplo: ¡Puso los clips uno encima del otro!)
Pregunte: *¿Cómo debería medir para hallar el largo de este cordel?*
Diga: *Conversen con un compañero para ayudarme a resolver esto.*
Pida que los estudiantes compartan lo que piensan en una conversación con la clase. (Si usan un trozo de cordel de 25 cm de largo, necesitarán aproximadamente 5 clips para medir su longitud.)
Demuestre la forma correcta de medir el cordel con la ayuda de los estudiantes.

Aprender y hacer

Comparar volumen

Laboratorio de matemáticas

Coloque los 2 **recipientes** transparentes de igual altura sobre la mesa.
Coloque el **rótulo A** en frente de un recipiente y el **rótulo B** frente al otro.
Coloque los **baldes de agua** cerca.
Pregunte: *¿Qué notan acerca del tamaño estos recipientes?* (Son altos./Son iguales./Tienen la misma capacidad).
Explique a los estudiantes que harán un juego en el que llenarán los 2 recipientes con agua. Los estudiantes se turnarán para lanzar un **cubo numerado**. Identificarán el número en el cubo y agregarán esa cantidad de **vasos pequeños** de agua a uno de los recipientes. Pida a una pareja de voluntarios que comiencen el juego.
El Estudiante A lanza el cubo y anuncia que el cubo muestra el número 2. Llena 2 vasos pequeños de agua, de uno en uno, y los vierte en uno de los recipientes (por ejemplo: Recipiente A).
Pregunte: *¿Qué notan acerca de la cantidad de agua en los recipientes?* (Ejemplo: El Recipiente A tiene más agua que el Recipiente B./El Recipiente B está vacío porque no tiene agua.)
El Estudiante B lanza el cubo y anuncia que el cubo muestra el número 4. Llena 4 vasos pequeños de agua y los vierte en el recipiente vacío.
Pregunte: *¿Qué notan acerca de la cantidad de agua en los recipientes ahora? ¿Qué recipiente tiene más agua? ¿Qué recipiente tiene menos agua?* (Ejemplo: El Recipiente B tiene más agua ahora. El agua llega hasta más arriba.)

 ISBN 978-981-4822-01-5

Continúe pidiendo a otras parejas que participen. Los estudiantes pueden elegir en qué recipiente verter el agua. Una opción es que los estudiantes decidan juntos qué recipiente recibe los vasos de agua. Después de cada turno, comenten qué recipiente tiene más agua, menos agua o si los recipientes tienen la misma cantidad de agua. Cuando uno de los recipientes se llene, explique que el recipiente está lleno y que no se le puede poner más agua.

Los estudiantes juegan el mismo juego con un compañero usando recipientes más pequeños. Dé a cada pareja 2 **vasos grandes** iguales, un vaso pequeño y un cubo numerado. Recuerde a los estudiantes que después de que un compañero lanza el cubo, tienen que decir el número que aparece y verter esa cantidad de vasos de agua en uno de los vasos grandes. Los compañeros luego comparan la cantidad de agua en los recipientes. Los compañeros pueden cambiar el vaso donde vierten el agua en cada turno.
Mientras los estudiantes trabajan juntos, observe si usan el vocabulario 'más que', 'menos que' o 'igual que' cuando comparan la cantidad de agua en los vasos después de cada ronda.

Observe:

- ¿Los estudiantes usan el vocabulario 'vacío' y 'lleno' para describir la cantidad de agua en los vasos grandes?
- ¿Los estudiantes identifican los números del cubo correctamente y vierten esa cantidad de vasos con agua en el vaso grande?

Observa

Aprendamos

LE, pág. 131

Vea la página con los estudiantes y señale los diferentes términos y sus significados. Refuerce que todos los recipientes tienen el mismo tamaño. Puede hacer otras comparaciones entre parejas (por ejemplo, compare el recipiente 'lleno' y el recipiente con 'más', el recipiente 'vacío' y el recipiente con 'menos').

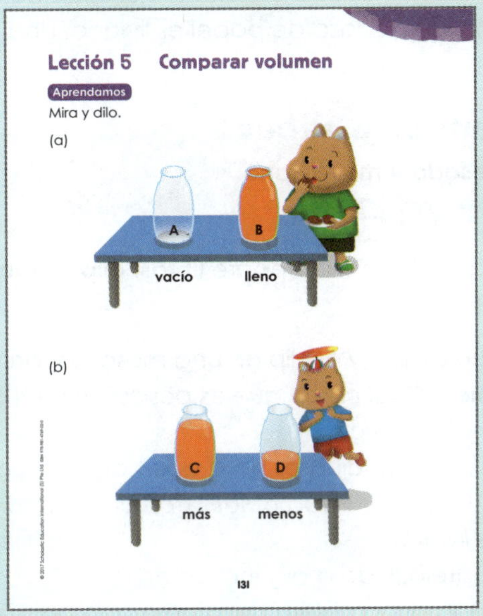

Manos a la obra

LE, pág. 132

Explique la tarea 1 a los estudiantes. Deben encerrar en un círculo el recipiente correcto que indica la palabra. Lea las palabras en voz alta.

Reforzar conceptos

Converse sobre el volumen de cada recipiente del LE, pág. 131, por ejemplo, para la tarea 1(a), puede decir el siguiente enunciado.
Diga: *Este vaso tiene agua justo hasta el borde. No se puede verter más agua en él. Está _______. Este vaso no tiene agua, está _______.* Repita enunciados similares en las tareas 1(b) y (c).

Actividad diaria de conclusión

Pregunte: *¿Qué palabras pueden usar para comparar la cantidad de agua en 2 recipientes del mismo tamaño?*
Diga: *Piensen en esto primero. Luego, conversen con un compañero sobre cómo compararían la cantidad de agua en los recipientes.*
Una vez que las parejas hayan conversado, pida a los estudiantes que compartan con toda la clase. (Ejemplo: A veces hay más agua en uno de los vasos. Eso quiere decir que el otro vaso tiene menos agua).
Refuerce el vocabulario de medición con 'vacío', 'lleno', 'más que' y 'menos que' mientras los estudiantes comparten sus experiencias de medición.

 ISBN 978-981-4822-01-5

Lección 6: Comparar peso

DÍA 1

Objetivo:

- Explorar y comparar 2 objetos similares levantándolos con las manos y describir la comparación

Materiales:

- 2 vasos o recipientes transparentes iguales
- agua
- 2 libros pesados iguales (por ejemplo: diccionarios)
- clip
- balanza de platillos (con bandejas o baldes transparentes a ambos lados)
- conjuntos de 1 objeto pesado, 1 objeto liviano, 2 objetos de peso similar (1 conjunto por pareja)
- 16–24 crayones, 1 caja
- marcadores, 1 paquete
- piedra pequeña (del tamaño de la palma de la mano), flor real/de plástico, mochila escolar, paquete de marcadores (1 por mesa)
- libro pequeño
- hojas grandes de papel

Recursos:

- LE, págs. 133–134
- Tarjetas de 3 puntos (RM 5.4)
- Tarjetas de 4 puntos (RM 5.5)

Vocabulario:

- pesado
- más pesado
- liviano
- más liviano
- igual
- balanza de platillos

Actividad diaria de preparación

Objetivo: Subitizar **Tarjetas de 3 puntos (RM 5.2)** y **Tarjetas de 4 puntos (RM 5.3)**

Mezcle las tarjetas y muéstrelas de una en una durante 3 segundos.
Pregunte: *¿Cuántos puntos vieron y cómo estaban ordenados? ¿Alguien vio los puntos de manera diferente?*
Muestre las tarjetas de puntos restantes y repita las preguntas.

Repaso rápido

Llene dos **vasos** iguales, uno con más **agua** que el otro.
Muestre los vasos a los estudiantes.
Pregunte: *¿Qué vaso tiene menos agua? ¿Qué vaso tiene más agua?*
Pida a los estudiantes que compartan su razonamiento.
Indique a los estudiantes que vayan al LE, pág. 120 y repasen el significado de 'pesado' y 'liviano'. Nombre ejemplos de objetos del salón de clases (por ejemplo: Un pedazo de papel es liviano. Una mesa es pesada.).

Aprender y hacer

Más pesado y más liviano

Laboratorio de matemáticas

Antes de la lección, prepare **libros**, **clips**, **balanza de platillos** y **conjuntos de objetos.**

Coloque el libro y el clip en una mesa donde todos puedan verlos.
Pregunte: *¿Cuál creen que es pesado y cuál creen que es liviano? ¿Cómo podemos saberlo?*
Anime a los estudiantes para que hagan preguntas y conversen.
Diga: *Al sostener cada objeto con una mano, puedo sentir cuál es pesado y cuál es liviano.*
Demuéstrelo. Pida a algunos estudiantes voluntarios que se acerquen y sostengan cada objeto con una mano para experimentar la diferencia de peso.
Vuelva a sostener los objetos en cada mano, con los brazos extendidos y paralelos al piso como si fuera una balanza de platillos.
Diga: *El libro es más pesado que el clip. El clip es más liviano que el libro.*
Pregunte: *El libro es pesado al sostenerlo, entonces, ¿mi mano debería subir o bajar?* (bajar) *El clip es liviano, ¿mi mano debería subir o bajar?* (subir)
Lleve a cabo las acciones.

Muestre una balanza de platillos a los estudiantes. Explique que puede usarse para medir qué objeto es más pesado y cuál es más liviano.
Pregunte: *¿Qué creen que pasará cuando coloque un libro y un clip en la balanza?* (Ejemplo: El lado con el libro bajará y el lado con el clip subirá).
Coloque el libro en un platillo y el clip en el otro.
Pregunte: *¿Cómo pueden saber qué objeto es más pesado?* (Ejemplo: El libro es más pesado porque bajó mucho. El clip es más liviano porque subió).
Quite el clip.
Pregunte: *¿Qué pasaría si colocara otro libro aquí en lugar del clip? ¿Subirá o bajará?* Háganlo.
Diga: *La balanza se mantiene igual. Ningún lado sube o baja porque los libros pesan lo mismo.*

 ISBN 978-981-4822-01-5

Pregunte a los estudiantes si la balanza de platillos les recuerda a algo del patio de juegos o del supermercado. (balancín o subibaja)

Distribuya un conjunto de objetos a cada pareja. Pida a los estudiantes que se turnen para usar su cuerpo como una balanza de platillos y sentir el peso relativo de 2 objetos. Anime a los estudiantes para que elijan objetos de pesos notablemente diferentes y luego, ayúdelos a comparar objetos que tengan aproximadamente el mismo peso usando 'más pesado que', 'más liviano que' e 'igual peso que'.

Repase las comparaciones de los objetos con toda la clase. Pida a los estudiantes que verifiquen sus respuestas con la balanza de platillos. Registre sus comparaciones en el pizarrón.

Diga: *Ahora sostendré una caja de* ***crayones*** *en esta mano y un paquete de* ***marcadores*** *en esta mano. ¿Para qué lado creen que me inclinaré? ¿Qué mano bajará hacia el piso? Comenten con su compañero lo que creen que pasará.*
Levante los dos objetos y mueva los brazos para mostrar qué objeto es más pesado.
Pregunte: *¿Por qué me incliné para este lado? ¿Qué pasaría si sostuviera la caja de crayones con la otra mano?*

Observa

Aprendamos

LE, pág. 133

Vea la página con los estudiantes y comenten qué otros objetos son más livianos, más pesados o tienen el mismo peso que los objetos de la página.

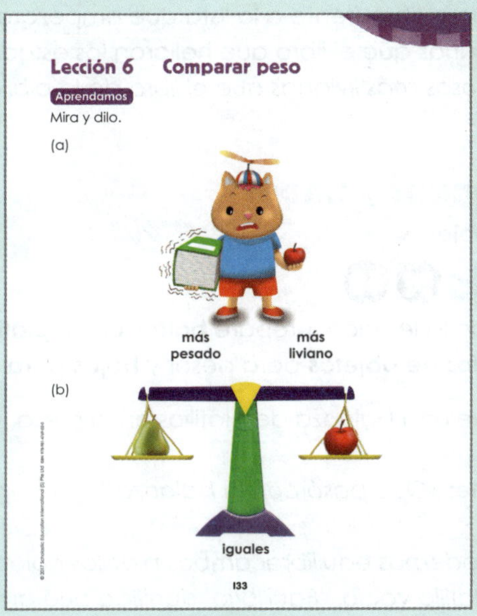

Manos a la obra

LE, pág. 134

Coloque una **piedra pequeña**, una **flor**, una **mochila** y un **paquete de marcadores** en cada mesa. Explique la tarea 1 a los estudiantes. Van a sostener cada objeto con las manos para hallar cuál es más pesado y cuál es más liviano, y unirlos con una línea con el brazo correcto.

Reforzar conceptos

Dé a los estudiantes más **parejas de objetos** que tengan una gran diferencia de peso para que los sopesen y luego los comparen.

Actividad diaria de conclusión

Pida a los estudiantes que se turnen para sostener un **libro pequeño** de la biblioteca del salón de clase.
Diga: *Busquen algo en el salón de clase que sea más pesado que este libro.*
Cuando los estudiantes vuelvan, pídales que muestren el objeto a toda la clase.
Coloque el libro pequeño frente a una **hoja grande de papel** y enumere los objetos más pesados que el libro que hallaron los estudiantes en una columna con el título *Cosas más pesadas que el libro de la biblioteca*. Guarde el libro y la lista para el Repaso rápido de la próxima lección.

7

 ISBN 978-981-4822-01-5

Lección 7: Medir peso

DÍA 1

Objetivo:
- Medir el peso de un objeto en una balanza de platillos con 10 o menos objetos de uso diario

Materiales:
- libro pequeño
- balanza de platillos (con bandejas o baldes transparentes a ambos lados) 1 por pareja
- cubos interconectables, 1 recipiente por mesa
- conjuntos de un lápiz, goma de borrar, lapicero, caja de crayones, estuche para lápices, bloques geométricos de espuma, etc. (1 conjunto por mesa)
- marcador
- hojas grandes de papel

Recursos:
- LE, págs. 135–136
- Hoja para equilibrar objetos (RM 7.1), 1 por estudiante

Vocabulario:
- más pesado
- más liviano
- equilibrio
- balanza de platillos

Actividad diaria de preparación

Objetivo: Contar de memoria del 1 al 25

Cuente de memoria con los estudiantes del 1 al 25 varias veces. Pida a los estudiantes que cuenten a partir de un número dado que no sea 1 (por ejemplo, 13 y 19). Cuando un estudiante diga 25, pida a toda la clase que diga: "¡Sí!"

Repaso rápido

Pida a los estudiantes que se turnen para sostener el **libro pequeño** de la Actividad de conclusión de la última lección.
Diga: *Busquen algo en el salón de clase que sea más liviano que este libro.*
Cuando los estudiantes vuelvan, pídales que compartan el objeto con toda la clase.
Coloque el libro frente a la lista que empezaron antes y agregue los objetos más livianos que el libro que hallaron los estudiantes en otra columna con el título *Cosas más livianas que el libro de la biblioteca.*

Aprender y hacer

Pesar objetos

Laboratorio de matemáticas

Antes de la lección, prepare **balanzas de platillos**, **cubos interconectables**, **conjuntos de objetos** para pesar y **Hojas para equilibrar objetos (RM 7.1).**

Coloque una balanza de platillos en la mesa. Coloque un **marcador** en el platillo.
Pregunte: *¿Qué pasó con la balanza?* (Ejemplo: El lado con el marcador bajó. El platillo vacío subió).
Diga: *Podemos equilibrar ambos platillos colocando cubos interconectables en el platillo vacío. 'Equilibrio' significa que ambos platillos a los lados de la balanza se encuentran a la misma altura. Esto significa que los dos objetos pesan lo mismo.*
Demuestre el significado colocando ambos brazos al mismo nivel y paralelos al piso.
Coloque los cubos interconectables, de uno en uno, en el platillo vacío hasta que los 2 platillos estén iguales o estén equilibrados y pida a los estudiantes que cuenten en voz alta con usted. Pregunte a los estudiantes cuántos cubos necesitan para equilibrar el marcador.
Registre en la **hoja de papel** 'Hacen falta ______ cubos para equilibrar un ______'. Dibuje un marcador en el segundo espacio en blanco.

Dé un conjunto de objetos, Hojas para equilibrar objetos y un recipiente con cubos interconectables a cada mesa. Diga a los estudiantes que trabajarán en parejas para equilibrar o pesar los objetos con cubos interconectables. Explique la actividad.
- Las parejas eligen un objeto (por ejemplo, una bolsa de bloques geométricos de espuma) y lo colocan en uno de los platillos de la balanza.
- El Estudiante A pone cubos interconectables en el otro platillo hasta que estén equilibrados o iguales.
- El Estudiante B cuenta la cantidad de cubos interconectables que se necesitan para equilibrar los platillos.
- Los estudiantes anotan los resultados en su hoja.

 ISBN 978-981-4822-01-5

Señale la oración 'Se necesitan ______ cubos para equilibrar una ______'. en la hoja. Explique a los estudiantes que usen esta oración para registrar su trabajo. Pueden hacer un dibujo para registrar los resultados o escribir una palabra. Anime a los estudiantes a que pesen tantos objetos del conjunto como el tiempo les permita.

Observe:

- ¿Los estudiantes se dan cuenta de que se necesitan más cubos cuando el platillo está más arriba para equilibrar un objeto en el otro platillo?
- ¿Los estudiantes se dan cuenta si los platillos están equilibrados, o si tienen muy poco o demasiado peso?

Observa

Aprendamos

LE, pág. 135

Vea la sección con los estudiantes para reforzar la comprensión del concepto.

Pregunte: *¿Qué pasaría si quito el cubo?* (El lado izquierdo con la goma de borrar o borrador bajará). *¿Qué pasaría si agrego 1 cubo?* (El lado con los cubos bajará porque es más pesado que la goma o borrador).

Lección 7 Medir peso

Aprendamos

Mira y cuenta.

La pesa más o menos 1 .

Manos a la obra

1. Cuenta.

(a)

La pesa más o menos 2 .

135

(b)

El pesa más o menos 5 .

(c)

El pesa más o menos 8 .

136

Manos a la obra

LE, págs. 135–136

En la tarea 1, los estudiantes deben contar los cubos interconectables para saber cuánto pesa cada objeto.

Reforzar conceptos

Pida a los estudiantes que vuelvan a contar los cubos interconectables del platillo.

Actividad diaria de conclusión

Coloque una **balanza de platillos** en la mesa. Señale la balanza.

Diga: *Imaginen que un estudiante nuevo viene a nuestra clase mañana. ¿Qué le dirían sobre este instrumento matemático?*

Dé tiempo a las parejas para que conversen entre sí. Escuche a tantos estudiantes como sea posible. (Ejemplo: Colocas cosas en los platillos para saber cuál es más pesado. A veces los platillos están a la misma altura; ¡entonces los dos objetos pesan lo mismo! Si el platillo está más arriba, el objeto es más liviano que el platillo que está más abajo. Puedes usar cubos interconectables para equilibrar el objeto. Si el lado con el objeto está más arriba/abajo, necesitas poner más/menos cubos interconectables).

7

 ISBN 978-981-4822-01-5

Lección 8: Estimar peso

DÍA 1

Objetivos:

- Explorar la estimación del peso
- Explorar y comprender que un objeto grande no es necesariamente más pesado que un objeto pequeño

Materiales:

- conjunto de artículos (previamente pesados)
- 5 cubos interconectables
- balanza de platillos (con bandejas o baldes transparentes a ambos lados) 1 por pareja/grupo de 3
- cubos interconectables, 10 por pareja
- conjuntos de 4 objetos que pesen lo mismo o menos que 10 cubos interconectables, 1 conjunto por mesa
- crayón
- caja grande vacía o bolsa de plumas
- objeto pesado pequeño (por ejemplo: pisapapeles)
- 3 marcadores
- cubos interconectables
- tijeras pequeñas
- cuchara pequeña

Recursos:

- LE, págs. 137–138
- Hoja para estimar peso (RM 7.2), 1 copia por pareja

Vocabulario:

- aproximadamente
- equilibrio
- balanza de platillos

Actividad diaria de preparación

Objetivo: Contar de memoria del 1 al 31

Cuente de memoria con los estudiantes del 1 al 25 varias veces. Luego, demuestre cómo contar del 1 al 31. Pida a los estudiantes que cuenten juntos varias veces más. Pídales que cuenten a partir de un número dado que no sea el 1 (por ejemplo, 20 ó 25).

Repaso rápido

Use los **objetos** que pesaron antes, por ejemplo, el marcador y el lapicero, y una **balanza de platillos**. Pregunte a los estudiantes si recuerdan cuántos **cubos interconectables** pesaba cada objeto. Comience con el objeto más liviano.
Pregunte: *¿Cuántos cubos interconectables pesaba el marcador?* (Las respuestas variarán).
Sostenga en alto el objeto más pesado.
Pregunte: *¿Cuántos cubos interconectables pesaba el lapicero? ¿Necesitaremos más o menos cubos interconectables para equilibrar la balanza?* (más)
Pida a los estudiantes que se acerquen y agreguen cubos interconectables hasta que los platillos de la balanza estén equilibrados.

Aprender y hacer

Estimar el peso de los objetos

Laboratorio de matemáticas

Antes de la lección, halle la cantidad de cubos que se necesitarán para equilibrar 3 **marcadores**. Prepare **balanzas de platillos**, **cubos interconectables**, **conjuntos de objetos** y **Hojas para estimar peso (RM 7.2)**. Antes de hacer copias de las hojas, escriba o dibuje los objetos que van a pesarse.

Coloque una balanza de platillos en la mesa y un **crayón** en un platillo.
Pregunte: *¿Cuántos cubos interconectables creen que necesitarán para equilibrar el crayón? Piensen en si el crayón es más liviano, más pesado, o tiene el mismo peso que el marcador. Conversen con un compañero sobre esto. Luego, compartiremos nuestras ideas.*
Recuérdeles la cantidad de cubos que necesitaron para pesar el marcador.
Pida a los estudiantes que compartan su razonamiento y sus respuestas.
Acepte sus razonamientos y explicaciones.
Comience colocando los cubos en el platillo de uno en uno. Comenten si el crayón pesa más o menos de lo que pensaban. Pida a los estudiantes que expliquen si están sorprendidos por los resultados y por qué.

Dé tiempo a los estudiantes para que comenten lo que piensan del resultado. (Ejemplo: No creí que fuéramos a necesitar tantos cubos. El crayón era más pesado de lo que creí./¡Dije demasiados cubos!/Me pasé por 1 cubo; estuve muy cerca).

Distribuya balanzas de platillos, conjuntos de objetos, cubos interconectables y Hojas para estimar peso en cada mesa.
Explique a los estudiantes que trabajarán en parejas. El Estudiante A piensa en cuántos cubos necesitará para pesar un objeto y lo anota en la hoja. El Estudiante B pone los cubos en el platillo para equilibrar el objeto y comprobar el razonamiento de su compañero y anota la respuesta. Los estudiantes luego cambian roles y eligen un objeto diferente. El Estudiante B piensa cuántos cubos necesitarán para equilibrar este nuevo objeto, luego, el Estudiante A lo pesa para comprobar su razonamiento y anota la estimación y la respuesta.

Observe:

- ¿Los estudiantes se dan cuenta de que se necesitan más cubos para equilibrar un objeto?
- ¿Los estudiantes cambian su razonamiento después de colocar algunos cubos en el platillo? Si lo hacen, ¿pueden explicar por qué cambian su razonamiento?
- ¿Las explicaciones de los estudiantes son razonables o no?
- ¿Sus predicciones se hacen más exactas a medida que pesan más objetos?

Grande y liviano, pequeño y pesado

Laboratorio de matemáticas

Diga: *Hemos estado conversando sobre objetos pesados y livianos.*
Pregunte: *¿Cómo saben que un objeto puede ser pesado? ¿Cómo saben que un objeto puede ser liviano?*
Pida a los estudiantes que conversen con un compañero. Luego, dé tiempo para que compartan sus ideas. (Ejemplo: Si es muy grande, es pesado. Un objeto pequeño es liviano).
Pida a los estudiantes que se turnen para sostener una **caja** grande y vacía o una **bolsa con plumas** y un objeto pequeño y pesado, por ejemplo, un pisapapeles.
Pregunte: *¿Las cosas grandes siempre son pesadas? Expliquen sus ideas.*
Pregunte: *¿Los objetos pequeños siempre son livianos? Expliquen sus ideas.*

NOTA: Los estudiantes pueden pensar que solo los objetos grandes son pesados y que los objetos pequeños son livianos. Dé múltiples ejemplos de objetos grandes y livianos y de objetos pequeños y pesados.

Laboratorio de matemáticas

Aprendamos LE, pág. 137

Diga a los estudiantes que vayan a la pág. 137. Pida a los estudiantes que hagan una barra con 3 **cubos interconectables** y otra con 8. Sostenga una barra en cada mano y converse con la clase las estimaciones y los razonamientos. Luego, compruebe la respuesta pesando unas **tijeras** pequeñas en la **balanza de platillos** y colocando 1 cubo a la vez hasta que los platillos estén equilibrados.

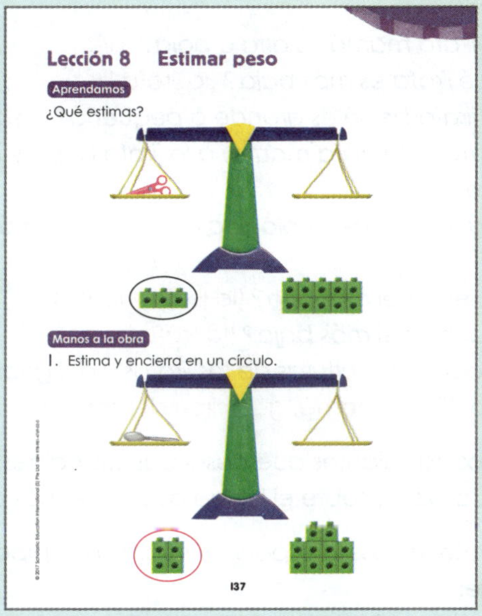

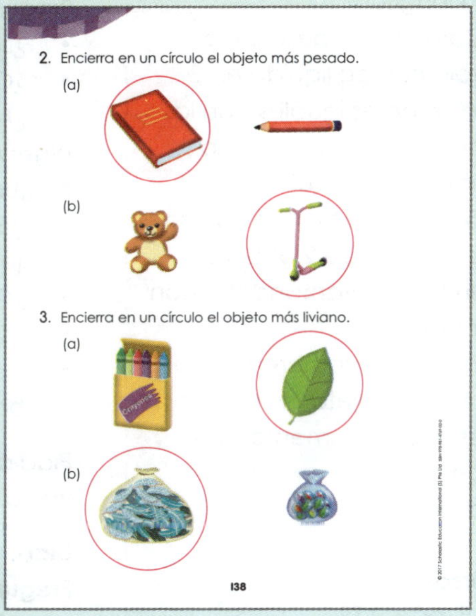

Observa

Manos a la obra LE, págs. 137–138

En la tarea 1, los estudiantes deben estimar qué tan pesada es la cuchara y encerrar en un círculo la estimación más probable. Dé **cubos interconectables** para ayudar a los estudiantes a estimar.

En las tareas 2 y 3, los estudiantes primero encierran en un círculo el artículo más pesado y luego encierran en un círculo el más liviano. Pida a los estudiantes que presten atención a la tarea 3 (b) y asegúrese de que piensen detenidamente antes de responder.

Reforzar conceptos

En la tarea 1, dé a los estudiantes una cuchara, una **balanza de platillos** y **cubos interconectables** para que los pesen. Una vez que tengan las respuestas, hágales preguntas. **Pregunte:** *¿Un par de tijeras y una cuchara pesan aproximadamente lo mismo?* (sí) *Entonces, ¿qué tan pesada creen que es la cuchara?*
En la tarea 2, conversen sobre el peso y el tamaño de 1 objeto de cada par con el que los estudiantes estén familiarizados. Luego, usando lo que saben, compárenlo con otro objeto, por ejemplo, un lápiz, un osito.

Actividad diaria de conclusión

Pida a los estudiantes que le digan a un compañero algo que hayan aprendido sobre pesar objetos. Luego, pida a los estudiantes que compartan con toda la clase. (Ejemplo: Si un platillo de la balanza está más abajo, entonces ese objeto es más pesado./Si el platillo está más arriba, entonces ese objeto es más liviano./Cuando los platillos están a la misma altura, los objetos están equilibrados y pesan lo mismo./¡A veces las cosas grandes pueden ser más livianas que las cosas pequeñas!)

7

 ISBN 978-981-4822-01-5

Ejercicios del capítulo y actividades para los Centros de intereses

DÍA 1

Objetivos:

- Describir los atributos de un objeto con las palabras 'grande', 'pequeño', 'largo', 'corto', 'lleno', 'vacío', 'pesado' y 'liviano'
- Comparar y describir objetos con las palabras 'grande', 'pequeño', 'más grande que' y 'más pequeño que'
- Comparar 2 objetos usando lenguaje de medición y comparación
- Comparar y ordenar hasta 3 objetos según un atributo dado y describir su relación
- Colocar 2 objetos uno al lado del otro y comparar su longitud
- Comparar y describir el volumen de líquido en 2 recipientes iguales con las palabras 'vacío', 'lleno', 'más' y 'menos'
- Explorar y describir el peso o la masa de 2 objetos similares levantándolos con las manos
- Explorar y comprender que un objeto grande no es necesariamente más pesado que un objeto pequeño

Recursos:

- LE, pág. 139

Ejercicios del capítulo — LE, pág. 139

Pida a los estudiantes que miren el dibujo del LE, pág. 139.
Haga las siguientes preguntas para animar a los estudiantes a conversar.

Pregunte:

- *¿Qué animales ven?* (jirafas, un panda bebé, un oso polar bebé, una hormiga, un ratón)
- *¿A quién más ven?* (a los guardianes del zoológico)
- *¿Qué otras cosas pueden ver?* (una manguera, una esponja, una barra de jabón, baldes de agua, varas de bambú, un fardo de heno, biberones)
- *¿Qué lugar es este?* (un zoológico)

Pida a los estudiantes que describan las jirafas.

Pregunte:

- *¿La jirafa mamá es alta o baja?* (alta)
- *¿Qué jirafa es más baja?* (la jirafa bebé)
- *¿La jirafa bebé es grande o pequeña?* (pequeña)

Diga: *Miren a la jirafa mamá, a la jirafa bebé y al guardián del zoológico.*

Pregunte:

- *¿El guardián del zoológico es más alto o más bajo que la jirafa bebé?* (más alto)
- *¿Quién es el más alto?* (la jirafa mamá)
- *¿Quién es el más bajo?* (la jirafa bebé)
- *Coloquen las alturas de las jirafas y del guardián en orden del más alto al más bajo.* (jirafa mamá, guardián del zoológico, jirafa bebé)

Pida a los estudiantes que describan los baldes (vacío, lleno) y señale el balde vacío. Converse sobre el balde que tiene más agua.

Diga: *Observemos la esponja y la barra de jabón.*

Pregunte:

- *¿Cuál es más grande?* (la esponja)
- *¿Cuál es más pequeña?* (la barra de jabón)
- *¿Cuál creen que es más pesada? ¿Por qué?* (El jabón es más pesado porque el ratón apenas puede llevarlo y el ratón es más fuerte que la hormiga).

Pida a los estudiantes que miren las 2 varas de bambú.

Pregunte:

- *¿Cómo podemos saber cuál es más corta?* Pida a los estudiantes que traten de adivinar la respuesta.
- *¿Cómo podemos estar seguros?* (Podemos colocarlas una al lado de la otra./Podemos medirlas).

Pida a los estudiantes que miren al oso polar bebé y al panda bebé.

Pregunte:

- *¿Cuál creen que es más pesado?* Pida a los estudiantes que traten de adivinar la respuesta.
- *¿Cómo puede averiguarlo la guardián del zoológico?* (Podría cargar a cada uno para saber cuál es más pesado./Podría ponerlos en una balanza de platillos).

NOTA: *Si los estudiantes dicen que la esponja es más pesada porque es grande, recuérdeles que los objetos que son más grandes que otros no siempre son más pesados, por ejemplo, una lata de frijoles y una almohada.*

Objetivo:

- Medir la longitud de objetos usando hasta 10 unidades no convencionales

Materiales:

- 10 clips pequeños, 1 bolsa por estudiante

Recursos:

- LE, pág. 140

Actividad 1 LE, pág. 140

Pida a los estudiantes que miren el LE, pág. 140. Pídales que sigan con la vista mientras usted lee los globos de diálogo.

Pida a los estudiantes que PIENSEN primero en qué gato tiene razón y por qué. Luego, pídales que CONVERSEN con un compañero para comentar lo que piensan.

Diga: *Conversaron con su compañero sobre qué gato tiene la razón. CONVERSEN con su compañero otra vez para pensar de qué manera se puede probar qué palo de bambú es más largo.*

Pregunte: *¿Cómo pueden probar qué palo de bambú es más largo?* (midiendo cada palo)

Dé una bolsa de **clips** a cada pareja y pídales que midan los palos de bambú.

Observe:

- ¿Los estudiantes comienzan a medir alineando el extremo del clip junto al extremo de cada palo de bambú?
- ¿Los estudiantes dejan espacios entre los clips?
- ¿Los estudiantes superponen los clips cuando miden?
- ¿Los estudiantes cuentan correctamente la cantidad total de clips que necesitan para medir cada palo de bambú?

Pregunte: *¿Qué gato tiene razón? Expliquen sus ideas.* (Ejemplo: El palo de arriba es más largo. Tiene ______ clips de largo. El palo de abajo tiene ______ clips de largo).

Pregunte: *¿Creyeron que el palo de abajo era más largo? ¿Por qué?* *(Ejemplo: Sobresale más, por eso se ve más largo./Los extremos de los palos no están parejos entre sí, y por eso no se puede saber cuál es más largo).*

7

 ISBN 978-981-4822-01-5

Objetivo:

- Explorar la estimación del peso de un objeto en una balanza de platillos

Materiales:

- balanza de platillos, 1 por pareja
- clips, 10 por pareja
- fichas de ositos (1 mamá y 1 bebé), 1 conjunto por pareja
- lápiz (sin punta), 1 por pareja

Recursos:

- LE, pág. 141

Actividad 2 **LE, pág. 141**

Diga a los estudiantes que vayan al LE, pág. 141. Dé una **balanza de platillos**, 10 **clips** y 2 **fichas de ositos** a cada pareja.

Explique cómo se desarrolla la actividad.

- Los Estudiantes A y B estiman el peso del Bebé Osito y anotan sus repuestas en los libros.
- El Estudiante A mide el peso del Bebé Osito en la balanza (aproximadamente 3 clips) y los estudiantes anotan el resultado es sus libros.
- Los Estudiantes A y B luego estiman el peso de Mamá Osa y anotan sus respuestas. Antes de que estimen, **pregunte:** *¿Creen que Mamá Osa será más pesada o más liviana que Bebé Osito? Observen el peso del Bebé Osito. ¿La cantidad de clips que estimaron debería ser mayor o menor que 3?*
- El Estudiante B mide el peso de Mamá Osa en la balanza (aproximadamente 6 clips) y los compañeros anotan el resultado.

 ISBN 978-981-4822-01-5

Objetivos:

- Comparar 2 objetos usando lenguaje de medición y comparación
- Explorar y comprender que un objeto grande no es necesariamente más pesado que un objeto pequeño

Recursos:

- LE, pág. 142

Actividad 3 LE, pág. 142

Explique a los estudiantes que deben encerrar en un círculo el objeto que corresponda a las palabras.

Actividad de conclusión del capítulo

Pida a los estudiantes que conversen sobre lo que aprendieron en el capítulo.

Diga: *Imaginen que un estudiante nuevo viene a nuestra clase mañana. ¿Qué le dirían sobre comparar objetos? Piensen en las diferentes formas en que aprendimos a comparar objetos.*

Dé 30 segundos a los estudiantes para que piensen individualmente.

Diga: *Conversen con un compañero sobre lo que piensan.*

Dé a los estudiantes 1 minuto aproximadamente.

Dé varios minutos a los estudiantes para que compartan sus ideas con toda la clase. (Ejemplo: Usas una balanza para saber qué objeto es más pesado./Tienes que alinear los extremos de los objetos antes de medir./No debes dejar espacios entre los clips cuando mides el largo de algo./A veces los objetos pequeños son más pesados que los grandes).

» Resolución de problemas (1 día)

Consulte los Recursos para Resolución de problemas, donde encontrará materiales y notas para la enseñanza.

7

 ISBN 978-981-4822-01-5

8 Contar más

Plan de trabajo

Lección	Objetivos
Lección 1: Números hasta el 15	
Contar grupos de 11 a 15	• Contar grupos de hasta 15 objetos (en una línea, cuadro de 5 o de 10, matriz, círculo, dispersos) • Escribir un número (del 0 al 15) para representar una cantidad de objetos (de 0 a 15)
Antes, después y entre (0–15)	• Contar grupos de hasta 15 objetos (en una línea, cuadro de 5 o de 10, matriz, círculo, dispersos) • Comprender que el número que sigue es 1 más • Identificar el número que va antes, después y entre otro(s) número(s) usando una cinta de números
Comparar conjuntos de hasta 15	• Contar más hasta 15 • Comparar 2 conjuntos de hasta 15 objetos • Relacionar el lenguaje de 'más que' a 'mayor que', 'menos que' a 'menor que' y 'lo mismo que' a 'igual a'
Lección 2: Números hasta el 20	
Contar grupos de hasta 20	• Contar grupos de hasta 20 objetos (en una línea, cuadro de 5 o de 10, matriz, círculo, dispersos) • Escribir un número (del 0 al 20) para representar una cantidad de objetos (de 0 a 20)
Antes, después y entre (0–20)	• Contar grupos de hasta 20 objetos (en una línea, cuadro de 5 o de 10, matriz, círculo, dispersos) • Comprender que el número que sigue es 1 más • Identificar el número que va antes, después y entre otro(s) número(s) usando una cinta de números
Comparar conjuntos de hasta 20	• Comparar 2 conjuntos de hasta 20 objetos • Relacionar el lenguaje de 'más que' a 'mayor que', 'menor que' a 'menos que' y 'lo mismo que' a 'igual a'
Ejercicios del capítulo y actividades para los Centros de intereses	
Ejercicios del capítulo	• Contar grupos de hasta 20 objetos (en una línea, cuadro de 5 o de 10, matriz, círculo, dispersos) • Comparar 2 conjuntos de hasta 20 objetos • Identificar el número que va antes, después y entre otro(s) número(s) usando una cinta de números • Escribir un número (del 0 al 20) para representar una cantidad de objetos (de 0 a 20)
Actividad 1	
Actividad 2	
Actividad 3	
Resolución de problemas	

Duración total: 8 días (1 día = 1 hora)

Materiales	Recursos	Vocabulario
		3 días
• hojas grandes de papel • bolsas de 11, 12, 13, 14 y 15 cubos interconectables cada una, 1 conjunto por pareja	• LE, págs. 143–145 • Tarjetas de 5 puntos (RM 8.1) • Tarjetas de puntos '11–15' (RM 8.2–8.6), 1 conjunto por pareja • Hoja de registro 11–15 (RM 8.7), 1 por estudiante	• once • doce • trece • catorce • quince
• hojas grandes de papel • 15 cubos interconectables (mismo color) • cubos interconectables, 20 por pareja • cinta de números creada en el Capítulo 2 (0–10) • cinta • papel blanco, tira de 1 metro	• LE, págs. 146–147 • Tarjetas de 3 puntos (RM 5.2) • Tarjetas de 4 puntos (RM 5.3) • Tarjetas de 5 puntos (RM 8.1) • Tarjetas de puntos '11–15' (RM 8.2–8.6), 1 conjunto por pareja • Tarjetas de números 11–15 (RM 8.8), 1 conjunto por cinta de números	• antes • después • entre
• cinta de números (0–15) • hojas grandes de papel • papel • dado, 1 por pareja • cubos interconectables, 1 balde por mesa	• LE, págs. 148–149 • Tablero para contar hasta 15 (RM 8.9) • Tarjetas de puntos '11–15' del Conjunto de Tarjetas de puntos 1–20 (RM 8.18), 1 conjunto por pareja	• mayor que • menor que • igual a
		3 días
• barras de 9 a 12 cubos interconectables, 1 barra por estudiante • bolsas de 16, 17, 18, 19 y 20 cubos interconectables, 1 conjunto por pareja • hojas grandes de papel	• LE, págs. 150–151 • Tarjetas de 3 puntos (RM 5.2) • Tarjetas de 4 puntos (RM 5.3) • Tarjetas de 5 puntos (RM 8.1) • Tarjetas de puntos '16–20' (RM 8.10–8.14), 1 conjunto por pareja • Hoja de registro 16–20 (RM 8.15), 1 por estudiante	• dieciséis • diecisiete • dieciocho • diecinueve • veinte
• hojas grandes de papel • cubos interconectables, 1 balde por mesa • cinta de números 0–15	• LE, págs. 152–153 • Tarjetas de puntos '16–20' (RM 8.10–8.14), 1 conjunto por pareja • Tarjetas de números 16–20 (RM 8.16), 1 conjunto por cinta de números	• antes • después • entre
• cinta de números (0–20) • 13 cubos interconectables • cubos interconectables, 1 balde por mesa	• LE, págs. 154–156 • Tarjetas de 3 puntos (RM 5.2) • Tarjetas de 4 puntos (RM 5.3) • Tarjetas de 5 puntos (RM 8.1) • Tablero para comparar (RM 8.17), 1 por pareja • Conjunto de tarjetas de puntos 1–20 (RM 8.18), 1 conjunto por pareja	• mayor que • menor que • igual a
		1 día
	• LE, pág. 157	
• fichas, 20 por pareja	• LE, pág. 158	
• dado, 1 por pareja • cubos interconectables (2 colores diferentes), 2 por pareja • cinta de números 0–20	• LE, pág. 159	
	• LE, pág. 160	
		1 día
	• Resolución de problemas: Superlibro 8 y Libro de lectura 8 • Resolución de problemas: Guía del profesor	

8 Contar más

Presentación del capítulo

Lección 1: Números hasta el 15
Lección 2: Números hasta el 20

Introducción

En este capítulo, los estudiantes continúan desarrollando conceptos fundamentales sobre el conteo a medida que cuentan conjuntos más grandes de objetos de a 20. Usan la correspondencia de uno a uno para contar hasta 20 objetos en diferentes disposiciones (en una línea, cuadro de 10, matriz, circular, dispersos). En este capítulo se refuerzan los conceptos de conteo, como que cada número que se cuenta es 1 más que el número que lo precede y el de la cardinalidad. Los estudiantes usan una cinta de números para continuar explorando los números que van antes, después y entre medio de otros números. Los estudiantes también comparan dos grupos de objetos y aprenden a relacionar 'más que', 'menos que' y 'lo mismo que' a 'mayor que' y 'menor que' e 'igual a'.

Lección 1: Números hasta el 15

DÍA 1 | ÍA 2 | ÍA 3

Objetivos:

- Contar grupos de hasta 15 objetos (en una línea, cuadro de 5 o de 10, matriz, círculo, dispersos)
- Escribir un número (del 0 al 15) para representar una cantidad de objetos (de 0 a 15)

Materiales:

- hojas grandes de papel, 7 hojas
- bolsas de 11, 12, 13, 14 y 15 cubos interconectables cada una, 1 conjunto por pareja

Recursos:

- LE, págs. 143–145
- Tarjetas de 5 puntos (RM 8.1)
- Tarjetas de puntos '11–15' (RM 8.2–8.6), 1 conjunto por pareja
- Hoja de registro 11–15 (RM 8.7), 1 por estudiante

Vocabulario:

- once
- doce
- trece
- catorce
- quince

Actividad diaria de preparación

Objetivo: Subitizar hasta 5 objetos
Introduzca las **Tarjetas de 5 puntos (RM 8.1)** en la rutina de subitización. Comience con la tarjeta que muestra dos hileras de 2 puntos con un punto en el medio, ya que esta disposición conocida a menudo se ve en un dado o en una ficha de dominó. Muestre esta tarjeta por 3 segundos y luego por otros 3 segundos.
Pregunte: *¿Cuántos puntos vieron? ¿Cómo lo supieron?*
Pida a los estudiantes que digan cómo lo descubrieron. Muestre la tarjeta de 5 puntos restante con una hilera de 3 puntos arriba y una de 2 puntos abajo y repita las preguntas.

Repaso de conocimientos previos

Repasemos **LE, pág. 143**

Pida a los estudiantes que cuenten la cantidad de objetos de cada grupo. Luego, pídales que cuenten grupos más pequeños de estos grupos más grandes de objetos.
Pregunte:

- *¿Cuántas conchas marinas hay?* (10)
- *¿Cuántas de las conchas son color café?* (2) *¿Cuántas son blancas?* (8)

Repita el procedimiento de preguntas para los otros grupos como las palas, los baldes y las pelotas.

 ISBN 978-981-4822-01-5

Aprender y hacer

Contar grupos de 11 a 15

Laboratorio de matemáticas

Pida a los estudiantes que exploren los números del 11 al 15 usando objetos, acciones y escribiendo los números. Dé a cada pareja una **bolsa** de 11 **cubos interconectables**.
Pregunte: *¿Cuántos cubos hay en sus bolsas?*
Pida a los estudiantes que saquen los cubos de uno en uno y que los cuenten juntos.
Diga: *Contemos los cubos todos juntos. 1, 2, 3, 4, 5, 6, 7, 8, 9, 10, 11.*
Pregunte: *¿Cuántos cubos hay en tu grupo o conjunto?* (11)
Un 'conjunto' es otra forma de decir un 'grupo'.
Diga: *Contemos los cubos de nuevo.* Luego de contar con los estudiantes, pregunte: '¿Cuántos hay?'.

> ***NOTA:*** *Cuando dibuje los puntos en las hojas grandes de papel para representar los números del 12 al 15, varíe las disposiciones (en una línea, matriz, circular, dispersos).*

Observa

Escriba '11' y 'once' en una **hoja grande de papel**.
Pregunte: *¿Cómo se escribe 11?* (Ejemplo: dos 1)
Explique que el número 11 comienza con un '1' y se escribe con dos '1'. Pregunte a los estudiantes si ven el número 11 en el salón de clase, por ejemplo, en un reloj o en un calendario. Luego, dibuje 11 puntos junto al número para mostrar la cantidad representada. Repita el procedimiento con los números del 12 al 15.
Recuerde a los estudiantes que cuando escriben 12, 13, 14 y 15, cada número empieza con el número 1 y que cada número tiene dos dígitos (por ejemplo, que el 12 se escribe con el 1 y el 2, etc.).
Muestre a los estudiantes la **Tarjeta de puntos '11' (RM 8.2)**. Dibuje un cuadro de 10 en una hoja grande de papel. Complete el cuadro de 10 con 10 puntos y pregunte a los estudiantes cuántos puntos hay dentro.
Diga: *Hay 10 puntos en este cuadro de 10. Dibujamos 1 punto más para mostrar 11 puntos.*
Dibuje el 11° punto junto al cuadro de 10. Pida a los estudiantes que vuelvan a contar los puntos. Coloque un conjunto de **Tarjetas de puntos '11–15' (RM 8.2–RM 8.6)** boca abajo sobre la mesa. Dé una **Hoja de registro 11–15 (RM 8.7)** a cada estudiante. Explique que luego usted elegirá una tarjeta y la mostrará. Los estudiantes tienen que identificar el número y hallar la hilera que deben completar, por ejemplo, si usted muestra la Tarjeta de puntos '15', los estudiantes completan la hilera para el 15. Pídales que completen el cuadro de 10 con puntos y dibujen cualquier punto restante fuera. Luego pídales que formen parejas para revisar entre sí los dibujos y el trabajo de conteo.

Observa

Aprendamos **LE, pág. 144**

Pida a los estudiantes que cuenten estos conjuntos de objetos con usted:

- las 11 vacas
- las 12 ventanas en la torre del reloj
- los 13 árboles
- los 14 trenes de madera
- los 15 carros

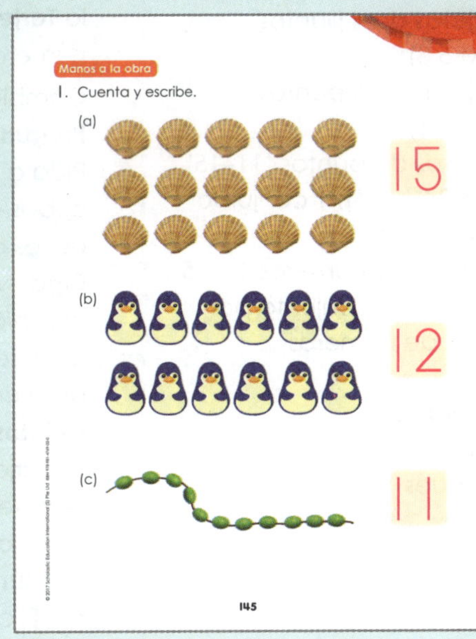

Manos a la obra **LE, pág. 145**

En la tarea 1 se practica que los estudiantes cuenten conjuntos de hasta 15 objetos. Los estudiantes deben escribir los números correspondientes.

Reforzar conceptos

Pida a un estudiante que aplauda 11 veces y pídale al resto de la clase que los cuente. Cuando el estudiante termine, pregunte a la clase cuántas veces aplaudió. Repita el procedimiento con los números 12, 13, 14 y 15.

Actividad diaria de conclusión

Dibuje una disposición circular de 13 puntos en una **hoja grande de papel**.
Pregunte: *¿Cómo podemos contar esta disposición de puntos?*
Los estudiantes pueden describir estrategias como marcar el primero de los puntos contados con una X, tachar cada punto a medida que se cuenta y cubrir cada punto a medida que se cuenta.

8

 ISBN 978-981-4822-01-5

Objetivos:

- Contar grupos de hasta 15 objetos (en una línea, cuadro de 5 o de 10, matriz, círculo, dispersos)
- Comprender que el número que sigue es 1 más
- Identificar el número que va antes, después y entre otro(s) número(s) usando una cinta de números

Materiales:

- hojas grandes de papel
- 15 cubos interconectables (mismo color)
- cubos interconectables, 20 por pareja
- cinta de números creada en el Capítulo 2 (0–10)
- cinta
- papel blanco, tira de 1 metro

Recursos:

- LE, págs. 146–147
- Tarjetas de 3 puntos (RM 5.2)
- Tarjetas de 4 puntos (RM 5.3)
- Tarjetas de 5 puntos (RM 8.1)
- Tarjetas de puntos '11–15' (RM 8.2 – 8.6), 1 conjunto por pareja
- Tarjetas de números 11–15 (RM 8.8), 1 conjunto por cinta de números

Vocabulario:

- antes
- después
- entre

Actividad diaria de preparación

Objetivo: Subitizar hasta 5 objetos
Pida a los estudiantes que subiticen las **Tarjetas de 3** y de **4 puntos (RM 5.2 – 5.3)**, y las **Tarjetas de 5 puntos. (RM 8.1)**. Mezcle las tarjetas y muéstrelas, una por una, por 3 segundos.
Pregunte: *¿Cuántos puntos vieron y cómo estaban dispuestos los puntos? ¿Alguien vio los puntos dispuestos de manera diferente?*
Muestre las tarjetas de puntos restantes y repita las preguntas.

Repaso rápido

Pida a los estudiantes que formen 5 grupos. Pida a cada grupo que represente cantidades de 11 a 15 con acciones.

- Grupo A: aplaudir 11 veces
- Grupo B: tocarse la nariz 12 veces
- Grupo C: tirar de sus orejas 13 veces
- Grupo D: golpear el suelo con los pies 14 veces
- Grupo E: mover sus cabezas 15 veces

Mientras cada grupo realiza su acción, los otros estudiantes cuentan.

Aprender y hacer

Antes, después y entre (0–15)

Laboratorio de matemáticas

Coloque 15 **cubos interconectables** del mismo color sobre la mesa. Muestre la **Tarjeta de puntos '12' (RM 8.3)** a un estudiante. Pídale que identifique el número y cuente 12 cubos en línea. Pregunte a todos cuántos cubos hay.
Cambie la disposición de los 12 cubos en una matriz (4 x 3, 2 x 6, 6 x 2 o 3 x 4).
Pregunte: *¿Todavía hay 12 cubos? ¿Cómo lo saben?*
Pida a otro estudiante que cuente los cubos. Cambie la disposición de los 12 cubos en un círculo y luego dispersos. Cada vez que cambie la disposición de los cubos, pregunte si todavía hay 12 cubos y por qué creen eso.
Diga: *No añadimos ni quitamos ningún cubo de este conjunto. Si cambiáramos la disposición de este conjunto de cubos de otra manera, igual seguiríamos teniendo 12 cubos.*
Dé a cada pareja 20 cubos interconectables y un conjunto mezclado de las **Tarjetas de puntos '11–15' (RM 8.2–8.6)**. Pida a los estudiantes que coloquen las tarjetas de puntos boca abajo en una pila. Pida a un estudiante que demuestre la actividad con usted.

- El compañero A (el estudiante) elige la tarjeta de arriba, identifica el número y cuenta esa cantidad de cubos en una línea.
- El compañero B (el maestro) cuenta la línea para verificar el total.
- El compañero A (el estudiante) cambia la disposición de los cubos (en una matriz, dispersos o en círculo).
- El compañero B (el maestro) vuelve a contar los cubos y dice el total.
- Los compañeros intercambian roles.

Dé tiempo para que las parejas completen 2 rondas de conteo.
Muestre a los estudiantes la **cinta de números** para 0 –10. Pídales que identifiquen los números en la cinta de números y pregúnteles lo siguiente.

- *¿Qué números van después del 6?* (7, 8, 9, 10)
- *¿Qué números van antes del 1?* (0)
- *¿Qué números van entre el 2 y el 5?* (3 y 4)

Use la **cinta** para pegar la tira de **papel blanco** a la cinta de números existente. Muestre a los estudiantes las **Tarjetas de números 11–15 (RM 8.8)**.

 ISBN 978-981-4822-01-5

Diga: *Estas son las Tarjetas de números 11, 12, 13, 14 y 15* (señale cada una de las tarjetas mientras las identifica). *Vamos a agregar más números a nuestra cinta de números.*
Muestre a los estudiantes un conjunto de 10 cubos interconectables y pida que los cuenten juntos y que digan cuántos hay. Agregue otro cubo.
Pregunte: *¿Cuántos cubos hay ahora?* (11)
Pida a los estudiantes que elijan la Tarjeta de números 11.
Pregunte: *Luego de que añadimos 1 cubo más al conjunto de 10 cubos, tuvimos 11 cubos. ¿Dónde debemos colocar el 11 en nuestra cinta de números? ¿Por qué creen eso?* (Colocamos el 11 después del 10 dado que 11 es 1 más que 10) Pegue la Tarjeta de número para 11 sobre la cinta de números. Pida a los estudiantes que vuelvan a contar el conjunto de 11 cubos y vuelvan a decir el total. Agregue 1 cubo más al conjunto.
Pregunte: *¿Cuántos cubos hay ahora?* (12) Pida a los estudiantes que elijan la Tarjeta de números 12 y digan dónde colocarla en la cinta de números. Repita para el 13 hasta el 15. Refuerce los conceptos de 'antes', 'después' y 'entre' a medida que coloquen las tarjetas de números.
Pregunte:

- *¿Qué número creen que va después del 12* (una vez que se haya colocado el 12)*?*
- *¿Qué número va antes del 13* (una vez que se haya colocado el 13)*?*
- *¿Qué números van entre el 8 y el 11?* (9 y 10)

Diga: *Nuestra cinta de números ahora muestra el orden de los números entre el 0 y el 15.*

Observa

Aprendamos

LE, págs. 146–147

Diga a los estudiantes que vayan a la cinta de números del LE, págs. 146–147.
Anote los números del 0 al 15 en una **hoja grande de papel**.
Diga: *Estoy pensando en un número secreto entre el 9 y el 15.* Diga a los estudiantes que 'entre' significa que los números 9 y 15 no están incluidos.
Pregunte: *¿Qué números podrían ser el número secreto?* (10, 11, 12, 13, 14)

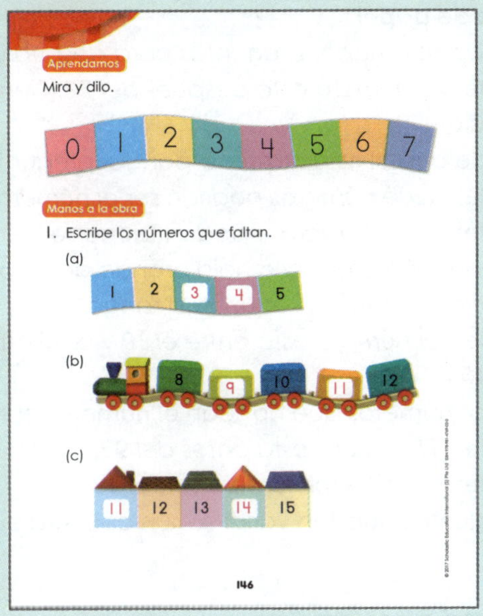

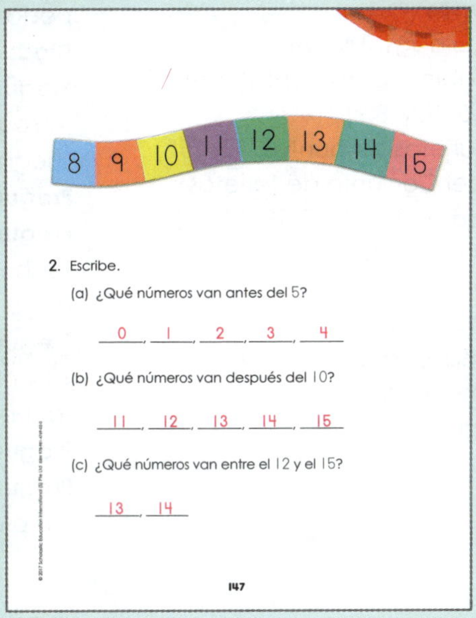

Tache del 0 al 9 y el 15 en la hoja grande de papel.
Diga: *El número secreto está después del 12.*
Pregunte: *¿Qué números podrían ser el número secreto?* (13, 14) Tache el 10, el 11 y el 12.
Diga: *El número secreto está justo antes del 15.*
Pregunte: *¿Cuál es mi número secreto?* (14)
Observe:

- ¿Los estudiantes tienen dificultades para identificar números? De ser así, ¿qué números?
- ¿Comprenden los conceptos de 'antes', 'después' y 'entre'?
- ¿Pueden identificar los números que van antes, después o entre sin mirar la cinta de números?

Manos a la obra **LE, págs. 146–147**

En la tarea 1 se requiere que los estudiantes completen las secuencias. En la tarea 2 se practica que los estudiantes identifiquen los números que van antes, después y entre otros números.

Reforzar conceptos

Coloque la **cinta de números** en una pared. Pida a 1 estudiante que se pare debajo del número 5.
Pregunte: *¿Qué números están antes del 5?*
Pida a un estudiante que señale los números que están antes del 5.
Pregunte: *¿Qué números están después del 5?*
Pida a un estudiante que señale los números que están después del 5. Repita este procedimiento varias veces con otros números.

Actividad diaria de conclusión

Dibuje una cinta de números del 0 al 15 en una **hoja grande de papel** sin incluir los números 4, 7, 11 y 14.
Pida a los estudiantes que digan qué números faltan y en dónde deberían ir. (Ejemplo: el número 4 no está allí. Va después del 3).

8

 ISBN 978-981-4822-01-5

Lección 1: Números hasta el 15

DÍA 1 DÍA 2 DÍA 3

Objetivos:

- Contar más hasta 15
- Comparar 2 conjuntos de hasta 15 objetos
- Relacionar el lenguaje de 'más que' a 'mayor que', 'menos que' a 'menor que' y 'lo mismo que' a 'igual a'

Materiales:

- cinta de números (0–15)
- hojas grandes de papel
- papel
- dado, 1 por pareja
- cubos interconectables, 1 balde por mesa

Recursos:

- LE, págs. 148–149
- Tablero para contar hasta 15 (RM 8.9)
- Tarjetas de puntos '11–15' del Conjunto de tarjetas de puntos 1–20 (RM 8.18), 1 conjunto por pareja

Vocabulario:

- mayor que
- menor que
- igual a

Actividad diaria de preparación

Objetivos: Contar de memoria hasta el 31; contar hacia atrás desde el 15

Cuenten de memoria todos juntos del 1 al 31. Luego, pida a los estudiantes que cuenten varias veces desde un número dado que no sea el 1 (por ejemplo, 11, 20). Al llegar al 31, pida que todos aplaudan. Pida a los estudiantes que cuenten de memoria hacia atrás desde el 15 al 0 y luego pídales que cuenten de memoria hacia atrás desde un número que no sea el 15 (por ejemplo, 13, 10).

Repaso rápido

Pida a los estudiantes que revisen la **cinta de números (0 –15)** que fue creada la clase anterior. Escriba los números del 0 al 15 en una **hoja grande de papel**. Diga a los estudiantes que van a adivinar el número secreto de un amigo. Recuérdeles que pueden usar la cinta de números como ayuda. Pida a un estudiante que piense un número secreto y que lo escriba en un pedazo de **papel**.

Diga: *Vamos a hacer preguntas para descubrir el número secreto de______.*

Pregunte: *¿El número está después del 7?* (Ejemplo: Sí, el número está después del 7).

Luego de que el estudiante responda, pregunte a la clase lo siguiente.

Pregunte: *¿Qué números podrían ser el número secreto?* (Del 8 al 15)

Pregunte: *¿Qué números pueden tacharse?* (Del 0 al 7)

Tache esos números en la hoja grande de papel.

Haga otra pregunta y reduzca el rango.

Pregunte: *¿El número está entre el 10 y el 15?* (No, el número no está entre el 10 y el 15.)

Tache los números que no sean el número secreto.

Pregunte: *¿El número está antes del 9?* (Sí, el número está antes del 9.)

Pregunte: *¿Cuál es mi número secreto?* (8)

Las preguntas pueden variar según cuál sea el número secreto.

Aprender y hacer

Comparar conjuntos de hasta 15

Laboratorio de matemáticas

Explique a los estudiantes cómo completarán su trabajo de conteo hasta 15. Dé a cada pareja un **dado**, **cubos interconectables** y un **Tablero para contar hasta 15 (TR 8.9)**. Pida a un estudiante que demuestre la actividad con usted.

- El compañero A (el maestro) tira el dado e identifica la cantidad de puntos (por ejemplo, 3). El compañero A coloca 3 cubos interconectables en la hilera superior del cuadro de 10 y dice, "tengo 3 cubos".
- El compañero B (el estudiante) identifica 6 puntos en su turno, coloca 6 cubos en su cuadro de 10 y dice, "tengo 6 cubos".
- El compañero A (el maestro) tira el dado nuevamente e identifica la cantidad de puntos (por ejemplo, 2). El compañero A dice, "tengo 3 cubos. Coloco 2 cubos más en el cuadro de 10".
- Los compañeros continúan turnándose hasta completar los cuadros de 10 y de 5 con cubos.

Diga a los estudiantes que empiecen a completar primero el cuadro de 10 antes de seguir con el de 5. Recuérdeles que digan la cantidad de cubos en su cuadro de 10 y de 5 y cuántos cubos colocaron luego de tirar el dado. Pida a las parejas que completen esta actividad.

Observa

Explique que compararán conjuntos de objetos. Use las tarjetas de puntos del 1 al 15 del **Conjunto de tarjetas de puntos 1–20 (RM 8.18)**. Tenga listos dos conjuntos mezclados. Dé a cada pareja 2 tarjetas de puntos (una de cada conjunto). Ellos cuentan los puntos en sus tarjetas. Pídales que comparen la cantidad de puntos de sus tarjetas usando 'más de', 'menos de' y 'el mismo que', términos que los estudiantes ya han visto. Pídales que levanten la mano cuando usted haga las siguientes preguntas.

- *¿Quién tiene más puntos que su amigo?*
- *¿Quién tiene menos puntos que su amigo?*
- *¿Quién tiene la misma cantidad de puntos que su amigo?*

Explique que ahora compararán números. Presente 'mayor que', 'menor que' e 'igual a' y diga que usaremos estos términos para comparar números. Pídales que miren sus tarjetas de puntos.

Pregunte qué estudiantes tienen más puntos que sus compañeros. Pídales que lean en voz alta el número en su tarjeta de puntos y el de la de su compañero. Explique la relación entre 'mayor que' y 'más que'.

Diga: ______ *tiene más puntos que* ______. *También podemos decir que* ______ *tiene una mayor cantidad de puntos que* ______, *o que* ______ *(por ejemplo, 11) es mayor que* ______ *(por ejemplo, 8).*

Pida a los estudiantes que tengan más puntos que sus compañeros que comparen sus números con ellos.

Use el mismo procedimiento para relacionar 'menor que' a 'menos que' y 'lo mismo que' a 'igual a'. Si no hay parejas con la misma cantidad de puntos, muéstreles tarjetas de puntos con la misma cantidad de puntos, como la tarjeta de puntos '12'.

Diga: *Ambas tarjetas tienen la misma cantidad o una cantidad igual de puntos.*

Observe:

- ¿Los estudiantes tienen dificultades para identificar números? De ser así, ¿qué números?
- ¿Entienden 'mayor que', 'menor que' e 'igual a'?

***NOTA:** Al comparar conjuntos de objetos, usamos 'mayor que', 'menor que' e 'igual a' para comparar cantidades, por ejemplo, el grupo A tiene una mayor cantidad de manzanas que el grupo B. (No usaríamos 'mayor que' para sustantivos contables, por ejemplo, '10 manzanas es mayor que 5 manzanas.' sería incorrecto.)*

Observa

Aprendamos **LE, pág. 148**

Diga a los estudiantes que vayan a la ilustración del LE, pág. 148. Haga preguntas como las siguientes.

- *¿Quién tiene más juguetes, Rey o Bela?*
- *¿Quién tiene menos juguetes, Tito o Helicóptero?*
- *¿Qué 2 gatos tienen la misma cantidad?*

Dirija a los estudiantes hacia los números en las camisetas de los gatos y compare los números. Haga preguntas como estas.

- *¿Qué número es mayor que 12?*
- *¿Qué número es menor que 12?*

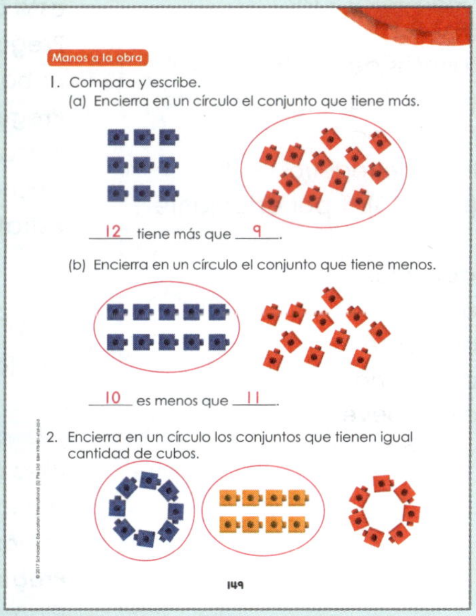

Manos a la obra **LE, pág. 149**

En la tarea 1 se practica que los estudiantes cuenten y comparen la cantidad de objetos en grupos de hasta 15 objetos, y que comparen los números respectivos usando 'mayor que' y 'menor que'.

En la tarea 2 se requiere que encierren en un círculo los conjuntos con la misma cantidad de objetos.

Reforzar conceptos

Dé a cada pareja de estudiantes una barra de 10 **cubos interconectables**. Pídales que hagan otras dos barras de cubos, una con más y otra con menos cubos que la barra de 10 cubos.

Actividad diaria de conclusión

Diga a los estudiantes que vayan a la **cinta de números** que crearon. **Pregunte:**

- *¿Qué números son mayores que 10?* (11, 12, 13, 14, 15)
- *¿Qué números son menores que 5?* (0, 1, 2, 3, 4)

8

 ISBN 978-981-4822-01-5

Objetivos:

- Contar grupos de hasta 20 objetos (en una línea, cuadro de 5 o de 10, matriz, círculo, dispersos)
- Escribir un número (del 0 al 20) para representar una cantidad de objetos (de 0 a 20)

Materiales:

- barras de 9 a 12 cubos interconectables, 1 barra por estudiante
- bolsas de 16, 17, 18, 19 y 20 cubos interconectables cada una, 1 conjunto por pareja
- hojas grandes de papel

Recursos:

- LE, págs. 150–151
- Tarjetas de 3 puntos (RM 5.2)
- Tarjetas de 4 puntos (RM 5.3)
- Tarjetas de 5 puntos (RM 8.1)
- Tarjetas de puntos '16–20' (RM 8.10–8.14), 1 conjunto por pareja
- Hoja de registro 16–20 (RM 8.15), 1 por estudiante

Vocabulario:

- dieciséis
- diecisiete
- dieciocho
- diecinueve
- veinte

Actividad diaria de preparación

Objetivo: Subitizar hasta 5 objetos

Pida a los estudiantes que subiticen las **Tarjetas de 3** y **4 puntos (RM 5.2 – 5.3)**, y las **Tarjetas de 5 puntos (RM 8.1)**. Mezcle las tarjetas y muéstrelas, una a la vez, por 3 segundos.

Pregunte: *¿Cuántos puntos vieron y cómo estaban dispuestos los puntos? ¿Alguien vio los puntos dispuestos de manera diferente?*

Repita las preguntas con todas las tarjetas.

NOTA: *Pida a los estudiantes que describan cómo vieron los puntos. Dibuje varias veces una determinada disposición de puntos. A medida que los estudiantes expliquen, encierre en un círculo los puntos que describieron al ver cada conjunto de puntos (por ejemplo,*  *). Por ejemplo, los estudiantes pueden describir haber visto dos hileras de dos puntos con un punto en el medio.*

Repaso rápido

Dé a cada estudiante una barra de 9, 10, 11 o 12 **cubos interconectables**. Luego, muestre a los estudiantes una barra de 11 cubos. Pida a los estudiantes que cuenten los cubos de esta barra y pregunte cuántos cubos hay.

Pregunte: *¿Quién tiene una barra de cubos que tenga menos cubos que esta barra? ¿Cómo lo saben?*

Pregunte: *¿Quién tiene una barra de cubos que tenga igual cantidad de cubos que esta barra? ¿Cómo lo saben?*

Pregunte: *¿Quién tiene una barra de cubos que tenga más cubos que esta barra? ¿Cómo lo saben?*

Anime a los estudiantes para que justifiquen sus respuestas usando estrategias de conteo.

Aprender y hacer

Contar grupos de hasta 20

Laboratorio de matemáticas | Observa

Pida a los estudiantes que exploren los números del 16 al 20 con objetos, acciones y escribiendo los números. Dé a cada pareja una **bolsa** de 16 **cubos interconectables**.

Pregunte: *¿Cuántos cubos hay en sus bolsas?*

Pida a los estudiantes que saquen los cubos de a uno y cuéntelos con toda la clase.

Diga: *Contemos los cubos todos juntos. 1, 2, 3, 4, 5, 6, 7, 8, 9, 10, 11, 12, 13, 14, 15, 16.*

Pregunte: *¿Cuántos cubos hay en tu grupo o conjunto?* (16)

Diga: *Contemos los cubos de nuevo.*

Luego de contar con los estudiantes, pregunte: '¿Cuántos hay?' .

Luego, escriba '16' y 'dieciséis' en una **hoja grande de papel**.

Pregunte: *¿Cómo se escribe 16?* (Ejemplo: un '1' y un '6')

Explique que el número 16 empieza con un'1' y termina con un '6'. Pida a los estudiantes que tracen el número 16 en el aire. Luego, dibuje 16 puntos en una matriz junto al número para mostrar la cantidad representada. Repita el procedimiento con los números del 17 al 20.

 ISBN 978-981-4822-01-5

Muestre a los estudiantes la **Tarjeta de puntos '16' (RM 8.10)**. Dibuje un cuadro de 10 doble en la hoja grande de papel.
Pregunte: *¿A qué se parece?* (Ejemplo: a dos cuadros de 10)
Diga: *Este es un cuadro de 10 doble. Está formado por dos cuadros de 10. Podemos usar cuadros de 10 dobles para mostrar números mayores que 10.*
Complete el cuadro de 10 doble con 16 puntos y pregunte a los estudiantes cuántos puntos hay allí. Pida a los estudiantes que cuenten la cantidad de puntos.
Cubra el cuadro de 10 que tiene solo 6 puntos. Dirija la atención de los estudiantes al cuadro de 10 que está completamente lleno.
Pregunte: *El cuadro de 10 está completo. ¿Cuántos puntos hay en este cuadro de 10?* (10)
Diga: *Podemos seguir contando desde 10 para descubrir cuántos puntos hay en este cuadro de 10 doble. 11, 12, 13, 14, 15, 16.*
Muestre a los estudiantes cómo están representados los números del 17 al 20 en un cuadro de 10 doble. Pida a los estudiantes que cuenten a partir de 10.
Dé a cada pareja un conjunto de **Tarjetas de puntos '16–20' (RM 8.10 – RM 8.14)** y a cada estudiante una **Hoja de registro 16–20 (RM 8.15)**. Explique que los estudiantes se turnarán para elegir una tarjeta de puntos, para identificar el número y para completar la hilera correcta de sus hojas de registro. Pida a los estudiantes que completen la hilera para 16. Ambos compañeros dibujan muchos puntos en el cuadro de 10 doble. Los compañeros deben revisar su trabajos entre sí. Repiten el procedimiento para las tarjetas de puntos restantes.

Observa

Aprendamos **LE, pág. 150**

Diga a los estudiantes que vayan a la ilustración del LE, pág. 150. Pídales que cuenten los conjuntos de adhesivos en diferentes disposiciones. Para cada disposición, pida a los estudiantes que señalen cada adhesivo a medida que cuentan.

Manos a la obra

LE, pág. 151

En la tarea 1 se practica que los estudiantes cuenten grupos que tienen hasta 20 objetos y escriban los números correspondientes.

Reforzar conceptos

Pida a un estudiante que aplauda 16 veces y pídale al resto de la clase que los cuente. Cuando el estudiante haya terminado de aplaudir, pregunte a la clase cuántas veces aplaudió. Pida a otros estudiantes que repitan el procedimiento anterior con los números 17, 18, 19 y 20 usando diferentes acciones, por ejemplo, golpear el suelo con sus pies.

Actividad diaria de conclusión

Pida a los estudiantes que formen parejas y representen cantidades de 16 a 20 usando diferentes acciones (por ejemplo, aplaudir o dar pisadas fuertes). Pídales que digan el número primero (por ejemplo, 16) y que luego usen la acción para mostrar la cantidad representada por el número.

8

 ISBN 978-981-4822-01-5

Lección 2: Números hasta el 20

DÍA 1 DÍA 2 DÍA 3

Objetivos:

- Contar grupos de hasta 20 objetos (en una línea, cuadro de 5 o de 10, matriz, círculo, dispersos)
- Comprender que el número que sigue es 1 más
- Identificar el número que va antes, después y entre otro(s) número(s) usando una cinta de números

Materiales:

- hojas grandes de papel
- cubos interconectables, 1 balde por mesa
- cinta de números 0–15

Recursos:

- LE, págs. 152–153
- Tarjetas de puntos '16–20' (RM 8.10–8.14), 1 conjunto por pareja
- Tarjetas de números 16–20 (RM 8.16), 1 conjunto por cinta de números

Vocabulario:

- antes
- después
- entre

Actividad diaria de preparación

Objetivo: Contar de memoria desde un número dado hasta el 31
Cuenten de memoria todos juntos del 1 al 31. Luego, pida a los estudiantes que cuenten varias veces desde un número dado que no sea el 1 (por ejemplo, 12, 18). Cada vez que lleguen al 31, pida que todos aplaudan.

Repaso rápido

Escriba los números del 0 al 16 en una **hoja grande de papel**. Pida a los estudiantes que identifiquen los números. Luego, pídales que formen 5 grupos y que cada grupo represente las cantidades del 16 al 20 con acciones.

- Grupo A: aplaudir 16 veces
- Grupo B: tocarse la nariz 17 veces
- Grupo C: tirar de sus orejas 18 veces
- Grupo D: golpear el suelo con los pies 19 veces
- Grupo E: mover la cabeza 20 veces

Mientras cada grupo realiza su acción, los demás cuentan.

Aprender y hacer

Antes, después y entre (0–20)

Laboratorio de matemáticas

Dé a cada mesa un balde de **cubos interconectables** y un conjunto mezclado de **Tarjetas de puntos '16–20' (RM 8.10–8.14)**. Pida a los estudiantes que coloquen las tarjetas de puntos boca abajo en una pila. Recuérdeles que pueden contar los puntos en una tarjeta si no están seguros del número escrito. Pida a un voluntario que demuestre la actividad con usted.

- El compañero A (el maestro) elige la tarjeta de arriba, identifica el número y cuenta esa cantidad de cubos en una línea.
- El compañero B (el estudiante) cuenta los cubos para verificar el total.
- El compañero A (el maestro) cambia la disposición de los cubos (en una matriz, dispersos o en un círculo).
- El compañero B (el estudiante) vuelve a contar los cubos y dice el total.
- Los compañeros intercambian roles.

Dé tiempo a las parejas para que completen dos rondas de conteo.
Muestre a los estudiantes la **cinta de números** para 0–15 que la clase creó anteriormente. Pídales que identifiquen los números en la cinta de números. Haga preguntas como las siguientes.

- *¿Qué números van después del 10?* (11, 12, 13, 14, 15)
- *¿Qué números van antes del 5?* (0, 1, 2, 3, 4)
- *¿Qué números van entre el 5 y el 10?* (6, 7, 8, 9) *¿Por qué no incluimos al 5 y al 10?*

Muestre a los estudiantes el espacio restante en la cinta de números 0–15. Dígales que sumarán las **Tarjetas de números 16–20 (RM 8.16)** a la cinta de números. Muestre a los estudiantes las Tarjetas de números 16–20.
Diga: *Estas son las Tarjetas de números para 16, 17, 18, 19 y 20* (señale cada una de las tarjetas mientras las identifica). *Vamos a agregar más números a nuestra cinta de números.*
Muestre a los estudiantes un conjunto de 15 cubos interconectables y pídales que los cuenten y que digan cuántos hay. Agregue otro cubo más.
Pregunte: *¿Cuántos cubos hay ahora?* (16)
Pida a los estudiantes que elijan la tarjeta de números 16.

 ISBN 978-981-4822-01-5

Pregunte: *Luego de que agregamos 1 cubo más al conjunto de 15 cubos, tuvimos 16 cubos. ¿Dónde debemos colocar el 16 en nuestra cinta de números? ¿Por qué creen eso?* (Colocamos el 16 luego del 15 ya que 16 es uno más que 15).

Pegue la tarjeta de números 16 sobre la cinta de números.

Pida a los estudiantes que vuelvan a contar el conjunto de 16 cubos y vuelvan a decir el total. Agregue 1 cubo más al conjunto.

Pregunte: *¿Cuántos cubos hay ahora?* (17)

Pida a los estudiantes que elijan la tarjeta de números 17 y digan dónde colocarla en la cinta de números. Repita para el 18 hasta el 20. Refuerce los conceptos de 'antes', 'después' y 'entre' a medida que coloquen las tarjetas de números.

Pregunte:

- *¿Qué número va antes del 17* (una vez que se haya colocado el 17)?
- *¿Qué número creen que va después del 18* (una vez que se haya colocado el 18)?
- *¿Qué números van entre el 15 y el 19?* (16, 17, 18)

Diga: *Nuestra cinta de números ahora muestra el orden de los números entre el 0 y el 20.*

Observa

Aprendamos

LE, págs. 152–153

Diga a los estudiantes que vayan a la cinta de números del LE, págs. 152–153. Anote los números del 0 al 20 en una **hoja grande de papel**.

Diga: *Estoy pensando en un número secreto. Está entre el 11 y el 20.*

Pregunte: *¿Qué números podrían ser el número secreto?* (12, 13, 14, 15, 16, 17, 18, 19)

Tache del 0 al 11 y el 20 en la hoja grande de papel.

Diga: *El número secreto está después del 16.*

Aprendamos
Mira y dilo.
0 1 2 3 4 5 6 7 8 9 10 11 12 13 14 15 16 17 18 19 20
Manos a la obra
1. Mira y escribe.
(a) 7 8 9 10 11
(b) 8 9 10 11 12
(c) 16 17 18 19 20
2. Escribe.
(a) ¿Qué números van después del 15? 16, 17, 18, 19, 20
(b) ¿Qué números van entre el 16 y el 19? 17, 18
(c) ¿Qué números van entre el 14 y el 17? 15, 16
152
153

Pregunte: *¿Qué números podrían ser el número secreto?* (17, 18, 19)

Tache del 12 al 16.

Diga: *El número secreto está justo antes del 19.*

Pregunte: *¿Cuál es mi número secreto?* (18)

Observe:

- ¿Los estudiantes tienen dificultades para identificar números? De ser así, ¿qué números?
- ¿Los estudiantes comprenden los conceptos de 'antes', 'después' y 'entre'?
- ¿Los estudiantes pueden identificar los números que van antes, después o entre sin mirar la cinta?

Manos a la obra **LE, págs. 152–153**

En la tarea 1 se requiere que los estudiantes completen las secuencias.

En la tarea 2 se practica que los estudiantes identifiquen los números que van antes, después y entre otros números.

Reforzar conceptos

Coloque la **cinta de números** en una pared. Pida a 1 estudiante que se pare debajo del número 10.

Pregunte: *¿Qué números van antes del 10?*

Pida a un estudiante que señale los números que van antes del 10.

Pregunte: *¿Qué números van después del 10?*

Pida a otro estudiante que señale los números que van después del 10. Repita este procedimiento con otros números para ayudar a que los estudiantes se familiaricen.

Actividad diaria de conclusión

Dibuje una cinta de números del 0 al 20 en una **hoja grande de papel**, sin incluir los números 8, 13, 16 y 20.

Pida a los estudiantes que digan qué números faltan y en dónde deberían ir. (Ejemplo: El número 13 no está allí. Va después del 12).

8

ISBN 978-981-4822-01-5

Lección 2: Números hasta el 20

DÍA 1 DÍA 2 DÍA 3

Objetivos:

- Comparar 2 conjuntos de hasta 20 objetos
- Relacionar el lenguaje de 'más que' a 'mayor que', 'menor que' a 'menos que' y 'lo mismo que' a 'igual a'

Materiales:

- cinta de números 0–20
- 13 cubos interconectables
- cubos interconectables, 1 balde por mesa

Recursos:

- LE, págs. 154–156
- Tarjetas de 3 puntos (RM 5.2)
- Tarjetas de 4 puntos (RM 5.3)
- Tarjetas de 5 puntos (RM 8.1)
- Tablero para comparar (RM 8.17), 1 por pareja
- Conjunto de tarjetas de puntos 1–20 (RM 8.18), 1 conjunto por pareja

Vocabulario:

- mayor que
- menor que
- igual a

Actividad diaria de preparación

Objetivo: Subitizar hasta 5 objetos

Pida a los estudiantes que subiticen las **Tarjetas de 3** y **4 puntos (RM 5.2–5.3)**, y las **Tarjetas de 5 puntos (RM 8.1)**. Mezcle las tarjetas y muéstrelas, una a la vez, por 3 segundos.

Pregunte: *¿Cuántos puntos vieron y cómo estaban dispuestos los puntos? ¿Alguien vio los puntos dispuestos de manera diferente?*

Repita las preguntas con todas las tarjetas.

Repaso rápido

Coloque la **cinta de números 0–20** donde los estudiantes puedan verla con facilidad. Elija su número secreto y pida a los estudiantes que lo adivinen. Lea las siguientes pistas. Cambie el problema para que coincida con su número secreto.

Diga: *Mi número secreto va antes del 13.*

Pregunte: *¿Qué números van antes del 13?* (Del 0 al 12)

Diga: *Aquí tienen otra pista. Mi número secreto va después del 9. ¿Qué números podrían ser mi número secreto?* (Del 10 al 12)

Pregunte: *¿Saben cuál es mi número secreto?*

Pida a los estudiantes que usen la cinta de números para explicar su razonamiento. (Ejemplo: Empezamos con el número 13. Los números anteriores al 13 son del 0 al 12. El número también va después del 9, de modo que podría ser el 10, el 11 y el 12. ¡Necesitamos otra pista!)

Pregunte: *Mi número secreto está entre el 9 y el 11. ¿Cuál es mi número secreto?* (10) Pida a los estudiantes que expliquen cómo lo saben.

Aprender y hacer

Comparar conjuntos de hasta 20

Laboratorio de matemáticas

Haga una barra de 13 **cubos interconectables** y muéstrela a los estudiantes. Dé un balde de cubos interconectables a cada grupo de entre 3 y 4 estudiantes.

Pregunte: *¿Cuántos cubos hay?* (13)

Diga: *Hagan una barra que tenga una cantidad igual de cubos.*

Dé tiempo a los estudiantes para que hagan una barra con 13 cubos. Pida a los estudiantes que cuenten la cantidad de cubos en su barra.

Diga: *Hagan una barra que tenga una cantidad mayor de cubos.*

Pida a los estudiantes que hagan otra barra que tenga más de 13 cubos. Pida a algunos grupos que compartan cuántos cubos usaron.

Diga: *Hagan una barra que tenga menos de 13 cubos.*

Pida a algunos grupos que compartan cuántos cubos usaron.

Observa

Pida a las parejas jueguen al 'Juego de comparar'. Dé a cada pareja un **Tablero para comparar (RM 8.17)** y un conjunto mezclado de **Tarjetas de puntos 1–20 (TRM 8.18)** y colóquelas boca abajo en una pila. Pida a un estudiante voluntario que lo ayude a demostrar el juego.

Diga: *El número con el que compararemos es el 13.*

- El compañero A (el estudiante) escribe '13' con un lápiz en la casilla vacía del tablero.
- El compañero B (el maestro) elige la tarjeta de arriba de la pila de tarjetas de puntos (por ejemplo, 17) y dice "Esta tarjeta muestra el 17. Tiene más puntos que el 13. 17 es mayor que 13".

 ISBN 978-981-4822-01-5

- El compañero B (el maestro) coloca la tarjeta de puntos '17' en la casilla 'mayor que' del tablero.
- El compañero A (el estudiante) elige la tarjeta que sigue en la pila, identifica el número (por ejemplo, 11) y dice, "Esta tarjeta muestra el 11. Tiene menos puntos que el 13. 11 es menor que 13".
- El compañero A (el estudiante) coloca la tarjeta de puntos '11' en la casilla 'menor que' del tablero.

Pregunte: *¿Qué tarjeta de puntos creen que irá en la casilla 'igual que'? Expliquen sus ideas.* (13)

Coloque la **cinta de números 0–20** donde los estudiantes puedan verla con facilidad. Recuerde a los estudiantes que pueden contar los puntos de las tarjetas de puntos o usar la cinta de números para decidir dónde colocar una tarjeta. Diga a los estudiantes que apilen las tarjetas en el lugar donde las colocaron en las 3 cajas a medida que el juego se desarrolla.

Pida a los estudiantes que jueguen al 'Juego de comparar'. Dígales que el nuevo número a comparar es el 10. Dé tiempo a los estudiantes para que escriban '10' en la casilla del número para comparar en su tablero. El juego termina cuando los estudiantes han colocado todas las tarjetas. Pida a los estudiantes que tomen las distintas pilas de tarjetas y lean en voz alta los números mayores que, menores que o iguales a 10. Dé a los estudiantes un nuevo número para comparar y pídales que vuelvan a jugar el juego. Recuerde a los estudiantes que mezclen las tarjetas de puntos antes de comenzar otra ronda.

Observe:

- ¿Los estudiantes tienen dificultades para identificar números? De ser así, ¿cuáles números?
- ¿Entienden el vocabulario 'mayor que', 'menor que' e 'igual a'?

Observa

Aprendamos **LE, pág. 154**

Diga a los estudiantes que vayan a la ilustración del LE, pág. 154. Haga preguntas como las siguientes.

- *¿Cuántas conchas tiene cada gato?*
- *¿Quién tiene más conchas, Rey o Bela?* (Bela)
- *¿Quién tiene menos conchas, Helicóptero o Bela?* (Bela)
- *¿Cuáles niños tienen igual cantidad de conchas?* (Tito y Helicóptero)

Pregunte detrás de qué números deben pararse los gatos. Luego, pídales que comparen los números.

Pregunte:

- *¿Qué números son mayores que 16?*
- *¿Qué número es menor que 17?*

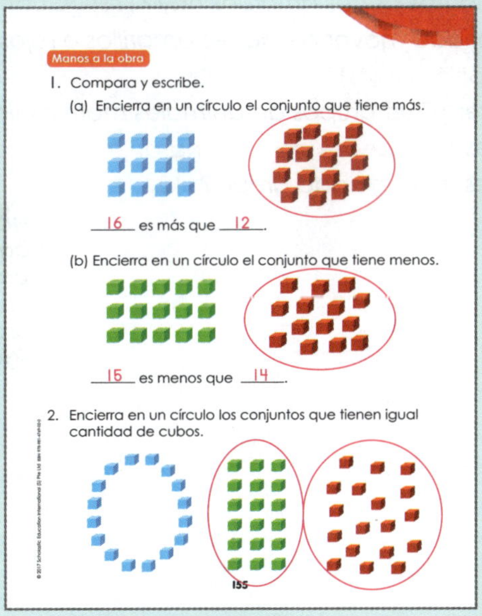

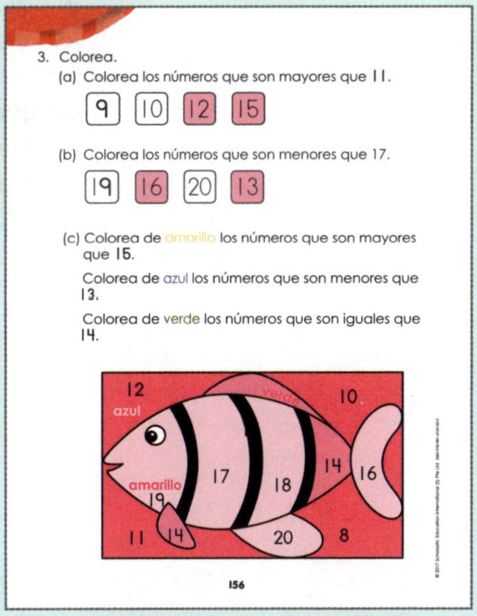

Manos a la obra

LE, págs. 155–156

En la tarea 1 se practica que los estudiantes cuenten conjuntos de hasta 20 objetos y comparen números. En la tarea 2 se requiere que los estudiantes encierren en un círculo los conjuntos con la misma cantidad de objetos. En la tarea 3 se practica que los estudiantes comparen números y evalúa su comprensión de 'mayor que', 'menor que' e 'igual a'.

Reforzar conceptos

Dé a cada pareja de estudiantes una barra de 15 **cubos interconectables**. Pídales que hagan otras dos barras de cubos, una con más y otra con menos cubos que la barra de 15 cubos.

Actividad diaria de conclusión

Diga a los estudiantes que vayan a la **cinta de números 0–20.**

Pregunte:

- *¿Qué números son mayores que 15?* (16, 17, 18, 19, 20)
- *¿Qué números son menores que 17?* (Del 0 al 16)
- *¿Qué números están entre el 10 y el 14?* (11, 12, 13)

8

 ISBN 978-981-4822-01-5

Ejercicios del capítulo y actividades para los Centros de intereses

Objetivos:

- Contar grupos de hasta 20 objetos (en una línea, cuadro de 5 o de 10, matriz, círculo, dispersos)
- Comparar 2 conjuntos de hasta 20 objetos

Recursos:

- LE, pág. 157

Ejercicios del capítulo LE pág. 157

Pida a los estudiantes que miren el dibujo del LE pág. 157.

Haga las siguientes preguntas para animar a los estudiantes a conversar.

Pregunte:

- *¿Dónde creen que es esto?* (en el mar/bajo el agua)
- *¿Pueden nombrar algunos de los animales que ven en la ilustración?* (tortugas, medusas, distintos tipos de peces, estrellas de mar, camarones)
- *¿Cuántas hojas hay en la planta más alta?* (20)
- *¿Cuántas tortugas hay?* (13)
- *¿Creen que hay más tortugas que medusas? ¿Por qué creen eso?*

Diga: *Contemos la cantidad de medusas.*

Pregunte:

- *¿Cuántas medusas hay?* (15) *¿Hay más o menos medusas que tortugas?* (más)
- *¿Hay más estrellas de mar que camarones?* (sí) *¿Cómo lo saben?* (Hay 16 estrellas de mar y 14 camarones. 16 es mayor que 14).
- *¿Cuántos peces amarillos hay?* (11) *¿Cuántos peces rojos?* (12) *¿Hay una cantidad mayor de peces amarillos o rojos?* (Hay una cantidad mayor de peces rojos).

Pregunte: *¿Qué grupos de animales marinos tienen una cantidad igual de animales?* (los peces de color naranja y blancos, y los peces rojos) *¿Cuántos animales hay en cada grupo?* (12)

NOTA: *Las preguntas evalúan la capacidad de los estudiantes para contar hasta 20 objetos en un grupo y hacer comparaciones usando 'más que', 'menos que' e 'igual cantidad que'*

Objetivo:

- Contar grupos de hasta 20 objetos (en una línea, cuadro de 5 o de 10, matriz, círculo, dispersos)

Materiales:

- fichas, 20 por pareja

Recursos:

- LE, pág. 158

Actividad 1 **LE, pág. 158**

Diga a los estudiantes que vayan a la pág. 158 del LE. Pídales que escuchen con atención mientras lee los globos de diálogo.

Pida a los estudiantes que primero PIENSEN cuál de los gatos tiene razón y por qué. Luego, pídales que CONVERSEN *con un compañero* sobre su razonamiento.

Diga: *Conversaron con su compañero acerca de qué grupo tiene más o menos objetos. CONVERSEN con su compañero nuevamente para explicar cómo lo saben.*

Dé a cada pareja 20 **fichas**. Diga a los estudiantes que pueden usar fichas como ayuda para contar colocándolas en los cuadrados y los puntos.

Observe:

- ¿Los estudiantes usan la correspondencia uno a uno cuando cuentan?
- ¿Los estudiantes pueden llevar un registro de su conteo?
- ¿Los estudiantes usan fichas u objetos para contar?
- ¿Los estudiantes dicen la cantidad de cuadrados o puntos en un grupo sin volver a contar?
- ¿Los estudiantes reconocen y comprenden que ambos conjuntos tienen la misma cantidad de objetos?

Pregunte: *¿Qué gato tiene razón? ¿Por qué?* (Ejemplo: Descubrimos que ambos están equivocados. Hay 12 cuadrados y 12 puntos. La cantidad de cuadrados es igual a la de puntos. Las diferentes formas en las que los cuadrados y los puntos están dibujados hacen que sea difícil darse cuenta).

 ISBN 978-981-4822-01-5

Objetivos:

- Contar grupos de hasta 20 objetos (en una línea, cuadro de 5 o de 10, matriz, círculo, dispersos)
- Comparar 2 conjuntos de hasta 20 objetos
- Identificar el número que va antes, después y entre otro(s) número(s) usando una cinta de números

Materiales:

- dado, 1 por pareja
- cubos interconectables (2 colores diferentes), 2 por pareja
- cinta de números 0–20

Recursos:

- LE, pág. 159

Actividad 2 LE, pág. 159

Diga a los estudiantes que vayan al LE, pág. 159. Dé a cada pareja un **dado** y 2 **cubos interconectables**. Coloque la **cinta de números 0–20** en un lugar alto del salón de clases. Explique cómo se juega. Explique que los estudiantes pueden usar la cinta de números para que sea más fácil completar el tablero.

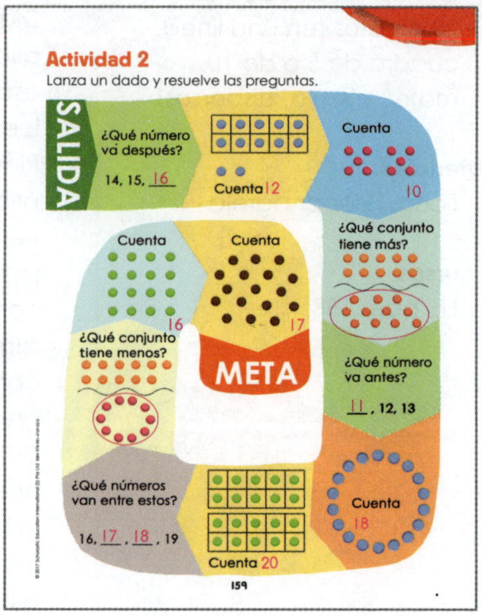

- Las parejas eligen un **cubo**.
- El compañero A tira el dado y mueve su cubo esa cantidad de espacios en el tablero. Según la casilla en la que el cubo haya caído, el compañero A cuenta, compara dos conjuntos o escribe en una casilla el o los números que van antes, después o entre los números.
- El compañero B comprueba el trabajo de su pareja.
- El compañero B ahora tira el dado, mueve su cubo esa cantidad de espacios y completa la tarea en la casilla. El compañero A comprueba el trabajo de su compañero.
- Los compañeros continúan cambiando de roles hasta que alguno de ellos alcanza el espacio de META.

Este juego en pareja se puede usar incluso luego de que el capítulo se completa para continuar reforzando estos objetivos para los estudiantes.

Objetivos:

- Contar grupos de hasta 20 objetos (en una línea, cuadro de 5 o de 10, matriz, círculo, dispersos)
- Escribir un número (del 0 al 20) para representar una cantidad de objetos (de 0 a 20)

Recursos:

- LE, pág. 160

Actividad 3 LE, pág. 160

Explique a los estudiantes que tendrán que contar los objetos y escribir el número que represente los objetos contados. También tendrán que encerrar en un círculo el conjunto que tenga más o menos objetos.

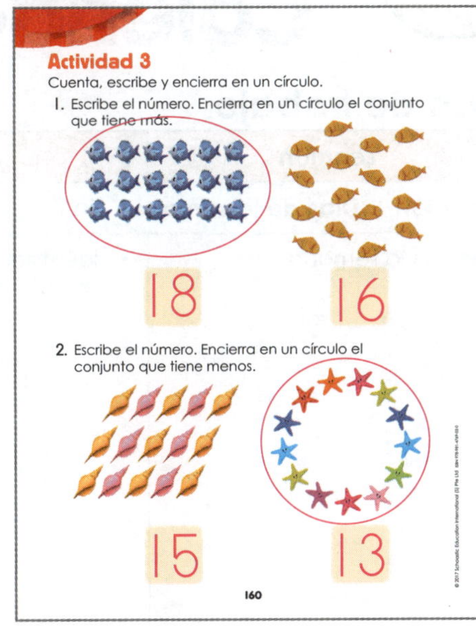

Actividad de conclusión del capítulo

Pida a los estudiantes que conversen sobre lo que aprendieron en el capítulo.

Pregunte:

- *¿Puedo ordenar 15 cubos de maneras diferentes y aún seguir teniendo 15 cubos?* (sí)
- *¿Cómo pueden llevar un registro de los objetos que están contando para no olvidar los que contaron?* (coloco un cubo sobre cada dibujo, quito el objeto, escribo una X sobre cada dibujo, uso un cuadro de 10, trazo una línea encima de cada dibujo)
- *¿Qué número dicen antes del 20?* (19) *¿Qué número dicen justo después del 11?* (12) *¿Qué número va entre el 13 y el 15?* (14) *¿Qué números están entre el 15 y el 20?* (16, 17, 18, 19)
- *¿Cómo saben si un conjunto tiene una mayor cantidad de objetos?* (Ejemplo: Cuento cada grupo. Alineo los grupos uno al lado de otro, y luego los cuento).

» Resolución de problemas (1 día)

Consulte los Recursos para Resolución de problemas, donde encontrará materiales y notas para la enseñanza.

8

 ISBN 978-981-4822-01-5

9 Calendario y hora

Plan de trabajo

Lección	Objetivos
Lección 1: Días de la semana	
Días de la semana	• Identificar los días de la semana y relacionar días específicos con actividades que los estudiantes conocen
Lección 2: Meses del año	
Cumpleaños y días festivos o feriados	• Explorar la secuencia de los meses del año • Conversar sobre eventos que los estudiantes conocen (por ejemplo: días festivos o feriados, cumpleaños) y los meses en que tienen lugar
Lección 3: Días del mes	
Contar los días del mes	• Contar los días de un mes del calendario

Duración total 7 días (1 día = 1 hora)

Materiales	Recursos	Vocabulario
		1 día
• papel, 1 hoja por estudiante • 15 cubos interconectables, 1 vaso por pareja • lápices de colores (rojo, verde, azul), 1 conjunto por estudiante • puntero • marcador	• LE, págs. 161–163 • Tarjeta de los días de la semana (RM 9.1)	• clima • soleado • nublado • lluvioso • semana • lunes • martes • miércoles • jueves • viernes • sábado • domingo • hoy • mañana • ayer
		1 día
• calendario anual • puntero	• LE, pág. 164 • Recortables del clima (RM 3.2) • Tarjetas de los meses del año (RM 9.2), 1 conjunto por pareja	• clima • soleado • nublado • lluvioso • ayer • hoy • mañana • mes • enero • febrero • marzo • abril • mayo • junio • julio • agosto • septiembre • octubre • noviembre • diciembre
		1 día
• calendario mensual • puntero	• LE, pág. 165 • Recortables del clima (RM 3.2)	• clima • soleado • nublado • lluvioso • mes • enero • febrero • marzo • abril • mayo • junio • julio • agosto • septiembre • octubre • noviembre • diciembre

Lección	Objetivos
Lección 4: Momentos del día	
Buenos días, buenas tardes y buenas noches	• Hacer una secuencia de situaciones o actividades comunes en orden cronológico (por ejemplo: mañana, tarde, noche) • Usar un lenguaje cotidiano relacionado con la hora, como mañana, tarde, noche
Lección 5: Medir el tiempo	
Más tiempo, menos tiempo, más rápido, más lento	• Medir cortos períodos de tiempo de manera sencilla e informal (por ejemplo: participar en 2 actividades y describir qué actividad tomó menos tiempo y qué actividad tomó más tiempo)
Ejercicios del capítulo y actividades para los Centros de intereses	
Ejercicios del capítulo Actividad 1 Actividad 2 Actividad 3	• Hacer una secuencia de situaciones o actividades comunes en orden cronológico (por ejemplo: mañana, tarde, noche) • Usar un lenguaje cotidiano relacionado con la hora, como mañana, tarde, noche • Medir cortos períodos de tiempo de manera sencilla e informal • Decir que hay 7 días en una semana • Identificar los días de la semana y relacionar días específicos con actividades que los estudiantes conocen • Explorar la secuencia de los meses del año
Resolución de problemas	

Materiales	Recursos	Vocabulario
		1 día
	• LE, págs. 166–167 • Recortables del clima (RM 3.2) • Recortables de mañana, tarde y noche (RM 9.3), 1 conjunto por pareja • Tarjetas de actividades de mañana, tarde y noche (RM 9.4–9.5), 1 conjunto por pareja • Tarjeta de los días de la semana (RM 9.1)	• clima • soleado • nublado • lluvioso • ayer • hoy • mañana • día • mañana • mediodía • tarde • anochecer • noche
		1 día
• frasco • 5 notas adhesivas • reloj de arena de 1 minuto • 2 marcadores para pizarra blanca (rojo y negro) • hojas grandes de papel	• LE, pág. 168 • Recortables del clima (RM 3.2)	• clima • soleado • nublado • lluvioso • ayer • hoy • mañana • hora • menos tiempo • más lento • más tiempo • más rápido
		1 día
	• LE, pág. 169	
• calendario del mes de agosto, 1 por pareja • reloj de arena de 1 minuto, 1 por pareja • marcadores para pizarra blanca (de colores diferentes), 2 por pareja	• LE, pág. 170 • Recortables de calcetines (RM 9.6)	
• 7 cubos interconectables, 1 bolsa por pareja	• LE, pág. 171 • Tarjetas con pistas para los días de la semana (RM 9.7), 1 conjunto por pareja	
	• LE, pág. 172	
		1 día
	• Resolución de problemas: Libro 9 y Libro de lectura 9 • Resolución de problemas: Guía del profesor	

9 Calendario y hora

Presentación del capítulo

Lección 1: Días de la semana
Lección 2: Meses del año
Lección 3: Días del mes
Lección 4: Momentos del día
Lección 5: Medir el tiempo

Introducción

En este capítulo, los estudiantes identificarán los días de la semana, los meses del año y contarán la cantidad de días del mes. También conversarán sobre las actividades que conocen y las relacionarán con la hora del día. Representarán algunas actividades sencillas como ayuda para que comprendan y se familiaricen con cosas que toman más tiempo y menos tiempo. A medida que tomen parte en las distintas actividades relacionadas con el calendario y la hora en este capítulo, comprenderán que el tiempo es una secuencia. Las secuencias incluyen ayer, hoy y mañana; mañana, tarde y noche; domingo, lunes, martes, etc.

Objetivo:

- Identificar los días de la semana y relacionar días específicos con actividades que los estudiantes conocen

Materiales:

- papel, 1 hoja por estudiante
- 15 cubos interconectables, 1 vaso por pareja
- lápices de colores (rojo, verde, azul), 1 por estudiante
- puntero
- marcador

Recursos:

- LE, págs. 161–163
- Tarjeta de los días de la semana (RM 9.1)

Vocabulario:

- clima
- soleado
- nublado
- lluvioso
- semana
- lunes
- martes
- miércoles
- jueves
- viernes
- sábado
- domingo
- hoy
- mañana
- ayer

Lección 1: Días de la semana — DÍA 1

Actividad diaria de preparación

Objetivo: Identificar los números ordinales del 1° al 10°
Pida a los estudiantes que formen una fila y se turnen para identificar sus posiciones del 1° al 10° (cada estudiante dice su posición en la fila). Cambie las posiciones de los estudiantes en la fila y pida al primer estudiante que comience de nuevo. Repita la actividad varias veces.

Repaso de conocimientos previos

Dé a las parejas un vaso de 15 **cubos interconectables** y **papel**. Pídales que conecten todos los cubos y formen una barra entera de cubos.
Diga: *Cuenten los cubos y escriban el número.* Compruebe que los estudiantes hayan escrito el número correctamente.
Pida a los estudiantes que cuenten 13 cubos y que repitan lo mismo con 13 cubos interconectables.

Repasemos **LE, pág. 161**
Diga a los estudiantes que vayan a la pág. 159 del LE y dé a cada estudiante un **lápiz de color** rojo, verde y azul.
En la tarea 1 se evalúa la capacidad de los estudiantes para contar objetos en una disposición dispersa y en una circular.
En la tarea 2 se evalúa la capacidad de los estudiantes de usar números ordinales para indicar la posición. Pida a los estudiantes que encierren en un círculo rojo el tercer pájaro, en un círculo azul el quinto pájaro y en un círculo verde el séptimo.

***NOTA:** Los números del 11 al 15 pueden presentar dificultades a los estudiantes porque los nombres no están formados por la fusión del cardinal diez más la cantidad de unidades (por ejemplo: 16, 17, 18, etc.).*

Aprender y hacer

Días de la semana

Antes de la lección, registre una actividad que sea específica para cada día de la semana haciendo un dibujo y escribiendo un título en la **Tarjeta de los días de la semana (RM 9.1)**, por ejemplo, durante los días de clase, si

 ISBN 978-981-4822-01-5

hay gimnasia solo los martes, dibuje zapatos deportivos con el título "Gimnasia" en la columna de los martes. Durante los fines de semana, dibuje un patio de juegos (o un parque) titulado 'Patio de juegos' (o 'Parque'). Muestre la Tarjeta de los días de la semana. Señale la primera columna de la tarjeta.

Diga: *Estos son los días de la semana. El primer día de la semana es el domingo. El segundo día de la semana es el lunes. El tercer día de la semana es el martes.*

Pregunte: *¿Cuál es el cuarto día de la semana?* (miércoles) *¿Cuál es el quinto día de la semana?* (jueves)

Diga: *El sexto día de la semana es el viernes. El séptimo y último día de la semana es el sábado.*

Para cada día, señale la palabra con un **puntero** y pida que repitan la palabra después de usted.

Pregunte: *¿Qué día viene antes del lunes?* (domingo) Haga más preguntas usando 'después' y 'entre'.

Diga: *Contemos juntos la cantidad de días de la semana.* Señale cada día y pida a los estudiantes que cuenten.

Diga: *Hay 7 días en una semana.*

Pregunte: *¿Venimos a la escuela cada día de la semana? Expliquen sus ideas.* (Ejemplo: No, no venimos. Algunos días no venimos a la escuela). *¿Qué días de la semana venimos a la escuela?* (Ejemplo: Lunes, martes, miércoles...) Señale y diga los días de escuela con los estudiantes.

Pregunte: *¿Cuántos días estamos en la escuela?* (Ejemplo: 5) *¿Qué actividades tenemos cuando estamos en la escuela?* (Ejemplo: Arte, gimnasia, música) *¿Qué tipo de ropa usamos en la escuela?* (Ejemplo: un uniforme) *¿Qué días de la semana no venimos a la escuela?* (sábado y domingo) *¿Qué actividades hacen en esos días?* (Ejemplo: Nos quedamos en casa). *¿Qué tipo de ropa usan en esos días?* (Ejemplo: Uso mi ropa para jugar cuando voy al patio de juegos).

Diga a los estudiantes qué día de la semana es hoy.

Diga: *Hoy es ______. Es el ______ día de la semana.* Señale el día en la Tarjeta de los días de la semana cuando les diga a los estudiantes qué día es hoy.

Pregunte: *¿Qué actividades van a hacer hoy?* Señale las actividades de hoy en la Tarjeta de los días de la semana y pida a los estudiantes que relacionen la actividad con ese día de la semana.

Pregunte: *¿Qué otras actividades van a hacer hoy?*

Diga: *Hoy es ______, entonces ayer fue ________. Fue el ______ día de la semana. Ayer es el día justo antes de hoy.* Señale el día en la tarjeta.

Diga: *Hoy es ______, entonces mañana será ______. Es el ______ día de la semana. Mañana es el día justo después de hoy.* Señale el día en la tarjeta.

Con un **marcador**, ilustre y rotule en la tarjeta cada actividad mencionada. Señale cada ilustración y pida a los estudiantes que relacionen la actividad con el día de la semana.

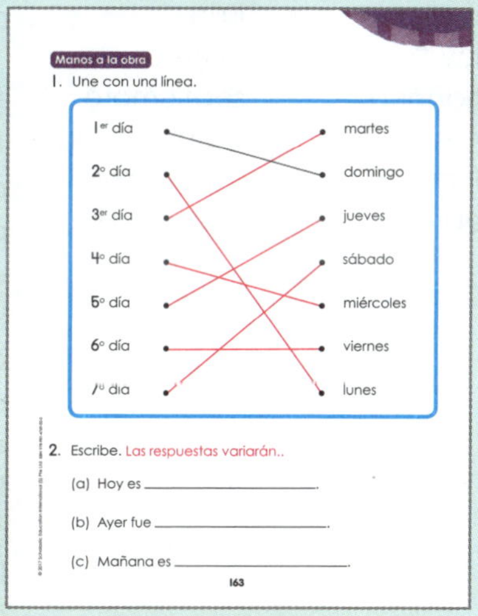
Manos a la obra

1. Une con una línea.

1.er día	martes
2.º día	domingo
3.er día	jueves
4.º día	sábado
5.º día	miércoles
6.º día	viernes
7.º día	lunes

2. Escribe. Las respuestas variarán..

(a) Hoy es ________

(b) Ayer fue ________

(c) Mañana es ________

163

Observa

Aprendamos **LE, pág. 162**

Pida a los estudiantes que lean en voz alta los días en la secuencia correcta.

Pregunte: *Tito va a un lugar. ¿Qué tiene puesto?* (uniforme) *¿Qué lleva?* (mochila escolar) *¿Adónde va?* (a la escuela) *¿Qué días creen que va a la escuela?*

Pregunte a los estudiantes qué hacen en cada uno de esos días.

Continúe haciendo preguntas sobre la semana y los días de la semana.

NOTA: *Los estudiantes entienden el sentido de las actividades de la semana cuando conversan entre ellos, por ejemplo: Ayer tuvimos clase de arte. Hoy tenemos gimnasia y mañana, música.*

Manos a la obra **LE, pág. 163**

En la tarea 1 se practica identificar los días de la semana en la secuencia correcta.

En la tarea 2 se practica conocer el significado de hoy, ayer y mañana.

Reforzar conceptos

Repase los días de la semana y pida a los estudiantes que reciten los días en secuencia. Use la pág. 162 del LE.

Actividad diaria de conclusión

Pregunte: *¿Qué es lo que más les gusta hacer el sábado o el domingo?* Dé tiempo a los estudiantes para que conversen con un compañero y compartan con toda la clase. Pregunte a los estudiantes cómo se visten para las actividades que disfrutan el sábado o el domingo.

 ISBN 978-981-4822-01-5

Lección 2: Meses del año

DÍA 1

Objetivos:

- Explorar la secuencia de los meses del año
- Conversar sobre eventos que los estudiantes conocen (por ejemplo: días festivos o feriados, cumpleaños) y los meses en que tienen lugar

Materiales:

- calendario anual
- puntero

Recursos:

- LE, pág. 164
- Recortables del clima (RM 3.2)
- Tarjetas de los meses del año (RM 9.2), 1 conjunto por pareja

Vocabulario:

- clima
- soleado
- nublado
- lluvioso
- ayer
- hoy
- mañana
- mes
- enero
- febrero
- marzo
- abril
- mayo
- junio
- julio
- agosto
- septiembre
- octubre
- noviembre
- diciembre

Actividad diaria de preparación

Objetivo: Crear y comentar los datos de una gráfica

Cree una gráfica de 3 columnas titulada *¿Cómo está el clima esta semana?* usando una **hoja grande de papel**. Rotule las columnas *soleado*, *lluvioso* y *nublado* en la parte inferior. Prepare los **Recortables del clima (RM 3.2)**. Explique a los estudiantes que ahora van a reunir información sobre el clima cada día de esta semana. Pregunte a los estudiantes cómo está el clima hoy y pida a 1 estudiante que pegue el Recortable del clima correcto en la gráfica. Mantenga la gráfica durante la semana para que los estudiantes puedan verla y entender cómo pueden cambiar los datos.

Repaso rápido

Pida a un estudiante que señale cada día del mes en curso en un calendario mientras todos los estudiantes cuentan los días de ese mes. Señale los días de la semana que son días de escuela y pida a los estudiantes que identifiquen estos días. (Ejemplo: Lunes a viernes)

Pregunte: *¿Cuáles son los días en que no estamos en la escuela?* (Ejemplo: sábado y domingo)

Pregunte: *¿Cuántos días hay en una semana?* (7)

Aprender y hacer

Cumpleaños y días festivos o feriados

Antes de la lección, prepare pistas para cada mes del año para que las parejas puedan identificar el mes (por ejemplo: para enero, el primer día las personas se desean unas a otras "¡Feliz Año Nuevo!"; para febrero, la palabra empieza con la letra f). Estas pistas pueden reflejar los días festivos o feriados, los eventos o el clima relacionados con cada mes, o también demostrar cómo integrar el reconocimiento de letras y el vocabulario, como números ordinales, próximo, último y más que. Agrande las **Tarjetas de los meses del año (RM 9.2)** y prepárelas para mostrarlas.

Diga: *Hay 12 meses en un año. Este mes es ______. Conversen con un compañero sobre otros meses que conocen.*

Dé varios minutos para que los compañeros conversen y luego pida a los estudiantes que compartan sus ideas. (Ejemplo: Abril es un mes porque es cuando cumplo años).

Muestre el conjunto de Tarjetas de los meses del año mezcladas.

Diga: *Estas tarjetas muestran los meses del año, pero no están en el orden correcto. Escuchen las pistas que los ayudarán a decidir cómo poner los meses en el orden correcto.*

Diga: *Todos los años, las personas se desean una a otras "¡Feliz Año Nuevo!" en el primer día del año.*

Pregunte: *¿Qué mes es este?* (enero)

Una vez que las parejas hayan identificado el mes de enero, pídales que compartan cosas adicionales que conozcan sobre enero (por ejemplo: tradiciones familiares, si alguien cumple años este mes).

Luego, tome la tarjeta de enero y comience una columna, con enero en la primera hilera. Puede pegar la tarjeta en un tablero o en una pared.

Diga: *El mes que viene después de enero comienza con la letra f.*

Pregunte: *¿Qué mes es este?* (febrero)

Diga: *El mes después de enero es febrero. Febrero es el segundo mes del año.*

Una vez que los estudiantes hayan identificado el mes de febrero, pídales que compartan cosas adicionales que conozcan sobre febrero. Luego, tome la tarjeta de febrero y colóquela debajo de la tarjeta de enero.

Haga lo mismo con el resto de los meses. Dé la pista para el mes y pida a los estudiantes que identifiquen el mes. Continúe pidiendo a los estudiantes que describan otras cosas que conozcan sobre ese mes. Anime a los estudiantes a decir si alguno cumple años en ese mes. Si ese mes tiene un feriado nacional, diga a los estudiantes sobre el feriado y pídales que compartan lo que conocen sobre el feriado o lo que hacen durante ese feriado. (Ejemplo: En noviembre, algunas personas celebran el Día de Acción de Gracias. En diciembre llega la Navidad).

A medida que identifican cada mes, tome la tarjeta correspondiente y colóquela debajo del mes previo. Una vez que los 12 meses estén en el orden correcto, señale cada mes en el orden correcto con un **puntero** y pida a los estudiantes que repitan el mes después de usted. Muestre todas las tarjetas en orden en un lugar del salón de clases para crear una tabla de los meses del año.

Observa

Aprendamos LE, pág. 164

Lección 2 Meses del año

Aprendamos

Mira y dilo.

Manos a la obra

1. Lee y escribe. Las respuestas variarán.

(a) ¿En qué mes es tu cumpleaños? ______

(b) ¿Qué mes es antes de tu cumpleaños? ______

164

Vea la página con los estudiantes y pídales que lean en voz alta los meses en la secuencia correcta.
Señale al azar los meses para comprobar si los estudiantes pueden nombrarlos correctamente.
Diga: *Vemos a Helicóptero sosteniendo algunos libros y un lápiz.*
Pregunte: *¿En qué meses tiene clases?*
Diga: *Vemos a Bela sosteniendo un pastel de cumpleaños.*
Pregunte: *¿En qué mes cumplen años? ¿Qué hacen en su cumpleaños?*
Diga: *Vemos a Mamá sosteniendo un paraguas y a Tito con un impermeable.*
Pregunte: *¿Cuándo usamos un paraguas o un impermeable? ¿Qué meses son muy lluviosos?*
Diga: *Vemos a Papá con una maleta junto a un carro.*
Pregunte: *¿Adónde se va?* (Se va de vacaciones).
Pregunte: *¿Ustedes también van de vacaciones? ¿Adónde van? ¿Cuándo van? ¿En qué mes van de vacaciones?*

Manos a la obra LE, pág. 164

En la tarea 1 se practica nombrar los meses en secuencia.

Reforzar conceptos

Repase los meses del año y pida a los estudiantes que reciten los meses en secuencia. Describa cada mes a los estudiantes para que puedan relacionar ese mes con algo que conozcan, por ejemplo: Este es un mes de verano. En algunos lugares hay nieve en este mes.

Actividad diaria de conclusión

Diga: *Díganle a un compañero cuál es su mes del año preferido y por qué es su mes preferido.*
Pida a los estudiantes que compartan y que expliquen por qué ese mes es el preferido.

 ISBN 978-981-4822-01-5

Lección 3: Días del mes

DÍA 1

Objetivo:

- Contar los días de un mes del calendario

Materiales:

- calendario mensual
- puntero

Recursos:

- LE, pág. 165
- Recortables del clima (RM 3.2)

Vocabulario:

- clima
- soleado
- nublado
- lluvioso
- mes
- enero
- febrero
- marzo
- abril
- mayo
- junio
- julio
- agosto
- septiembre
- octubre
- noviembre
- diciembre

Actividad diaria de preparación

Objetivos: Contar de memoria de 1 en 1 del 1 al 31; Añadir datos a una gráfica y conversar sobre eso

Pida a los estudiantes que cuenten del 1 al 31 varias veces. Luego, pida a los estudiantes que cuenten desde un número dado que no sea 1 (por ejemplo: 10). Cada vez que los estudiantes digan 31, pídales que den una vuelta. Repita la actividad varias veces.

Repase la gráfica *¿Cómo está el clima esta semana?* que los estudiantes crearon previamente. Pregunte a los estudiantes cómo está el clima hoy y pida a un estudiante que registre el clima en la gráfica usando el **Recortable del clima (RM 3.2)** correcto.

Pregunte: *¿Cómo estaba el clima ayer? ¿Estaba igual que hoy? ¿Cómo creen que estará el clima mañana?*

Repaso rápido

Repase la tabla de los meses del año.

Pregunte:

- *¿Qué mes viene después de abril?*
- *¿Qué mes es el último mes del año?*
- *¿En qué mes cumplen años?*

Aprender y hacer

Contar los días del mes

Muestre el **calendario mensual**.

Pregunte: *¿Qué muestra el calendario?*

Pida a los estudiantes que piensen primero en esto.

Diga: *Digan a un compañero lo que notaron en el calendario.*

Dé tiempo a los estudiantes para que conversen con todo el grupo. Esta conversación inicial brinda información de lo que conocen los estudiantes sobre calendarios. (Ejemplo: El calendario muestra un mes./El calendario muestra los días de la semana./Hay muchos días en un mes./Hay 7 días en una semana).

Diga: *Un calendario muestra todos los meses de un año. En cada mes, se muestra la cantidad de días de ese mes.*

Pregunte: *¿Qué mes es este mes?* (Ejemplo: junio) *¿Cuántos días hay en este mes?*

Diga: *Contemos los días.*

Señale cada día del mes con un **puntero** y pida a los estudiantes que cuenten los días del mes.

Pida a los estudiantes que observen que los números del calendario muestran la cantidad de días de ese mes.

Diga: *Cuando ya han pasado todos los días de un mes, hay un nuevo mes en la página siguiente del calendario.*

 ISBN 978-981-4822-01-5

Observa

Aprendamos LE, pág. 165

Diga a los estudiantes que vayan a la pág. 165.
Diga: *Este calendario muestra la cantidad de días del mes de enero.*
Pregunte: *¿Cuántos días hay en enero?* (31) *¿Cuántos días hay en este mes? ¿Es el mismo número?*
Guíe a los estudiantes para que descubran que no todos los meses tienen la misma cantidad de días y que el último número del mes indica cuántos días tiene. Muestre el calendario mensual y pase por cada mes para mostrar que el último número del mes indica cuántos días tiene.

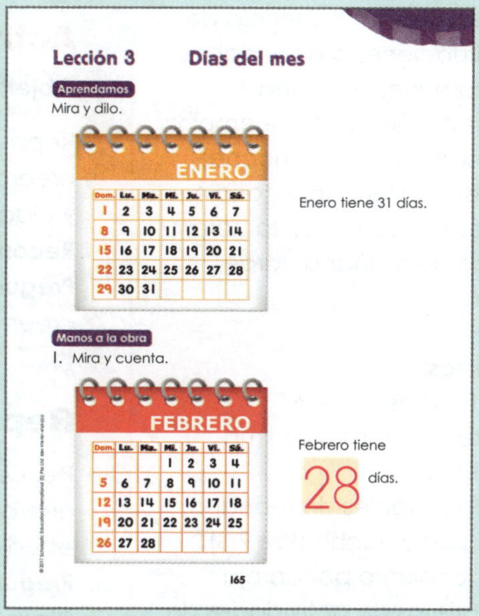

Lección 3 Días del mes

Aprendamos

Mira y dilo.

ENERO

Dom.	Lu.	Ma.	Mi.	Ju.	Vi.	Sá.
1	2	3	4	5	6	7
8	9	10	11	12	13	14
15	16	17	18	19	20	21
22	23	24	25	26	27	28
29	30	31				

Enero tiene 31 días.

Manos a la obra

1. Mira y cuenta.

FEBRERO

Dom.	Lu.	Ma.	Mi.	Ju.	Vi.	Sá.
			1	2	3	4
5	6	7	8	9	10	11
12	13	14	15	16	17	18
19	20	21	22	23	24	25
26	27	28				

Febrero tiene 28 días.

165

Manos a la obra LE, pág. 165

En la tarea 1 se practica contar la cantidad de días en un mes del calendario.
Diga: *Febrero es un mes especial. Hay años en los que febrero tiene 28 días mientras que en otros años febrero tiene 29 días.*
Muestre febrero en el **calendario mensual**.
Pregunte: *¿Cuántos días hay en febrero este año?*

Reforzar conceptos

Repase el **calendario** y cuente la cantidad total de días del mes en curso. Pida a los estudiantes que usen un **lápiz** como si fuera un puntero para señalar cada día del mes mientras cuentan.

Actividad diaria de conclusión

Pida a los estudiantes que miren el **calendario** del mes siguiente y cuenten la cantidad de días de ese mes con un compañero. El compañero debe comprobar que la cantidad de días contados sea correcta. Luego, invite a algunos estudiantes a compartir sus respuestas y lo que hayan notado sobre la cantidad de días que hay en el mes en curso y en el mes siguiente.

 ISBN 978-981-4822-01-5

Lección 4: Momentos del día

DÍA 1

Objetivos:

- Hacer una secuencia de situaciones o actividades comunes en orden cronológico (por ejemplo: mañana, tarde, noche)
- Usar un lenguaje cotidiano relacionado con la hora, como mañana, tarde, noche

Recursos:

- LE, págs. 166–167
- Recortables del clima (RM 3.2)
- Recortables de mañana, tarde y noche (RM 9.3), 1 conjunto por pareja
- Tarjetas de actividades de mañana, tarde y noche (RM 9.4–9.5), 1 conjunto por pareja
- Tarjeta de los días de la semana (RM 9.1)

Vocabulario:

- clima
- soleado
- nublado
- lluvioso
- ayer
- hoy
- mañana
- día
- mañana
- mediodía
- tarde
- anochecer
- noche

Actividad diaria de preparación

Objetivo: Añadir datos a una gráfica y conversar sobre ella

Repase la gráfica *¿Cómo está el clima esta semana?* que los estudiantes crearon previamente. Pregunte a los estudiantes cómo está el clima hoy y pida a un estudiante que registre el tiempo en la gráfica usando el **Recortable del clima (RM 3.2)** correcto.
Pregunte: *¿Cómo estaba el clima ayer? ¿Estaba igual que hoy? ¿Cómo creen que estará el clima mañana?*

Repaso rápido

Recuerde a los estudiantes que en la lección previa contaron 31 días en enero y 28 días en febrero. Señale otro mes y cuente los días del mes con los estudiantes.
Pregunte: *¿Todos los meses tienen la misma cantidad de días?* (no)
Diga: *Veamos los otros meses para ver si tienen la misma cantidad de días.*

Aprender y hacer

Buenos días, buenas tardes y buenas noches

Laboratorio de matemáticas

Antes de la lección, prepare los **Recortables de mañana, tarde y noche (RM 9.3)**.

Pregunte: *¿Cuándo dicen 'buenos días'?* (Ejemplo: cuando me levanto y veo a mis padres) *¿Cuándo dicen 'buenas tardes'?* (Ejemplo: después de almorzar) *¿Cuándo dicen 'buenas noches'?* (Ejemplo: antes de irme a dormir)
Pregunte: *¿Qué saben sobre la mañana, la tarde y la noche?*
Pida a los estudiantes que piensen primero en esto.
Diga: *Digan a un compañero lo que saben sobre la mañana, la tarde y la noche.*
Dé tiempo a los estudiantes para que compartan lo que saben con toda la clase. Esta conversación inicial brinda información de lo que conocen los estudiantes sobre los distintos momentos del día. (Ejemplo: Cuando sale el sol es la mañana./Cuando llego a casa después de la escuela es la tarde./Cuándo ceno con mi familia es la noche).
Diga: *'Mañana', 'tarde' y 'noche' son palabras que usamos para describir distintos momentos del día.*
Dé los Recortables de mañana, tarde y noche y las **Tarjetas de actividades de mañana, tarde y noche (RM 9.4)** a cada pareja.
Muestre las Tarjetas de actividades de mañana, tarde y noche.
Muestre los recortables a los estudiantes y explíqueles que los recortables muestran la mañana, la tarde y la noche.
Diga: *Pegaremos el recortable correcto en las tarjetas de actividades. Tenemos diferentes actividades que hacemos en diferentes momentos del día.*
Pregunte: *¿En qué momento del día se despiertan?* (por la mañana) *¿Qué hacen cuando se despiertan?* (Ejemplo: lavarse los dientes, darse una ducha)
Pegue el Recortable de la mañana en la hilera de 'Despertarse' de las tarjetas de actividades y pida a las parejas que hagan lo mismo en las de ellos.

 ISBN 978-981-4822-01-5

Pregunte: *¿En qué momento del día desayunan?* (por la mañana) *¿Qué desayunan?* (Ejemplo: un sándwich, huevos, leche) *¿Qué más hacen durante la mañana?* (Ejemplo: prepararse para la escuela, tomar el autobús para ir a la escuela)

Pegue el Recortable de la mañana en la hilera de 'Desayunar' de las tarjetas de actividades y pida a las parejas que hagan lo mismo en las de ellos.

Pregunte: *¿En qué momento del día almuerzan?* (por la tarde) *¿Qué almuerzan?* (Ejemplo: arroz) *¿Qué dibujo debemos pegar?* (el de la tarde)

Pregunte: *¿En qué momento del día duermen una siesta?* (por la tarde) *¿Qué más hacen durante la tarde?* (Ejemplo: hacer la tarea, leer un libro) *¿Qué dibujo debemos pegar?* (el de la tarde)

Pregunte: *¿En qué momento del día cenan?* (por la noche) *¿Qué cenan?* (Ejemplo: pollo, pescado) *¿Qué más hacen durante la noche?* (Ejemplo: mirar televisión con la familia, prepararse para ir a dormir) *¿Qué dibujo debemos pegar?* (el de la noche)

Pregunte: *¿En qué momento del día se acuestan?* (por la noche) *¿Qué dibujo debemos pegar?* (el de la noche)

Pida a los estudiantes que comenten lo que notaron sobre las actividades de cada una de las hileras. Vuelva a decir a los estudiantes que hacemos diferentes actividades en diferentes momentos del día.

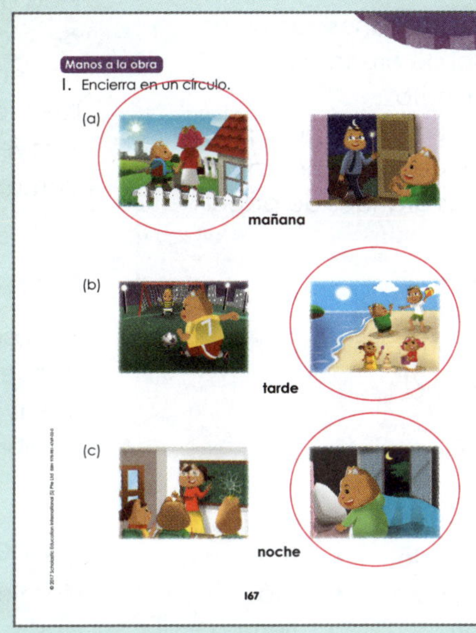

Observa

Aprendamos **LE, pág. 166**

Converse sobre las actividades de la página y pida a los estudiantes que compartan sus experiencias, por ejemplo, qué desayunaron, cuándo fueron al patio de juegos, qué miran por la noche en la televisión. Mientras los estudiantes miran las ilustraciones, asegúrese que los estudiantes estén familiarizados con las actividades y los momentos del día.

Muestre la **Tarjeta de los días de la semana (RM 9.1)** de la Lección 1. Vea las actividades de cada día de la semana y pida a los estudiantes que relacionen el momento del día de cada actividad e identifiquen si ocurre por la mañana, por la tarde o por la noche. Pida a los estudiantes que expliquen su razonamiento.

Manos a la obra **LE, pág. 167**

En la tarea 1 se practica relacionar el tiempo con las actividades del día. Las ilustraciones brindan orientación del momento del día en que se llevan a cabo las actividades.

Reforzar conceptos

Repase los momentos y las actividades del día usando 'mañana', 'tarde' y 'noche'. Pida a los estudiantes que relacionen cada actividad con cierta parte del día. Converse sobre lo que ocurre en cada ilustración y por qué ocurre u ocurriría en un momento particular del día.

Actividad diaria de conclusión

Diga: *Dile a tu compañero cuál es tu momento preferido del día y por qué.*

Pida a los estudiantes que compartan y que expliquen por qué ese momento del día es su preferido.

 ISBN 978-981-4822-01-5

Lección 5: Medir el tiempo

DÍA 1

Objetivo:

- Medir cortos períodos de tiempo de manera sencilla e informal (por ejemplo: participar en 2 actividades y describir qué actividad tomó menos tiempo y qué actividad tomó más tiempo)

Materiales:

- frasco
- 5 notas adhesivas
- reloj de arena de 1 minuto
- 2 marcadores para pizarra blanca (rojo y negro)
- hojas grandes de papel

Recursos:

- LE, pág. 168
- Recortables del clima (RM 3.2)

Vocabulario:

- clima
- soleado
- nublado
- lluvioso
- ayer
- hoy
- mañana
- hora
- menos tiempo
- más lento
- más tiempo
- más rápido

Actividad diaria de preparación

Objetivo: Añadir datos a una gráfica y conversar sobre eso

Repase la gráfica *¿Cómo está el clima esta semana?*
Pregunte a los estudiantes cómo está el clima hoy y pida a un estudiante que registre el clima en la gráfica usando el **Recortable del clima (RM 3.2)** correcto.
Pregunte: *¿Cómo estaba el clima ayer? ¿Estaba igual que hoy? ¿Cómo creen que estará el clima mañana?*
Pida a los estudiantes que conversen primero con un compañero acerca de lo que notan sobre los datos de los 5 días. Luego, apoye la conversación haciendo preguntas, por ejemplo, "¿Cuántos días soleados/nublados/lluviosos/nevados hubo? ¿Hubo más días soleados o más días lluviosos?" Apoye la conversación con el uso de un lenguaje comparativo informal, como 'más que', 'menos que' e 'igual que'.

Repaso rápido

Repase la gráfica *¿Cómo está el clima esta semana?*
Recuerde a los estudiantes que han reunido datos sobre el clima durante 5 días y que estos 5 días son días de escuela. Pida a los estudiantes que nombren los días de escuela y que nombren qué día será mañana.

Aprender y hacer

Más tiempo, menos tiempo, más rápido, más lento

Laboratorio de matemáticas

Antes de la lección, prepare un **frasco** de tareas. Escriba una tarea que tome más tiempo y una tarea que tome menos tiempo en 5 **notas adhesivas**, (por ejemplo: hacer la tarea y comer un bocadillo). Luego, dóblelas y coloque las notas adhesivas en el frasco.
Pregunte: *¿Qué tomará más tiempo, apagar la luz o contar hasta 20?*
Pida a los estudiantes que conversen con un compañero y piensen qué tarea tomará más tiempo.
Dé tiempo a los estudiantes para que compartan y expliquen su razonamiento.
Muestre a los estudiantes el **reloj de arena** y pregunte qué notan sobre el reloj de arena, por ejemplo: Tiene arena en la parte de abajo. La parte de arriba está vacía.
Explique que el reloj de arena puede ayudarlos a comprobar qué actividad toma más tiempo. Dé vuelta al reloj de arena y pida a los estudiantes que comiencen a contar juntos del 1 al 20. Cuando los estudiantes hayan terminado, marque el nivel de la arena en la parte de abajo con un **marcador para pizarra blanca** (o un marcador lavable) rojo. Vuelva a dar vuelta al reloj de arena para tomar el tiempo de la siguiente tarea.
Diga: *Esto muestra cuánto tiempo toma contar de 1 a 20.*
Cuando toda la arena esté en la parte de abajo del reloj de arena, del vuelta y pida a un estudiante que apague la luz. En cuanto se apague la luz, marque el nivel de la arena con un marcador para pizarra blanca de color negro. Explique las 2 marcas en el reloj de arena. Mientras más arena caiga en la parte de abajo, más será el tiempo que toma completar la tarea.

> ***NOTA:*** *Un reloj de arena es una herramienta visual y práctica que ayudará a los estudiantes a comprender el concepto de tiempo mientras observan que la arena se agota a medida que pasa el tiempo.*

Pregunte: *¿Su respuesta fue correcta? Expliquen sus ideas.*
Pregunte: *¿Qué actividad toma más tiempo?* (contar hasta 20) *¿Qué actividad toma menos tiempo?* (apagar la luz)
Pregunte: *Entonces, ¿qué es más rápido, contar hasta 20 o apagar la luz?* (apagar la luz) *Expliquen sus ideas.*
Diga: *Apagar la luz es más rápido que contar hasta 20 porque toma menos tiempo apagar la luz.*
Pregunte: *Entonces, ¿qué es más lento, contar hasta 20 o apagar la luz?* (contar hasta 20) *Expliquen sus ideas.*
Diga: *Contar hasta 20 es más lento que apagar la luz porque toma más tiempo contar hasta 20.*
Repita el proceso con otros ejemplos como contar hasta 50, decir el abecedario, saltar 20 veces y cantar una canción conocida.
Muestre el frasco de tareas. Saque del frasco una nota adhesiva al azar. Lea las tareas escritas en la nota adhesiva.
Pregunte: *¿Qué actividad toma más tiempo y cuál toma menos tiempo? ¿Cuál es más rápida y cuál es más lenta? Expliquen sus ideas.*
Pida a las parejas que expliquen su razonamiento en una conversación con toda la clase. Pídales que expliquen por qué 1 tarea toma más tiempo o menos tiempo que la otra y por qué 1 tarea es más rápida o más lenta que la otra. Repita lo mismo con las otras notas adhesivas del frasco.

Observa

Aprendamos **LE, pág. 168**

Vea la página con los estudiantes.
Pregunte: *¿Qué actividad toma más tiempo y cuál toma menos tiempo? ¿Cuál es más rápida y cuál es más lenta? Expliquen sus ideas.*
Asegúrese de que los estudiantes comprenden y estén familiarizados con las actividades que toman más tiempo o menos tiempo, y con las actividades que son más rápidas o más lentas.

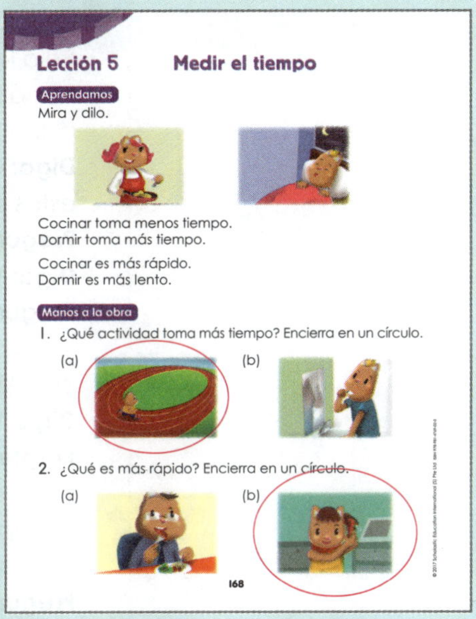
Lección 5 Medir el tiempo
Aprendamos
Mira y dilo.
Cocinar toma menos tiempo.
Dormir toma más tiempo.
Cocinar es más rápido.
Dormir es más lento.
Manos a la obra
1. ¿Qué actividad toma más tiempo? Encierra en un círculo.
(a) (b)
2. ¿Qué es más rápido? Encierra en un círculo.
(a) (b)
168

Manos a la obra **LE, pág. 168**

En la tarea 1 se practica comparar la duración usando 'más tiempo' o 'menos tiempo'. Pida a las parejas que compartan y expliquen por qué una tarea toma más tiempo o menos tiempo que otra.

En la tarea 2 se practica comparar la duración usando 'más rápido' o 'más lento'. Pida a las parejas que compartan y expliquen por qué una tarea es más rápida o más lenta que otra.

Reforzar conceptos

Pida a 2 estudiantes que completen una tarea. Una tarea tomará más tiempo que la otra. Los dos estudiantes tienen que empezar su tarea al mismo tiempo. Luego, pida a los estudiantes que digan qué tarea tomó más tiempo y menos tiempo, y por qué.

Actividad diaria de conclusión

Escriba las preguntas *¿Qué cosas toman menos tiempo?* y *¿Qué cosas toman más tiempo?* en 2 columnas en una **hoja grande de papel**. Haga las preguntas a los estudiantes y pídales que nombren actividades que tomen más tiempo o menos tiempo. Anote sus respuestas en las respectivas columnas de la hoja grande de papel. Luego, pida a los estudiantes que digan "Toma más tiempo ______. Toma menos tiempo ______." usando las respuestas que han dado.

 ISBN 978-981-4822-01-5

Objetivos:

- Hacer una secuencia de situaciones o actividades comunes en orden cronológico (por ejemplo: mañana, tarde, noche)
- Usar un lenguaje cotidiano relacionado con la hora, como mañana, tarde, noche

Recursos:

- LE, pág. 169

Ejercicios del capítulo

LE, pág. 169

Para esta lección, tal vez quiera hacer una copia en color ampliada de la pág. 167 del LE y recortar la ilustración de cada actividad. A medida que los estudiantes ordenan la secuencia de las actividades, puede pegar las ilustraciones para que todos las vean y las sigan.

Pida a los estudiantes que miren las ilustraciones de la pág. 169 del LE. Haga las siguientes preguntas para animarlos a conversar.

Pregunte: *¿De qué son estas ilustraciones?* (Papá y Bela hacen cosas. Papá duerme en la hamaca y Bela lee un libro./Bela lava los platos./Papá les lee a Rey, Bela y Tito./Bela toma un baño./Papá y Bela hacen panqueques./Bela le lleva un sándwich a Papá en el jardín).

Diga: *Conversemos acerca de en qué momento del día Bela y Papá hacen estas actividades.*

Pregunte: *¿Es la mañana, la tarde o la noche?*

Diga: *Veamos el dibujo (a). Papá está durmiendo en la hamaca.*

Pregunte: *¿Qué momento del día creen que es? ¿Por qué?* (Las respuestas variarán. Acepte cualquier respuesta razonable con una explicación, por ejemplo: Es por la tarde porque es cuando mi papá suele dormir la siesta).

Diga: *Veamos el dibujo (e). Papá y Bela están haciendo panqueques.*

Pregunte: *¿Qué momento del día creen que es? ¿Por qué?* (Las respuestas variarán. Acepte cualquier respuesta razonable con una explicación, por ejemplo: Es por la mañana porque comemos panqueques de desayuno, no del almuerzo o cena).

Pregunte: *¿Qué pasa después de cocinar los panqueques? ¿Qué dibujo muestra lo que hay que hacer?* (Ilustración (b), Bela lavando los platos) *¿Qué momento del día es este? ¿Por qué?* (Acepte cualquier respuesta razonable, por ejemplo: Siempre lavamos los platos después de comer).

Muestre las ilustraciones (c), (d) y (f) y diga lo que sucede. Pregunte a los estudiantes qué momento del día creen que es y pídales que expliquen su razonamiento para las respuestas.

Pregunte: *¿Qué día de la semana creen que es?* (Las respuestas variarán. Acepte cualquier respuesta razonable con una explicación).

Si hay tiempo, pida a los estudiantes que cuenten sus rutinas del fin de semana.

 ISBN 978-981-4822-01-5

Objetivo:

- Medir cortos períodos de tiempo de manera sencilla e informal

Materiales:

- calendario del mes de agosto, 1 por pareja
- reloj de arena de 1 minuto, 1 por pareja
- marcadores para pizarra blanca (de colores diferentes), 2 por pareja

Recursos:

- LE, pág. 170
- Recortables de calcetines (RM 9.6)

Actividad 1 LE, pág. 170

Diga a los estudiantes que vayan a la pág. 170 del LE. Pídales sigan el texto mientras lee los globos de diálogo.

Pida a los estudiantes que primero PIENSEN en cuál de los gatos tiene razón y por qué piensan eso. Luego, pida a los estudiantes que CONVERSEN con un compañero para comentar lo que piensan.

Diga: *Conversaron con un compañero sobre cuál de los gatos tiene razón. CONVERSEN con su compañero de nuevo para pensar en una manera de comprobar qué tarea toma menos tiempo.*

Dé un minuto a los estudiantes para conversar sobre esto.

Pregunte: *¿Cómo pueden comprobar qué tarea toma menos tiempo?* (Ejemplo: Podemos hacer cada tarea. Cuando hacemos cada una, podemos usar un reloj de arena para comprobar cuánto tiempo toma).

Distribuya el **calendario del mes de agosto**, un **reloj de arena** y 2 **marcadores para pizarra blanca** de colores diferentes a cada pareja. Prepare 18 **Recortables de calcetines (RM 9.6)** y coloree 8 de rojo, 6 de azul y 4 de amarillo.

Diga: *Haremos las dos tareas y usaremos un reloj de arena para comprobar cuánto toma completar cada tarea.*

Use un reloj de arena de 1 minuto para tomar el tiempo de la primera tarea de contar la cantidad de días de agosto. Trace una línea con el marcador para pizarra blanca en el reloj de arena para mostrar cuánto tiempo tomó. Prepare el reloj de arena de 1 minuto para tomar el tiempo de la siguiente tarea. Clasifique los 18 Recortables de calcetines según el color. Trace la línea con un marcador de un color diferente para mostrar cuánto tiempo tomó esta tarea. Pídales que marquen de manera similar el tiempo que tomó esta actividad usando un marcador de diferente color. Luego, pida a los estudiantes que comparen las líneas marcadas en el reloj de arena, digan qué gato tiene razón y expliquen su razonamiento.

 ISBN 978-981-4822-01-5

Objetivos:

- Decir que hay 7 días en una semana
- Identificar los días de la semana y relacionar días específicos con actividades que los estudiantes conocen

Materiales:

- 7 cubos interconectables, 1 bolsa por pareja

Recursos:

- LE, pág. 171
- Tarjetas con pistas para los días de la semana (RM 9.7), 1 conjunto por pareja

Actividad 2 LE, pág. 171

Use la pág. 169 del LE. Distribuya un conjunto de **Tarjetas con pistas para los días de la semana (RM 9.7)** y una bolsa de **cubos interconectables** a cada pareja.

Explique cómo es el juego.

- Las Tarjetas con pistas para los días de la semana están mezcladas y colocadas boca abajo.
- El Estudiante A toma 1 cubo interconectable de la bolsa, elige la tarjeta de arriba e identifica el día de la semana de acuerdo a la pista. El Estudiante A luego coloca el cubo en ese día de la semana en la pág. 171 del LE.
- El Estudiante B comprueba la tarjeta y la ubicación del cubo.
- Los compañeros intercambian roles.
- Los compañeros se turnan hasta que usan todas las tarjetas con pistas.

 ISBN 978-981-4822-01-5

Objetivo:

- Explorar la secuencia de los meses del año

Recursos:

- LE, pág. 172

Actividad 3 LE, pág. 172

Explique a los estudiantes que tienen que emparejar la pista con el mes correcto.

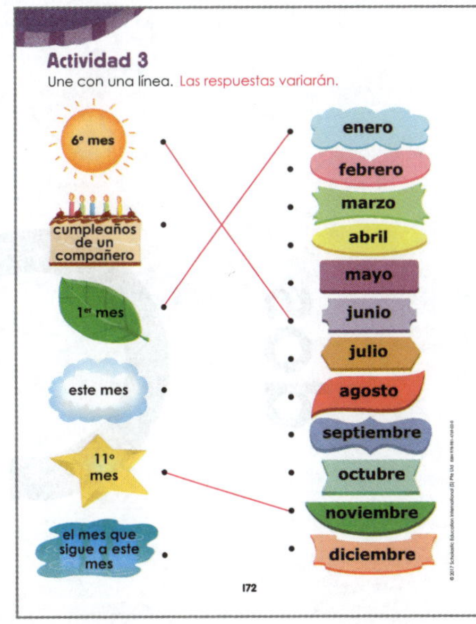

Actividad de conclusión del capítulo

Pida a los estudiantes que conversen sobre lo que aprendieron en el capítulo.

Pregunte: *¿Cómo los ayuda saber el orden de los días de la semana?* (Ejemplo: Nos ayuda a saber qué haremos durante la semana).

Pregunte: *¿Qué saben sobre los meses del año?* (Ejemplo: Los cumpleaños ocurren en diferentes meses./Algunos meses son muy calurosos y otros meses no son tan calurosos./¡Enero es el primer mes del año!/Mi cumpleaños es en julio y eso es aproximadamente a mitad de año).

» Resolución de problemas (1 día)

Consulte los Recursos para Resolución de problemas, donde encontrará materiales y notas para la enseñanza.

9

 ISBN 978-981-4822-01-5

RM 1.1 Tarjeta de puntos '1'

uno

1

RM 1.2 Tarjeta de puntos '2'

dos

2

 ISBN 978-981-4822-01-5

 ISBN 978-981-4822-01-5

RM 1.3 Tarjeta de puntos '3'

tres

3

RM 1.4 Tarjeta de puntos '4'

cuatro

4

RM 1.5 Tarjeta de puntos '5'

cinco

5

 ISBN 978-981-4822-01-5

RM 1.6 Cuadros de 5

 ISBN 978-981-4822-01-5

RM 1.7 Tarjetas con dibujos: 2 objetos en diferentes disposiciones

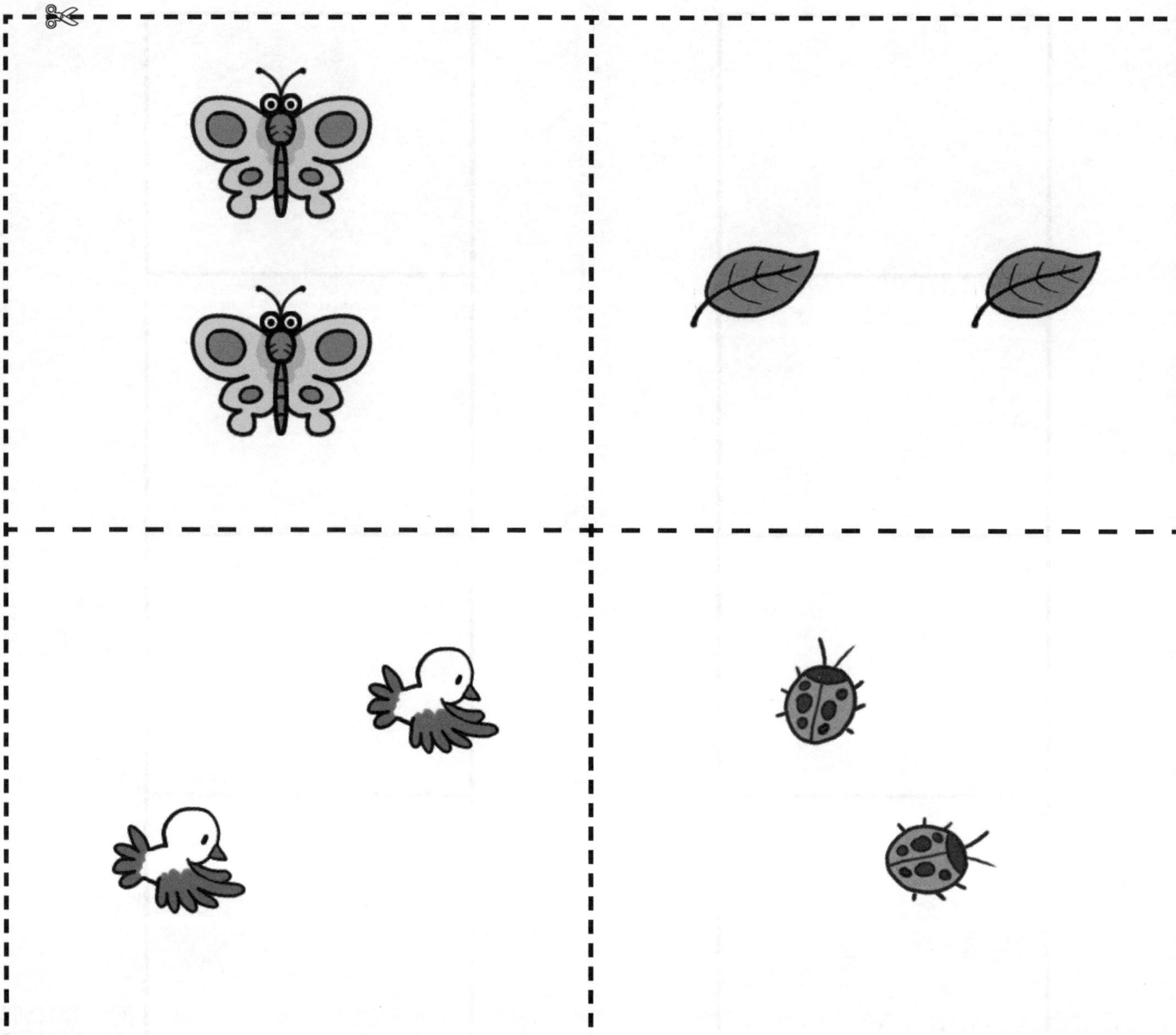

 ISBN 978-981-4822-01-5

RM 1.8 Tarjetas con dibujos: 3 objetos en diferentes disposiciones

ISBN 978-981-4822-01-5

RM 1.9 Tarjetas con dibujos: 4 objetos en diferentes disposiciones

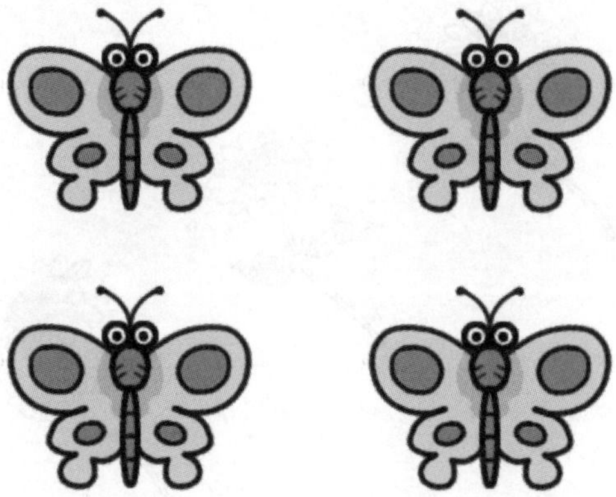

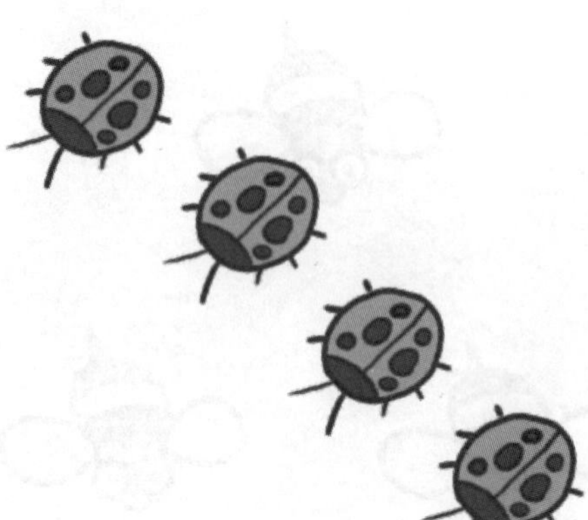

 ISBN 978-981-4822-01-5

RM 1.10 Tarjetas con dibujos: 5 objetos en diferentes disposiciones

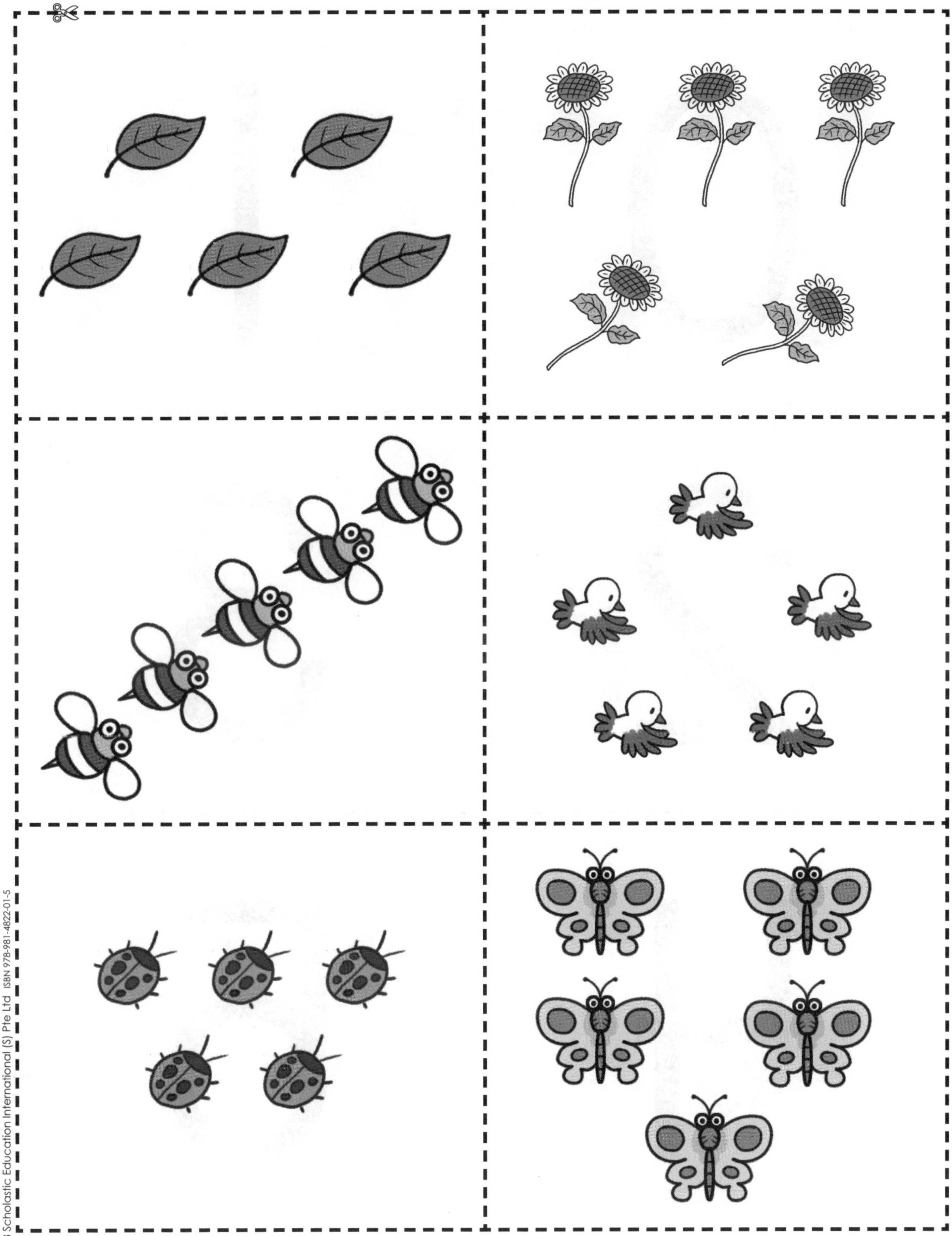

 ISBN 978-981-4822-01-5

RM 1.11 Tarjetas de números (0–5)

0	1
2	3
4	5

 ISBN 978-981-4822-01-5

RM 2.1 Cuadros de 10

 ISBN 978-981-4822-01-5

RM 2.2 Tarjeta de puntos '6'

seis

6

RM 2.3 Tarjeta de puntos '7'

siete

7

 ISBN 978-981-4822-01-5

 ISBN 978-981-4822-01-5

RM 2.4 Tarjeta de puntos ‘8’

ocho

8

RM 2.5 Tarjeta de puntos ‘9’

nueve

9

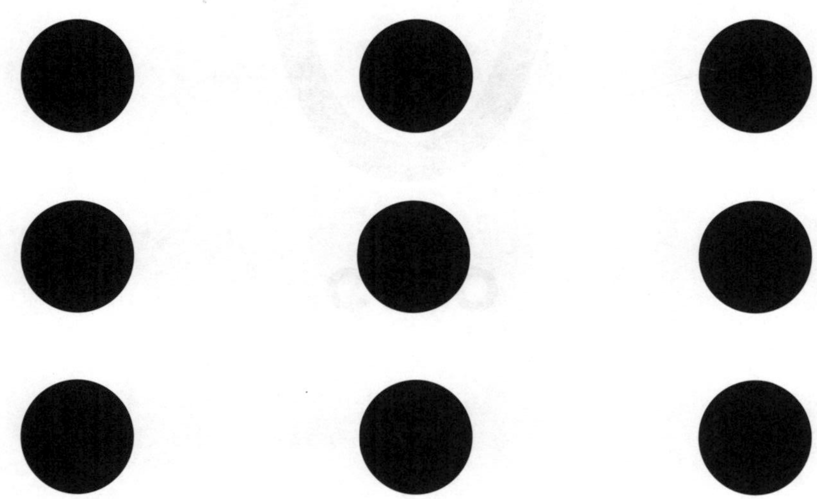

RM 2.6 Tarjeta de puntos ‘10’

diez

10

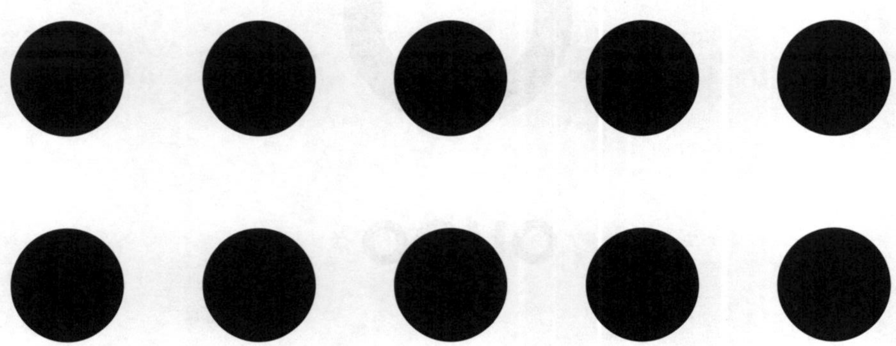

RM 2.7 Tarjeta de puntos ‘0’

cero

0

 ISBN 978-981-4822-01-5

RM 2.8 Juego de mesa de la serpiente

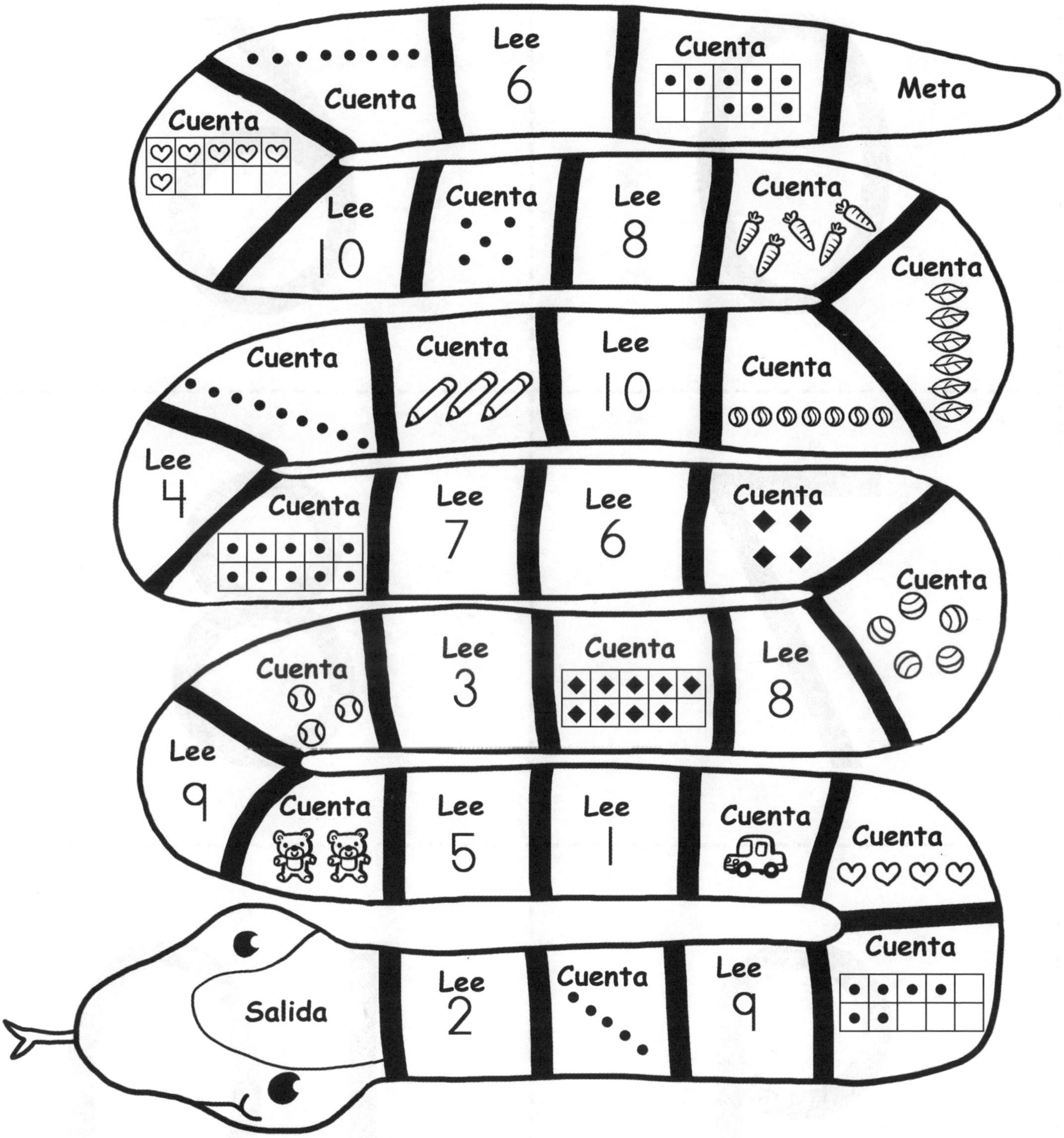

 ISBN 978-981-4822-01-5

RM 2.9 Tarjetas de números 0, 6 –10

0	6
7	8
9	10

 ISBN 978-981-4822-01-5

RM 3.1 Recortables de frutas

 ISBN 978-981-4822-01-5

RM 3.2 Recortables del clima

 ISBN 978-981-4822-01-5

RM 3.3 Recortables de helados

 ISBN 978-981-4822-01-5

RM 3.4 Bebidas en la fiesta de Emily

leche	agua	limonada

 ISBN 978-981-4822-01-5

RM 3.5 Recortables de tarjetas de bebidas

 ISBN 978-981-4822-01-5

RM 4.1 Hileras de cuadrados

 ISBN 978-981-4822-01-5

 ISBN 978-981-4822-01-5

RM 4.2 Tablero de parte-parte-todo

<table>
<tr><td colspan="2">Todo</td></tr>
<tr><td>Parte</td><td>Parte</td></tr>
</table>

RM 4.3 Hoja de registro de números relacionados

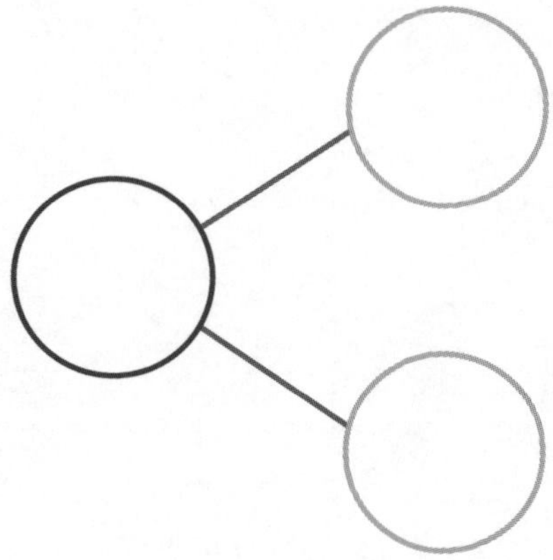

____ y ____ forman ____

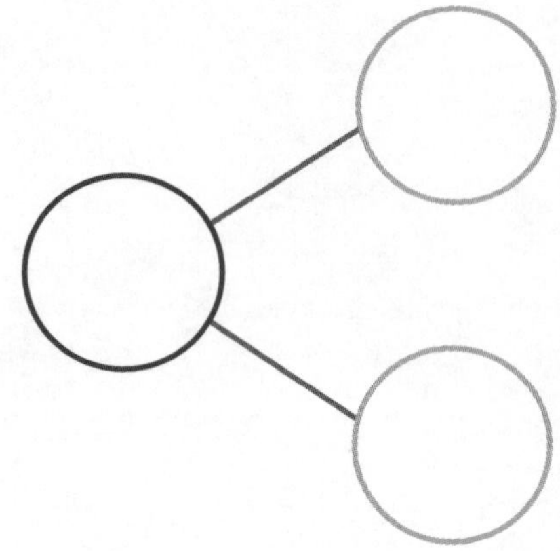

____ y ____ forman ____

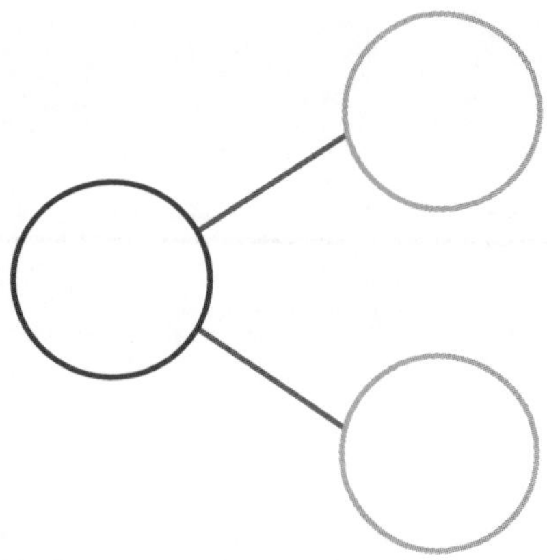

____ y ____ forman ____

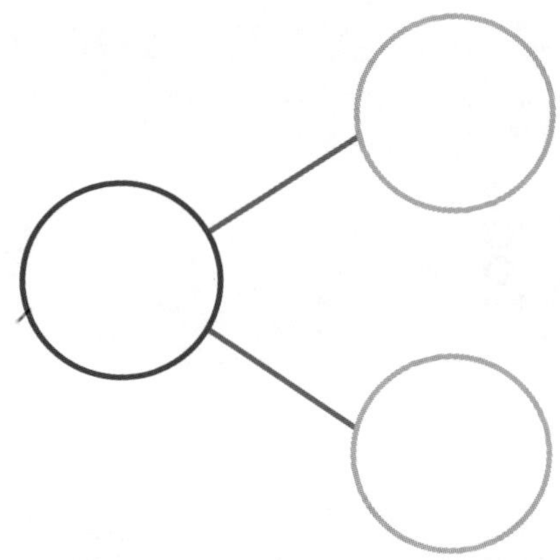

____ y ____ forman ____

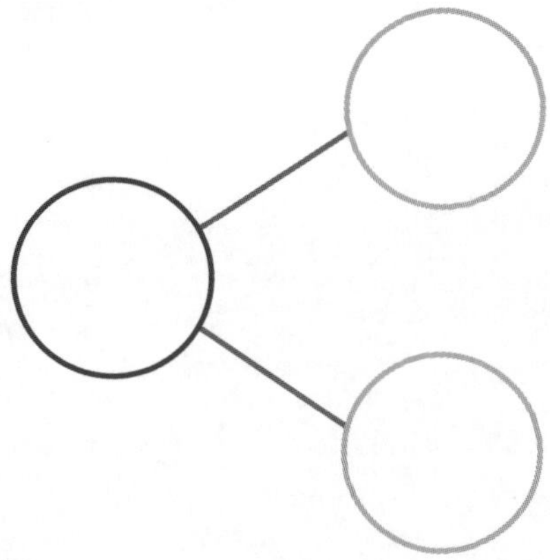

____ y ____ forman ____

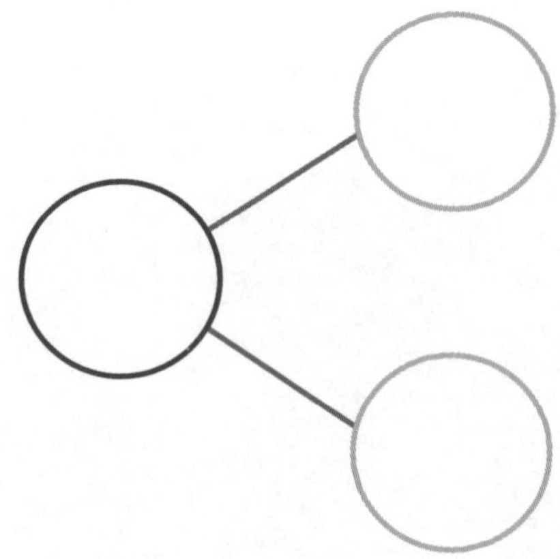

____ y ____ forman ____

 ISBN 978-981-4822-01-5

RM 4.4 Recortables para separar 5

 ISBN 978-981-4822-01-5

RM 5.1 Tarjetas con niños

 ISBN 978-981-4822-01-5

 ISBN 978-981-4822-01-5

RM 5.2 Tablero para *combinar* parte-parte-todo

Parte	Parte
Todo	

RM 5.3 Tablero de historias del jardín

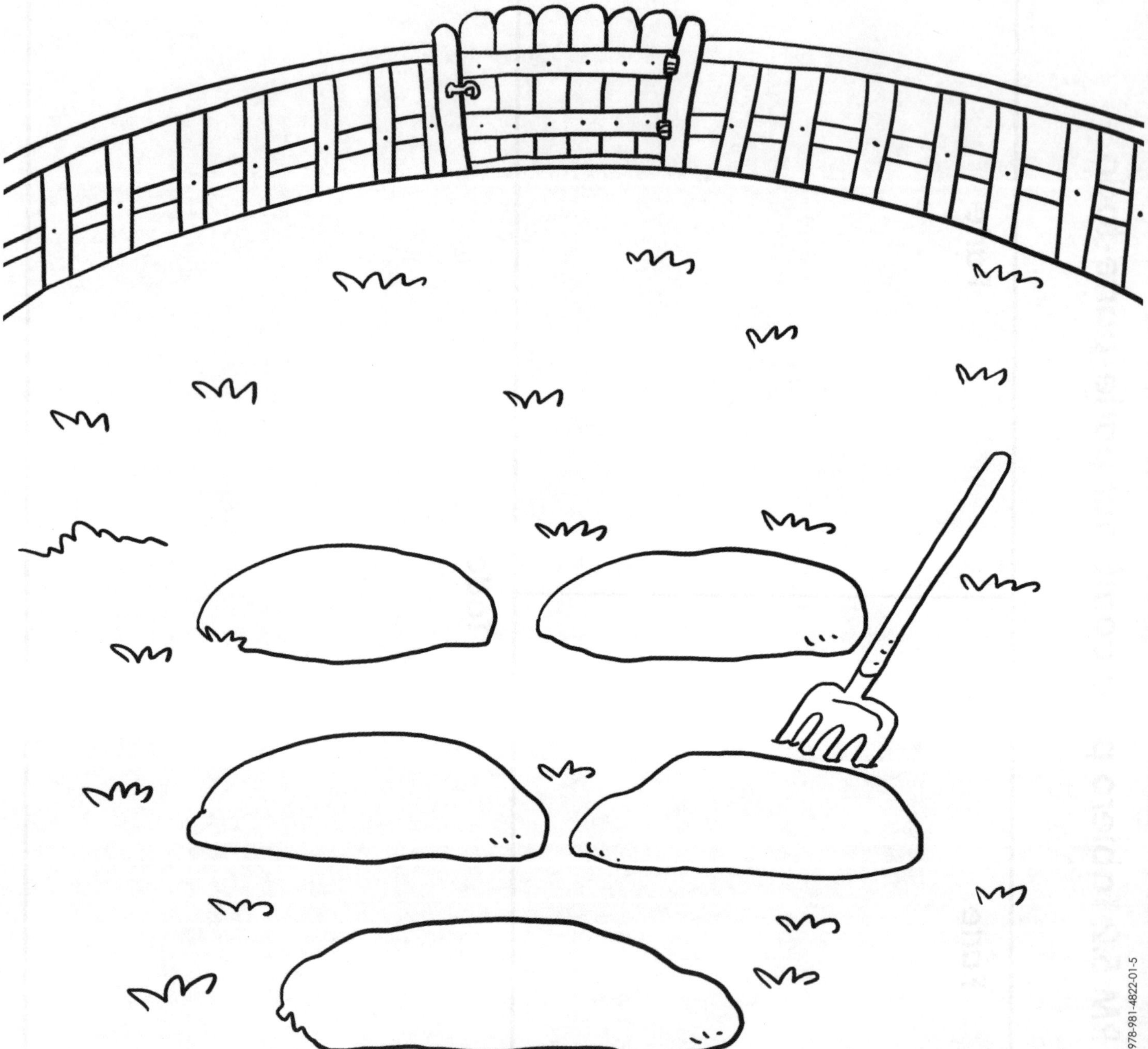

 ISBN 978-981-4822-01-5

RM 5.4 Tarjetas de 3 puntos

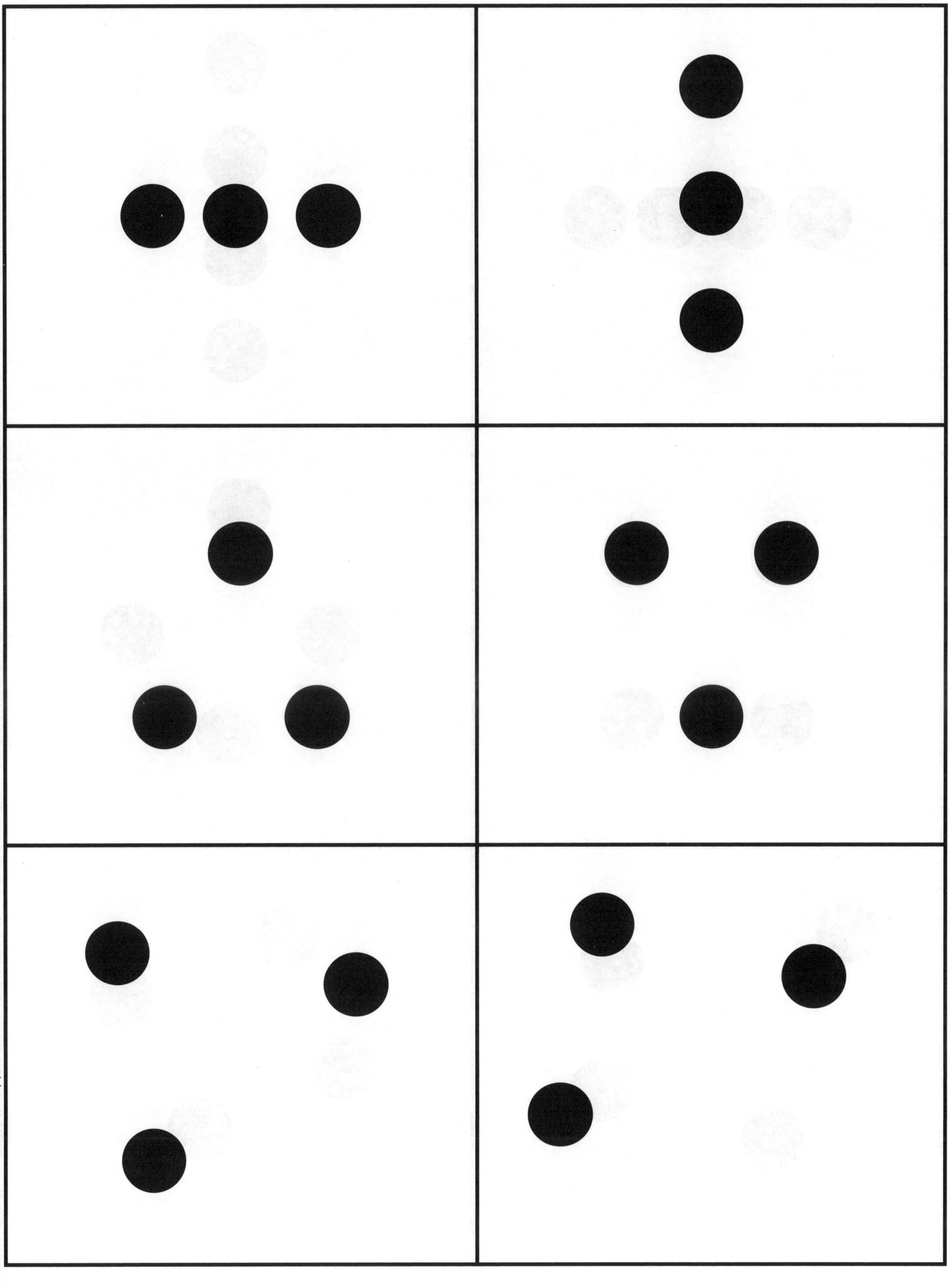

 ISBN 978-981-4822-01-5

RM 5.5 Tarjetas de 4 puntos

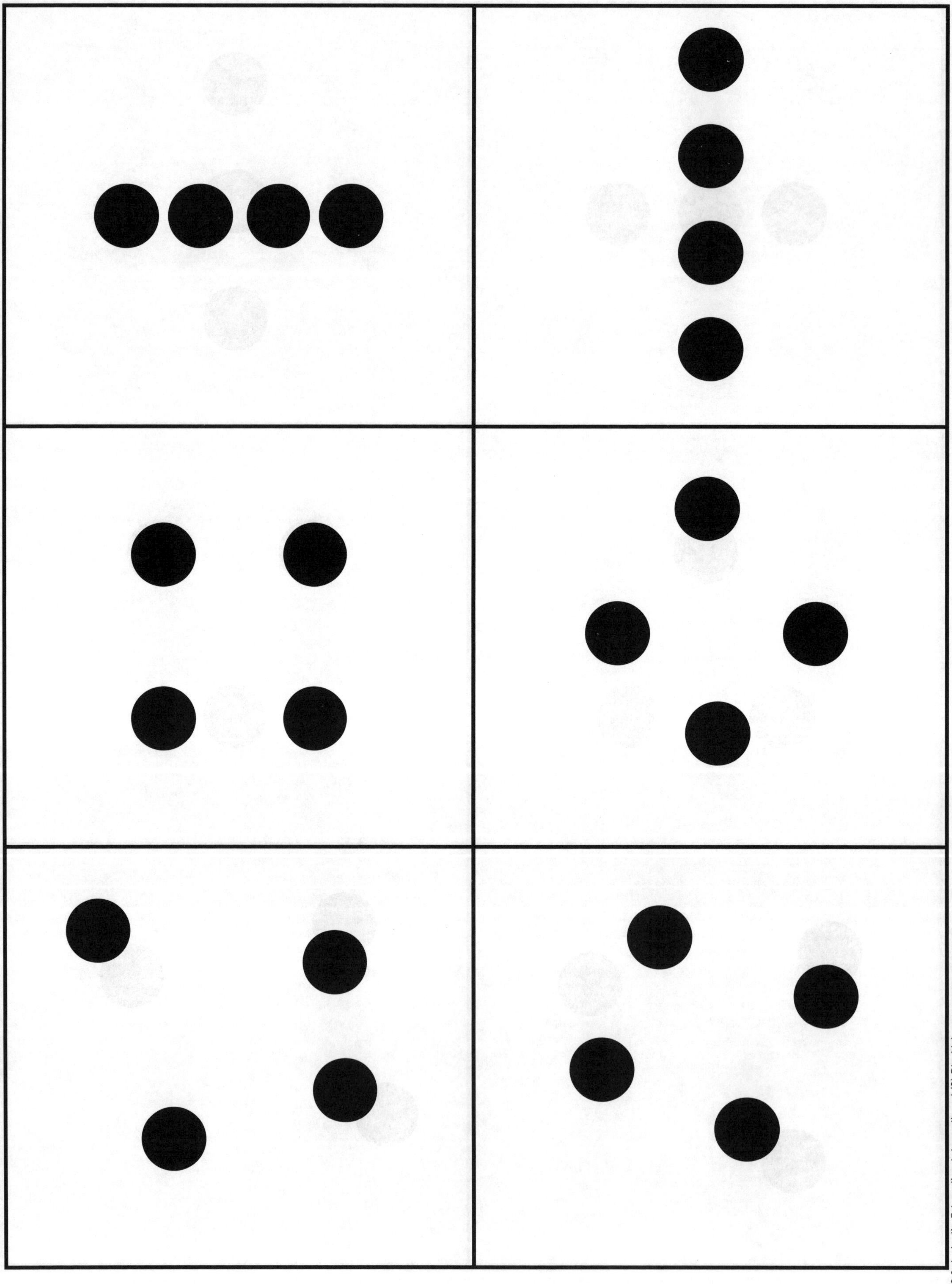

 ISBN 978-981-4822-01-5

RM 6.1 Tarjetas de números ordinales del 1° al 5°

1° 1ro primero	2° 2do segundo
3° 3ro tercero	4° 4to cuarto
5° 5to quinto	

 ISBN 978-981-4822-01-5

RM 6.2 Tarjetas de números ordinales del 6° al 10°

6° 6to sexto	7° 7mo séptimo
8° 8vo octavo	9° 9no noveno
10° 10mo décimo	

 ISBN 978-981-4822-01-5

RM 6.3 Tablero: Edificio de 10 pisos

 ISBN 978-981-4822-01-5

RM 7.1 Hoja para equilibrar objetos

1.	Se necesitan ___  para equilibrar 1 ___ .
2.	Se necesitan ___  para equilibrar 1 ___ .
3.	Se necesitan ___  para equilibrar 1 ___ .
4.	Se necesitan ___ 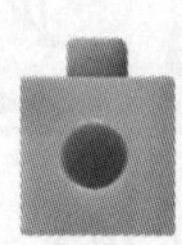 para equilibrar 1 ___ .

 ISBN 978-981-4822-01-5

RM 7.2 Hoja para estimar peso

	Objeto	Creo...	Peso
1.			
2.			
3.			
4.			
5.			

 ISBN 978-981-4822-01-5

RM 8.1 Tarjetas de 5 puntos

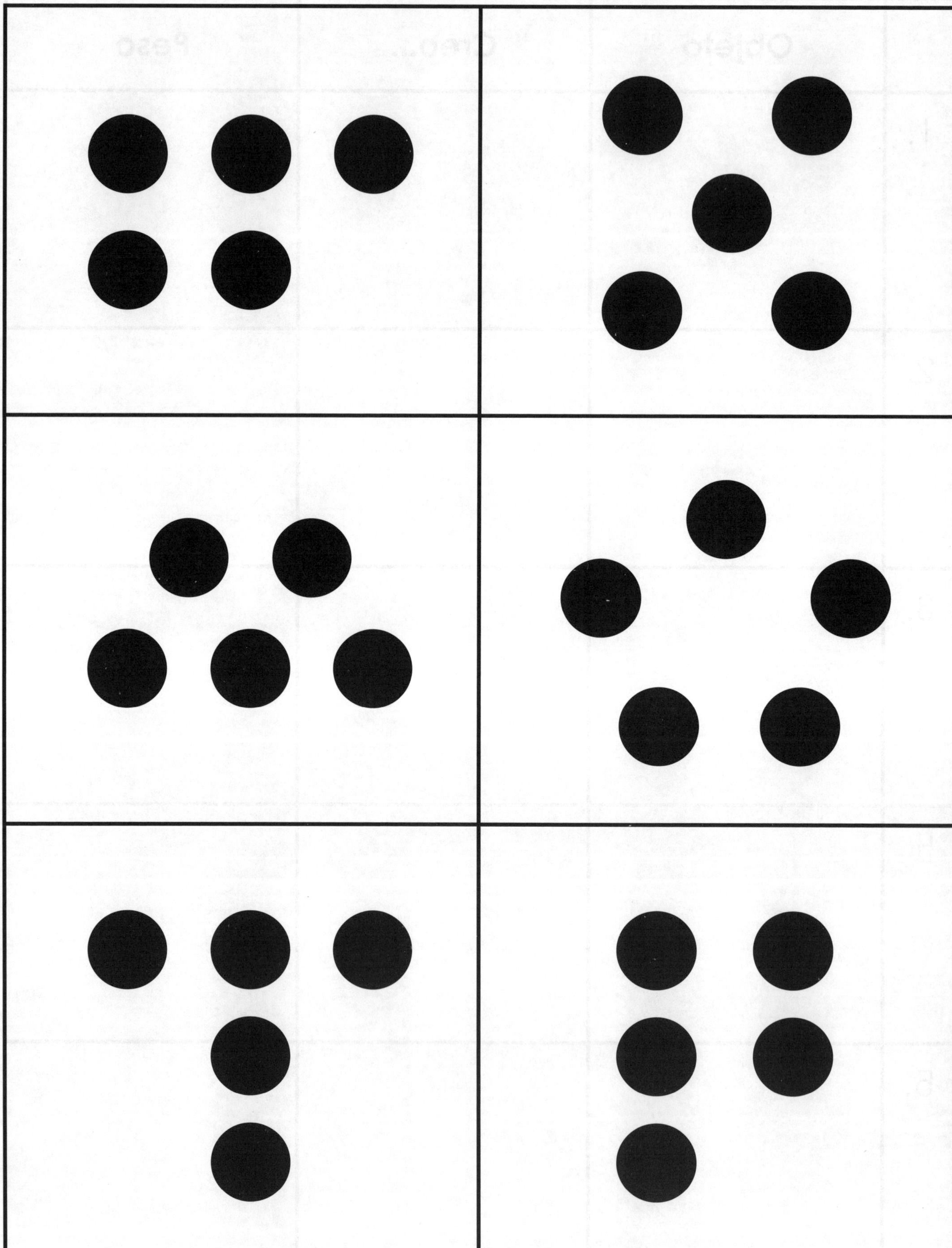

 ISBN 978-981-4822-01-5

 ISBN 978-981-4822-01-5

RM 8.2 Tarjeta de puntos ‘11’

once

11

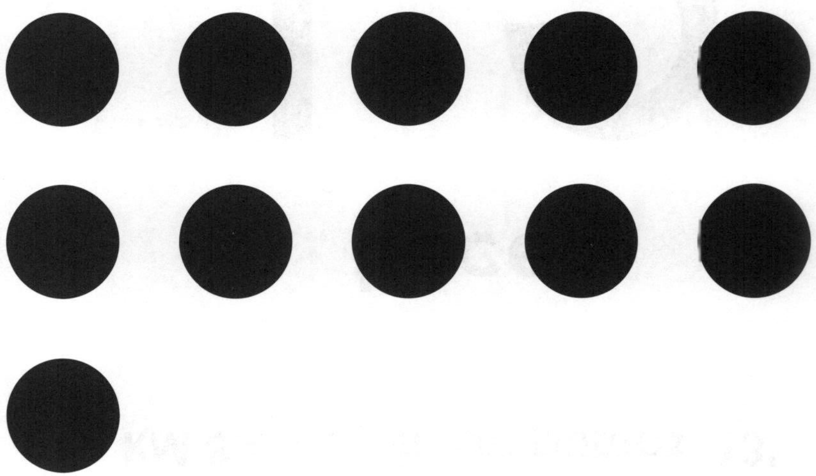

RM 8.3 Tarjeta de puntos ‘12’

doce

12

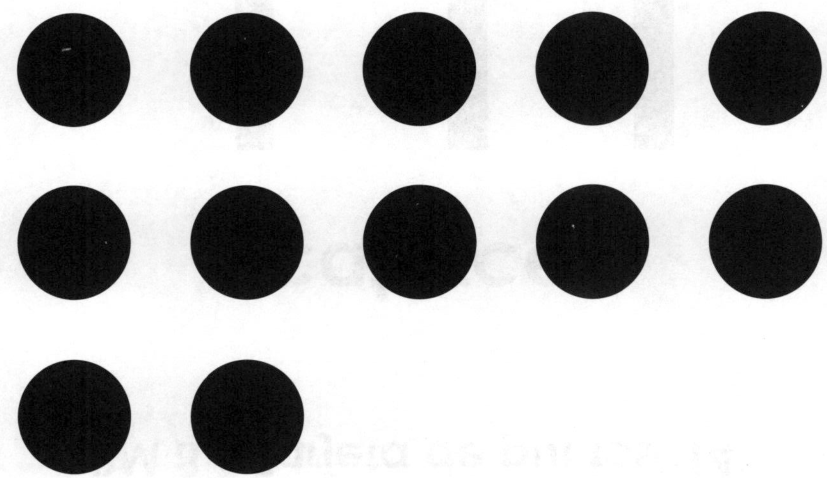

RM 8.4 Tarjeta de puntos '13'

trece

13

RM 8.5 Tarjeta de puntos '14'

catorce

14

 ISBN 978-981-4822-01-5

 ISBN 978-981-4822-01-5

RM 8.6 Tarjeta de puntos '15'

quince

15

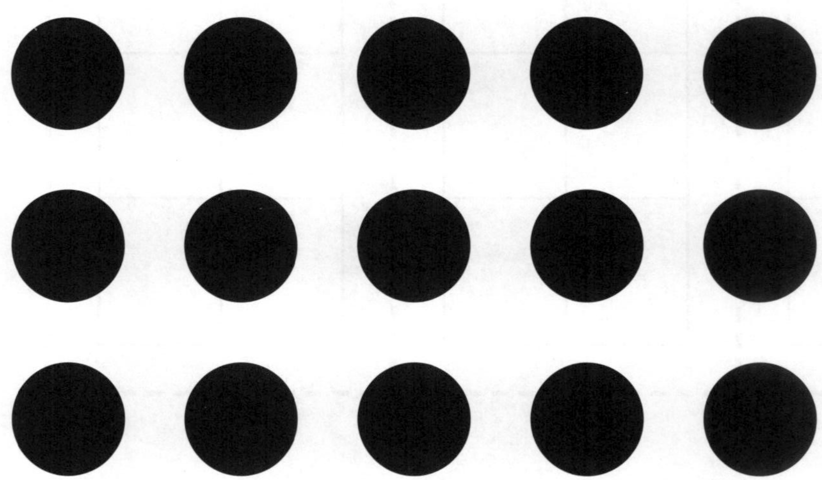

RM 8.7 Hoja de registro 11–15

11

12

13

14

15

 ISBN 978-981-4822-01-5

RM 8.8 Tarjetas de números 11–15

11	12
13	14
15	

 ISBN 978-981-4822-01-5

RM 8.9 Tablero para contar hasta 15

 ISBN 978-981-4822-01-5

 ISBN 978-981-4822-01-5

RM 8.10 Tarjeta de puntos '16'

dieciséis

16

RM 8.11 Tarjeta de puntos '17'

diecisiete

17

RM 8.12 Tarjeta de puntos '18'

dieciocho

18

RM 8.13 Tarjeta de puntos '19'

diecinueve

19

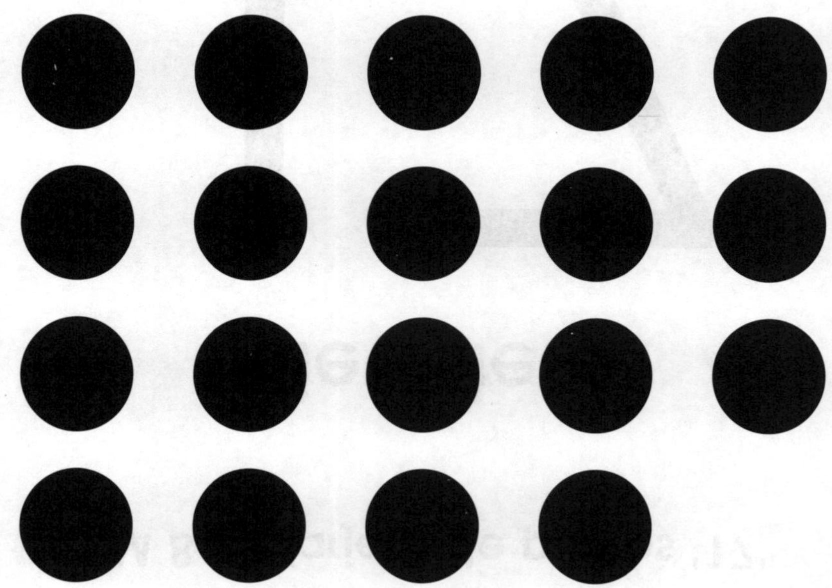

 ISBN 978-981-4822-01-5

 ISBN 978-981-4822-01-5

RM 8.14 Tarjeta de puntos '20'

veinte

20

RM 8.15 Hoja de registro 16–20

16

17

18

19

20

 ISBN 978-981-4822-01-5

RM 8.16 Tarjetas de números 16–20

16	17
18	19
20	

 ISBN 978-981-4822-01-5

RM 8.17 Tablero para comparar

Mayor que

Menor que

Igual a

 ISBN 978-981-4822-01-5

RM 8.18 Conjunto de Tarjetas de puntos 1–20

1	2
3	4
5	6

 ISBN 978-981-4822-01-5

RM 8.18 Conjunto de Tarjetas de puntos 1–20 (Continuación)

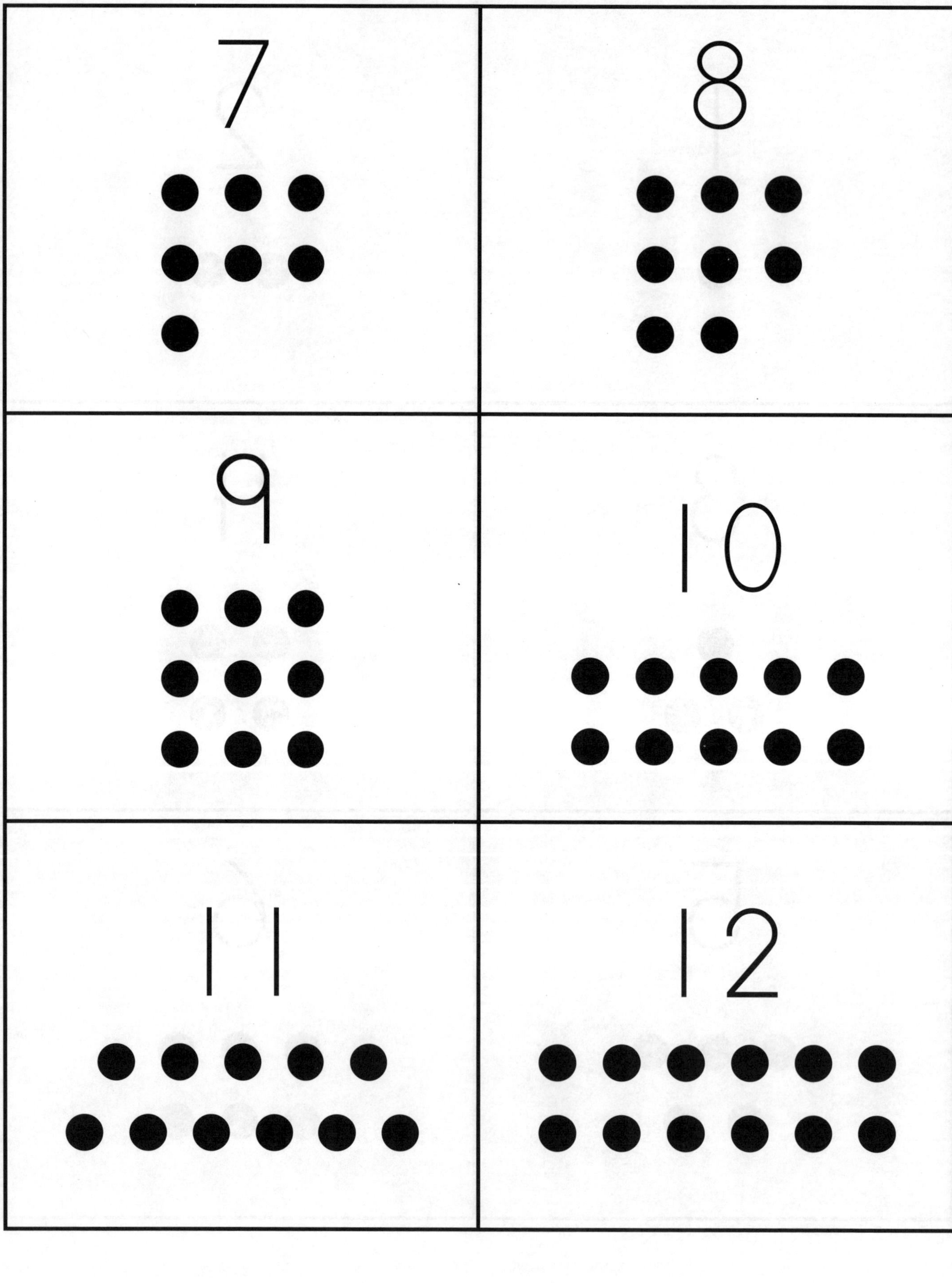

 ISBN 978-981-4822-01-5

RM 8.18 Conjunto de Tarjetas de puntos 1–20 (Continuación)

13 	14 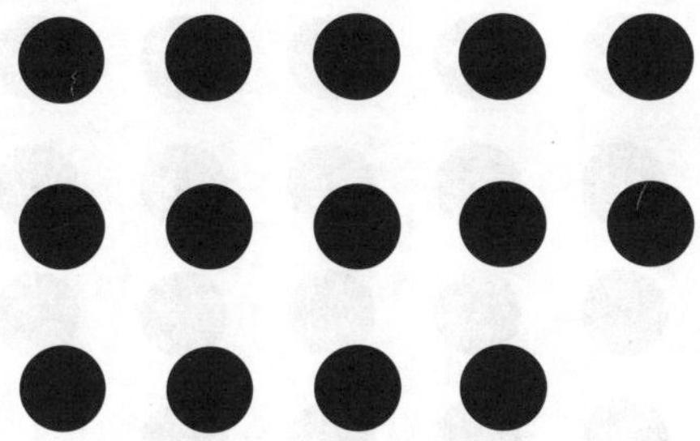
15 	16 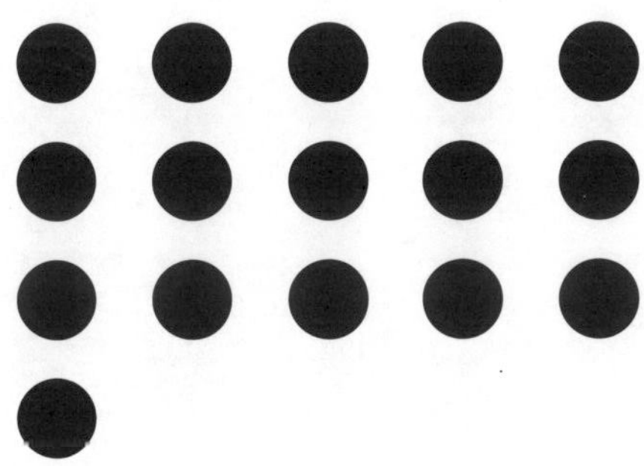
17 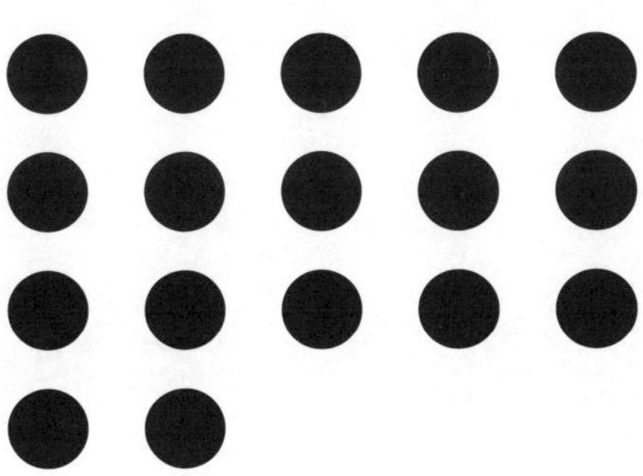	18 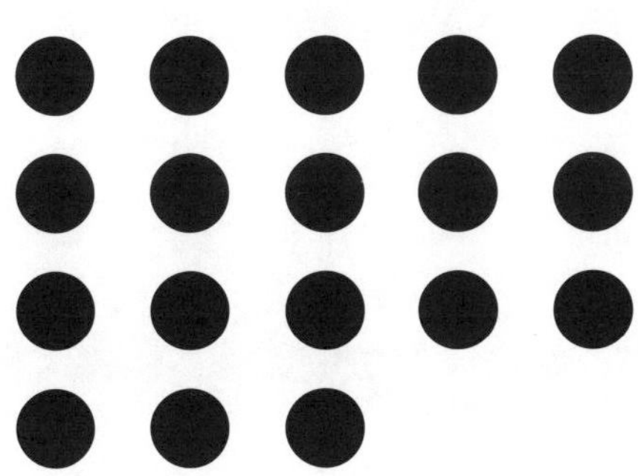

 ISBN 978-981-4822-01-5

RM 8.18 Conjunto de Tarjetas de puntos 1–20 (Continuación)

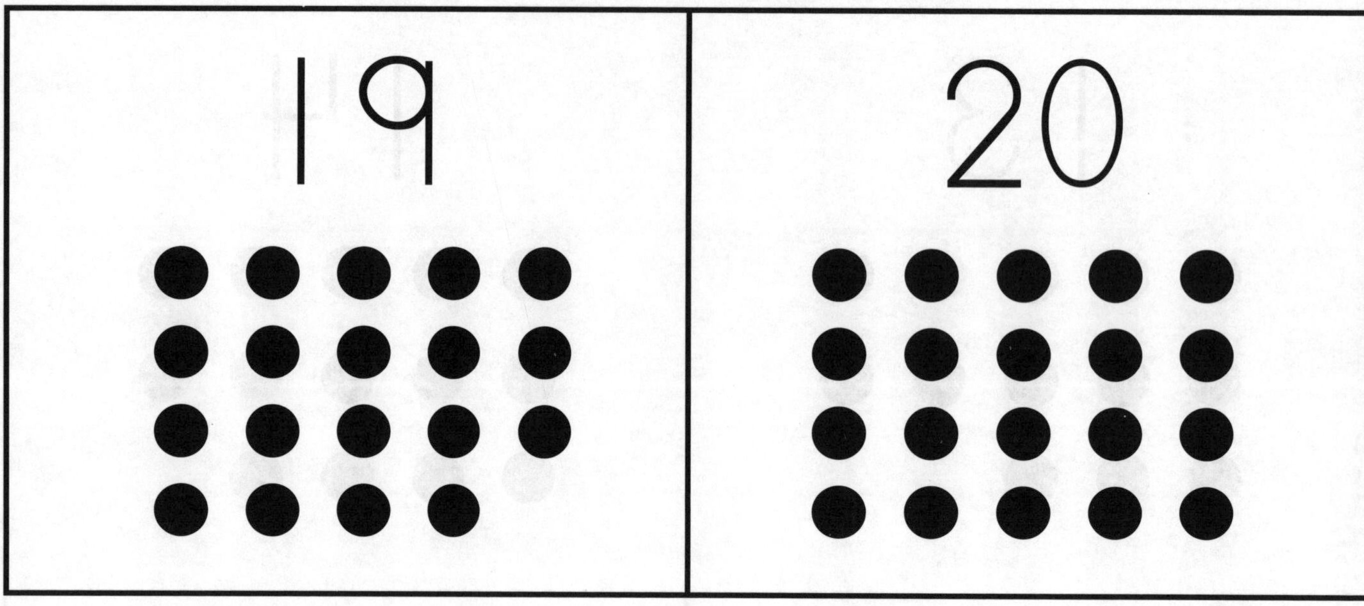

 ISBN 978-981-4822-01-5

RM 9.1 Tarjeta de los días de la semana

domingo	lunes	martes	miércoles	jueves	viernes	sábado

RM 9.2 Tarjetas de los meses del año

enero	febrero
marzo	abril
mayo	junio
julio	agosto
septiembre	octubre
noviembre	diciembre

 ISBN 978-981-4822-01-5

RM 9.3 Recortables de mañana, tarde y noche

 ISBN 978-981-4822-01-5

RM 9.4 Tarjetas de actividades de mañana, tarde y noche

Despertarse

Desayunar

Almorzar

 ISBN 978-981-4822-01-5

RM 9.5 Tarjetas de actividades de mañana, tarde y noche

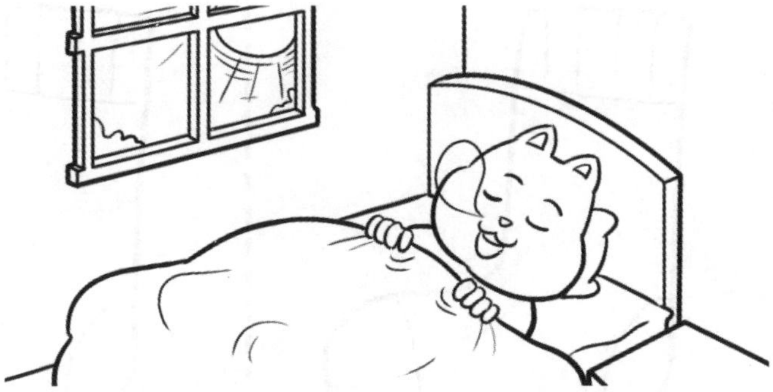

Dormir una siesta

Cenar

Acostarse

 ISBN 978-981-4822-01-5

RM 9.6 Recortables de calcetines

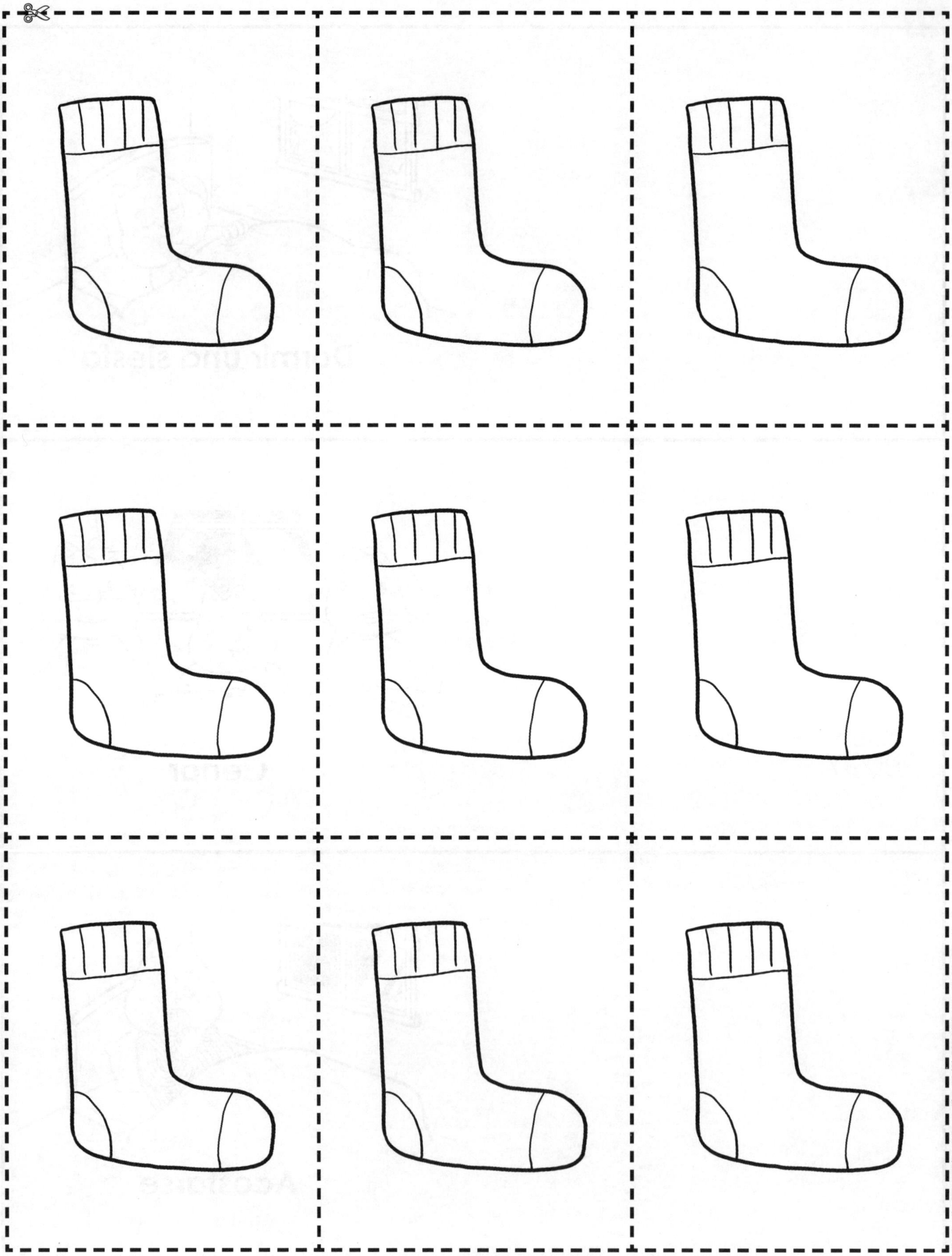

 ISBN 978-981-4822-01-5

RM 9.7 Tarjetas con pistas para los días de la semana

¿Cuál es el 3er día de la semana?	Si hoy es martes, ¿qué día fue ayer?
¿Cuál es el 5° día de la semana?	Si hoy es sábado, ¿qué día es mañana?
Si hoy es viernes, ¿qué día es mañana?	¿Que día es el 6° día de la semana?
Si hoy es jueves, ¿qué día fue ayer?	

 ISBN 978-981-4822-01-5